Entre o sensível e o comunicacional

Bruno Souza Leal
Carlos Camargos Mendonça
César Guimarães
(Organizadores)

Entre o sensível e o comunicacional

FAPEMIG autêntica

CAPA
Diogo Droschi

EDITORAÇÃO ELETRÔNICA
Christiane Morais de Oliveira

REVISÃO
Dila Bragança
Ana Carolina Lins

EDITORA RESPONSÁVEL
Rejane Dias

Revisado conforme o Novo Acordo Ortográfico.

AUTÊNTICA EDITORA LTDA.
Rua Aimorés, 981, 8º andar . Funcionários
30140-071 . Belo Horizonte . MG
Tel.: (55 31) 3222 68 19
Televendas: 0800 283 13 22
www.autenticaeditora.com.br

Dados Internacionais de Catalogação na Publicação (CIP)
(Câmara Brasileira do Livro, SP, Brasil)

Entre o sensível e o comunicacional / Bruno Souza Leal, Carlos Camargos Mendonça, César Guimarães, (organizadores) . – Belo Horizonte : Autêntica Editora, 2010.

Bibliografia
ISBN 978-85-7526-502-4

1. Comunicação 2. Estética I. Leal, Bruno Souza. II. Mendonça, Carlos Camargos. III. Guimarães, César.

10-09039 CDD-302.2

Índices para catálogo sistemático:
1. Comunicação 302.2.
2. Comunicação social 302.2

Sumário

Apresentação

Experiência estética e comunicação: a partilha de um programa de pesquisa

Bruno Souza Leal
Carlos Camargos Mendonça
César Guimarães

A invenção de conceitos e abordagens

A relação entre os fenômenos comunicativos e a experiência estética se configura nos dias de hoje como um programa de pesquisa em aberto, para o qual concorrem múltiplas perspectivas e modos de abordagem, provenientes de diferentes disciplinas. Ao organizar um segundo livro em torno desse tema, feito do conjunto dos textos apresentados no II Simpósio Internacional Comunicação e Experiência Estética (promovido pelo PPGCOM-UFMG em outubro de 2007), queremos indicar a nova situação na qual nos encontramos e as expectativas que mantemos quanto aos desdobramentos possíveis dessa indagação compartilhada com outros colegas da comunidade dos pesquisadores em comunicação. Com efeito, este livro é resultante da interlocução mantida entre dois grupos de pesquisa: o Poéticas da Experiência e o Grupo de Pesquisa em Imagem e Sociabilidade (GRIS), além de outros pesquisadores convidados para o simpósio, com os quais temos muitas afinidades conceituais e metodológicas.

Em um primeiro momento nossos esforços concentraram-se na identificação dos aspectos intrínsecos à experiência estética, tomada como uma forma determinada de racionalidade que não se separa nem se destaca hierarquicamente de outros âmbitos da experiência, como aqueles da vida cotidiana. Naquela ocasião, também destacamos que a experiência estética não se reduz à ontologia dos objetos artísticos, e é guiada por uma dimensão relacional que toma o lugar da ênfase comumente atribuída às propriedades imanentes ao objeto, à situação ou ao evento que, em virtude da economia interna de seus procedimentos expressivos, convoca nossa sensibilidade para experimentá-lo e compreendê-lo. Assim fazendo, reivindicamos que a dimensão estética dos fenômenos comunicativos não devia buscar sua caução epistemológica exclusiva nem na Estética (como disciplina filosófica) nem nas Teorias da Arte (Guimarães; Leal; Mendonça, 2006).

Agora, neste segundo volume, gostaríamos de avançar ainda mais na exploração dos diferentes componentes em jogo, quando nos servimos desta partícula aditiva que liga os termos "comunicação" *e* "experiência estética". Se o que importa aí é "a junção da comunicação com o sensível", como ressaltou Benjamin Picado, não podemos contar – infelizmente – com uma concepção não problemática que sustenta, de saída, uma transparente reciprocidade entre a "dimensão sensível inerente a todos os processos comunicacionais" e uma "concepção essencialmente comunicante de toda sensibilidade".[1] Com efeito, a experiência estética nem se deixa apreender simplesmente como *uma* modalidade particular da experiência comunicacional em geral nem tem justificada sua dimensão estética simplesmente porque os objetos e as situações presentes nas trocas comunicativas acionam componentes de natureza sensível.

É justamente porque não há complementaridade imediata entre os objetos respectivos da Estética e das Teorias da Comunicação que se faz necessário construir tanto as zonas de interseção (de compartilhamento de noções e operadores analíticos) quanto as divergências entre os dois pontos de vista. Para nós, mais do que uma convergência harmoniosa, o que esperamos é que tal inter-relação produza um mútuo deslocamento, de parte a parte, e que ele permita a invenção de conceitos e de procedimentos metodológicos. Se um campo científico adquire uma consistência legitimada (aos olhos dos campos vizinhos) em razão do endurecimento de seus conceitos – prontos para colonizar outros territórios – no caso desse espaço heterogêneo de confluência de estudos, ele permanece povoado por conceitos nômades, necessariamente desterritorializados de seus contextos de origem, porque convocados para dar conta de novos problemas (Stengers, 1987).

Como bem notou Benjamin Picado, a discursividade estética que nos interessa nasce da tensão entre dois modos de conceber a experiência estética tal como configurada – desde a Modernidade – pelas novas relações entre a dimensão técnica dos meios massivos e o *socius*. De um lado, as reservas e as críticas da Escola de Frankfurt diante dos produtos da indústria cultural; de outro, o "alegre profetismo" de MacLuhan, ou então, numa dicção

[1] PICADO, José Benjamin. Do elogio da técnica aos padrões de gosto e a experiência sensível: matrizes de uma discursividade estética no campo da comunicação. Texto inédito apresentado no Simpósio 10 anos de Filocom: a Nova Teoria nos 44 anos da ECA-USP, promovido pelo Núcleo de Estudos Filosóficos da Comunicação, no período de 22 a 26 de novembro de 2010 na ECA-USP. Agradecemos vivamente a Benjamin Picado, que nos cedeu generosamente esse texto que traduz com muita acuidade as conversações que mantivemos ao longo dos últimos quatro anos no GT "Estéticas da comunicação", no âmbito da Compós, e posteriormente denominado (desde o ano passado) GT "Comunicação e experiência estética".

inteiramente diferente, as apostas utópicas de Walter Benjamin na reprodutibilidade técnica (acrescentamos por nossa conta):

> De um lado, este sotaque estético se manifestou na ordem de uma reserva de natureza axiológica quanto ao caráter vinculante dos produtos e dos discursos comunicacionais, uma vez dada justamente esta sua ligação de origem com modalidades tecnológicas de comunicação; de outro lado, há um discurso que procura extrair da relação entre os meios e a cultura que eles parecem arrastar consigo, a instituição de um regime experiencial novo, que merecia exame em separado (Picado, 2010).

Trabalhando tanto a tensão que anima o afastamento entre esses dois modos extremos de conceber a natureza estética dos fenômenos comunicativos quanto a possibilidade de não mais tomá-los em separado, procurando novas formas de articulação entre um e outro, podemos extrair daí um programa mínimo de pesquisa, orientado pelas seguintes questões:

a) A necessidade de desenvolver uma "genealogia da discursividade estética" (nos termos de Benjamin Picado) voltada tanto para o mapeamento das categorias existentes quanto para a invenção de outras, adequadas a um campo inédito de problemas.

b) A revisão (de pelo menos parte) das tradições teóricas que se apresentam como constitutivas do campo científico da comunicação social.

c) A investigação do(s) conceito(s) de comunicação implícitos na noção de experiência estética, articulada que está a perspectivas filosóficas distintas.

d) O aprofundamento da compreensão da experiência estética, como fenômeno, na sua distinção e vizinhança com outras formas de relação com o mundo e com outras dimensões que constituem o cotidiano: o real, o banal, o belo, a fantasia, a tensão, a monotonia.

e) Esforços de natureza aplicada, para delinear e testar operadores que metodologicamente viabilizariam estudos específicos e pontuais. Nesse caso, a questão de fundo é da natureza do conceito de experiência estética: terá ele força bastante para dar conta de variados fenômenos empíricos? Se os operadores possíveis advêm de lugares teóricos distintos, exige-se que o teste seja tanto da consistência do conceito quanto da resistência (e capacidade de transformação) de algumas noções que circulam entre nós, tais como *texto, narrativa, materialidade, corpo, subjetividade, recepção*, entre tantas outras.

Os esforços teóricos e metodológicos desenvolvidos nos últimos cinco anos, compartilhados com pesquisadores da área, permitiram-nos alcançar uma inflexão peculiar na abordagem dos vínculos entre os fenômenos comunicativos e a experiência estética. Permitam-nos citar a formulação presente na ementa do GT "Comunicação e experiência estética" no âmbito da Compós, ao enfatizar o afastamento de uma ontologia do artístico em direção às relações entre os domínios da expressão e as estruturas da sensibilidade e dos afetos no âmbito da experiência cotidiana:

> O núcleo dos problemas da estética não é assim derivado da artisticidade das manifestações, mas liga-se aos *efeitos sensíveis* de varias ordens, todos eles de um modo ou de outro derivados das faculdades comunicacionais de produtos e obras. Afetos e percepções não são assumidos aqui como puras *paixões*, mas adquirem uma forma, que se engendra na interação entre subjetividades, no diálogo com o outro, na presunção de um horizonte vinculante de sentido, no qual a suposta privacidade da fruição estética se torna experiência compartilhada.

Assim, se a experiência estética é da ordem do cotidiano, ela se apresenta como um acontecimento de qualidade peculiar. Consequentemente, envolve a oscilação de quadros estáveis de percepção, em sua amplitude (como significação, sensação, sensualidade, direção, emoção vivida e sensorialidade). Como identificar essa peculiaridade? A experiência estética, assim como qualquer fenômeno, pode ser definida conceitualmente por diferentes campos do conhecimento, o que envolve também operadores analíticos específicos. Como então qualificar e avaliar uma experiência como estética? De quais critérios dispomos? Como fazê-lo a partir de um "olhar comunicacional"? Tais perguntas implicam movimentos reflexivos aparentemente contraditórios; por um lado, pode-se partir da experiência estética como uma formulação teórica e qualificá-la em suas implicações epistemológicas; por outro, pode-se partir de uma percepção do fenômeno da experiência estética, qualificando-o teórica e metodologicamente.

Os artigos reunidos neste volume enfrentam direta ou indiretamente, se não todas, pelo menos parte dessas questões. De certa forma, sugerem que não há outro modo de deslindar essa relação ainda nebulosa entre a comunicação e a experiência estética que não seja através da prospecção conceitual, do confronto com os produtos comunicacionais – e o arcabouço teórico dos modos já constituídos de sua apreensão –, da revisão de perspectivas tradicionais e da proposição de modelos explicativos outros. Ou seja, não há como fugir do debate intelectual como espaço produtivo de interlocução e criatividade. Nesse sentido, o leitor deste volume não deve se surpreender ao se deparar, nos artigos que o compõem, com proposições e modos de entendimento bastante distintos da relação comunicação/experiência estética. Mais que um conjunto harmonioso, que ofereceria uma proposta disciplinar ou teórico-metodológica unificada, este livro tem o debate como ponto de partida e proposta de leitura.

As intervenções aqui presentes se distribuem em dois grandes gestos complementares: há reflexões de caráter teórico-especulativo, que discutem aspectos específicos dos modos de apreensão da experiência estética como fenômeno comunicacional, seja através da revisão de conceitos-chave, como experiência e mediatização, seja através do entendimento do campo disciplinar da comunicação. Trata-se sobretudo de discussões em torno de categorias pertinentes para a investigação das dimensões sensíveis dos fenômenos comunicativos e da comunicabilidade da fruição estética. Há outros textos que tentam apreender as manifestações da experiência estética em objetos comunicacionais diversos, tais como notícias impressas, fotografias jornalísticas ou publicitárias, sites da internet, imagens audiovisuais. Podemos falar então dos diversos modos de aparecer do fenômeno estético no âmbito dos objetos (antigos e novos da comunicação). Certamente, cada objeto apresenta demandas e reconfigurações bastante peculiares da relação mais geral entre comunicação, experiência e estética.

Esta é uma das conclusões mais instigantes que a leitura dos artigos pode oferecer: para uma configuração das dimensões da experiência estética na comunicação, é preciso antes redimensionar os sentidos e os modos de apreensão de alguns conceitos-chave, que, então, precisam ser investigados quanto a seu alcance e sua pertinência. Esse debate, porém, não ocorre em um espaço abstrato, como um construto ideal, cego às forças históricas que o atravessam, as possibilidades que o habitam, os poderes que o cercam. Faz-se necessário, portanto, delinear o contexto no qual desejamos intervir. Se reivindicamos a invenção de conceitos e abordagens como um campo de trabalho para o pesquisador interessado na dimensão estética dos fenômenos comunicativos, é preciso caracterizar de que maneira essa atividade se situa em relação a um horizonte, mais próximo ou mais distante, mais amplo ou mais circunscrito.

A experiência estética no horizonte da mediatização

Utilizado de muitas maneiras em nossa área de conhecimento, a extensão lógica do termo "mediatização" tem variado em função do modo como se concebem as variadas articulações entre o *campo dos media* e os diversos setores da vida social, desde a economia e a política, passando pelo entretenimento e pela informação, até alcançar os modos de subjetivação e as formas de sociabilidade. Foi como um elemento de um fenômeno como esse que o termo "estético" fez uma de suas primeiras aparições no campo de estudos da comunicação. Não como um modo de compreender os fenômenos comunicativos – uma angulação –, mas simplesmente como um de seus aspectos. Biface como Janus, essa manifestação do estético no seio da vida social, graças à inervação mediática do cotidiano, não demorou para encontrar sua natureza dual: tomado ora como revitalizador do liame social (como é caso de Michel Maffesoli), ora responsável pelo seu esgarçamento extremo (como é o caso de Jean Baudrillard). Não é conveniente retomar aqui o ponto de vista desses autores que ganharam vários seguidores entre nós.

Por ora importa apenas notar que a mediatização também se vê em meio a uma disputa conceitual por parte dos analistas, e o estético volta a comparecer nesse debate, novamente em sua face ameaçadora (ao minar o *ethos*), numa estranha aliança entre o espetáculo e o virtual secretado pelas novas tecnologias. Para alguns, a noção de espetáculo foi encaixada em novas problemáticas e tornou-se o obscuro sinônimo de uma mediatização invasiva (quanto ao mundo da vida), processo avassalador e onívoro que ameaça destruir todas as formas de mediação simbólica. Se a comunicação é esse lugar onde se tece o liame simbólico na vida das sociedades, então a predominância da estesia midiática só poderia conduzir ao seu enfraquecimento ou à sua ruína.

No campo dos estudos em comunicação – desde as discussões em torno da imagem e das atitudes do espectador, até a caracterização das relações entre mídia e política, passando pelos modos de subjetivação –, o uso do termo "espetáculo" tem sido frequente, aparecendo ora estreitamente vinculado ao modelo explicativo de Debord, ora mantido a certa distância, mas ainda imantado às explicações totalizantes que ele pressupõe e induz fortemente. Em outras situações, promove-se a conjunção entre outros quadros explicativos e alguns efeitos ou consequências típicos da sociedade do espetáculo, adotando-se o diagnóstico debordiano sem colocar em causa seus principais pressupostos.

Tanto em *Antropológica do espelho* (2008) quanto em *As estratégias sensíveis* (2006), Muniz Sodré adere à descrição debordiana do espetáculo, na esteira da perspectiva de Giorgio Agamben. No primeiro fala-se em uma "reflexividade acrítica entre mundo virtual e real-histórico" que transmutou o "espetacular" em "especular", no qual "a própria comunicatividade, a interatividade, o ser imagístico do homem", se rendem à exibição narcísica (2008, p. 109). No segundo, fala-se igualmente da imagem-espetáculo como "uma espécie de forma final da mercadoria, que investe de forma difusa ou generalizada a trama do relacionamento social, reorientando *hábitos, percepções e sensações*" (2006, p. 81). Tanto numa como noutra caracterização, um dos traços principais da mediatização é o seu caráter expropriador da experiência dos sujeitos (a começar pela linguagem, como quer Agamben na sua releitura de Debord), assim como da memória e dos saberes, como vê Muniz Sodré (2006, p. 123):

> No *bios virtual* (pelo menos nesse que, até agora, tem se mostrado como uma antropotécnica a serviço do mercado), o *ethos* humano parece submergir numa estesia telecomandada, onde o indivíduo é expropriado da experiência e da singularidade, portanto da vontade, da escolha criativa e da partilha simbólica, logo de uma corporeidade própria e ativa, geradora de sentido, que tende hoje a ser cada mais genética e culturalmente controlada – apesar da exaltação do corpo do consumidor pelos automatismos sensoriais da mídia.

Se Agamben elege o campo de concentração como o novo *nomos* biopolítico do planeta, Muniz Sodré faz da mediatização o *nomos* da modernidade tardia, governada pela velocidade e pela fluidez dos processos alimentados pelas novas tecnologias e pelas formas da comunicação em rede (Agamben, 2002b, p. 56). O grande problema de uma concepção como esta (que Sodré toma emprestado a Agamben) é que, conforme notou Didi-Huberman (2009, p. 74-76), aquilo que é um regime do *próximo*, designado empírica e imanentemene como um fenômeno determinado, surge constantemente misturado ou sub-repticiamente colado a um regime do *longínquo* (sob o modo de uma transcendência). Porém, enquanto para Agamben esse horizonte *longínquo* remete a uma redenção apocalíptica (cujo fundo judaico-cristão é atravessado pelo messianismo benjamiano), em Sodré (2008, p. 14-15) o horizonte é mais baixo e estreitíssimo, conformado pelo "ordenamento mercadológico do mundo", o "plano sistêmico da estrutura de poder", enfim, pelas forças do capital turbinado pelas novas tecnologias. Tudo se passa como se o *longínquo* sofresse uma compressão brutal e se dobrasse sobre o *próximo,* sufocando-o.

Se o que o autor chama de *bios virtual* (isto é, a vida qualificada pela mídia) é realmente uma nova forma de vida, dele está ausente justamente o traço definidor que Agamben concede ao termo. Uma forma-de-vida, escreve o filósofo, é aquela na qual "todos os modos, os atos e os processos do viver não são nunca apenas fatos, mas sempre e antes de tudo, possibilidades de vida, sempre e antes de tudo, potências" (Agamben, 2002a, p. 14). No processo da mediatização descrito por Sodré não há lugar algum para a experiência estética, rebaixada à condição de estesia generalizada ou de sensorialidade exarcerbada. Nessa caracterização ecoam fortemente as teses de Debord: o caráter enganador das aparências sensíveis, a anulação do sujeito (que quanto mais contempla menos é), separado da verdade, desalojado do mundo pelo espetáculo, que está em toda parte.

De nossa parte, preferimos lidar com a mediatização naquela acepção que lhe concedeu José Luiz Braga, a saber: de uma mudança em curso na sociedade atual, na qual os processos sociais de interação mediatizada tornaram-se referência para a construção social da realidade. Uma noção como essa tem a vantagem de não derivar (de modo determinista) a mediatização dos componentes tecnológicos dos meios de comunicação (como se suas propriedades se disseminassem ubiquamente pelo tecido social) e de não proclamar a hegemonia da mídia sobre o mundo da vida. Para Braga (2007, p. 159), o processo de mediatização inclui, justamente, "procedimentos interacionais para resistir e subtrair-se à lógica sistêmica" e se apresenta como um processo permeado por lacunas, inacabado e incompleto (mas desprovido de um télos que o conduzisse, necessária e infalivelmente, a uma realização irremediável).

Dentre os seis traços indicadores da "incompletude estrutural" da mediatização identificados pelo autor, destacamos dois, de especial interesse para as nossas discussões: (a) o rearranjo e a construção de campos de significação que deslocam os limites habituais entre "entretenimento e aprendizagem-educação; política e vida privada; economia e afetos; essência e aparência; cultura e diversão"; (b) o fato de que as interações midiatizadas não subsumiram todos os setores da vida social: em muitos deles prevalecem processos de interação governados pela oralidade e pela escrita (Braga, 2007, p. 161-163). Assim entendida, a midiatização torna-se o lugar mesmo no qual se manifestam as múltiplas formas expressivas (encarnadas em distintas materialidades) e as práticas que configuram a sua fruição, sem que a relação direta com os produtos midiáticos seja eleita o vetor único de apreensão da natureza estética dos fenômenos comunicativos. Porém, para além desse campo empírico de manifestação de obras, produtos, eventos e situações estéticas, a comunicação está na base da experiência sensível, naquilo que nela há de partilhável.

Compreendida somente desse modo, podemos esperar que a experiência estética venha a criar uma "paisagem inédita do visível, formas novas de individualidades e de conexões, ritmos diferentes de apreensão do dado", bem como escalas novas para compreender e habitar um mundo em comum, como escreve Jacques Rancière (2008, p. 72). Para dar a ver o conjunto das possibilidades conceituais, analíticas, metodológicas e heurísticas oferecidas pelos estudos que investigam os vínculos entre a comunicação e a experiência estética, distribuímos os artigos deste livro em cinco seções, tratando dos seguintes temas: (I) como as noções de experiência e de experiência estéticas, reconfiguradas sob uma visada relacional e pragmática, podem nortear a investigação em torno da natureza estética dos fenômenos comunicativos?; (II) como conceber a experiência estética como uma das dimensões constitutivas do campo comunicacional e não apenas como epifenômeno?; (III) de quais as estratégias verbais e visuais os textos dispõem para modalizar a experiência?; (IV) como os novos regimes de visibilidade convocam a experiência dos sujeitos filmados e dos espectadores?; (V) quais experimentações estéticas fundam novas formas de sociabilidade e de sensibilidade nas redes sociais?

Eis, enfim, um mapa para múltiplos trajetos de leitura.

Referências

AGAMBEN, Giorgio. Forme-de-vie. In: *Moyens sans fins. Notes sur la politique.* Paris: Rivages, 2002a.

AGAMBEN, Giorgio. Qu'est-ce qu'un camp? In: *Moyens sans fins. Notes sur la politique.* Paris: Rivages, 2002b.

BRAGA, José Luiz. Mediatização como processo interacional de referência. In: MÉDOLA, Ana Sílvia Lopes Davi; ARAÚJO, Denise Correa; BRUNO, Fernanda (Orgs.). *Imagem, visibilidade e cultura midiática.* Porto Alegre: Sulina, 2007.

DIDI-HUBERMAN, Georges. *Survivance des lucioles.* Paris: Minuit, 2009.

GUIMARÃES, César; LEAL, Bruno Souza; MENDONÇA, Carlos Camargos. (Orgs.). *Comunicação e experiência estética.* Belo Horizonte: Ed. UFMG, 2006.

PICADO, José Benjamin. Do elogio da técnica aos padrões de gosto e a experiência sensível: matrizes de uma discursividade estética no campo da comunicação. In: Simpósio 10 anos de Filocom: a nova teoria nos 44 anos da Eca-USP. São Paulo: Núcleo de Estudos Filosóficos da Comunicação, ECA-USP, 22-26 nov. 2010.

RANCIÈRE, Jacques. *Le spectateur emancipé.* Paris: La Fabrique, 2008.

SODRÉ, Muniz. *Antropológica do espelho.* Vozes: Petrópolis, 2008.

SODRÉ, Muniz. *As estratégias sensíveis. Afeto, mídia e política.* Petrópolis: Vozes, 2006.

STENGERS, Isabelle (Org.). La propagation des concepts. In: *D'une science à l'autre. Les concepts nômades.* Paris: Seuil, 1987, p. 21-23.

Parte 1

Da experiência à experiência estética

O caráter impessoal da experiência

Louis Quéré

Tradução: Fernando Scheibe

If the things of experience are produced [...] by interaction of organism and environing conditions, then as Nature's own foreground they are not a barrier mysteriously set up between us and Nature. Moreover the organism – the self, the "subject" of action – is a factor within experience and not something outside of it to which experiences are attached as the self's private property.

DEWEY, 1939, p. 17

Falar de caráter impessoal da experiência parece contraintuitivo. É difícil conceber a experiência sem conceber ao mesmo tempo alguém – um sujeito ou uma pessoa – que vive sua experiência, que faz uma experiência ou que tem experiência (no sentido em que se fala de um "homem experiente"). E, quando John Dewey (2010) diz que a experiência é "tida", compreende-se espontaneamente essa expressão em referência a um sujeito: para que ela seja tida, é preciso que haja alguém que a tenha. É preciso evitar, entretanto, atribuir rápido demais um sujeito à experiência, pois a experiência precede e cria a possibilidade de distinguir o sujeito e o objeto. A experiência é impessoal e objetiva, portanto a-subjetiva, e sua personalização e subjetivação se fazem através de uma apropriação: o processo impessoal que é a experiência se torna "minha" experiência por uma interpretação ou um ato retrospectivo de apropriação, geralmente no contexto de interações sociais em que se coloca a possibilidade de reivindicar ou atribuir uma responsabilidade. A experiência desaparece nessa apropriação. Também nas ciências, a experiência é impessoal, e é o que lhe permite funcionar como um tribunal em que se decide da validade ou da não validade de proposições sobre o mundo.

Essa concepção vai ao encontro da concepção comum da experiência, que é também bastante difundida nas ciências sociais e na filosofia.

Para muitos de meus colegas sociólogos, prestar conta da experiência é descrever uma vivência ou um sentido subjetivo, ou ainda restituir aquilo que foi sentido, experimentado, ou uma percepção subjetiva da situação. Talvez seja a concepção empirista da experiência que se tornou a concepção do senso comum, ou seja, aquela que encara a experiência como um composto de impressões suscitadas pelas coisas e pelos acontecimentos do mundo sobre um ser dotado de capacidades sensoriais, composto que se traduz numa vivência do subjetivo, uma "vivência de significação", por exemplo.

Em *L'expérience de l'histoire* [A experiência da história], R. Koselleck (1997, p. 201-201) relembra que essa concepção corresponde a um empobrecimento do conceito de experiência:

> Num de seus mais belos artigos, Jacob Grimm nos esclarece sobre o sentido e a evolução da noção de experiência (*erfahren, Erfahrung*). Ele sublinha sua significação primitiva ativa, por assim dizer processual. Experiência tinha antes de tudo o sentido de exploração, de investigação, de verificação. [...] É assim que 'se considera que aquele que faz uma experiência está a caminho do lugar onde deve investigar'. Ter experiência teria o sentido de 'conduzir investigações'. Mas, para a época moderna, Grimm nota já um deslocamento, para não dizer uma diferenciação do conceito de experiência. Uma acepção mais passiva, mais receptiva, começa a prevalecer: 'À máxima distância da significação primitiva da palavra experiência se situa a acepção que, hoje, é a mais usual, e que se reduz à simples percepção visual e auditiva das coisas, sem que se pressuponha qualquer procedimento ou pesquisa'. [...] No início dos tempos modernos, a palavra 'experiência' foi, pois, amputada de sua dimensão ativa, centrada na ideia de investigação. [...] Uma restrição progressiva se delineia no uso geral que tende a concentrar a noção de experiência no domínio da percepção visual e da vivência. 'Aquilo de que se fez a experiência é o 'real' e se opõe cada vez mais àquilo que é somente pensado'. [...] E Grimm tinha razão. Ele tentou preservar a unidade globalizante do velho conceito de experiência porque a experiência receptiva da realidade e a investigação produtiva, assim como a verificação dessa realidade vivida, se condicionam mutuamente, são indissociáveis uma da outra. Ele era reticente diante da separação analítica operada entre a percepção sensível, a visão e a audição, de um lado e, do outro, o ato consciente da investigação e da exploração.

Há, sem dúvida, várias maneiras possíveis de "preservar a unidade globalizante do velho conceito de experiência". Privilegiarei aquela do pragmatismo americano. No que concerne à impessoalidade da experiência, haveria uma maneira de estabelecê-la que consistiria em conferir um caráter impessoal ao próprio sujeito que tem ou que faz a experiência. Poderíamos chamar essa via de durkheimiana. Ela consistiria em atribuir a experiência a pessoas e em tratar essas pessoas como "coisas sociais", como "depósitos" impessoais da vida social e dos processos sociais:

> A sociedade é o que faz que haja pessoas [...]. Fazendo-se presente aos indivíduos, a sociedade os constitui em *pessoas*, que nada mais são do que o modo distribuído segundo o qual suas relações tendem a se regular, no próprio nível em que se produzem e esposando a diferenciação extrema que conhecem no contexto moderno. Em suma, na contramão da acepção corrente, a pessoa é aquilo que, no indivíduo, não vem dele, configura-o como um ser em relação, e permite a essas relações se atualizar sob uma forma determinada. Em sentido estrito [...], é o que há de mais *anônimo* nele, aquilo que, embora aderindo ao que ele é, ainda lhe resiste. No indivíduo mesmo, é o que excede sua própria individualidade (Karsenti, 2006, p. 6).

Tal problemática, veremos, se coaduna sob certo aspecto com a abordagem pragmatista. Mas não permite explicar de que forma a pessoa está implicada na experiência, nem como emerge dela.

Num primeiro momento, gostaria de examinar o estatuto que podemos atribuir ao que se chama a experiência vivida. Não se trata de negá-la, mas de encontrar a maneira certa de falar dela. E sobre essa questão não poderíamos ter guia melhor do que Wittgenstein. Num segundo momento, evocarei a maneira como o pragmatismo americano restaurou "a unidade globalizante do velho conceito de experiência". Gostaria de completar minha introdução com uma observação: embora possa servir à análise da experiência estética, esta reflexão sobre o conceito de experiência está orientada, em primeiro lugar, à resolução de problemas sociológicos – especialmente aquele da organização da ação coletiva no espaço público (problemática da experiência pública).

As armadilhas da descrição da experiência vivida

A "vivência" é incontestavelmente um componente da experiência. Mas como analisá-la corretamente, vale dizer, dando-lhe seu lugar justo e sem considerar desde o princípio a experiência como propriedade de um sujeito e, portanto, o sujeito como exterior à experiência?

Uma primeira constatação a fazer é que, por causa da nossa linguagem e das nossas maneiras de falar, somos levados a atribuir à vivência (impressões, sensações, vivências de significação) mais importância do que ela tem na realidade. Pensamos que, acessando a vivência, atingimos um solo firme. Mas eis aí uma ilusão, pois isso nos remete antes a uma quantidade de fenômenos muito diversos, sobretudo psicológicos, que precisariam ser diferenciados e analisados. Para Wittgenstein, "vivência" faz parte desses termos que "se referem de fato a uma quantidade enorme de casos especiais, mas isso não os torna mais firmes, torna-os apenas mais fugidios" (citado por Chauviré, 2004). Sem dúvida, é necessário ter em conta essa vivência, por exemplo, a "vivência de significação", que diz respeito à apreensão da fisionomia das palavras, de seu rosto familiar ou de sua atmosfera, ou ainda daquilo que é experimentado na experiência estética. Mas o que é importante na consideração da vivência é encontrar a maneira certa de falar dela.

Seria preciso para tanto construir uma linguagem especial, uma linguagem suficientemente fina para ser capaz de descrever "experiências presentes que imediatamente nos escapam" (Wittgenstein, 2009, p. 213)? Por exemplo, uma linguagem capaz de descrever o aroma do café, assim como a sensação e a emoção correspondentes: "Descreva o aroma do café! – Por que não dá para descrevê-lo? Faltam-nos as palavras? E *para que* é que elas nos faltam? – De onde vem o pensamento de que tem que ser possível tal descrição? Escapou-lhe alguma vez tal descrição? Você já tentou descrever o aroma e não conseguiu?" (Wittgenstein, 2009, p. 213).[1] A insistência sobre a falta de uma linguagem apropriada e sobre o fracasso das tentativas de descrever o aroma do café projeta uma linguagem ideal e uma descrição adequada de que não dispomos (Chauviré, 2004, p. 55). Ela dá, assim, a ideia de que poderíamos sair do jogo de linguagem da descrição ordinária, tal como ele está a nossa disposição, com seus limites ao qual nos acomodamos de tal forma que jamais sentimos a falta de uma descrição fina do aroma do café.

A vivência não é da ordem de um objeto a ser descrito[2]

Muitas armadilhas nos espreitam a partir do momento em que buscamos descrever a vivência. A primeira está ligada ao fato de que a assimetria entre

[1] Na medida do possível, utilizamos as traduções brasileiras já existentes para os textos de Dewey e Wittgenstein citados pelo autor. No caso de Dewey, diante da inexistência da tradução brasileira para a obra mencionada ou quando não encontramos o trecho citado por Quéré na tradução brasileira de *Arte como experiência*, mantivemos a tradução para o português da edição francesa. [Nota do editor]

[2] Preferimos manter a tradução de *Erlebnis* por "vivência" por duas razões: para acompanhar a tradução brasileira de *As investigações filosóficas*, de Wittgenstein e para diferenciar *Erlebnis* (experiência vivida, própria do indivíduo solitário) de *Erfahrung* (experiência como algo compartilhado coletivamente), conforme a conhecida distinção estabelecida por Walter Benjamim (embora Quéré não esteja preocupado com essa diferença, mas com a possibilidade de resgatar o antigo conceito de experiência – na acepção de Jacob Grimm – a partir das noções de *vivência* em Wittgenstein e de *experiência* em Dewey. De todo modo, o termo empregado originalmente por Wittgenstein é *Erlebnis*. [Nota do editor]

a atribuição de uma sensação ou de uma experiência à primeira e à terceira pessoa incita a confundir saber e expressão. Consideremos os dois enunciados seguintes: "Ele não se sente bem"; "Não me sinto bem". No primeiro caso, podemos evocar toda uma série de fenômenos para sustentar nosso enunciado (ele está pálido, transpira, tem uma dor aqui ou ali, não consegue ficar de pé). Pode acontecer, entretanto, que nos enganemos, que tenhamos feito inferências indevidas a partir da impressão que o outro dá. Tudo muda se sou eu que digo a alguém: "Não me sinto bem". Certamente é possível que eu esteja representando uma comédia para mim mesmo, ou que esteja mentindo, mas, normalmente, tratando-se daquilo que experimento, não posso me enganar nem cometer um erro – e o que posso dizer sobre outrem pode se revelar falso.

Posso saber, acreditar, ter certeza de que meu colega está com as chaves no bolso, porque o vi colocá-las ali; ou ter certeza de que tenho um lenço no bolso. Mas posso me enganar quanto a ele e quanto a mim – se o bolso em que ele pôs as chaves há dois minutos estiver furado, por exemplo, é verossímil que elas não se encontrem mais ali. A mesma coisa quanto a meu lenço. Mas em se tratando de estados de consciência, de sentimentos ou de sensações, se posso me enganar em sua atribuição a outrem, é impossível que me engane quanto aos meus. E isso porque, no meu caso, a certeza, a dúvida, o erro ou o saber estão excluídos. Os verbos epistêmicos, tais como saber, acreditar, ter certeza, duvidar, se enganar, não podem ser utilizados aqui. "A questão não é saber se, no meu caso particular, estou mais seguro do que afirmo, se sei mais, ou se estou mais apto a sabê-lo. Quando digo que estou com saudade da minha terra, não tenho nenhum ponto de apoio, não faço mais que exprimir aquilo que sinto. Quando digo que estou com dor, a proposição que enuncio não repousa sobre nenhuma dedução perfeitamente segura feita a partir de indícios indubitáveis. Ela é simplesmente *a expressão imediata de minha sensação*: não é um saber que exprimo, mas dores" (Schulte, 1992, p. 159). Posso mentir, mas não me enganar.

Se digo, por exemplo, "Tenho um lenço no meu bolso", e alguém duvida, posso tirá-lo para mostrar que é verdade. Mas se digo "Estou com saudade da minha terra", é impossível mostrar o que é ou me justificar dizendo que é algo que observei em mim. De fato, não há outra maneira de mostrar ou demonstrar a saudade senão exprimindo-a. Mas nossa maneira de falar faz dela alguma coisa da mesma ordem que o lenço que tenho no bolso, digamos, um objeto contido num continente – no caso, eu, ou meu coração, ou minha alma.

Além do mais, em se tratando de minhas sensações ou de meus sentimentos, eles me são imediatamente acessíveis, e só o são para mim, enquanto o outro não pode mais que adivinhá-los, supor ou descobrir através de sua expressão (em meu rosto, por exemplo). Daí a ideia de que as sensações são de ordem privada. Mas aos olhos de Wittgenstein, esse enunciado é uma lapalissada ou, mais exatamente, uma "proposição gramatical": "A proposição 'As sensações são privadas' é comparável a 'Paciência se joga sozinho'" (Wittgenstein, 2009, p. 124). (ou "no futebol marcam-se gols") – é o próprio princípio do jogo que se formula para alguém que não o conhece ou que está aprendendo a jogá-lo.

Um problema surge do fato de que somos levados a inferir dessa expressão, "as sensações são privadas", que as sensações são objetos possuídos propriamente, pessoalmente. Cometemos então o erro de interpretar a expressão de sensações ou os enunciados de experiência pessoal na primeira pessoa – "estou com dor de dente" – a partir do modelo da designação de objeto. Somos, com efeito, levados a conceber a expressão das sensações como "descrições" daquilo que é sentido, vivido ou experimentado no interior, consideradas como objetos ou estados internos. E ao fazê-lo, confundimos, então, dois jogos de linguagem – o da expressão e o da descrição – e esquecemos sua utilização específica. Quando digo "estou com dor de dente", não descrevo um estado corporal que eu perceberia do interior, que só eu posso testemunhar. Para Wittgenstein (2009), minha expressão faz parte de um comportamento global de dor, que compreende também o gemido, o grito, a queixa, etc. O enunciado expressivo substitui e prolonga o gemido. Se pode visar a informar, pode também buscar suscitar a compaixão ou convencer alguém a cuidar da gente. Além disso, ao dizer "eu estou com dor de dente", "eu" não designa a pessoa que sente a dor, como o faz o enunciado "Paulo está com dor de dente". O primeiro enunciado não atribui a dor a uma pessoa, enquanto o segundo sim. Um é expressivo, o outro descritivo. Enfim, a simulação é possível, e sabemos como tratar o "estou com dor de barriga" de uma criança que não quer comer o que lhe servimos.

O que fazer então das sensações? A primeira coisa é cuidar para não homogeneizá-las. Posso sentir coisas muito disparatadas, pertencentes de fato a diferentes categorias: uma dor nas costas, medo, tristeza, alegria, embaraço, remorso, cansaço, vertigem, ou ainda o pressentimento de que um infortúnio vai acontecer, ou o sentimento de que já estive, no passado, numa situação semelhante a esta em que me encontro hoje, sem contar diferentes sensações corporais: aquelas de tal ferramenta em minha mão, quando a utilizo, aquelas da posição ou do movimento de meu braço, etc. É, pois, importante distinguir categorias e não se enganar de categoria.

A segunda coisa a fazer é evitar inferir, da ausência de objeto privado ou de estado interno privado por trás da expressão (gemido ou enunciado de dor), que aquilo que as pessoas experimentam ou sentem – sobretudo em seu corpo – não é nada ou não tem nenhuma importância. A dor de dente não é alguma coisa que acompanha meu gemido ou meu enunciado, e que faz com que eu me queixe por tê-la observado em mim. Nem por isso se trata de um nada. Não é nem uma coisa qualquer (um objeto que se pode designar e observar, como um livro ou um lápis), nem um nada (cf. Chauviré, 2006). Ao dizer "estou com dor de dente", refiro-me a alguma coisa, mas não a um objeto, a um estado ou a uma coisa física. Quando digo "tenho dor de dente", não tenho dor de dente como tenho um carro. Tampouco descrevo o processo fisiológico que produz a dor, que eu observaria *foro interno*, ou defino o que acontece com meu dente. A dor real faz parte do jogo de linguagem que jogo então, que não é feito apenas de palavras – a dor também faz parte dele; mas ela não é a coisa física que acompanha o comportamento; ela é um componente do comportamento de dor em sua globalidade, comportamento no qual o enunciado expressivo prolonga e substitui o gemido (que é uma expressão mais primitiva). Da mesma forma, quando digo "tenho medo", minha declaração faz parte de minha emoção em face de uma situação e do comportamento que a exprime. Deve-se notar também que não é o meu dente que sofre, enquanto parte de meu corpo, mas eu, minha pessoa inteira em carne e osso. Em suma, a linguagem não se aplica a nossas sensações, a nossos estados internos ou a nossas vivências, como faz aos estados de coisas, aos objetos ou aos acontecimentos do mundo que nos cerca.

A terceira coisa a fazer é evitar ceder ao mito da indescritibilidade da vivência. Wittgenstein (2009): "Não podemos descrever o que sentimos? Claro que podemos. Fazemo-lo todos os dias. Mas como? Bom, é preciso refletir sobre os casos particulares".[3] De fato, descrevemos frequentemente nossas experiências vividas, bem como os sentimentos, as emoções ou os estados de alma que experimentamos. A descrição é um jogo de linguagem, mas o contexto é que permite determinar se é este ou outro o jogo jogado. Para determinar o valor do enunciado "tenho medo", é preciso dispor do contexto; em função deste, o enunciado valerá como expressão de uma emoção, como descrição do estado de alma do locutor, como informação, ou mesmo como solicitação de ajuda ou proteção. "Estou com dor de dente, mas menos do

[3] WITTGESTEIN, Ludwig. *Derniers écrits sur la philosophie de la psychologie*. 2009. Tome1 - Etudes préparatoires à la 2ème partie des "Recherches philosophiques", Mauvezin, TER, §397.

que ontem"; "estou com dor nas costas, uma dor surda e lancinante à altura das ancas". Essas são descrições possíveis, bastante correntes. De um lado, pode-se descrever o conteúdo de uma vivência por meio de uma imagem. De outro lado, "uma vez que todas as experiências vividas têm uma duração e um *curso* (um início, um meio e um fim), é sempre possível descrever sua evolução e suas variações de qualidade, de acordo com o eixo do tempo (a dor cresce, a dor cessa, etc.)" (Rosat, 2006, p. 232).

Um caso particular diz respeito à contribuição das sensações para a consciência dos movimentos corporais ou da posição de tal ou tal membro - do gênero: "Sei que estou com minha mão direita atrás das costas porque a sinto aí". Mas deixo de lado o exame desse caso para chegar logo à experiência estética. (Wittgenstein contesta que tal sensação é o que me faz saber a posição de minha mão - cf. Budd, 1989.)

A vivência na experiência estética

As reflexões de Wittgenstein sobre a experiência estética são outra fonte importante de esclarecimentos sobre o tratamento possível da vivência e, especialmente, da experiência corporal. Elas são tanto mais interessantes porque não negligenciam de todo a vivência. Recapitularei essas reflexões em torno de quatro recomendações.

A primeira concerne à compreensão estética (compreender uma obra musical, um quadro, etc.). Essa não é uma *Erlebnis* (vivência) específica; e nada deve à vivência; ela é antes uma questão de capacidades, de poder fazer e de *savoir-faire*. C. Chauviré salienta que, embora admitindo a importância da "experiência vivida da significação", ou da vivência da experiência estética, Wittgenstein evita assimilar a compreensão estética "seja a uma decodificação mecânica, seja a uma vivência específica que não pode ser analisada, ou analisável somente por introspecção. A escuta inteligente [de um trecho de música, por exemplo] pode certamente ser acompanhada por uma vivência intensa, mas ela não constitui a compreensão, e pode mesmo estar ausente quando de uma audição com compreensão; a vivência não é nem necessária nem suficiente para o *Verständnis*" (Chauviré, 2004, p. 42-43). E Chauviré insiste em um aforismo das *Investigações filosóficas*: "O substrato dessa vivência é o domínio de uma técnica" (Wittgenstein, 2009, p. 272). Especialmente em matéria de arte, mas também de expressão corporal, a atribuição de uma vivência só pode ser feita a alguém que aprendeu e domina uma técnica, que é dotado de um *savoir-faire*, de capacidades, de *skills*. A compreensão de uma obra repousa, portanto, sobre o exercício de capacidades, mesmo se esse exercício pode dar ensejo a estados ou acontecimentos internos concomitantes – por exemplo, quando compreendemos subitamente alguma coisa, é comum que sobrevenha uma vivência de acontecimento mental específica, o que Wittgenstein (2009) não pretende

> Estas vivências, em certo sentido, fazem parte, *sem lhe ser essenciais*, da experiência estética global, que se revela complexa e disparatada, e não limitada a uma única vivência específica, ou redutível a um processo psíquico concomitante, ou ao funcionamento de um mecanismo mental ou cerebral. Para Wittgenstein, todos os tipos de vivências (imagens, estados de consciência, sentimentos) podem entrar na experiência estética a *título contingente* (Chauviré, 2004, p. 45).

No entanto, a compreensão estética é antes de tudo uma questão de domínio de técnicas e de exercício de capacidades.

A segunda recomendação resulta daí: "Não tente analisar a vivência em si próprio" (Wittgenstein, 2009, p. 267), sem dúvida porque se trata aí, como já foi dito, de uma quantidade de fenômenos muito diversos, que seria preciso distinguir e analisar. "Não analisar a vivência (*Erlebnis*) em si mesmo", mas voltar-se para as capacidades, o domínio de técnicas, o *savoir-faire*, as *skills*, sobre as quais essa vivência repousa, permite também não ceder ao mito da interioridade, pois que, de um lado, trata-se de coisas publicamente verificáveis (há critérios públicos para esse domínio ou essas capacidades); de outro, a presença dessas capacidades e dessas *skills* faz com que sejamos diretamente solicitados pelo ambiente e pelas situações, e que respondamos a elas sem recorrer a mediações internas (formação de representações, de intenções ou de metas); apoiamo-nos antes sobre os esforços espontâneos do corpo para obter um "controle máximo" sobre essas situações e configurar agenciamentos que assegurem o equilíbrio.

Outra razão para não se voltar para "a vivência (*Erlebnis*) em si próprio" é que o exercício de capacidades se concretiza em manifestações observáveis. Por exemplo, a compreensão é alguma coisa que se manifesta numa reação, numa expressão, ou num comportamento; ela é coisa visível; tem um rosto e é "imanente a suas manifestações" (não está atrás delas).

A terceira recomendação concerne à consideração das reações estéticas: "Talvez a coisa mais importante no que toca à estética seja aquilo que se pode chamar de reações estéticas, por exemplo, o descontentamento, o desgosto, o incômodo" (Wittgenstein, 1992, p. 37). Um exemplo de reação estética é a insatisfação ou o desconforto diante de um objeto – o desenho de uma porta que foi feita, por exemplo, na fachada de uma casa: alta demais, baixa demais, desproporcional à fachada, às janelas. Reage-se ao desenho. O fato de que a insatisfação ou o desconforto seja dirigido a um objeto não deve ser negligenciado. Não se trata de reflexo. Se digo "está alta demais", produzo uma avaliação ou uma crítica de meu desenho, ao mesmo tempo que exprimo minha insatisfação, como quando digo "tenho dor", exprimo verbalmente minha dor, mas não descrevo um estado interno. Poderia também exprimi-la por uma careta particular ou um gesto. Entretanto, se a expressão não é necessária ao fato de que sinto uma insatisfação, quando não estou satisfeito com alguma coisa, com meu desenho da porta, por exemplo, fico disposto/inclinado a dizer, ou a fazer tal ou tal coisa, e há uma ligação interna entre essa insatisfação e essa disposição.

Comentando a fórmula de Wittgenstein, Chauviré (2004, p. 53) escreve: "A experiência estética não consiste tanto em vivências internas específicas, que seria preciso analisar por introspecção, quanto na protolinguagem formada por reações imediatas, comparadas por Wittgenstein à reação que nos faz retirar a mão de um prato escaldante".

As reações estéticas estão na continuidade das reações "primitivas" ou naturais, ou seja, das reações que não procedem do pensamento, do cálculo ou da interpretação, mas pertencem "aos fatos gerais da natureza" (se, "por natureza", não tivéssemos reagido ao ritmo de uma certa maneira, não teríamos a música e as danças que temos). Trata-se de um modo de conduta pré-linguística, mas que pode ser estendida e afinada com a ajuda da linguagem.

A última recomendação versa sobre o reconhecimento do papel criador do corpo. Nas anotações de Wittgenstein sobre a música – e há muitas em sua obra – encontra-se a seguinte observação:

> A música, com suas notas e seus ritmos, parece a alguns uma arte primitiva. Mas somente sua superfície [seu primeiro plano] é simples, enquanto que o corpo, que torna possível a interpretação desse conteúdo manifesto, tem toda a complexidade infinita que é sugerida nas formas externas das outras artes e que a música esconde. Num certo sentido, ela é a arte mais sofisticada de todas (Wittgenstein citado por Shusterman, 2002, p. 102).

Wittgenstein (2009) tende a generalizar essa mediação criadora do corpo: não é unicamente para a música que o corpo é "o instrumento último e necessário" (Shusterman), é também para a determinação do sentido: "O que é puramente corporal é misterioso"; "Talvez o que não pode ser expresso (o que acho misterioso e não sou capaz de exprimir) seja o *plano de fundo sobre o qual tudo o que posso exprimir adquire seu sentido*" (Wittgenstein, 2009 citado por Shusterman, 2002, p. 102).

Nas *Remarques mêlées* (*Observações mescladas*[4]) ele conta como, quando imagina um trecho de música, confere inconscientemente um movimento rítmico a seus maxilares.

> Notei isso há pouco, mas habitualmente faço-o inconscientemente. Além do mais, é como se as notas que imagino fossem produzidas por esse movimento. Acredito que essa maneira de imaginar interiormente um trecho de música é bastante difundida. É claro, posso imaginar uma música sem mexer assim os dentes, mas então as notas são bem mais fantasmáticas, mais fluidas, e menos pronunciadas (Wittgestein, 2002).

Que conclusões tirar para nosso propósito? A experiência excede as vivências múltiplas e variadas, ou as sensações de todos os tipos, que dela fazem parte. Essas vivências não são o coração do fenômeno, que para Wittgenstein é uma questão a um só tempo (a) de capacidades/*skills* e de domínio de técnicas (sob forma de hábitos), e (b) de reações imediatas, profundamente ancoradas na natureza. Em ambos os lados encontramos o social. De um lado, o conceito de capacidade é um conceito normativo estreitamente ligado àqueles de aprendizagem, de prática instituída, de técnica e, portanto, de regra e de hábito; os critérios de posse de uma capacidade são públicos e observáveis, etc. De outro, as reações imediatas estão escoradas não apenas sobre a partilha de uma mesma forma de vida, ou sobre "um comportamento humano comum", mas também sobre hábitos e aquisições da educação e da aprendizagem/adestramento numa cultura determinada.

A experiência como processo objetivo

Voltando-nos para o pragmatismo, especialmente aquele de Dewey, podemos caracterizar, mais precisamente do que em termos de domínio de técnicas, o substrato da experiência vivida, assim como o processo de subjetivação da experiência. Note-se que se encontram em Dewey expressões – "ter uma experiência", "a experiência é *tida*", etc. – que podem nos extraviar, pois incitam a raciocinar em termos de vivências e de sensações, ou seja, de exterioridade mútua do sujeito e da experiência. Indicarei como Dewey as entende.

As questões que pretendo examinar são: como recolocar o sujeito na experiência sem subjetivá-la indevidamente? Como definir a passividade da experiência, evocada pela expressão a "experiência é tida", sem ceder a

[4] *Vermischte Bemerkungen*, 1946. Não há tradução em português, mas Bento Prado Jr. a elas se refere como "Observações mescladas" em *Erro, ilusão, loucura – ensaios*. Rio de Janeiro: Ed. 34, 2004. (N. T.).

uma psicologia subjetivista? Como conceber o condicionamento mútuo da passividade e da atividade?

Partirei de uma discussão de J. Dewey (1941) com o filósofo Bertrand Russel nos anos 1930-40. O motivo dessa discussão foi a afirmação de Dewey de que uma situação problemática não apenas é a fonte da investigação, mas também a controla (mais do que o sujeito). Como, pergunta Russel, uma situação pode ser problemática, se não há um sujeito independente para o qual ela é problemática e que controla a investigação? Para que uma situação possa ser dita incerta, ambígua ou duvidosa, etc., é preciso que haja alguém que tenha um objetivo ou um desejo qualquer, em quem a dúvida, a ambiguidade, ou a incerteza existe, e que busca dissipar essa dúvida e essa incerteza. É necessário um sujeito ao qual a experiência pertença, que se possa considerar como a causa do caráter problemático ou incerto da situação (ele a percebe como tal, baseado em sua sensibilidade, seus valores, etc.).

A essa objeção, Dewey responde sustentando o caráter objetivo da incerteza e da problematicidade da situação: uma situação incerta, ambígua ou duvidosa pode existir sem que haja uma pessoa que duvide ou esteja incerta. O caráter problemático de uma situação tem sua fonte num desequilíbrio que se produz, por causa de resistências, tensões ou contradições, na interação de um organismo e de um ambiente. É apenas de maneira derivada ou secundária que a incerteza ou a dúvida podem ser atribuídas a uma pessoa, especialmente enquanto coisas experimentadas. Assim, a fome não é em primeiro lugar algo experimentado, um *feeling* – embora haja evidentemente um componente de *feeling* na fome –, mas um modo de comportamento observável, manifestado, por exemplo, pela colocação em movimento do corpo e por uma atividade de busca de alimento.

Aos olhos de Dewey, Russel cede à propensão, herdada de uma psicologia subjetivista, de conceber o que é incerto ou ambíguo como algo que procede de nós, ou nos pertence, mais do que como um traço da situação em que nos encontramos. Ou ainda de considerar como estados internos ou coisas mentais o que de fato diz respeito a modos de comportamento. Ficamos incertos porque a situação não é clara ou lhe falta integração. A reação de Russel é, diz Dewey, uma reação pré-darwiniana, que não considera, quando se trata de dar conta do que é a experiência, nem o pertencimento do homem à natureza, nem suas contínuas transações com o ambiente.

E Dewey lembra o que entende por isso, sublinhando que esse é o ponto central da sua teoria da experiência. A experiência é *behavioral*: ela é uma questão de ação, comportando elementos motores, nas interações de um organismo com o ambiente que o circunda. Mais precisamente ainda, é uma questão de "interatividade do organismo e do ambiente" (DEWEY, 1941, p. 279). "As coisas da experiência são produzidas [...] pela interação de um organismo e das condições circundantes" (DEWEY, 1939, p. 17). Não se trata, portanto, apenas de interações com condições circundantes, mas de atividades conjuntas, feitas junto e interdependentes; não sendo as atividades do ambiente menos importantes que aquelas do organismo. Por isso, uma situação duvidosa é uma situação na qual a organização dinâmica dessa interatividade, pelo estabelecimento de agenciamentos apropriados, não acontece espontaneamente, porque seus elementos são indeterminados quanto à sua importância e quanto ao que pressagiam "em sua interação com o organismo". Dewey insiste ainda seja no caráter de "processo temporal" de tal organização - não é algo de instantâneo; é um desenvolvimento, um crescimento -, seja no fato de que não é pela "manipulação de estados mentais pessoais" que se resolve uma situação problemática, mas por operações que são ações ("fazer alguma coisa, realizar alguma coisa") e que produzem resultados e consequências.

Por conseguinte, se um sujeito figura nesse processo, é unicamente como "fator". Em *A Arte como experiência*, Dewey (2010) precisa o que entende por isto nos seguintes termos:

> A ideia equivocada do que acontece na chamada projeção, em suma, decorre inteiramente de não se perceber que o eu, organismo, sujeito ou mente - seja qual for o termo empregado - denota um fator que interage casualmente com o meio ambiente na produção da experiência. Observa-se a mesma falha quando o eu [*self*] é visto como portador da experiência, e não como um fator absorvido no que é produzido - a exemplo, mais uma vez, dos gases que produzem água. Quando há necessidade de *controle* da formação e do desenvolvimento de uma experiência, temos de tratar o eu como seu portador; temos de reconhecer a eficácia causal do eu para assegurar a responsabilidade. Mas essa ênfase no eu destina-se a um propósito especial e desaparece quando deixa de existir a necessidade de controle em um sentido especial e predeterminado (DEWEY, 2010, p. 436).[5]

[5] A tradução brasileira de *Arte como experiência* traduziu 'self' por 'eu'. Louis Quéré prefere utilizar o termo 'soi'. Para garantir a coerência do texto de Quéré, evitamos traduzir 'soi' por 'si', pois isso pode trazer alguma ambiguidade na compreensão do sentido em jogo, já que Dewey insiste que a experiência não reside na interioridade do sujeito. O mais indicado seria, portanto, manter o termo *self*. Essa foi a nossa opção no caso dos trechos citados por Quéré extraídos de obras que não foram traduzidas entre nós. Quando o autor menciona trechos de *Arte como experiência* mantivemos a tradução brasileira, que prefere o termo "eu" a "self". (N. E.).

Em outros termos, é apenas em circunstâncias particulares que o sujeito é colocado como "portador", por oposição a "fator", da experiência: "Caracterizar um aspecto, uma fase ou um elemento da experiência como *meu* não é descrever sua existência direta, é descrevê-la em relação a um problema especial com um objetivo especial" – essencialmente, assegurar um controle da experiência, ou reivindicar, ou atribuir, uma responsabilidade, no contexto das interações sociais (Dewey, 1939, p. 17).

O processo a-subjetivo da experiência se presta especialmente a apropriações. Apropriar-se da experiência é dizê-la e fazê-la sua. Isso implica um ato de interpretação a partir de uma perspectiva. Mas implica também uma extração: para se apropriar da experiência, e dizê-la sua, o sujeito deve abandonar seu estatuto de "fator" e se extrair do agente integrado que a produziu, postular um sujeito individual capaz de responder por ela. Assim, o sujeito se produz nas interpretações da experiência; "melhor, é ele próprio uma interpretação" (Lapoujade, 1997, p. 39). A semântica natural da ação fornece os recursos para tal interpretação.

Na experiência, é possível distinguir duas dimensões estreitamente associadas: há experiência de alguma coisa; e há *experiencing*. Há experiência de acontecimentos, de situações, de objetos, de coisas materiais, de pessoas e, mais amplamente, de condições circundantes, ou ainda de ações, de maneiras de agir, de maneiras de operar ou de "conexões operatórias" entre as coisas. Não é, portanto, das sensações ou das impressões que a experiência é "tida", mas das próprias coisas e de suas maneiras próprias de se comportar, de se agenciar, etc.[6] E há o *experiencing*, que é uma combinação de sofrer[7] e de agir, em transações com os objetos e os acontecimentos do ambiente; seus agentes são "*agencies of doing and undergoing*" (agenciamentos de fazer e sofrer).

Para os pragmatistas (especialmente James e Dewey), esse *experiencing* é um processo. Um processo é alguma coisa que vai adiante, se desenvolve, progride e culmina num ponto final que é mais que um simples cessar. Esse processo é externo ou objetivo. Não é interno ou subjetivo; e, sobretudo, não

[6] Dewey critica, desse ponto de vista, o empirismo clássico. Quando se fala de impressões, de sensações, de vivência, introduz-se um material discursivo: certo material é extraído do contexto da experiência imediata e colocado no contexto do material interior ao discurso, e isso para satisfazer as exigências deste último. O material da experiência é imediatamente "tido", à maneira de um ter não discursivo. Assim, pode-se explicar ao cego de nascença o que é a cor vermelha. Mas o discurso tem seus limites, e não podemos lhe comunicar pelo discurso "o que é tido na experiência direta dessa cor".

[7] A partir deste ponto, o autor utiliza várias vezes o verbo *subir* (sofrer), equivalente ao inglês *undergo*, e seu particípio passado substantivado, *subi* (sofrido). Esse verbo traz apenas a ideia de passividade contida no verbo sofrer, não a de dor ou sofrimento. (N. T.).

tem uma pessoa ou um sujeito como "portador". Certamente, ele coloca em jogo um agente humano; mas, como já vimos, é enquanto "fator" – ou seja, como algo que faz parte, com sua constituição, suas capacidades, seus hábitos e sua sensibilidade próprios, do que podemos chamar um agente integrado – que ele contribui para o processo que é a experiência. Dizer desse processo que ele é objetivo é também dizer que ele é apreendido como acontecimento, no sentido mais elementar do termo – o que se passa, o que ocorre. Dizer que seu agente é um agente integrado é sublinhar que a posição de agente é partilhada entre o organismo e o ambiente.

O agente e o ambiente cooperam, no sentido literal do termo: eles operam junto, numa distribuição controlada das operações e em transações. No limite, pode-se dizer que os resultados e as consequências de nossas ações são coisas produzidas pelo ambiente por meio das estruturas orgânicas, das disposições adquiridas, dos hábitos e do *savoir-faire* que são os nossos, assim como o inverso. Entretanto, o modo de atividade do agente humano permanece muito diferente daquele dos objetos e dos acontecimentos do ambiente, pois esse agente tem a capacidade de orientar, ao menos em parte, o processo em função dos fins, de lhe dar a forma de um movimento ordenado e organizado. Além do mais, o ambiente não é apenas cooperativo: ele é também o que objeta e resiste, o que freia e entrava, o que bloqueia e se opõe, o que suscita tensões e conflitos. É como tal que ele entra como fator na experiência.

Para sublinhar que a experiência não é subjetiva, Dewey utiliza o termo *behavioral*: *experience is behavioral*. Esse termo tem duas conotações para os pragmatistas: refere-se ao primado atribuído à conduta (principalmente como lugar do espírito ou como lugar da investigação), e aos hábitos (que são maneiras gerais de se conduzir); veicula um *parti pris* antimentalista: convém tratar o que somos levados a colocar no espírito dos indivíduos (intenções, motivos, etc.) antes como modos de comportamento, mais ou menos observáveis, ou como componentes de sua conduta, do que como estados de espírito. Dizer da experiência que ela é *behavioral*, é dizer que ela é uma questão de organização dinâmica da conduta e que comporta elementos motores e ativos. Ela diz respeito a um crescimento ou a um desenvolvimento. Ela excede, portanto, a produção de uma resposta instantânea a um estímulo. É mais do que um encadeamento de respostas a estímulos sucessivos. Implica uma gestão da sequencialidade e da serialidade dos atos, uma articulação e uma concatenação de fases, a configuração de uma totalidade significante – assim, o agente – um artista, por exemplo – deve "a cada avanço, reter e resumir o conjunto realizado anteriormente e manter no espírito o conjunto por vir. Senão, não haverá nem coerência nem segurança em seus atos seguintes" (Dewey, 2005, p. 82-83).

O termo "conduta" não é utilizado por acaso. Encontramos aqui o motivo holístico de Dewey, que sublinha o caráter serial do comportamento: ele não é uma sucessão de atos distintos; trata-se de atos que se inserem em séries através de uma organização, que toma tempo porque é um desenvolvimento. Uma conduta tem uma direção: ela conduz a alguma coisa, que não é simplesmente um término, mas uma culminância e exige ser conduzida, dirigida, controlada, concatenada, finalizada do interior de sua efetuação por *valuations*; passa por fases e atravessa provações; é um percurso que pode ser mais ou menos caótico, mais ou menos integrado; transforma a resistência e a objeção, tensões e conflitos "num movimento em direção a um termo inclusivo".

A passividade da experiência

A interatividade de que a experiência procede inclui uma dimensão de passividade. Mais exatamente, a atividade é nela uma resposta ao sofrido. A experiência é um composto de passividade e atividade. Na experiência, uma boa parte daquilo de que a experiência se faz não depende de nós; não podemos controlar inteiramente o que se passa e o que nos acontece. Há, portanto, uma parte importante de sofrido. Além do mais, o que se passa nos afeta. Não lhe somos indiferentes, pois o que se passa contradiz nossas expectativas ou nossos projetos e coloca em jogo aquilo a que nos atemos ou buscamos fazer. O que se passa suscita nossas emoções, que funcionam como "sondas de valor" (Livet, 2002, p. 10). Respondemos ao que se passa de uma maneira ou de outra. Portanto, passividade não quer dizer "recepção passiva" ou apatia. Se fôssemos apenas passivos, seríamos submergidos pelo que nos acontece e não estaríamos à altura de compreendê-lo, nem de integrá-lo em nossa conduta: "Quando somos apenas passivos diante de uma cena, ela nos domina e, por falta de atividade de resposta, não percebemos aquilo que nos pressiona. Temos de reunir energia e colocá-la em tom receptivo para absorver" (Dewey, 210, 136).

Eis por que o autor liga intimamente atividade e passividade na receptividade: "Mas receptividade não é passividade. Também ela é um processo composto por uma série de atos reativos que se acumulam em direção à realização objetiva" (Dewey, 2010, 134).

É por isso que a interação ativa com o ambiente, a emoção e a produção de sentidos estão intimamente mescladas na experiência. A atividade dá seu ritmo à experiência, enquanto a passividade, através da emoção, religa as diferentes partes num todo e lhe confere uma linha diretriz.

Essa passividade se manifesta no tratamento das situações. A unidade de experiência é a situação, repete incansavelmente Dewey. É em referência a uma situação que se faz a organização da conduta. " primeira é que controla a segunda, e o sujeito não lhe é exterior. "O que precisamos fazer não é determinado por nós, como se fôssemos exteriores à situação e simplesmente a observássemos. O que se passa, e o que é imposto, é antes prescrito pela situação e por sua própria estrutura; e quanto mais lhe fazemos justiça, mais nos deixamos guiar por ela, i.e., menos nos retemos em nossa imersão nela e em nossa subordinação a ela" (Dewey, 2010). O fenomenólogo A. Gurwitsch sustenta tal proposição, a qual corresponde com bastante exatidão ao ponto de vista de Dewey, que observa que a receptividade "implica que nos abandonemos". "Mas a entrega adequada do eu s é possível através de uma atividade controlada, que pode ser bem intensa" (Dewey, 2010, 136).

Essa passividade se traduz também por uma exposição aos acontecimentos. A confrontação com os acontecimentos, inclusive aqueles que surgem no curso da ação, é, pois, um componente essencial da organização da experiência. Essa confrontação apresenta duas faces. De um lado, domesticamos esses acontecimentos, reduzindo a parte de surpresa e de descontinuidade que comportam; fazemos deles acontecimentos de e em "nosso" mundo social. De outro lado, esses acontecimentos têm também um poder de esclarecimento, de indicação ou de revelação. Eles podem, por exemplo, revelar uma situação inédita ou insuspeitada e fazer descobrir seu caráter problemático.

Desse ponto de vista, os acontecimentos se tornam, eles próprios, fonte de sentido, fonte de compreensão e fonte de redefinição da identidade daqueles que afetam. Nessa perspectiva, em que o acontecimento vem antes dos sujeitos e das situações, é o que ele se torna através de seu percurso, e os efeitos de sentido que produz, que contribuem para individualizá-lo. É nesse sentido que se pode falar de um poder hermenêutico do acontecimento.

Tal poder se exerce principalmente na organização da conduta. O acontecimento que se produz no curso de uma situação tem, por exemplo, um poder de indicação e um "sentido diferenciador". Sua observação permite descobrir o campo de que ele faz parte, identificar as condições circundantes a afrontar, determinar mais precisamente a situação em que ele se insere. Pelo fato de se ressaltar ou sobressair, e de ser singular, o acontecimento constitui um pivô para a investigação conduzida sobre a situação, porque "representa, numa determinada etapa desta investigação, o que é crucial, crítico, o que tem um sentido diferenciador" (Dewey, 1967): ele permite selecionar um aspecto a tratar na situação; faz ver o que é importante e estrutura a textura das pertinências; faz descobrir processos em curso e revela aquilo de que depende o desenlace da situação; permite apreender o grau de incompletude da situação; e indica o que convém fazer precisamente para que a situação atinja seu ponto final ou para que se possa passar a uma outra fase da atividade.

Na experiência, o acontecimento tem, assim, um duplo estatuto. Enquanto realidade objetiva, é a fonte de qualidades difusas, "imediatamente tidas" numa situação presente; ele é ainda aquilo com que é preciso transigir. Mas é também um meio da investigação realizada para resolver uma situação. Essa operatividade dos acontecimentos na dinâmica da investigação se encontra em níveis muito diferentes. Encontra-se, em primeiro lugar, na organização de qualquer atividade da vida corrente, quando ela é sustentada por uma situação de conjunto orientada para seu desenlace, por exemplo, a conclusão de um processo em curso (escrever um artigo) ou a resolução de um problema prático (consertar uma descarga que está vazando). Mas também a encontramos na ação coletiva.

Na terminologia de Dewey, a expressão "a experiência é tida" sublinha o caráter passivo da experiência. Mas evoca também, além de sua natureza de acontecimento, o primado do imediatismo da experiência em relação à cognição – a cognição (sob a forma da investigação) intervém como mediação que permite passar de uma experiência fracamente organizada, mais ou menos confusa, mais ou menos fragmentária, a uma experiência ordenada, clara e relativamente bem controlada –, assim como seu não recobrimento possível pelo discurso – "todo discurso é derivado de (e pode ser referido a) experiências das coisas feitas na modalidade de um 'ter' não discursivo". Em contrapartida, a expressão "ter *uma* experiência" (o que não é a mesma coisa que "ter experiência") se refere a outro fenômeno: aquele da integração harmoniosa, numa situação, dos elementos que sustentam a interatividade dos organismos e do ambiente num todo, e da associação das emoções, da interação prática com o ambiente e da elaboração intelectual. Deste ponto de vista, há diferentes graus de experiência, variando da sucessão desconexa ou da ligação mecânica das partes, ao agenciamento dos elementos do conjunto num todo estruturado. "Em seu mais alto grau, a experiência é sinônimo de interpenetração total do *self* com o mundo dos objetos e dos acontecimentos" (Dewey, 2005, p. 39). Dito isso, acontece muito frequentemente que não nos preocupemos em religar um acontecimento ao que o precedeu ou ao que o seguiu, nem a acontecimentos concomitantes:

> [...] em muito de nossa experiência [...] as coisas acontecem, mas não são definitivamente incluídas nem decisivamente excluídas: vagamos com a correnteza. [...][...]Há começos e cessações, mas não inícios e conclusões autênticos. Uma coisa substitui outra, mas não a absorve nem a leva adiante. Há experiência, porém ela é tão frouxa e discursiva que não é uma experiência singular (Dewey, 2010, p. 116).

A maneira como conectamos os acontecimentos uns aos outros, que pode ser mais ou menos estreita ou mais ou menos frouxa, define assim não modos, mas graus da experiência, cujos dois extremos são, de um lado, a completa desconexão entre os acontecimentos e, de outro, sua inclusão serial num processo cumulativo culminando na constituição de uma unidade. A esses graus estão ligadas, a um só tempo, modalidades e intensidades da implicação ou do engajamento (o que Goffman chama "níveis de engajamento"). A implicação vai da desatenção (ausentamo-nos, não prestamos atenção ao que se passa) à absorção total. Mas podemos estar implicados sem estar concernidos, como no caso da simples curiosidade.

Para Dewey (2010, p. 139), uma experiência completa ou autêntica tem um caráter estético. "O que distingue uma experiência como estética é a conversão da resistência e das tensões, de excitações que em si são tentações para a digressão, em um movimento em direção a um desfecho inclusivo e gratificante."

Para concluir

No "velho conceito de experiência", J. Grimm percebia com razão uma unidade, melhor ainda, um condicionamento recíproco, da receptividade e da atividade. Mas ele atribuía um caráter essencialmente cognitivo a esta atividade, uma vez que a concebia como uma produção de conhecimentos através da exploração, da investigação, da verificação da realidade. Vemos, à luz do exame empreendido, que, além de implicar operações e ações que produzem resultados e acarretam consequências, a cognição é apenas um modo de experiência entre outros, caracterizado por uma organização mais controlada da experiência através da investigação. Além disso, inserir a unidade da receptividade e da atividade num processo impessoal, que organiza a interatividade de um organismo e de um ambiente, permite conferir-lhe outra dimensão, a saber, uma dimensão estética, para a qual contribuem acima de tudo as emoções.

Wittgenstein também teria apreciado o diagnóstico de J. Grimm, mas teria relacionado o encolhimento do conceito de experiência menos à sua evolução histórica que ao desenvolvimento de uma má compreensão de nosso uso da linguagem, que nos conduz a tomar o acessório e o contingente pelo essencial. Quanto à dimensão de atividade, ele a teria preservado em termos não de investigação geradora de conhecimentos, mas de produtividade semântica do corpo, de um lado e, de outro, de desdobramento de capacidades práticas, escoradas no domínio de técnicas.

Seja como for, depende de nós e de nossa vigilância conceitual que o conceito de experiência não seja amputado de sua significação ativa e que sua dimensão passiva não seja compreendida de maneira atravessada.

Referências

BUDD, M. *Wittgenstein's Philosophy of Psychology*. Londres: Routledge, 1989.

CHAUVIRE, C. L'art incorporé. A propos des réactions esthétiques in *Le moment anthropologique de Wittgenstein*. Paris: Editions Kimé, 2004. p. 41-62.

CHAUVIRE, C. La douleur: ni un quelque chose ni un rien In: LAUGIER, S.; CHAUVIRE, C. (Ed.). *Lire les recherches philosophiques de Wittgenstein*. Paris: Vrin, 2006. p. 157-173; p. 244-317.

DEWEY, J. *Arte como experiência*. São Paulo: Martins Fontes, 2010.

DEWEY, J. Experience, knowledge and value: a rejoinder, *The Later Works, 1925-53*, v. 14, Ed. J. A. Boydston, Carbondale, Southern Illinois University Press, 1939. p. 3-90.

DEWEY, J. Propositions, warranted assertability and truth. *The Later Works, 1925-53*, v. 14, Ed. J. A. Boydston. Carbondale: Southern Illinois University Press, 1941. p. 168-188.

DEWEY, J. Logique. *Théorie de l'enquête*. Paris: PUF, 1967.

DEWEY, J. *L'art comme expérience*. Pau: Farrago, 2005.

KARSENTI, B. *La société en personnes*. Paris: Economica, 2006.

KOSELLECK, R. *L'expérience de l'histoire*. Paris: Hautes Etudes/Gallimard/Le Seuil, 1997.

LAPOUJADE, D. William James. *Empirisme et pragmatisme*. Paris: PUF, 1997.

LIVET, Pierre. *Emotions et rationalité morale*. Paris: PUF, 2002.

ROSAT, J.-J. Exprimer ou décrire – II, IX. In: Laugier, S.; Chauviré, C. (ed). *Lire les Recherches philosophiques de Wittgenstein*. Paris: Vrin, 2006, p. 228-236.

SCHULTE, J. *Lire Wittgenstein*. Combas: Editions de l'éclat, 1992.

SHUSTERMAN, R. Wittgenstein's somaesthetics. Body feeling in philosophy of mind, art and ethics. *Revue internationale de philosophie*, 1, 2002, p. 91-108.

WITTGENSTEIN, L. *Philosophical Investigations*. Oxford: Basil Blackwell, 1953.

WITTGENSTEIN, L. *Investigações filosóficas*. Petrópolis: Vozes, 2009.

WITTGENSTEIN, L. *Leçons et conversations*. Paris: Gallimard, 1992.

WITTGESTEIN, L. *Remarques mêlées*. Paris: Flammarion, 2002.

Impessoalidade da experiência e agenciamento dos sujeitos

Vera V. França

Este texto, apresentado no âmbito do II Simpósio Internacional - Comunicação e experiência estética, sob a forma de relato, objetivava abrir o debate com a conferência proferida por Louis Quéré. Nesta nova redação, ele estabelece um duplo propósito: mantém-se o propósito de dialogar com intervenção de Quéré, avançando ao mesmo tempo em algumas proposições estimuladas pelo texto e pela discussão com o autor.

Já o título de sua conferência - *O caráter impessoal da experiência* - é instigante e provocativo: falar do caráter "impessoal" da experiência, conforme ressaltado por ele, vai de encontro não apenas ao senso comum, mas a grande parte da tradição acadêmica no tratamento desse conceito. Experiência, no seu sentido mais imediato e corrente, diz respeito àquilo que é sentido por um indivíduo que passa ou vive determinadas situações e acontecimentos; às modificações internas, aos estados emocionais e quadros cognitivos do sujeito que experimenta, configurando uma abordagem internalista e individualizante. Desse ângulo pode-se dizer que a experiência é intransferível e vivida por "cada um".

A reflexão trazida por L. Quéré toma outro caminho, apontando e enfatizando o caráter impessoal, social das nossas experiências, a sua dimensão objetiva e externa. Sua perspectiva, no entanto, não endossa um holismo social totalizante, uma concepção abstrata de sociedade que se impõe e anula a subjetividade e o sujeito. Não se trata aqui de uma via durkheimiana dura, que (citando-o) "trata os indivíduos como depósitos impessoais da vida social e dos processos sociais". A reflexão apresentada por Quéré retira a experiência do domínio interno ou subjetivo do sujeito para, no mesmo movimento, retornar a ele e ao processo de subjetivação, indicando como a experiência - que objetiva e duplamente social - é também o lugar onde um sujeito se constitui, é uma dinâmica que não prescinde, mas ativa e desenvolve sua capacidade de discernimento e de escolha. É por isso que ao título "o caráter impessoal da experiência" poderíamos acrescentar um complemento: o papel da experiência no agenciamento dos sujeitos.

O presente texto está organizado em duas partes. Inicialmente, retorno aos argumentos da conferência, sem uma pretensão de resumi-la, mas sintetizando minha própria compreensão de um texto e uma reflexão densa e complexa. Num segundo momento, desloco a discussão para o terreno da comunicação, formulando algumas indagações e dúvidas. É importante esclarecer que, para fazer isso, não estou respondendo a todas as estimulações trazidas pelo texto, e talvez nem esteja reagindo às preocupações centrais do autor. Minhas questões se colocam no contexto das referências que articulam e fundamentam meu próprio lugar ou o lugar de minha reflexão. Sei que é um truísmo dizer isso, (só falamos a partir de nosso próprio lugar), mas me pareceu importante explicitar esse movimento de "re-condução", preservando e respeitando a riqueza e a abertura do texto de L. Quéré a muitas outras leituras. As indagações que trago dizem respeito à entrada do outro no processo da experiência e ao tema da recepção ou experiência da recepção no campo da comunicação midiática.

O caráter impessoal da experiência

De forma esquemática, podemos dizer que a discussão do caráter impessoal da experiência promovida pelo autor está fundada em dois eixos principais: (a) a crítica e o abandono do internalismo, do enfoque psicologizante; (b) a ênfase na dimensão objetiva da experiência, que se realiza no domínio da expressão, dos comportamentos. No desenvolvimento desta reflexão, Quéré conjuga contribuições de Wittgenstein a algumas premissas do pragmatismo americano, particularmente aos trabalhos de J. Dewey.

I. No que se refere a Wittgenstein, dois principais aspectos são resgatados. Primeiramente, Wittgenstein (*apud* Quéré, 2010, p. 22-23) defende a ideia da inexistência de mediações na expressão de nossos sentimentos e emoções: "a linguagem opera uma expressão direta de nossas sensações". Ele se bate energicamente contra a divisão entre uma impressão interna (a coisa psíquica) e um comportamento externo (a expressão). Essa "coisa psíquica" (uma emoção, um sentimento) não existe sozinha, e como primeiro momento de uma sequência, para depois, num segundo tempo cronológico, se exprimir. No exemplo da dor de dente, ele explicita: não existe a sensação da dor *mais* a expressão da dor (um gemido ou um enunciado que exprimem o que estou sentindo). Para o autor, a sensação da dor, o comportamento que a exprime (uma crispação do rosto, um gemido) e a declaração "estou com dor de dente" fazem parte de uma totalidade. Minha dor não é um objeto que posso designar da mesma forma que faço com outros objetos que possuo, tais como um carro ou uma escova de dentes. Quando digo que tenho uma dor de dente ou que tenho febre, estou falando de coisas diferentes; minha febre pode ser medida por um termômetro, pode ser verificada e comprovada (ou contestada). Quanto à minha dor, ela não pode ser verificada e não apresenta nenhum ponto de apoio ao qual posso me reportar para comprová-la; ela só pode ser expressa. Senti-la e exprimi-la faz parte da mesma globalidade, que é o comportamento de dor.

Assim, ao dizer que eu tenho uma coisa ou outra, estou falando de situações diferentes – o que implica perceber a existência de diferentes jogos de linguagem, diferentes maneiras de nos relacionarmos com aquilo que dizemos. Os enunciados que produzimos em um e outro caso têm naturezas distintas: utilizamos um *modelo de expressão* para falar de nossas sensações, e um *modelo de designação,* para falar de "coisas". Tal distinção não é inerente à estrutura do enunciado; as falas "eu tenho isto" e "eu tenho aquilo" se estruturam da mesma maneira e, olhadas em si mesmas, não revelam sua diversidade. A distinção é dada pela situação: é o contexto que nos permite identificar o valor de um enunciado ou qual jogo está sendo jogado naquela situação.

Essa discussão aponta, por um lado, a riqueza e a complexidade da linguagem, e seu papel na organização de nosso estar no mundo: a linguagem permite diferentes usos, e falamos coisas diferentes falando aparentemente da mesma maneira. Ressalta, ainda e sobretudo, a importância do contexto comunicativo para a compreensão daquilo que está em causa. Mas indica também a indissociabilidade e o imbricamento entre o sentido e o expresso (o de dentro e o de fora), opondo-se, portanto, a uma dimensão interna autônoma e antecedente à linguagem.

O segundo aspecto trazido do pensamento de Wittgenstein, e que também ilumina nossa compreensão do vivido, diz respeito à experiência ou compreensão estética. Ela não se refere a um vivido específico, interno e inalcançável, de ordem individual, mas é duplamente marcada pelo social. A compreensão estética de uma obra, de um acontecimento, repousa, por um lado, no exercício de capacidades, no domínio de técnicas e hábitos aprendidos e desenvolvidos, que nos tornam sensíveis e tocados por um ambiente ou situação, reagindo a eles de forma imediata. Tais reações, por outro lado, consistem em manifestações observáveis, profundamente ancoradas em nossa natureza, na protolinguagem das reações imediatas ou primitivas, "que podem ser estendidas e refinadas por meio da linguagem". Nossas reações i-mediatas (sem mediações internas) se realizam na forma de comportamentos culturalmente desenvolvidos. A compreensão (ou experiência) estética, assim, para Wittgenstein, nos diz Quéré, se traduz e se apoia seja em capacidades de perceber que desenvolvemos socialmente, seja nas reações imediatas de nosso organismo, sob formas também aprendidas na sociedade.

II. O outro autor convocado – Dewey – vem igualmente acentuar o caráter objetivo da experiência e o questionamento de qualquer subjetivação indevida do sujeito que "sofre" uma experiência.

Para Dewey (*apud* Quéré, 2010, p. 30-32) assim como para os pragmatistas, a experiência diz respeito à esfera do comportamento: – tem uma dimensão de ação; é uma questão de "interatividade entre um organismo e um ambiente" marcada pela interdependência e pelo mútuo condicionamento; e onde as condições do meio ambiente e a capacidade de percepção e ação de um ser são igualmente importantes. Tem-se experiência de "alguma coisa", ele ressalta, e essa "coisa" comparece com suas características e capacidades de agenciamento e afetação; o ambiente é aquilo que coopera, que resiste, que suscita tensões e conflitos.

No entanto, a intervenção do agente humano é bastante distinta da intervenção do ambiente e das coisas, porque dotada da capacidade de organizar e se orientar com relação a fins. Experimentar ou experienciar (*experiencing*), para um sujeito – um "agente integrado", nos diz Quéré (2010, p. 32) – compreende um duplo movimento: um sofrer (ser afetado) e um agir (re-agir ou agir em consequência). A experiência inclui uma dimensão de passividade: eu "sofro" a afetação do outro sobre mim; aquilo a que sou exposto me afeta, suscita minha emoção. Ao mesmo tempo, ativa minha energia e a coloca a serviço de minha faculdade de reação. Esse movimento, no entanto, não se dá de forma mecânica, mas de forma reflexiva:

> Uma experiência possui uma certa forma e uma certa estrutura, pois ela não se limita a agir e provar em alternância, mas se constrói como relação entre essas duas fases. Colocar a mão no fogo que queima não é necessariamente viver uma experiência. A ação e sua consequência devem estar religadas sobre o plano da percepção. É esta relação que cria o sentido, e o objetivo de toda inteligência é de apreendê-lo (Dewey, 2005, p. 69).

A resposta do organismo atua como gestão dinâmica da conduta orientada para determinados fins. A experiência não se dá como um ato momentâneo ou pontual, mas compreende um processo que se desenvolve no tempo, passa por uma sequencialidade e uma serialidade, e chega a um termo – uma realização final. Ela (a experiência) tem uma temporalidade própria; implica gestão, condução e avaliação.

É dessa maneira que, para Dewey (2005), se configuram a externalidade e a impessoalidade da experiência: em larga medida ela diz respeito às propriedades daquilo ou daquele ao qual o sujeito foi exposto e submetido. Mas esse caráter de "receptividade" da experiência é complementado por uma dimensão de "re-ação", uma ação de apropriação. Conforme W. James (*apud* Quéré, 2010, p. 32), "apropriar-se de uma experiência é dizê-la e fazê-la sua", através de um trabalho de interpretação e de extração. Apropriando-se da experiência, no trabalho de interpretá-la, um sujeito se faz. Ele não é constituído pelo de fora – pelo ambiente ou pelo outro, mas na sua transação com ele; "Pois a integração, em toda experiência vital, não consiste unicamente em ajuntar alguma coisa à soma daquilo que já sabíamos. Ela implica um processo de reconstrução que pode se revelar doloroso" (Dewey, 2005, p. 66)

Experiência, portanto, é interação, confrontação, negociação. "Ter uma experiência" diz de uma integração de elementos: "em seu mais alto grau, a experiência é sinônimo de interpenetração total do self com o mundo dos objetos e dos acontecimentos" (Dewey, 2005, p. 39 *apud* Quéré, 2010, p. 36).

Assim, se a experiência não se resume aos estados internos de um indivíduo e não pode ser explicada nem reduzida a uma esfera individual e subjetiva, se é social, impessoal, ela está, por outro lado, intimamente relacionada com o processo de constituição e posicionamento dos sujeitos. Numa dinâmica reflexiva, ela "re-flete" e "in-flete" no seu processo de subjetivação. Para Dewey (2003), falamos de "indivíduo" para nos referirmos ao sujeito humano concebido de maneira não interacionista; já "individualidade" nomeia "este ser que se desenvolve historicamente em relação com aquele que não é ele, mas é constituído de maneira a torná-lo *aquele* que ele se torna" (Dewey, 2003, p. 27, grifo do autor).

A experiência na/da comunicação

A reflexão apresentada por L. Quéré, articulando as contribuições de Wittgenstein e Dewey, é absolutamente pertinente e, naquilo que se propôs a discutir, não deixa margem para maiores questionamentos. Minha proposta, alargando o alcance deste debate, é buscar estabelecer uma ponte com a comunicação, e mais particularmente, com uma concepção interativa da comunicação, indagando de que maneira o conceito de experiência e os enfoques específicos trazidos pelos autores se ajustam e dialogam com tal compreensão dos processos comunicativos.

I. Como primeiro ponto para reflexão, proponho um cruzamento entre as duas referências, os conceitos de comunicação e de experiência, enfocando a questão da presença e a relação entre sujeitos ou, de forma mais precisa, do lugar do "outro" da comunicação no processo e no conceito de experiência. Se a comunicação é sempre, e necessariamente, a relação entre dois interlocutores – entre o um e o outro, através de uma materialidade simbólica –, a experiência, conforme estamos discutindo e conforme apresenta Dewey (2003), é resultado de uma interação (por vezes ele diz transação[1]) entre um organismo e seu ambiente:

> [...] a experiência aparece assim como o ponto de encontro em torno do qual as características do meio e os traços do ser vivo podem ser redistribuídos. [...], esta forma de interferência transformadora entre interior e exterior, entre organismo e ambiente – entre o indivíduo e a sociedade, onde o dualismo é completamente suprimido (Zask, 2003, p. 17).

O ambiente, ou esse "outro" da experiência, é bastante englobante na formulação do autor – refere-se às condições em geral de um meio que podem significar obstáculos e provocar reações do organismo. Cabe aqui falar do meio físico, de animais, produtos e, no limite, de outra pessoa que, no entanto, nesse contexto não é considerada enquanto tal. E, se o processo é marcado pela mútua afetação – a interação afeta a natureza das duas entidades –, Dewey (*apud* Quéré, 2010, p. 32) é enfático ao distinguir a diferença entre o modo de intervenção do agente humano que sofre a afetação e aquele dos objetos, ações e acontecimentos que o afetam. Apenas o sujeito vive uma experiência, é afetado e age em consequência; o ambiente, ou meio exterior, entra como "fator na experiência" como aquilo "que coloca objeção e resiste, que freia e entrava, que bloqueia e se opõe, que suscita tensões e conflitos (p. 33)."

No processo comunicativo, essa ideia da afetação e ação responsiva seletiva é bastante pertinente para analisar os processos de formação e

[1] Inicialmente Dewey nomeou de "interação" a relação transformadora entre interior e exterior. "Depois, a fim de insistir sobre o fato de que a interação não afeta somente a natureza da relação mas igualmente a natureza das próprias entidade, ele optou pelo termo "transação"; já bem mais tarde, e lamentando não tê-lo feito mais cedo" (ZASK, 2003, p. 17).

posicionamento dos públicos (veja-se Dewey, 2003, Quéré, 2001). Mas insuficiente, parece-me, para pensar a dinâmica mais global do processo comunicativo, na medida em que opera com a relação entre sujeito/ambiente, sujeito/obra, e não propriamente com a relação entre dois sujeitos.

Esse aspecto corresponde a uma objeção que, conforme Joas (2002), incide sobre a própria filosofia pragmatista: o desenvolvimento de um modelo de ação social que não faz distinção entre a relação do ator com os objetos do ambiente e aquela que ele estabelece com outros sujeitos. Ainda segundo Joas (2002), o aprofundamento e a resolução desse tema coube a Mead (o "estrategista da Escola de Chicago"), que ampliou o estudo da atenção aos objetos do ambiente para incorporar os problemas interpessoais da ação. Nesse caso, ou seja, na interação entre pelo menos dois indivíduos humanos, a mediação se faz por meio de símbolos (presença da linguagem), e se cruzam não um, mas dois processos de seleção e interpretação – é exatamente isso que confere a distinção desse tipo de relação frente a outras.

Ao falarmos das "interações mediadas simbolicamente" de Mead (2006), na verdade estamos falando de uma concepção de comunicação também fundada no pragmatismo americano, com inspiração do próprio Dewey. A crítica de Dewey ao modelo mecânico de estímulo-resposta e sua substituição por um processo de reflexividade forneceram as bases para se pensar o ato global que se realiza por meio de "gestos significantes", gestos simbólicos capazes de afetar tanto aquele para quem se orientam quanto aquele que os produz. A comunicação, nos diz Mead (2006), é um ato consciente, e essa consciência, inscrita no processo de significação, é uma autoconsciência e também uma consciência do outro, das possíveis atitudes passíveis de ser adotadas pelo outro. Essa dupla consciência recupera experiências passadas e antecipa consequências do futuro, com vistas a orientar as ações no presente. A comunicação supõe, portanto, um mecanismo complexo de articulação de comportamentos, previsões e escolhas entre dois sujeitos.

A concepção interativa da comunicação é adotada e desenvolvida também por outros autores. Bateson (1988), na apresentação de sua teoria da comunicação, aponta um processo evolutivo que inicia com os mecanismos adaptativos mais simples de um organismo ao meio ambiente, progredindo através do uso de código até atingir os processos de percepção mútua entre dois agentes humanos com consciência recíproca dessa percepção. O autor destaca um conjunto de características que emergem nos sistemas interpessoais e não estão significativamente presentes na hipótese de um sistema comportando um só organismo. Na relação com um outro, um indivíduo recebe sinais dotados de um grau de complexidade diferente daqueles emitidos por objetos inanimados, e cada um dos participantes tem condições de alcançar uma percepção multidimensional de seu interlocutor (à mensagem verbal se somam outros índices expressivos emitidos pelo interlocutor de forma consciente ou inconsciente). O autor destaca ainda que apenas indivíduos humanos são capazes de antecipar e organizar o estímulo a ser exercido sobre o outro; são também os únicos seres capazes de promover uma autocorreção do próprio comportamento e de se comunicar em dois níveis, isto é, produzir enunciados que comunicam tanto no nível de conteúdo quanto da própria relação (o que é chamado por ele de metacomunicação).

Além desses aspectos, Bateson (1988) ressalta a dimensão social e cultural que atravessa a intervenção dos interlocutores: a existência e o pertencimento a um grupo constituem um dos fatores determinantes das ações e comunicações de pessoas individualmente, ou seja, uma interação entre duas pessoas na verdade se estende para além delas e coloca em cena seu contexto de vivência e aprendizado. Mas é importante ressaltar que a comunicação, o estar em comunicação, estabelece um contexto distinto: a situação de interação e a consciência da percepção do outro cria um novo coletivo – na relação com o outro, já não se trata de um e de outro, mas dos dois tomados em conjunto:

> Mas, com um sistema de duas pessoas, um novo tipo de integração intervém. A condição para que exista um grupo determinante neste sentido parece ser que cada participante tem consciência das percepções do outro. Se eu sei que a outra pessoa me percebe e se ela sabe que eu a percebo, essa consciência mútua torna-se parte determinante de toda nossa ação e da interação. No momento que se estabelece uma tal tomada de consciência, o outro e eu constituímos um *grupo determinante* e as características de processo progressivo[2] nesta entidade maior controlam numa certa medida os dois indivíduos (Bateson, 1988, p. 237).

Assim, e retomando o fio de nossa discussão, se o conceito de experiência é dotado de uma potencialidade analítica rica e interessante para os estudos da comunicação, devemos atentar para a forma de promover sua confluência. Nem toda experiência é atravessada por práticas comunicativas; nem toda

[2] Bateson faz uma distinção entre processo ou integração seletiva e processo progressivo e contínuo. No primeiro o indivíduo procede a uma classificação e avaliação das alternativas que lhe são colocadas a partir de impressões e critérios que lhe vêm do passado (de experiências anteriores). No processo ou integração progressiva e contínua, as escolhas são feitas a partir das características ambientais da sequência de ação ou pela sequência em curso dada pelo outro parceiro da interação (BATESON, 1988, p. 210-211).

comunicação chega a constituir uma experiência. No entanto, com frequência, uma situação de comunicação – um acontecimento, uma obra, vivenciados através de uma dimensão discursiva – se constitui claramente como experiência. Nesses casos, se queremos analisar a dita experiência enquanto experiência comunicativa, é importante transpor a transação organismo/ambiente para a interação entre sujeitos, com as distintas implicações (e, sem dúvida, enriquecimento) que isso implica.

Algumas questões, reforçadas pelas discussões acima, se apresentam como incontornáveis: a existência do olhar do outro, a imprevisibilidade da intervenção do outro e a possibilidade/necessidade dos sujeitos de se colocar no lugar do outro.

O conceito de experiência e os argumentos de Dewey (2005) são bastante eloquentes ao nos mostrar como os estímulos de uma "coisa", de um objeto, um acontecimento podem nos tocar, nos mobilizar, alterar o rumo das coisas, se tornar definitivos ou, pelo menos, inesquecíveis. A metáfora da pedra que "experimenta" sua descida de uma montanha (Dewey, 2005, p. 64) – a pedra que se interessa pelas coisas que encontra pelo caminho, que ressente os obstáculos, que sente júbilo pelos fatores que a impulsionam e atinge o repouso final como ápice e desdobramento de tudo que aconteceu antes – é uma imagem de grande força e beleza, e ilustra bem a "verdadeira" experiência.

Não obstante, sabemos que o "outro" pode nos provocar e nos posicionar de uma maneira que uma "coisa" não poderia jamais fazer. E Dewey (2005, p. 74) nos apresenta outro exemplo da distinção trazida pela inscrição do olhar humano, de um investimento humano, quando fala da descoberta de um objeto finamente acabado, que provoca vivo prazer e interesse, e se supõe feito por algum povo primitivo. Posteriormente, quando se comprova ser um produto acidental da natureza, acontece uma modificação no plano da percepção e apreciação, e ele deixa de ser uma obra de arte para se tornar apenas "curiosidade natural". Essa diferença, ele diz, não é meramente intelectual, mas está ligada de maneira inerente à experiência vivida que acompanha a fabricação. Produtos humanos trazem inscritas uma vivência, uma significação indefinida e complexa, que se coloca para nós como indagação e desafio.

Essa incógnita que é o outro se apresenta não apenas na ambiguidade contida na natureza simbólica de seus produtos, mas também na indefinição e imprevisibilidade dos movimentos que se seguem. O processo comunicativo não se resume a um ato, mas compreende uma sequência de atos ou ações. Esse processo, como aponta Bateson (1988), pode se desenrolar a partir de padrões anteriores (processo seletivo) ou assumir sequências imprevistas orientadas pelas condições ambientes e intervenções diferenciadas de um e outro parceiro da interação (processo progressivo e contínuo).[3]

Alguns exemplos (ainda que tomados de forma apressada e um tanto esquemática) podem ilustrar melhor tais aspectos. O primeiro deles é mais conjuntural e diz respeito à minha intervenção, no contexto do *II Simpósio*, na qualidade de debatedora da conferência de L. Quéré. Minha fala, naquele momento, podia ser tomada e avaliada em si mesma, como um "produto" passível de afetar (ou provocar reações) no conferencista, na plateia. Podia ser julgada quanto a seu conteúdo, desvinculada de sua inserção num contexto – apagando o meu lugar como locutora ou desconsiderando a plateia composta de pessoas reais postadas à minha frente – e, nesse movimento, ser analisada como pertinente, não pertinente, interessante, desinteressante, etc., por alguém que escutasse por acaso naquele momento, ou ao ler agora este texto. Minha fala, este texto ou qualquer outro texto ou produto, permitem esse tipo de leitura – e é assim que se faz na maior parte dos estudos de comunicação.

Outro tipo de leitura, no entanto, aberta à globalidade do processo comunicativo e à ideia de experiência como uma sequência de fases, fatos, estímulos e resistências que vão culminar em um termo, passa por caminhos diferentes e não se configura da mesma maneira. Analisar minha fala em situação é olhar para o contexto, para os vários personagens e expectativas que atuavam naquela cena; com esse olhar, outros campos de sentido se abrem, e esta fala (o conteúdo em si) vai dizer mais do que está dito nela. O meu relato naquele evento[4] não seria o mesmo se eu não estivesse pensando no ambiente e nas pessoas que iriam ouvi-lo; se ele não tivesse sido antecedido por leituras e uma convivência anterior com Quéré, pelas discussões com os colegas de minha universidade na preparação do que seria aquele evento e na confluência e acomodação de nossa respectiva compreensão sobre os temas e as questões em pauta. Esses antecedentes me permitiram vislumbrar possíveis interpretações e funcionaram como estímulo, de tal maneira que minha intervenção em grande medida constituiu uma reação e uma resposta não apenas ao que já havia sido vivido antes, mas àquilo que, à luz do passado, eu podia projetar como reações e posicionamentos possíveis daqueles a quem me dirigia. Assim, compreender esse entorno abre os sentidos do texto para a compreensão da situação comunicativa como um todo. E é isso

[3] Sobre processo seletivo e processo progressivo em Bateson (1988), ver nota 1.

[4] Para seguir este exemplo é necessário algum esforço de imaginação: claramente o contexto agora de escrita é outro.

que nos permite pensar, levando em conta o fato de que as pessoas tinham ali inserções distintas, que essa pequena passagem (minha participação no simpósio) certamente se traduziu em graus de experiência diferenciados para os muitos que a compartilharam. Para mim, esta intervenção e o evento constituíram experiência no sentido aqui discutido – esclarecendo bem: não por características pessoais (aí estaria negando a impessoalidade da experiência), mas pela maneira como minha participação naquele "grupo determinante" (cf. Bateson, 1988) agenciaram meu posicionamento como sujeito.

Um segundo exemplo, talvez de mais fácil compartilhamento, é tomado do documentário *Santiago*, do João Salles, lançado em Belo Horizonte naqueles dias (outubro de 2007).[5] O documentário, sensível, eloquente, bem feito, é atravessado por uma ambiguidade, por uma duplicidade que ecoa de uma forma muito forte. Seu enredo se constrói em torno do velho mordomo da família Moreira Salles, o argentino Santiago, personagem singular e inusitada, envolta em sonhos e fantasias. As falas e o fazer do protagonista, embora pontuais, tecem uma grande narrativa. Essa narrativa, no entanto, fala ao mesmo tempo e falando do Santiago, do próprio documentarista. Santiago, contando da pesquisa que desenvolveu ao longo dos anos sobre famílias reais, narra a própria vida. E João Salles, dando forma à narrativa de Santiago, também se reconstrói narrativamente. O autor explicita isso em vários momentos: com esse trabalho (que demorou a terminar) ele quis resgatar uma parte de sua história. No entanto, essa compreensão – o quanto e como o João se diz – não é uma evidência (*ne va pas de soi*, como dizem os franceses), e não se resume à casa e parte dos hábitos da casa encarnados por Santiago. Ela só é possível (ela é "revelada", poderíamos dizer) quando se confrontam os detalhes do filme, as breves intervenções de João no filme, com o que sabemos de sua história. Não é nosso propósito aqui analisar ou aprofundar a discussão do documentário, mas, dentro da temática que estamos tratando, ressaltar o fato de que não assistimos ao documentário da mesma maneira se não colocamos junto com ele, com as imagens à nossa frente, a pessoa do João, a família do João, o que ele e eles fizeram e têm feito. Retomando e invertendo o exemplo

[5] *Santiago*, de João Moreira Salles, lançado em 2007, foi vencedor do Grande Prêmio do Festival Cinéma du Réel, em Paris. O documentário começou a ser filmado em 1992 e foi abandonado em seguida. "Quando retoma o filme em 2005 é ele próprio [João] que vira personagem. Narrado em primeira pessoa, na voz do irmão, Fernando Moreira Salles (apresentado em inglês no festival em Paris, com narração de Fernando Alves Pinto), o processo do filme passa a fazer parte dele e aparece, sobretudo, como uma autocrítica ao seu modo de conduzir o filme em 1992 e ao fato de na época não ter percebido a relação de poder ali presente. Ao poder do documentarista se somava o poder do filho do patrão" (MIGLIORIN, s.d.).

de Dewey (2005) do objeto curioso descoberto por pesquisadores, a leitura é uma se lhe atribuímos uma gênese fortuita (ou olvidamos sua gênese) e outra se vamos inseri-lo nas condições de sua produção e como fruto (ou finalização) de uma experiência.

Enfim: o outro concretamente, no enredo das nossas experiências, tem um lugar e um peso ímpar. É apenas com ele que podemos estabelecer (e estudar) uma situação comunicativa.

B) Um segundo ponto para reflexão se dirige ao âmbito do que vem sendo chamado "estudos da recepção", estudos de público ou audiência[6] Conforme ressaltado antes, o conceito de experiência enquanto afetação e resposta (sofrer e agir) é particularmente significativo para os estudos da constituição e do comportamento de público, ao se contrapor à tese de passividade da recepção, tanto retirando o caráter negativo (e mesmo pejorativo) de que essa passividade se reveste, como indicando que ela não é senão uma das fases do processo como um todo vivido pela audiência.

Mas não é exatamente desse aspecto que irei tratar aqui: interessa-me pensar a noção mesmo de experiência como dinamizadora das práticas de recepção. Para isso, recorro mais uma vez, e de forma um pouco livre, às contribuições de G. Bateson (1988). Tomo como ponto de partida uma colocação desse autor:

> [...] *a operação de comunicação é um aprendizado permanente da maneira de comunicar*: os códigos e as linguagens não constituem sistemas estáticos que se pode aprender de uma vez por todas. São sobretudo sistemas de modificação de convenções e premissas que governam a maneira como as mensagens devem ser elaboradas e interpretadas. [...] A corrente permanente de comunicação é, pois, para cada indivíduo, uma corrente contínua de contextos de aprendizagem e, mais particularmente, de aprendizagem das premissas da comunicação (Bateson, 1981, p.134-135, grifos nossos).

Avançando na discussão desse tema, Bateson (1981, 1988) propõe uma ampliação da teoria convencional da aprendizagem, promovendo uma releitura crítica da hierarquia dos níveis de aprendizagem. O exemplo elementar que ele toma como ponto de partida, retirado do trabalho dos psicólogos experimentalistas, é a aprendizagem pavloviana ou por estímulo condicionado. Ele identifica inicialmente um nível zero, que é a modificação sofrida por um cão quando, estando em repouso, escuta um apito sonoro. O cão,

---

[6] Neste texto, os conceitos de recepção, público e audiência estão sendo tomados de forma indistinta para se referir, no âmbito da comunicação de massa, à instância que recebe e consome as mensagens massivas.

após uma série de treinamentos, adquire a capacidade de reagir de uma determinada forma ao apito. Esse é o nível de aprendizagem I: a mudança ocorrida com o cachorro de Pavlov que aprendeu a responder de certa maneira a um sinal sonoro.

Estudos de laboratório mostraram na sequência que animais que aprenderam a responder a sinais (nível I), adquiriram "talento" para aprender de maneira geral: eles aprenderam a aprender a receber sinais, o que é chamado então de nível de aprendizagem II. Essas experiências (realizadas também com pessoas, aprendendo a decorar sequência de sílabas, por exemplo), indicaram a ocorrência de um fenômeno com um grau de complexidade maior que o simples condicionamento; elas apontaram uma mudança de "caráter" dos organismos que, aprendendo a aprender, se tornam mais inteligentes.

Bateson avança, então, a hipótese de que, se os sujeitos humanos deram mostras de aptidão para "aprender a aprender" em experiências de repetição, muito provavelmente esse fenômeno deveria se produzir de maneira mais geral; pode-se supor que estaria presente em todos os outros tipos de aprendizagem (Bateson, 1988, p. 245). E continua o raciocínio - se uma mudança é desencadeadora de outras, não há nenhuma razão lógica para não pensarmos em Aprendizagem III e assim por diante.

Bateson pensa esses diferentes níveis de aprendizado em termos de contextos estruturados de conhecimento, ou *gestalts*; eles não se substituem, mas se superpõem. Aditivos, acréscimos, modificações num nível inferior podem provocar mudanças maiores no nível superior, pois uma nova experiência adquirida num nível mais baixo provoca reenquadramento e reorganização dos níveis acima; além disso, pode alterar todo o conjunto. O autor conclui:

> Encontramos aqui uma imprevisibilidade do tipo daquela indicada acima quando da discussão da indeterminação da significação. Quanto maior a massa de dados, mais cresce a certeza da interpretação; mas nunca se pode garantir que o último acréscimo de dados não exigirá de nós uma interpretação completamente nova (Bateson, 1981, p. 138).

Essa discussão é muito específica, e avançar mais exigiria um detalhamento que excede a pretensão deste texto e desta reflexão. Como disse no início, tomo Bateson de uma forma um pouco livre, buscando mais uma inspiração do que uma aplicação estrita. Mas o que me pareceu interessante, e pertinente para o tema que nos ocupa (experiência e comunicação), é a superposição de níveis e a possibilidade de que acréscimos e modificações em camadas inferiores possa repercutir no conjunto, provocando reorganizações e tangenciando o imprevisível.

Na discussão da experiência ou compreensão estética, Wittgenstein (*apud* Quéré, 2010) chamou atenção para sua dupla construção social: nossa compreensão está ligada ao exercício de capacidades e técnicas aprendidas, que nos tornam sensíveis, aptos a captar determinados estímulos do ambiente (acontecimento, produto). E tal compreensão alcança uma expressão direta, sob a forma de manifestações (ações, comportamentos) desenvolvidas socialmente.

No que diz respeito à recepção midiática e comportamento das audiências, há mais de 50 anos as pesquisas vêm nos mostrando como somos todos, enquanto públicos de diferentes mídias, afetados pela qualidade e pelas características daquilo a que somos expostos. E a essa afetação correspondem respostas variadas ao longo dos anos e situações. Esse ciclo se dá em cadeia, com modificação permanente nas duas pontas do processo. Lembrando citação anterior de Dewey (2005, p. 69), experiências possuem forma e estrutura, pois não se limitam "a agir e provar em alternância, mas se constroem como relação entre essas duas fases". A ação e sua consequência, ele nos diz, devem estar religadas sobre o plano da percepção; da mesma maneira, num contexto interativo, a transação entre dois organismos provoca alteração na natureza de ambos.

Ora, retomando os níveis de aprendizado de Bateson (1981), podemos partilhar e explorar sua hipótese de que a aptidão para "aprender a aprender" dos seres humanos deveria estar presente nos seus vários tipos de experiência e que esse aprendizado de aprender provoca mudanças desencadeadoras de outras mudanças, elevando a cadeia hierárquica dos conjuntos estruturados de conhecimento de que dispõem os indivíduos. Essa ideia dá outro alcance à sua afirmativa de que "a corrente permanente de comunicação é, pois, uma corrente contínua de contextos de aprendizagem"; não se aprende códigos e linguagens de uma vez por todas, mas a corrente de comunicação é antes um "sistema de mudança"; cada aprendizado nos abre para outro, desorganiza e reestrutura nossos quadros de conhecimento. Isso nos permitiria afirmar que não aprendemos impunemente a ler jornais, ver televisão, usar a internet. Tal aprendizado nos coloca em outro nível, provoca uma mudança de "caráter", como ele diz. Ficamos mais inteligentes, como ele aponta, para os organismos que passaram do nível I para o II? A tese parece uma provocação frente à denúncia aristocrática (e já histórica) da mediocratização e do emburrecimento progressivos produzidos pela cultura midiática. Não se trata, com certeza, de tomar dessa maneira as contribuições de Bateson, mas de tirar mais consequências das mudanças provocadas pelas mudanças ocasionadas pelo cenário da sociedade midiática – pelo cenário mutante, poderíamos acrescentar. Se, nos primórdios desta sociedade, as pesquisas acompanharam o aprendizado da decodificação das diferentes linguagens (a sociedade aprendeu a ler jornais, a ouvir rádio, ver cinema e televisão, ler histórias em quadrinhos e assim por diante), diferentes estudos nos mostram hoje o quanto os receptores já conhecem sobre o funcionamento da própria mídia, não apenas reproduzindo-a em produções domésticas, e desenvolvendo *performances* midiáticas em diferentes contextos cotidianos, mas produzindo também um discurso crítico sobre essa mídia. Reflexivamente, essa mídia vem tendo que mudar – novos programas, novos formatos para um público mais experiente. E assim em cadeia.

Nosso desafio, pesquisadores da comunicação, é compreender o que a experiência neste novo cenário está agenciando como sujeitos midiáticos, como sujeitos ordinários.

Post-scriptum

À guisa de anotações finais, penso que é oportuno registrar uma observação muito pertinente feita por L. Quéré às minhas colocações sobre os dois sujeitos da comunicação (a comunicação é, sempre e necessariamente, algo que se passa entre dois interlocutores). Sem discordar da ideia, Quéré chama a atenção para a normatividade da comunicação, portanto, para a presença do "terceiro" (o terceiro simbolizante, ou o polo do instituído) na comunicação. Uma relação entre dois sujeitos "puros" não poderia existir; o terreno comum, e exatamente aquilo que permite o encontro e a comunicabilidade, é externo aos dois e está na cultural, está no social. Existe uma "instituição" que nos coloca em tal ou tal papel; o agenciamento dos sujeitos, portanto, é algo que acontece, sim, em situação, frente ao outro e sancionado pelo "outro generalizado".

É nessa perspectiva que ele também recomenda cautela no uso do conceito de "intersubjetividade" – no que esse termo evoca o espaço e o cruzamento de duas ou mais subjetividades (cf. ainda C. Taylor; V. Descombes). O sentido comum, partilhado (o espírito objetivo, diz Descombes, 1996) não é produzido como soma e confluência de subjetividades: a operação é inversa. São os sentidos produzidos socialmente, externamente aos indivíduos, portanto, que são apropriados e subjetivados pelos indivíduos.

Mas essa é, sem dúvida, outra discussão, outro tema para novos colóquios, novos textos.

Referências

BATESON, Gregory. Communication. In: WINKIN, Yves (Org.). *La nouvelle communication*. Paris: Seuil, 1981. (cap. 1 da obra coletiva The natural History of an Interview, 1971).

BATESON, Gregory; RUESCH, Jurgen. (1951). *Communication et société.* Paris: Seuil, 1988.

DESCOMBES, Vincent. *Les institutions du sens.* Paris: Minuit, 1996.

DEWEY, John. *L'art comme expérience.* Pau: Farrago, 2005 [1934].

DEWEY, John. *Le public et ses problèmes.* Pau: Farrago;. Léo Scheer, 2003 [1926-1927].

JOAS, Hans. Pragmatisme et sciences sociales. L'héritage de l'Ecole de Chicago. In: CEFAÏ, Daniel e JOSEPH, Isaac (Org.). *L'héritage du pragmatisme. Conflits d'urbanité et épreuves de civisme.* Paris: Ed. De L'Aube, 2002.

MEAD, George H. *L'esprit, le soi et la société.* Paris: PUF, 2006 [1934].

MIGLIORIN, Cezar. Santiago, de João Moreira Salles (Brasil, 2007). *Revista Cinética.* Disponível em: <http://www.revistacinetica.com.br/santiagocezar.htm>.

QUÉRÉ, Louis. Le public comme forme e comme modalité d'expérience. In: CEFAÏ, Daniel; PASQUIER, Dominique (Org.). *Le sens du public, publics politiques, publics médiatiques.* Paris: La Découverte, 2001.

QUÉRÉ. Louis. O caráter impessoal da experiência. In: LEAL, Bruno Souza; GUIMARÃES, César; MENDONÇA, Carlos Camargos (Orgs.). *Entre o sensível e o comunicacional.* Belo Horizonte: Autêntica Editora, 2010.

ZASK, Joëlle. La politique comme expérimentation. In: DEWEY, John. *Le public et ses problèmes.* Pau: Farrago, Ed. Léo Scheer, 2003.

Parte 2

A experiência estética no campo da comunicação

Comunicação e experiência estética

Monclar Valverde

Ao considerarmos a repercussão ou a ressonância do conceito de "experiência estética" nos estudos sobre a comunicação, devemos admitir inicialmente que a relação entre comunicação e experiência estética pode ser problematizada em três níveis: no terreno conceitual, no âmbito metodológico e no plano da configuração das áreas acadêmicas.

No registro teórico, deveríamos questionar as condições de possibilidade de tal aproximação, explicitando, em primeiro lugar, em que sentido devemos tomar cada uma daquelas expressões, de modo que se possa relacioná-las legitimamente; em seguida, investigando o horizonte comum que é pressuposto, quando fazemos aquela aproximação. No plano metodológico, deveríamos tentar estabelecer as condições e os critérios para que a abordagem comum desses temas seja possível e pertinente, tendo em vista os aspectos teóricos mencionados anteriormente. No âmbito institucional, finalmente, deveríamos avaliar em que medida as exigências intelectuais que se impõem a partir das considerações anteriores são contempladas nas disposições acadêmicas vigentes.

Na prática, certamente, a ordem das questões se inverte, pois as condições do trabalho universitário tendem a destacar, por sua urgência, esse último aspecto, cujos efeitos são sentidos mais imediatamente nas práticas da pesquisa e da orientação. Não é de estranhar, portanto, que ele se transforme na principal motivação para empreender o questionamento colocado em pauta no título de nossa exposição, uma vez que o campo dos estudos brasileiros sobre a comunicação sofreu, na última década, em função do reenquadramento promovido no âmbito da pós-graduação, um redirecionamento visando a objetividade.

Nesse sentido, o segundo aspecto apontado acima, a questão do método (e do objeto) da pesquisa comunicacional, não pode ser caracterizada como questão "epistemológica", senão assim, entre aspas, não apenas porque ela obedece a injunções em última instância políticas, mas porque, no próprio terreno cognitivo, há razões de sobra para duvidar que os critérios importados das ciências naturais – voltadas à *explicação* – sirvam para balizar investigações que se enquadram muito mais na tradição das chamadas "ciências do espírito" – voltadas à *compreensão* (Dilthey, 1986; Palmer, 1986; Stein, 1988).

A partir do criticismo kantiano, a questão epistêmica geral reduziu-se a uma discussão sobre a legitimação epistemológica, pela qual a cientificidade de um discurso poderia ser atestada categorialmente. Mas o modelo implícito da reflexão de Kant (ao menos, em *Crítica da razão pura*) foi a mecânica newtoniana, que reuniu com êxito o método experimental de Galileu e a descrição matemática dos fenômenos naturais possibilitada pela abordagem analítica da geometria, introduzida por Descartes.

Desde então, todo discurso com pretensão a ciência se espelha nas ciências naturais e, por essa razão, ainda hoje, o senso comum, a imprensa e até mesmo as agências de fomento à pesquisa não sabem muito bem o que fazer com as chamadas "ciências humanas", a Literatura e as Artes, impondo-lhes critérios exógenos e injustificados. Por sua vez, a investigação sobre a comunicação – situada nesse limbo epistemológico que são as chamadas "ciências sociais aplicadas" – vive, desde seu início, um dilema esquizofrênico entre a análise objetiva e a interpretação pragmaticamente orientada.

Pretendendo ser científico, mas sem ser capaz de imitar seu modelo de cientificidade, o campo da comunicação foi dominado pela ideia de que a formalização do saber aumenta o seu rigor, por simples confusão entre rigor intelectual e rigor lógico. A essa altura, deveríamos ser capazes de admitir, sem culpa e sem medo, que o campo comunicacional jamais será "científico", sem que isso constitua uma tragédia. Ao contrário, isso representa uma emancipação, pois ainda que seja estudado com rigor intelectual, o fenômeno da comunicação jamais poderá ser reduzido a parâmetros objetivos e mensuráveis (segundo os critérios experimentais das ciências físicas) ou a puros conceitos abstratos (segundo o rigor lógico característico das ciências nomológico-dedutivas).

Acreditamos que é justamente para contestar o domínio e a universalização desse objetivismo abstrato que se apela para os conceitos de "experiência" e "experiência estética", pois, quando relacionamos a comunicação à experiência estética, pretendemos reconhecer, ao mesmo tempo, sua espontaneidade e seu caráter vertiginoso, em contraste com o artificialismo e o formalismo que caracterizam o "experimento" controlado, considerado a base do conhecimento científico.

Em nosso campo, esse cientificismo se manifesta nas cobranças quanto à falta de objetividade da reflexão estética e na ideia de que toda pesquisa sobre comunicação deva traduzir-se necessariamente na "análise de produtos". Mas tais posições simplesmente passam por cima das características fundamentais desse tipo de investigação.

Em primeiro lugar, porque, no âmbito estético, não tem sentido considerar isoladamente/separadamente uma obra, peça ou objeto, pois a *recepção* é uma *prática coletiva*, que se desenvolve segundo rotinas, contextos e formatações que são anteriores à criação de cada obra particular. Em segundo lugar, porque a experiência estética se caracteriza pela *imersão* do espectador numa região do mundo sensível, o que contrasta de maneira decisiva com o pretenso *distanciamento* do teórico e a pretensa *isenção* do crítico. Finalmente, porque tanto a *apreensão perceptiva* quanto o *juízo valorativo* têm caráter *sintético* e *imediato*, por isso devem ser assimilados nessa condição, sem que nosso propósito de estudá-los teoricamente justifique sua redução a formas de mediação conceitual.

Reflexão estética e filosofia

Diante desse quadro, torna-se imperioso encontrar o meio-termo entre a rigidez epistemológica das ciências naturais e a licença poética das formas artísticas de expressão, constituindo um tipo de reflexão que saiba reconhecer a fluidez do seu objeto, mas não se contente em produzi-la, no âmbito do trabalho teórico. Dito de outro modo, é preciso criticar e rejeitar a rigidez metodológica, sem cair na apologia do relativismo, respeitando a especificidade de cada objeto de investigação, mas assumindo as responsabilidades que todo trabalho conceitual exige.

Ora, o primeiro critério da responsabilidade intelectual e acadêmica é a condição de não ignorar o passado, o reconhecimento de que o trabalho de investigação é um diálogo e estamos sempre retomando o que já foi dito e pensado em outros momentos e outros discursos. Se o que distingue a pesquisa na atualidade é sua institucionalização e seu caráter coletivo, seu principal critério "epistemológico" é, na verdade, um critério pragmático: a condição pública dos seus procedimentos e enunciados. Isso nos obriga a ter consciência da historicidade de nosso próprio saber, a reconhecer que nossas ideias atuais correspondem ou respondem a outras ideias – expostas, difundidas e contestadas alhures – e a admitir que cabe a nós recuperar as referências pertinentes, compreender seu percurso e dar conta da problemática que aí se desenvolveu, e não simplesmente decretar que o que foi pensado e dito antes de nós está superado, e é preciso inaugurar outro saber, inteiramente novo.

Por isso mesmo, é curioso constatar que, mesmo entre aqueles estudiosos da área da comunicação que consideram vantajoso e instigante adotar uma perspectiva estética, muitos acreditam poder passar ao largo da abordagem filosófica. Querer destacar a dimensão estética dos fenômenos comunicacionais, recusando, por outro lado, a influência da "doutrina filosófica" é ignorar que a estética não é uma doutrina, mas uma área no campo da Filosofia, assim como a ética e a teoria do conhecimento, as quais assumem cores diversas, mais ou menos doutrinárias ou dogmáticas, segundo a interpretação de cada pensador. Portanto, no que se refere à "experiência estética", devemos começar por admitir que, no âmbito filosófico, sua tematização assumiu uma dimensão singular, que escapa a outros discursos, à medida que a descrição, a análise e a prescrição de atitudes específicas deram lugar a outro tipo de investigação voltada para a compreensão de suas condições de possibilidade.

Melhor seria dizer, então, que, a fim de podermos estabelecer as bases para uma ampliação do conceito de experiência estética, de modo a contemplar as formas contemporâneas de comunicação, devemos nos afastar daqueles filósofos dogmáticos e sectários, que só enxergam a arte como objeto digno de uma abordagem estética, justamente por concebê-la como resultado de uma criatividade ensimesmada e, por isso mesmo, alheia a toda comunicação. Ao mesmo tempo, devemos nos aproximar de outros filósofos, que trataram a questão de modo mais apropriado e mais amplo, deixando margem a reinterpretações futuras.

De modo geral, podemos dizer que a recuperação do cerne da questão estética na Filosofia passa por um retorno ao período anterior àquele em que a reflexão estética transformou-se em "Filosofia da Arte". Isso se deu no idealismo alemão e culminou com a radical espiritualização da experiência estética, promovida por Hegel e acentuada no século XX pela "dialética negativa" do jovem Lukacs e da Escola de Frankfurt. Precisamos voltar ao século XVIII, a Montesquieu, Diderot, Baumgarten e ao Kant da *Crítica da faculdade do juízo*, para resgatar a dimensão sensível (a *aísthesis*), soterrada pelo excesso de racionalismo do século XIX. E depois retornar aos autores que no século XX procuraram superar esse dualismo entre o espírito e a sensibilidade, a atuação e a receptividade, como Dewey, Merleau-Ponty, Dufrenne e Pareyson.

Os deslocamentos da estética

É interessante observar que a teoria estética, em sua breve história, viveu um percurso de deslocamentos, quanto a seu enfoque e a seu objeto. Essa tortuosa trajetória pode ter contribuído para tornar obscura a natureza do problema estético enquanto tal. Batizada em grego na Alemanha do século XVIII, a estética de certo modo já nasceu deslocada, no próprio plano etimológico. Isso refletia em parte a dificuldade em delimitar sua problemática específica, frente a um conjunto de abordagens históricas, poéticas e técnicas, elaboradas desde a Antiguidade. Mas se devia também a seu próprio "objeto" – a *sensibilidade* – reconhecidamente ambíguo e escorregadio.

Do ponto de vista conceitual, a história desses deslocamentos começou com a ideia de uma "estética transcendental", proposta por Kant na primeira parte de sua *Crítica da razão pura*, pouco depois de Alexander von Baumgarten ter chamado de *Estética* sua tentativa de fundamentar a "gnoseologia inferior". Numa época em que todas as atenções estavam voltadas para as ciências naturais, a "sensibilidade" era pensada como etapa inicial e primitiva do processo cognitivo e reduzida à mera faculdade de receber sensações. Embora pretendesse ir mais longe, pois tinha como alvo as condições *a priori* da experiência, o enfoque "transcendental" adotado por Kant ainda via a sensibilidade apenas como "apreensão perceptiva" dos objetos do mundo sensível. Por essa razão, o tempo e o espaço são considerados, então, as "formas puras da sensibilidade", sem qualquer alusão ao sentimento e ao valor.

Esse aspecto só irá aparecer de modo um tanto inesperado na *Crítica da faculdade do juízo* (1750), que, num sentido completamente diferente do anterior, é também uma "estética transcendental", que tem em vista agora a experiência num sentido afetivo, antes que cognitivo (Kant, s.d.). A genial fórmula criada pelo autor para designar o *gosto* – uma "cognitividade sem cognição" – ilumina o fundo relacional e emocional da própria apreensão de um "mundo comum", seja ele concebido como natural, prático ou imaginário.

Até aí, os deslocamentos da teoria estética foram por assim dizer "internos", quer dizer, limitados a sua dimensão conceitual. Enquanto reflexão teórica, ela pensa a sensibilidade ora como percepção, ora como gosto, mas sempre em uma obscura relação com o discurso do "senso comum". Literalmente, a sensibilidade é a capacidade de apreensão do que há no mundo sensível, mas este não se restringe ao mundo natural e inclui tudo o que nos cerca: natureza, objetos técnicos, formas simbólicas. Por isso, ao contrário do que se diz frequentemente, Kant não poderia ter ignorado os objetos de arte em sua reflexão, mas é certo que ele evitou deliberadamente colocá-los em destaque, pois, à medida que se dá aos sentidos de modo irrecusável, a natureza aparece como o campo por excelência da experiência estética, e a recepção dessa doação originária mostra-se como a condição mais elementar para qualquer exercício ulterior da sensibilidade.

Depois de Kant, perdeu-se a dimensão transcendental da reflexão estética, a "estética do gosto" foi separada da "estética do gênio", que, hipostasiada, foi transformada em "Filosofia da Arte". A experiência estética passou a se confundir, então, com a forma específica de apreensão dos objetos que são fruto de uma atividade intencionalmente artística. Num movimento paradoxal, a estética voltou-se, assim, para o objeto em si, deixando em segundo plano as reações que ele suscita. Mas, como, a essa altura, a produção artística já estava em crise por razões expressivas, a reflexão estética foi forçada a deslocar novamente sua atenção, agora em direção ao não objeto, desdobrando-se numa estesiologia dos materiais (que se aproxima de uma somatologia) e numa analítica dos processos de composição (que muitas vezes se transforma numa psicologia da criação), dando, de qualquer modo, um passo decisivo em direção à abstração.

O mercado trouxe a reflexão estética de volta ao chão. Novo deslocamento, que colocou no centro da cena os objetos de consumo. A indústria cultural e a cultura de massa constituíam, então, o novo campo da experiência estética, capaz de assimilar os formatos da arte erudita e as pretensas ousadias de vanguarda. Mas o retorno ao concreto durou pouco (além de ser vivido com muita culpa). O computador e a Internet chegaram prometendo suspender de vez a sensibilidade, ao transformar a imagem numa estrutura numérica. E a estética se deslocou uma vez mais, passando a ser a teoria de uma experiência sem corpo – uma experiência rigorosamente *anestésica*.

Nesse percurso, o movimento foi claramente pendular: partiu-se de uma concepção rígida da sensibilidade para chegar à concepção de uma sensibilidade totalmente volatilizada. Mas o que não está claro nesse processo é o destino da reflexão estética. Para não se cristalizar, ela se deixou pautar pela renovação do repertório de objetos oferecidos à experiência. Mas isso a transformou numa reflexão a reboque dos recursos técnicos e das escolhas poéticas de cada momento.

Afortunadamente, contudo, a saída do impasse parece resultar do próprio percurso esboçado acima, desde que olhado mais detidamente: por trás daquele foco flutuante, que vai da natureza à Arte, da antiarte aos utensílios cotidianos, dos objetos de consumo aos meios de comunicação. O que retorna reiteradamente, mesmo como algo impensado, é a *comunicabilidade estética*, cumprindo a função transcendental de garantir que uma sensibilidade tão maleável possa ser a base de uma experiência estável e passível de compartilhamento.

Comunicação e comunicabilidade[1]

Se pretendemos estabelecer uma aproximação justificada entre a comunicação e a experiência estética, devemos perseguir essas pistas, mesmo que isso nos afaste das concepções dominantes sobre a comunicação. O desenvolvimento da reflexão estética permitiu superar uma concepção substancialista da sensibilidade, destacando, ao mesmo tempo, seu caráter intersubjetivo e sua dimensão ontológica – sua condição de abertura e transformação existencial. É necessário estender esse tipo de questionamento ao estudo da experiência comunicativa.

Na verdade, antes do século XX, a palavra *comunicação* aparecia apenas relacionada às "vias de comunicação", e essa relação com o "transporte" manteve-se, desde então, mesmo de forma subterrânea, nas diversas "teorias da comunicação", reaparecendo recentemente nos discursos sobre a "sociedade do conhecimento" e na ideia das "infovias". Ao longo do século XX, esse objetivismo foi reforçado, procurando-se reduzir a experiência da comunicação a parâmetros apropriados a uma abordagem com pretensões científicas. Nos modelos teóricos desenvolvidos então, foram valorizados diversos aspectos alternativos, sem que o tema das *condições de possibilidade* da comunicação viesse a ser reconhecido e tratado com a devida amplitude hermenêutica e existencial. Paradoxalmente, as tradicionais Ciências Humanas (a Sociologia, a Antropologia e a Psicologia) é que reconhecerão a *comunicabilidade* como vínculo básico para a própria socialidade.

Mas não se trata aqui de proclamar a comunicação como algo avesso à investigação empírica ou como algo totalmente dedutível da condição existencial. Trata-se, antes, de mostrar que a investigação sobre a comunicação não pode se reduzir às tentativas de abordá-la apenas como acontecimento do mundo *empírico*, como algo observável, mensurável e, em última instância, explicável, mas dedicar-se também a uma investigação *transcendental* sobre a comunicabilidade enquanto tal.

Antes de ser uma troca de mensagens, a comunicação é uma comunhão sensível, pela qual compartilhamos formas, sentidos e valores, que nos antecedem e nos constituem. A interação, a relação e a empatia aparecem, então, como aspectos fundamentais de uma socialidade que cabe cada vez menos num modelo contratual. Concebida não mais a partir da consciência,

[1] Este aspecto foi desenvolvido em nossa comunicação *Gosto e comunicação*, apresentada ao GT Estéticas da Comunicação, no XV Encontro da COMPÓS, realizado em junho de 2007. Limitamo-nos a condensar as observações feitas ali.

mas da *conduta*, a experiência da comunicação surge, assim, como inscrição do sujeito no âmbito operante de uma compreensão partilhada, que não se reduz à mera reiteração de um discurso consensual, mas envolve igualmente uma dimensão axiológica que enraíza o sentido e suas formas num senso comunitário de valor, que traduz uma disposição afetiva comum, anterior a regras, normas e leis. Tomando a comunicação em sua dimensão existencial, encarando-a não como um fato objetivo, mas como uma possibilidade desse modo de ser com o qual nos confundimos, damo-nos conta, portanto, de que a ela é uma forma de *compreensão operante*, que tem a *percepção*, o *senso comum* e o *gosto* como seus modos espontâneos de realização.

A ambiguidade da *experiência*

Na Modernidade, a ideia de experiência – enquanto apreensão de uma realidade por um sujeito – esteve quase sempre associada ao conhecimento direto e imediato de algo dado externamente. Mas, como essa apreensão é da ordem do singular, na maioria das vezes, ela ocupa uma condição inferior à da razão, cumprindo apenas os papéis de instância de observação e instância de verificação, decisivos embora insuficientes na explicação científica. Desde Aristóteles, aliás, o mundo empírico foi concebido como a base e o campo de aplicação dos juízos universais produzidos pela ciência, mas nada mais que isso.

Nesse âmbito, a ideia de experiência se afasta da vida comum, é reduzida a uma série de ocorrências controladas e transforma-se em experimento provocado, perdendo, assim, os sentidos complementares de espontaneidade e sedimentação, com que ela circula na língua ordinária. Ela dilui também o aspecto subjetivo diante de todo aparato tecnológico envolvido na experimentação. No mundo da vida, o sentido da experiência é outro. Refere-se, principalmente, ao aprendizado de um sujeito através da prática e ao modo como foi afetado pelos processos por que passou. Não se trata mais, portanto, de um conhecimento vago e confuso, em oposição ao pensamento sistemático, mas de algo que constitui o sujeito através de vivências compartilhadas.

Enquanto "experiência de vida", a noção de experiência assume caráter claramente *relacional*: envolve a *participação* do sujeito vivo em seu ambiente, a *unidade* dos momentos vividos por ele e sua *interação* com outros sujeitos presentes no mesmo mundo. Por outro lado, enquanto referida ao vivido, essa experiência deixou de ser vista como uma descrição neutra do mundo exterior e mostrou-se como um *evento* ou conjunto de eventos cuja narração é inseparável da interpretação e da avaliação. Desse modo, passou a ser situada no mundo público, revelando um caráter que não é objetivo nem subjetivo, mas intersubjetivo.

No texto de 1917, *The need for a recovery in philosophy*, Dewey destaca os aspectos que diferenciariam uma abordagem contemporânea da experiência, em contraste com as abordagens mais tradicionais.[2] De modo geral, ele mostra que, do ponto de vista do sujeito que a vive, a experiência se revela como fonte de abertura, transformação e superação. Do mesmo modo, na tradição hermenêutica pós-heideggeriana, por exemplo (Gadamer, 1997; Vattimo, 1989), fala-se mesmo da experiência da verdade como uma "verdadeira experiência", ou seja, aquele tipo de processo que efetivamente modifica o sujeito que o vive.

Do ponto de vista etimológico, a expressão *ex-peri-ência* parece referir-se simultaneamente à capacidade de se relacionar com o passado e à possibilidade de ultrapassar seu limite (*peras*). Em português, esse radical grego aparece em outras expressões, como "periferia", "perímetro" e, particularmente, "perigo". A experiência seria, então, o meio e o modo que alguém teria para ir além do registro que circunscreve sua identidade pessoal atual, para amadurecer enquanto pessoa, tendo, portanto, que correr o risco de se perder, para poder se afirmar. Descobrimos, assim, que a experiência é, paradoxalmente, o meio e o modo espontâneo de viver essa "transcendência na imanência", que caracteriza o existir como *advento*. Como assinala José António Bragança de Miranda (1994, p. 34), "na palavra 'experiência' ecoam, portanto, dois sentidos que são duas formas diferentes de relação ao constituído: (1) enquanto securização (normalização) do conhecido e (2) enquanto arriscar-se no desconhecido". Sobre esse aspecto, ele menciona várias interpretações convergentes, de Walter Benjamin a Jean-Luc Nancy.[3]

[2] Em seu conhecido *Dicionário de filosofia,* Ferrater Mora resume assim suas observações: "(1) na concepção ortodoxa, a experiência é considerada meramente como um assunto de conhecimento, enquanto agora ela aparece como uma relação entre o ser vivo e o seu meio físico e social; (2) na acepção tradicional a experiência é, ao menos um modo primário, uma coisa física, embebida de subjetividade, enquanto a experiência designa um mundo autenticamente objetivo do qual fazem parte as ações e os sofrimentos dos homens e que experimenta modificações em virtude de sua reação; (3) na acepção tradicional somente o passado conta, de modo que a essência da experiência é, em última análise, a referência ao que precedeu, e o empirismo é concebido como vinculação ao que foi ou é dado, enquanto a experiência em sua forma vital é experimental e representa um esforço para mudar o dado, uma projeção rumo ao desconhecido, um marchar para o futuro; 4) a tradição empírica está submetida ao particularismo, enquanto a atual acepção da experiência leva em conta as conexões e continuidades; (5) na acepção tradicional existe uma antítese entre experiência e pensamento, ao contrário do que ocorre na nova noção de experiência, na qual não há experiência consciente sem inferência e a reflexão é inata e constante" (MORA, 2001, v. II, p. 971).

[3] Como diz Lacoue-Labarthe (1986, p. 30), devemos entender *"experiência, o* experiri *latino, como a travessia de um perigo, acautelando-nos acima de tudo para não a referir a um 'vivido' ou à anedota".*

A dimensão existencial da comunicação

As ideias de comunicação, experiência e experiência estética, referem-se, portanto, a uma abertura essencial à alteridade, entendida como modo de constituição do próprio sujeito. Por trás dessa tríade mencionada inicialmente há, pois, um impensado que sustenta sua relação e justifica nossa expectativa frente a uma abordagem estética da experiência comunicativa: a *condição existencial*. É ela que situa cada um daqueles conceitos em relação aos outros, ancorando-os simultaneamente no âmbito temporal do *acontecimento*.

A expressão latina *existentia* designava o que está e se sustenta fora da consciência. Mas a etimologia já sugere a compreensão posterior de que o existente está sempre empenhado em um movimento centrífugo. Inicialmente concebida como a condição de tudo o que há no mundo real, a ideia de *existência* passou por diversas transformações até assumir um papel de destaque na Filosofia contemporânea, especialmente a partir de *Ser e tempo* (Heidegger, 1988). Mas vejamos sumariamente como isso se deu na história do pensamento ocidental.

Entre os primeiros pensadores gregos, não havia a preocupação de investigar a questão da existência, pois eles se voltavam, antes de tudo, para a identificação do existente enquanto tal. Com os eleatas e Platão, a questão passou a ser identificar o que poderia ser considerado "realmente existente", por trás das aparências. O termo sofreu, assim, sua primeira torção, deixando de indicar "o que está aí", na evidência do mundo exterior, para designar uma inteligibilidade ideal, situada "além de todo *aí*" (Mora, 2001).

Erfahrung, *portanto, e não* Erlebnis". Essa dupla acepção permite reorganizar a multiplicidade de conotações que etimologicamente a palavra *experiência* tem. Em Roger Munier (ano) podemos encontrar uma boa delimitação etimológica: "*Experiência vem do latim* experiri, *passar por uma* provação. *O radical é* perir, *que se acha também em* periculum, *perigo, risco. A raiz indo-europeia é per, a que estão ligadas a ideia de travessia, e em segundo lugar, a de provação. Em grego, são numerosas as derivações que acentuam a travessia, a passagem:* peirô, *atravessar;* pera, *além de;* peraô, *passar através;* perainô, *ir até ao fim;* peras, *termo, limite. Nas línguas germânicas temos, no antigo alemão,* faran, *de onde saíram* fahren, *transportar, viajar e* fuehren, *conduzir. Deve-se rebater aí o termo* Erfahrung, *experiência, ou antes devemos fazê-lo remontar ao segundo sentido de per: Provação, no alemão antigo fara, perigo, que deu* Gefahr, *perigo e* gefarhden, *pôr em perigo? Os confins entre um sentido e outro são imprecisos. O mesmo ocorre no latino* experir, *tentar, e* periculum, *que primeiro queria dizer prova, e depois risco, perigo. A ideia de experiência como travessia separa-se dificilmente, ao nível etimológico e semântico, da de risco. A experiência é no início, e fundamentalmente, uma colocação em perigo*" (MUNIER, *apud* LACOUE-LABARTHE, 1986, p. 30-31). Cf. Também o estudo etimológico de Otto Bolnow (1986) [...], que insiste nos elementos ligados à noção de travessia e sofrimento dentro de uma concepção geral de "experimentação do novo" (MIRANDA, 1994, p. 59).

Uma nova modulação semântica ocorre na Idade Média, pois, enquanto os pensadores gregos situavam a existência no plano das *coisas*, os filósofos medievais voltaram-se para entidades que escapavam da determinação absoluta – condição própria das coisas –, tomando a *pessoa* (humana ou divina) como seu modelo. Num certo sentido, esse o primeiro traço da atitude é que caracterizará a retomada da questão na Filosofia contemporânea, uma vez que na Modernidade dominou uma preocupação de natureza lógica, acerca da relação e da diferença entre "existir" e "ser".

Kierkegaard, iniciando uma tradição que afirma o primado da existência sobre a essência, identifica existência e subjetividade, ideia que será atualizada pelo existencialismo, que concebe a existência como a aptidão do sujeito para conquistar, por si mesmo, sua própria essência. É nesse sentido que Heidegger distingue o plano existencial do plano existenciário, em função da transcendência que caracteriza o primeiro em relação ao mundo e, mais ainda, em função da transcendência do existente em relação a si mesmo, no movimento pelo qual se assume enquanto projeto e se lança em direção ao futuro.

Desse modo, a ideia inicial da existência, como a ocorrência do que há no mundo, dá lugar a uma concepção que recusa sua caracterização como algo simplesmente *dado*, para vê-la como um modo de ser que não se reduz a um "si mesmo", um *poder-ser* que não tem natureza substancial, mas constitui o seu próprio ser sendo. Sem caber numa definição atomista, esse ente (o *Da-Sein*, o ser-aí, a pre-sença), cuja estrutura ontológica é a de um ser situado (figura sobre um fundo, perspectiva num horizonte, *ser-no-mundo*), abre-se, pela compreensão de suas possibilidades de vir a ser, ao próprio ser enquanto tal.

Ao mesmo tempo, essa concepção lança uma nova luz sobre o modo como a relação entre ser e não ser é experimentada na existência, pois, como vimos, existir é deixar de ser para vir a ser, e isso mostra que a identidade de um existente tem um caráter dinâmico, não lhe pertence previamente, não está assegurada pelo destino, pelas condições geográficas ou socioeconômicas, pelos astros ou pelo código genético, mas é o efeito de seu modo de ser-sendo, uma *abertura finita* a partir de uma situação prévia.

Encontramos essa mesma imbricação entre fluxo (atividade) e forma (passividade), que caracteriza a existência, na experiência da *expressão*. Aí também, embora num sentido ainda mais decisivo, a expectativa convencional é invertida e percebemos que, antes de ser o efeito de uma causa (o sujeito-autor), a expressão é o meio pelo qual o próprio sujeito se efetiva, assumindo a condição pública que irá autorizá-lo enquanto locutor, qualquer que seja o conteúdo do seu discurso.

Para o sujeito, portanto, a existência atual é a presença de um passado em *transformação*, e a experiência não é senão a assimilação dos modos desse poder-ser, a apropriação do que vem a seu encontro, num exercício de produção e expressão, que resulta na autoprodução do sujeito, através da objetivação de formas partilháveis. Movimento de retomada de um passado e projeção em direção a um por-vir, a existência encontra, por sua vez, sua expressão mais originária na comunhão de sua condição carnal e finita, na silenciosa *comunicabilidade dos sentimentos* e no *compartilhamento do mundo sensível*, os dois aspectos que caracterizam a dimensão estética da comunicação.[4]

Comunicação e corporeidade[5]

Não é à toa, portanto, que numerosos estudos sobre a comunicação têm reconhecido a decisiva importância do *corpo* no processo comunicativo. "Órgão da experiência" e emblema de nossa finitude, o corpo próprio não cessa de revelar, contudo, o fundo anônimo de toda experiência pessoal. Mas de que corpo se trata?

No percurso entre a *Fenomenologia da percepção* (1971) e *O visível e o invisível*, Merleau-Ponty revela o corpo como sede da significação e dos processos simbólicos, isto é, como sede e verdadeiro *meio da experiência*. Ele não é visto do exterior, como objeto estudado com distanciamento, mas concebido como via de todo vivido, condição de acesso a toda forma de realidade, incluído o mundo dos sonhos – essa forma arcaica e universal de "realidade virtual". No quadro do seu pensamento, o corpo é *a sede da sensibilidade*: ao mesmo tempo meio da percepção sensível, da linguagem e de todo tipo de participação na esfera da ação ou da expressão.

---

[4] À guisa de estímulo heurístico, desdobramos nossas palavras-chave iniciais, através de conexões conceituais que podem servir de base para a proposição de diversos enquadramentos estéticos da comunicação:

(a) existência (possibilidade, abertura, projeto, liberdade; passividade, sensibilidade, corpo, finitude);

(b) experiência (finitude, acontecimento, ação, advento, transformação; padecimento, comportamento, conduta, hábito, rotina, praxe, tradição, instituição);

(c) comunicação (instituição, expressão, projeção; compartilhamento, comunhão, comunicabilidade);

(d) experiência estética (comunicabilidade, percepção, sentido comum, gosto, aquiescência; criação, expressão, empatia, prazer, imaginação, coexistência, existência).

[5] Nesta seção retomamos algumas das considerações desenvolvidas numa conferência inédita apresentada na Sorbonne, em junho de 2001, num seminário sobre Pós-Modernidade, organizado pelo CEAQ (Centre d'Études sur l'Actuel et le Quotidien) e dirigido por Michel Maffesoli.

Segundo a imagem clássica do corpo, a sensibilidade é concebida como uma coleção de capacidades localizadas, especializadas na apreensão de determinados aspectos do mundo sensível, através dos chamados "órgãos dos sentidos". Em nossa experiência efetiva, contudo, os sentidos não operam isolados dessa maneira, mas em conexão, por sinestesia; nossa relação efetiva com o mundo é inteira e, nesse sentido, a própria noção de "órgãos dos sentidos" é já uma abstração. Além disso, tendemos a rejeitar espontaneamente a redução de nossa percepção do mundo a uma função estritamente sensorial, pela qual teríamos acesso a sensações puras, pontuais, isoladas. Ela se mostra, ao contrário, como uma atividade de *configuração*, graças à qual privilegiamos determinadas relações dentro de um campo virtualmente contínuo. A percepção não é, pois, uma atitude meramente contemplativa e, ainda menos, uma ausência de atitude, mas um agenciamento corporal, uma *performance*, um comportamento que, mais que representar o mundo, exprime o movimento pelo qual o habitamos.

Dessa maneira, não podemos reduzir a visão ao registro fotográfico do mundo exterior, ao simples reconhecimento de sua evidência física, dada objetivamente, de modo independente de nós, pois ela é um ato de organização que orienta as "intuições sensíveis", segundo um ponto de vista determinado e confere a unidade do sentido à diversidade abstrata das sensações. Mas tal sentido não deriva de uma atitude solipsista, de uma condição individual e solitária, pois atribuímos sentido ao mundo nos quadros de uma cultura, segundo o fluxo de significações a partir das quais nossa experiência é sempre retomada.

Merleau-Ponty (1971) vai mostrar a unidade existencial entre *perceber*, *falar* e *agir*, enquanto processos simbólicos situados no corpo e inscritos na cultura. Seguindo seus ensinamentos, seria preciso abandonar a noção da sensibilidade como capacidade natural de *captar* o mundo sensível em si mesmo, para concebê-la como o meio (estético, semântico e prático) da *instituição do sentido* – esse longo processo histórico de fundação e sedimentação das partilhas sociais, que devemos reconhecer como possibilidade e limite de toda experiência.

Quanto ao lugar do corpo na dita sociedade da informação, nota-se, nos últimos tempos, uma particular disposição para celebrar o advento das tecnologias digitais, como se elas pudessem redefinir integralmente o sentido da existência. Alguns chegam a crer que as novas tecnologias produzem uma verdadeira *mutação* em nossos órgãos sensoriais e que uma sensibilidade híbrida, um corpo protético e uma arte absolutamente mental emergiriam como signos de nossa transformação em *ciborgs* vivendo num meio totalmente simulado.

Ora, todas as transformações tecnológicas já experimentadas provocaram comoção no momento de sua aparição, mas o fato é que estabeleceram rapidamente um confortável regime de assimilação e familiarização. Se levarmos em conta o choque provocado pelas inovações tecnológicas ao longo da história seremos obrigados a admitir que essas transformações já fazem parte de nossas expectativas e são, portanto, cada vez menos traumatizantes. Assim, a aparição do cinema, por exemplo, foi relativamente mais chocante ou provocou mais desconforto sensorial do que o surgimento da televisão e, mais tarde, do computador.

Deveríamos nos lembrar da formulação de McLuhan, segundo a qual a tecnologia é uma extensão de nós mesmos e, consequentemente, não pode ser tomada como qualquer coisa de estranho ou oposto ao que é humano. Independentemente de seu automatismo e seu grau de sofisticação, qualquer tecnologia que exista ou venha a existir terá sempre a mesma dimensão cultural que teve a primeira ferramenta, objetivando uma técnica do corpo e transformando o espaço físico em ambiente humano.

Em suma, é preciso admitir que, se as tecnologias digitais podem simular novas situações e novos ambientes, elas não podem ultrapassar o regime da experiência, pois não são capazes de simular *a experiência* que tais situações e ambientes suscitarão em nós. Só a experiência é capaz de superar a experiência, pois é próprio da sua estrutura não só preceder-se a si mesma, mas exceder-se a si mesma nos quadros da natureza, da cultura e da história. E é o corpo – esse meio, ao mesmo tempo natural, cultural e histórico de *transcendência* – que torna presente a possibilidade de toda experiência

Enquanto meio da experiência, o corpo também não pode ser "superado", porque vem sendo ultrapassado desde sempre, por si mesmo. Na verdade, ele não é senão esse excesso situado, esse acesso possível à possibilidade mesma, essa abertura inscrita na finitude. À medida que se abre a um "mundo" (esse horizonte de sentido que ultrapassa todo objeto particular), o corpo é ultrapassado pela experiência que, no entanto, somente ele pode tornar possível. Encarnando esse sentido em expansão, ele transborda em direção ao mundo exterior e aos outros, incorporando a diferença na unidade dinâmica da compreensão e da ação. O corpo se "des-dobra", à medida que o mundo se "des-vela", porque a experiência não é senão o ultrapassamento recíproco do corpo e do mundo, na carne do sensível.

Referências

BOLNOV, Otto. *Introducción a la filosofía del conocimiento*. Buenos Aires: Amorrortu, 1976.

DILTHEY, Wilhelm. *Crítica de la razón histórica*. Traducción de Carlos Moya Espí. Barcelona: Península, 1986.

GADAMER, Hans-Georg. *Verdade e método*. Tradução de Flávio Paulo Meurer. Petrópolis, Rio de Janeiro: Vozes, 1997.

HEIDEGGER, Martin. *Ser e tempo*. 2 v. Tradução de Márcia de Sá Cavalcante, Petropólis: Vozes, 1988.

KANT, Immanuel. *Crítica da faculdade do juízo*. Tradução de Antônio Marques e Valério Roden. Lisboa: Imprensa Nacional/Casa da Moeda, s.d.

LACOUE-LABARTHE, Philippe. *L'imitation des modernes*. Paris: Galilée, 1986.

McLUHAN, Herbert Marshall. *Os meios de comunicação como extensões do homem*. Tradução de Décio Pignatari. São Paulo: Cultrix, s.d, p. 26.

MERLEAU-PONTY, Maurice. *Fenomenologia da percepção*. Tradução de Reginaldo di Piero. Rio de Janeiro: Freitas Bastos, 1971.

MIRANDA, José A. Bragança de. *Analítica da actualidade*. Lisboa: Vega, 1994.

MORA, Jose Ferrater. *Dicionário de filosofia*. São Paulo: Loyola, 2001.

PALMER, Richard. *Hermenêutica*. Tradução de Maria Luisa Ribeiro Ferreira. Lisboa: Edições 70, 1986.

STEIN, Ernildo. *Racionalidade e existência*. Porto Alegre: L&PM, 1988.

VALVERDE, Monclar (Org.). *As formas do sentido*. Rio de Janeiro: DP&A, 2003.

VALVERDE, Monclar. *Estética da comunicação*. Salvador: Quarteto, 2007.

VATTIMO, Gianni. *Mas alla del sujeto*. Tradução de Juan Carlos Gentile Vitale. Barcelona: Paidos Stúdio, 1989.

Experiência estética & mediatização

José Luiz Braga

Meu objetivo neste artigo é buscar algumas articulações entre dois âmbitos de reflexão e de observação que se interpelam mutuamente: os estudos recentes sobre experiência estética e os desafios postos pelas interações sociais mediatizadas.

No primeiro desses âmbitos, procuro me apoiar em alguns pontos debatidos no I Simpósio Internacional de Comunicação e Experiência Estética,[1] afirmados como um âmbito básico de consensualidade entre os participantes. Não tenho a pretensão de avançar hipóteses propriamente sobre questões estéticas – trato apenas de articular aqueles pontos de razoável consenso com alguns problemas e desafios que percebo no âmbito da mediatização – com o objetivo de organizar, de algum modo, minha reflexão. Isso deve ser suficiente para fazer algumas perguntas – o que acredito ser o encaminhamento necessário para investigação pertinente.

* * *

Entre aqueles pontos sobre experiência estética, selecionei alguns poucos que pareceram instigantes para minhas preocupações mais habituais. Uma vez que sua consensualidade dispensa tanto a elaboração como o argumento, vou apenas referir trechos de artigos publicados no livro resultante do I Simpósio.

1. Ao passar de um foco na obra para uma ênfase na experiência, a questão estética se torna *essencialmente* relacional.

[1] A que tive acesso pelo livro organizado por Guimarães, Leal e Mendonça (2006), com textos do Simpósio, realizado na UFMG em 2004.

2. Com o redirecionamento do foco, conforme Schaeffer, citado por César Guimarães (2006, p. 17), supera-se a figura filosófica canônica resultante da conjunção da objetividade do julgamento estético, da ontologia das obras baseada em critérios de valor e na redução do estético ao artístico.
3. Os objetos ("obras") não são tomados em si mesmos como estéticos, mas os processos – nos quais certamente obras, coisas, produtos, acontecimentos, paisagens podem ser vetores de experiência estética.
4. Com essa perspectiva, o objeto deixa de ser o núcleo para o qual convergem as atenções – passando a ser visto como "*medium* que permite aos sujeitos tomarem consciência de sua própria experiência" (Guimarães; Leal; Mendonça, 2006, p. 8).
5. "[Não] há uma cisão irreparável entre a vida de todos os dias e aqueles acontecimentos que, em sua dimensão estética, permaneceriam desvinculados e colocados hierarquicamente acima das atitudes que tomamos em resposta a outras situações experimentadas habitualmente" (Guimarães, 2006, p. 16).
6. Podemos "aproximar a experiência da arte das percepções e das sensibilidades ordinárias" (Guimarães, 2006, p. 18, referindo o verso "um pobre nirvana à minha imagem", de Carlos Drummond de Andrade, no poema "Música barata").
7. Mas ao mesmo tempo, a experiência estética parece depender da "desvinculação do objeto e do conceito dos contextos conceituais e materiais aos quais pertencem normalmente" (Gumbrecht, 2006, p. 53). Entendo que a experiência estética corresponderia ao momento em que essa desvinculação se produz na situação vivida.

Guiado por esse pequeno mas valioso conjunto de referências, posso notar que tais perspectivas, reinscrevendo a experiência estética nas interações comunicacionais da vida cotidiana, trazem inevitavelmente a atenção para o âmbito da mediatização. Primeiro, porque uma parte de nossa vida cotidiana se organiza em torno de produtos mediatizados sobre os quais podemos sempre nos perguntar se podem ou não funcionar como vetores de experiência estética.

Segundo, porque em minha perspectiva abrangente sobre mediatização (como veremos adiante) acredito que podem ser referidas à mediatização social interações muito mais diversas do que apenas os momentos de defrontação direta com as interfaces tecnológicas que nos expõem seus produtos – ou nas quais, por nossa vez, pomos a circular nossa própria produção, como nas redes informatizadas. Ou seja, a mediatização não se restringe à *presença* dos produtos da mídia. Com isso, a ênfase na experiência estética se coloca em pauta, relativamente à mediatização, de um modo mais processual do que através de uma hipotética pergunta sobre o valor estético (existente ou não) dos produtos mediáticos.

A transição da ênfase na "obra" para uma construção do objeto enquanto vetor possível de experiência estética viabiliza nos perguntarmos sobre as possibilidades de o produto mediático corresponder a esse vetor – ou, mais exatamente, sobre *como* o produto mediático se inscreve ou pode se inscrever nessa processualidade.

Certamente as mudanças da preocupação estética ocorrem também fora dos espaços estritamente mediatizados. Mas não podemos deixar de perceber uma sintonia entre o que a sociedade faz com seus processos de geração e circulação estética; e o que faz com seus processos gerais de interação mediatizada. Sem a pretensão de estabelecer direções de causalidade, podemos perceber correlações.

Para isso, é claro, precisamos deixar de lado o cotejo "obra *versus* produto mediático" como modo de encaminhar a reflexão. Nesse encaminhamento, na melhor das hipóteses (e conforme o grau de boa vontade), encontramos alguns produtos que podem ser referidos aos cânones, recebendo atestação de "boa qualidade estética", para afirmar que afinal a mídia contemporânea não se reduz totalmente a entretenimento banal.

Devemos, antes, pensar diretamente as "reverberações" entre a questão da experiência estética e o campo da comunicação, como é percebido em uma sociedade *em mediatização*. Creio que posso expressar o estágio em que me encontro, na apreciação de tais reverberações, através de uma reflexão em três passos:

- A percepção de que os processos da experiência estética – relacionais que são – se inscrevem no âmbito de uma mediatização *que vai se tornando o processo interacional de referência* principal na sociedade;
- A percepção *de mudanças de escala* que se tornam desafiantes (em relação às situações canônicas de valoração estética) tanto para a processualidade interacional da sociedade como nas questões de estética;
- A percepção de questões postas pela *circulação social da experiência estética* nesse ambiente de referencialidade mediatizada.

Após apresentar esses três ângulos, o artigo desenvolve uma tentativa de descrição de caso articulada com tais reflexões – e que funcionou ora como estímulo, durante a própria escrita do artigo, para instigação de dúvidas e ideias, ora como aplicação destas.

Das coisas ao processo: a mediatização

Em artigo recente (Braga, 2007), proponho que, em nível macrossocial, a mediatização em curso pode ser entendida (e investigada) como o desenvolvimento de uma processualidade interacional ampla, em vias de suplantar a cultura escrita *enquanto principal referência* para as interações sociais. Além de indicar algumas características dessa mediatização como processo interacional de referência, observo também "lacunas" em sua própria lógica, que se põem como outros tantos desafios com que a sociedade se defronta na transição. Esses desafios (para os quais a sociedade ainda não têm respostas satisfatórias) obrigam a uma revisão dos próprios critérios com que observamos tais processos.

Creio que há fortes correlações entre essa situação e as mudanças referidas no âmbito da estética, com o deslocamento do enfoque canônico na obra de arte para uma preocupação relativa a experiências estéticas necessariamente diversificadas.

Partindo de minhas perspectivas sobre a interacionalidade social em fase de mediatização, uma preocupação deste texto é observar como determinadas questões na área da reflexão estética e aquela processualidade comunicacional se interpelam mutuamente. Uma primeira aproximação corresponde à preocupação com o relacional, o que leva a estudar os processos mais que as estruturas. Se os processos da estética são interacionais e se efetivamente a mediatização pode ser vista não só como aparato tecnológico-econômico, mas também por seus aspectos centrais de interação social; encontramos aí um terreno propício à investigação e à construção de articulações.

No regime estético centrado na obra, um conjunto de gestos, ações, objetos e circunstâncias cercam "a obra", assegurando predisposições para uma fruição estética desta que assim encontra um ambiente já elaborado para sua centralidade. Os processos sociais da criação artística prevêem e asseguram a maximização probabilística através de todos os seus processos desde a criação (selecionando os criadores que podem "se sentir no direito" de produzir objetos estéticos); através de todos os agentes da processualidade (seletores, justamente); e finalmente pela construção social da "pátina do tempo".

Na mediatização, tal ambiente estruturante não aparece como dado prévio por duas razões principais: (a) a mídia se oferece não como "focada", mas como tendencialmente dispersa – as possibilidades estéticas se dispersam em meio a possibilidades informacionais, de atualidade, de entretenimento, educacionais, políticas, etc.; (b) por sua abrangência de atingimento, a mídia envolve majoritariamente um público que, por sua vez, não oferece ao objeto um olhar preparado (em formação prévia; ou em atitude predisposta para o nível estético do objeto).

Na sociedade em mediatização tudo "vem misturado" em um ambiente de cotidianidade e de situações banais. Tanto no nível da percepção criadora como no que se refere aos processos descritivos de eventuais experiências estéticas, não há distinções fortemente preestabelecidas. Reduzido o grau de foco e de atenção,, o processo se modifica. A questão que se coloca aqui não é desvalorizar essa situação por contraste a um envolvimento intencionadamente preocupado com as questões estéticas. Trata-se diversamente de se perguntar sobre as modificações que tal situação faz incidir sobre a experiência estética.

No que se refere a esse aspecto da questão, a reflexão sugere que nossa preocupação se organizaria a partir dos processos interacionais, para aí encontrar as possibilidades e os desafios colocados pela estética. Não estritamente *nos produtos* mediáticos – ainda que sejam inevitavelmente referidos e analisados, a ênfase na experiência sugere que não deveriam ser o foco exclusivo das perguntas e da observação. Mesmo ao observar "produtos", estaríamos voltados, através de seu exame, para as questões de circulação em que podem ser envolvidos. Isso assegura a coerência entre o tema da circulação interacional, na qual os produtos mediáticos se inscrevem, e a afirmação anterior sobre os objetos como *medium* da experiência estética.

Mudanças de escala

A passagem do foco prioritário na obra para uma atenção maior dirigida a experiências vividas ocasiona uma mudança de escala. Da singularidade e da especificidade do objeto estético passamos à variedade de acessos possíveis entre a pessoa e objetos, cujo relacionamento envolva *alguma possibilidade* de experiência estética.

Em uma estética centrada na obra e no desempenho produtivo (justamente – produtivo de reações de fruição), uma maximização do arroubo seria critério de valor estético. A percepção de que obras humanas podem "produzir" tais sentimentos de forte intensidade/profundidade leva a que esse "critério máximo" se torne a definição do valor estético.

Quando atribuímos a origem do sentimento estético ao objeto ("obra"), ficamos necessariamente adstritos a seu *alto valor*. Qualquer que seja o modo de aferir esse valor, ele é *necessário*. Selecionar objetos com e sem valor é processo fundamental, pois estamos delegando ao objeto as funções *de produzir e de atestar a experiência estética*. Por isso mesmo, o ato de criação desse objeto ocupa também uma função relevante – é o gesto que transfere uma síndrome complexa de afetos do autor (síndrome que também é *experiência estética*, ainda que difusa ou com uma constância de "estado de espírito") para materiais sensíveis que podem circular na sociedade. Os afetos relacionados são também "de valor alto", porque são associados a tais objetos, por definição valorados. O critério da maximização do valor da obra se transfere para a apreciação da autoria.

Ao observar as relações entre pessoas e tais objetos estéticos, para nos perguntarmos sobre sua processualidade interacional, percebemos que o foco na obra dá ênfase ao polo criador. Nessa escala, há um distanciamento entre o criador e o fruidor; ao segundo cabe o esforço de "alcançar" o primeiro.

Nessa perspectiva, os produtos mediáticos seriam, enquanto objetos extraestéticos – não porque estritamente não artísticos (alguns até podem sê-lo) - mas porque circulam com necessária redundância devido à quantidade da produção e quantidade da demanda. Duplamente não estéticos, geralmente "sem valor"; e, por uma questão de escala, marcados pela "serialização". A serialização dos produtos mediáticos ocorre em dois níveis: um específico – quando efetivamente aparecem em "séries" de relativa redundância ("programas"); outro em geral – na medida em que deixam de ter uma pretensão "forte" de originalidade. Tratam "serialmente" de questões das várias cotidianidades em que a sociedade pode se envolver. Com a mídia, impede-se um processo de rarefação seletiva das "obras" (são agora, então, "produtos").

Quando a interação social vai se tornando essencialmente mediatizada e, correlatamente, quando enfatizamos a experiência estética mais que a "obra", deixamos de ter a possibilidade de gerar raridade através da adoção de critérios maximizadores e de sistemas críticos voltados para a seletividade. Decorre daí uma dispersão e uma ampliação da possibilidade de experiências estéticas não controláveis dentro de um único padrão de valor nem asseguráveis em sua realização.

Todo processo relacional entre pessoas e objetos, situações ou acontecimentos pode ser assumido como gerador probabilístico de efeitos estéticos. Toda circulação social de materiais expressivos (para os quais já não se pode exigir uma intencionalidade estética forte, nem a adoção de cânones muito definidos) *pode* estimular fruição estética.

Em uma sociedade na qual a mediatização vai se tornando o processo interacional de referência, os produtos em circulação mediatizada tornam-se geradores probabilísticos de experiência estética.

Assim, eliminadas as condições circundantes, organizadas e protegidas, com suas filtragens prévias, definidoras de um objeto como estético, já não podemos afirmar de antemão quais objetos serão propiciadores ou "estimulantes". A experiência em nível estético vai depender da probabilidade – maior ou menor – de ativação relacional (ou de recuperação relacional). O título e o teor do artigo de Bruno Leal (2006, p. 78-87) tornam clara essa aleatoriedade da experiência.

Com tais mudanças de escala, a busca da experiência estética deixa de se concentrar em um "ambiente de maximização" por adoção de critérios exigentes e por seletividade rigorosa para trabalhar inversamente a diversidade de processos e de critérios.

A necessidade de sintonia entre o produto e o usuário, nessa escala ampliada, faz necessariamente próximas a expressão da experiência (criação) e a experiência através da expressão alheia (fruição). Uma vez que a sintonia só ocorre probabilisticamente, a ampliação da probabilidade passa por esforços dirigidos à construção da proximidade.

A ampliação da quantidade e da variedade reduz o índice de probabilidade estética de cada produto singular. Por outro lado, talvez produza, no conjunto, uma ampliação da probabilidade difusa de sintonias de afeto, o que é ainda um efeito de escala.

Possivelmente o grau de arrebatamento será menor em termos médios (estatísticos) em comparação com a expectativa gerada por uma obra criada e selecionada expressamente com uma finalidade estética que já vai sendo qualitativamente filtrada desde o próprio ambiente psicológico e sociocultural do criador, passando por processos de criação altamente sofisticados, por seleções de vários níveis, desde a dos agentes de produção e divulgação até a da crítica especializada, além da seleção por usuários escolados.

Mas agora o ponto de ancoragem da "fala" (discurso, produto, objeto expressivo, imagem, música, gestos – as várias expressões, aqui, se equivalem) já não parece ser a singularidade da expressão, e sim a sua relação probabilística com a "escuta" (recepção).

O enfoque no polo receptor – que parece ser uma das características centrais e necessárias da interacionalidade mediática (Braga, 2007) – exige, mais que profundidade e raridade dos sentimentos estéticos experimentados na origem, uma tentativa de sintonizar os sentimentos possíveis "na escuta".

Isso gera proximidade entre criador e usuário. Entre um e outro pode haver diferenças de grau e de atividades, mas em ambos o que se procura perceber é a experiência estética em sua diversidade e em sua transversalidade social. Quando a mediatização se torna referência interacional, é ao criador/produtor que cabe o esforço de aproximação.

Além disso, com as atuais possibilidades de rede informatizada, um grande número de participantes sociais pode "contar suas experiências": os que melhor sintonizem a escuta terão maior probabilidade de continuar contando e de ser ouvidos. O processo de seleção dos vetores mais prováveis passa a ser feito não só por "críticos especializados". Ou então a crítica, mesmo assumida como "especializada", é mais variada, menos sujeita à imposição de cânones. Temos a possibilidade de uma critica difusamente "interessada". E se muitos receptores/usuários se consideram "tocados" (positiva ou negativamente), isso interfere diretamente na percepção crítica (mesmo em sentido polêmico).

Eu tenderia a matizar, portanto, a afirmação feita na apresentação do livro de que "os sujeitos se sentem incapazes de narrar o que experimentam" (Guimarães; Leal; Mendonça, 2006, p. 8). Em termos de escala, creio que hoje mais pessoas expressam de múltiplas maneiras o que sentem. Entretanto, essa expressão – além de tendencialmente não trabalhar afetos cuja complexidade e cuja profundidade os fariam singulares – também não dispõe em média de um domínio de formas e processos sofisticados. Reconhecemos a possibilidade de que a experiência estética pode ser diversamente acionada (mesmo fora de um trabalho rigoroso e seletivo de criação formalizada), por uma variedade de acontecimentos e objetos. Embora essa postura viabilize a banalização, traz pelo menos a possibilidade de uma ampliação significativa do circuito de expressão da experiência, fazendo-a circular.

A relação principal talvez ocorra (através de produtos mediáticos e em uma lógica de mediatização como processo interacional de referência) entre os âmbitos de produção e aqueles da recepção – desde que ambos se encontrem em um ambiente geral de sintonização, de entendimento dos materiais e sentimentos com que *esse nível* de interação possa contar.

A questão é menos de expressar, com altíssima competência formalizadora, sofrimentos e desejos muito complexos sentidos pelo criador e mais de sintonizar a escuta em dois níveis. No nível dos sentimentos, saber capturar relações entre o cotidiano mais generalizado e reações afetivas que podem aí se esconder para expressá-los. No nível da expressão, saber dizer essas percepções em termos e modos que talvez não seriam obtidos por quem as vive na cotidianidade; mas que possam ser compreendidos e – mais que isso – que tragam à tona (da percepção) aquelas emoções.

Há um componente adicional dessa expressão sintonizada com o polo receptor: a oferta dos modos expressivos para que a percepção dos afetos também se expresse (voltaremos a essa questão).

A "autorização" de Carlos Drummond de Andrade em *Música barata* (Guimarães, 2006, p. 18) nos faz ver que talvez coisas "próximas" podem ser assim percebidas com um olhar atento para suas potencialidades superadoras do cotidiano. Se isso parece baratear a circulação estética, talvez a possibilidade de ampliar o círculo dos que têm acesso compense a perda do "alto nível".

Embora a diversidade autorizada pelo foco na experiência efetivamente viabilize os processos fáceis, esta não seria, entretanto, a única face da ampliação de escala. O regime comunicacional da interacionalidade mediatizada permite uma variedade bem maior:

- de afetos percebidos em diferentes intensidades, variedades, tonalidades e tipos;
- de graus de autopercepção;
- de modos expressivos, desde os mais sofisticados e complexos – exigindo um forte escolamento nos modos de dizer e de expor, assim como de receber e interpretar; até os mais cândidos e transparentes – de geração e recebimento quase intuitivo.
- de abrangência, desde uma universalidade, tratando de sentimentos e expressões quase antropológicos próprios do fato de sermos todos humanos até os sentimentos e as expressões mais idiossincráticas, exigindo vivências muito particulares para sua sintonia.

A ampliação do número e da diversidade de produtos joga a raridade para outros âmbitos. Com o aumento do número de objetos e com as modificações associadas à passagem da situação "obras" à situação "produtos", parece que teríamos outra construção de raridade: a potencialidade probabilística de um produto específico efetivamente estimular reações estéticas. A própria obra de arte "anterior" à mediatização, ao ser reinscrita em outros circuitos, alheios aos inicialmente pertinentes, passa a desenvolver processos estéticos em outra escala, por isso mesmo distintos dos originais.

Por todas essas razões, deixaria de ter sentido preferir, na análise, apenas os produtos e processos raros e sofisticados.

A circulação social da experiência estética

Temos desejo e tristeza, entusiasmo e medo, sensações de plenitude relacionados a questões pragmáticas ou cognitivas do cotidiano. A experiência estética, porém, seria aquela que trabalhasse os afetos para além de tais vinculações emocionais "imediatas".

A experiência estética não estaria exclusivamente no nível psicológico; é necessário mais que a mera reação emotiva como indicação de sua presença. Para "desenvolver" o processo, é preciso que a afetação ocorrida "se diga", de uma ou de outra forma. Acreditamos que a expressão "tomar consciência de sua própria experiência" (Guimarães; Leal; Mendonça, 2006, p. 8) envolve, ao lado da percepção clara do próprio estado afetado, uma tendência de expressar de algum modo, de "objetivar" essa experiência.

Efetivamente, na experiência vivida (que se pode dar frente a coisas do mundo, a situações vivenciadas ou a materiais expressivos de qualquer ordem) parece ocorrer, junto com a emoção, uma reação proprioceptiva desta.

No esforço de compartilhar – expressando para outros, tentando incluir aí mais que o relato frio de uma experiência exaurida para recuperar na expressão o próprio afeto relatado – se encontraria o elemento central da experiência estética relacionada aos processos interacionais da sociedade. É nesse sentido que interpreto as citações abaixo, de Georg Otte (2006):

> [...] se a função referencial da linguagem, apesar de tematizar um determinado fenômeno e trazê-lo para o texto, afirmar, ao mesmo tempo, sua ausência, *a reprodução sensorial o representa no sentido de gerar, pelo menos parcialmente, sua presença material* (Otte, 2006, p. 69, in fine, grifo nosso).
>
> A palavra nomeadora não substitui a coisa, mas ganha ela mesma um aspecto "coisal", isto é, material, quando evoca, metonimicamente, uma realidade distante no tempo e a re-presenta no sentido de torná-la novamente presente (Otte, 2006, p. 71).

Essas proposições assinalam a relação estreita entre a experiência estética vivida e sua expressão. Talvez sublinhem a expressão como extensão da experiência. Acho que dizem também da *realização da experiência* na sua "representação sensorial", pois aí, ao se expressar, ultrapassa o nível de reação psicológica para se concretizar. Em uma perspectiva comunicacional, a experiência estética é a experiência estética compartilhada.

* * *

Parece estabelecido que a experiência estética envolve um alargamento do conhecimento do real. O processo de "desvinculação" da cotidianidade (Gumbrecht, 2006, p. 53) se faria, creio, em dois movimentos: na reação "não refletida" de fruição no momento em que, por algum processo mental, acedemos a um âmbito "acima" dos contextos cotidianos da coisa; e em seguida, com a percepção da própria desvinculação, que leva ao esforço de "dizer" esse momento da disjunção – reconstruí-lo, portanto. É a partir daí que podemos pensar em um processualidade relacional *social*.[2]

Isso corresponde a dizer que não é a experiência meramente psicológica que é "estética", mas sua relação interacional ou comunicativa, o compartilhamento – o trabalho de objetivação da emoção sentida. Trabalho que, por sua vez, como expressão de relação entre pessoa e situação, é ainda "experiência vivida".

Podemos então considerar que o momento da epifania não esgota a experiência estética (assim como a obra não a esgota). Ao contrário, a experiência só se desenvolve e se realiza finalmente na sua expressão. Porque a experiência íntima não se basta.Talvez o capturar expressivamente a experiência, "dizê-la" e compartilhar é que faz passar de uma experiência psicológica a uma experiência estética.

Isso deve ser articulado com a percepção de que a própria experiência psicológica é já sociocultural: depende da formação e da vivência, anteriores ao momento em que me deixo afetar. Só reajo a flores ou a músicas ou a beijos de novela se – de algum modo – tenho um estímulo, no ambiente em que vivo, para "destacar" esses materiais de sua contextualidade prática e cognitiva.

Entendemos que o momento psicológico da afetação já é marcado pelo ambiente de impregnação estética – o contexto e a experiência anterior de algum modo estimulam focos de atenção afetiva.

Creio que é no falar (social) sobre a própria experiência vivida e suas relações com os afetos produzidos pelos materiais gerados por outros seres humanos – por mais simplórias que sejam as experiências e os materiais – que se pode desenvolver o requisito necessário de repassar ao outro as reações da emoção, *procurando transportá-las junto com seu relato*.

Isso significa que tais falas, elas mesmas, procuram se dar como objetos estéticos. É claro que a vontade de produzi-las e o esforço de transcender o mero contar – pela busca de algum tipo de harmonia entre forma e conteúdo – tudo isso só se desenvolve socialmente e através de uma prática sempre sujeita ao risco e à probabilidade. A expressão da experiência, ao

---

2 Isto é, em que a relação de experiência (entre pessoa e objeto) ultrapassa o nível psicológico ou íntimo de fruição e sentimento, para se tornar efetivamente um processo interacional.

"transmiti-la", viabiliza uma aprendizagem em público do próprio sentir. Sem a preparação prévia de outras "falas" que nos ensinem o que sentir e como sentir, o próprio momento psicológico emocional seria outro.

O ignorante tem condições psicológicas de, em determinadas circunstâncias, ser apanhado por um sentimento oceânico. Mas, para ultrapassar o nível de simples felicidade psicológica (ou de "inenarrável tristeza"), precisa tentar pôr em palavras, gestos, imagens ou sons. Sabemos que a expressão não calculada em sua forma também pode produzir beleza.

Se a expressão da experiência é fundamental, a circulação depende de um "vocabulário" socialmente construído – não só no ponto específico de incidência da expressão (pois isso corresponderia a hipostasiar a obra), mas no próprio processo interacional – construção *social* dos modos expressivos e interpretativos. À medida que o circuito da circulação estética se amplia, o processo de geração se torna mais tentativo, mais "primário". Os processos expressivos podem parecer mais "fáceis" em comparação com as "grandes obras", mas isso não significa que se esteja fazendo "menos"; ao contrário, talvez "mais". Dados os efeitos de escala, o processo será, entretanto, tentativo e aleatório.

Através do enfoque no polo receptor, passa também uma oferta de modos expressivos, que podem se tornar, por sua vez, estimuladores e "aperfeiçoadores" das condições do exercício da experiência. Se escalas diversas de "valor" ou de sofisticação forem longamente construídas, é possível que se venha a estimular o desenvolvimento e a diversificação de escolamento dos participantes da sociedade.

Um caso observado

Essas reflexões muito preliminares me trazem mais dúvidas que encaminhamentos. Permanece, em todo caso, uma questão que me parece central: por mais que se desloque o foco de atenção do "objeto com pretensões estéticas" para a "experiência estética", esta parece fugidia ou inapreensível na sua diversidade e na sua ausência de materialidade capturável, a não ser pela própria subjetividade do indivíduo que apreende proprioceptivamente sua reação e tenta objetivá-la, fazendo-a circular. Mas aí nos vemos novamente às voltas com os materiais expressos, ainda que elaborados em outra escala e outros ambientes.

O risco, no que se refere aos esforços descritivos e analíticos, é nos limitarmos para evitar as leituras singulares de objetos expressivos, a falar apenas de nossos próprios sentimentos, relacionados ao que colhemos (meio indistintamente) de outros sentimentos expressos. Esse é certamente um dos caminhos tentativos, mas reagindo à sua exclusividade, creio que é possível ainda propor leituras de expressões singulares da experiência, procurando, entretanto, como ensaio e erro, testar a possibilidade de perceber, no objeto, vetores interacionais (apenas probabilísticos) entre o gesto da elaboração e o gesto da fruição.

É o que tento fazer, no rápido esboço a seguir, observando um material decididamente mediático: uma frase de canção da música popular brasileira recente (que, além disso, faz referência a outro tipo de produto mediático). Trata-se da linha inicial da canção *À flor da pele*, de Zeca Baleiro: "Ando tão à flor da pele, que qualquer beijo de novela me faz chorar".

Onde estaria aí a possibilidade de experiência estética? Podemos alternar ou cumular as seguintes hipóteses:

- na relação com o objeto perceptual "beijo de novela", que produza uma emoção, uma reação para além das possibilidades habituais da coisa (feita para produzir o que poderíamos chamar de uma "emoção fácil");
- na percepção da própria desproporção entre a coisa "beijo de novela" e uma reação afetiva – o objeto, ainda que desencadeador da emoção, se percebe incompetente para ser causalidade única;
- na expressão, pela letra, de um estado de "disponibilidade interacional", na receptividade para qualquer coisa, mesmo simples, que de algum modo possa *afetar*;
- na construção da frase, que é marcada pela banalidade assumida da expressão "beijo de novela", reiterada pela explicitação formal de sua desimportância através do adjetivo "qualquer"; e paralelamente uma sabedoria verbal que faz do "chorar" – afinal, também uma coisa corriqueira, cotidiana e desimportante – *outro chorar*, relevante exatamente por sua reduzida pertinência com a pretendida causa imediata;
- na nossa reação de ouvintes da canção, pela percepção de desproporções equivalentes, em nossa própria experiência, entre eventos banais e reações afetivas; a banalidade da pretendida causa põe em relevo e destaca o estado psicológico;
- um passo adiante, na sintonia que nos põe "em comunicação" com uma experiência do criador da frase que com ela "se expressa".

"À flor da pele" mostra uma disponibilidade para a sensibilidade ultrapassar a banalidade reconhecida, para se deixar tocar. Mesmo um produto banal e construído com a intencionalidade da emoção fácil pode produzir a desvinculação. Se eu simplesmente chorar vendo um beijo de novela, não há nada de estético nessa emoção, que em termos psicológicos, entretanto, poderia ser significativa. Perceber a conjunção entre a predisposição emotiva (à flor da pele) com a coisa banalmente feita para gerar emoção fácil - conjunção tal que permite desvincular a reação de seu nível corriqueiro - já inicia um gesto estético. Expressar a coisa em uma formulação mais que descritiva completa essa primeira experiência estética. A frase transporta mais que uma informação sobre a emoção sentida[3] e já faz ultrapassar o episódio singular, produzindo um modo de relação entre a sensibilidade e um objeto, mesmo banais, a tal ponto que passa a ser irrelevante se o compositor está relatando algum evento efetivamente ocorrido ou simplesmente "objetivou" desse modo uma percepção sobre suas próprias emoções mais difusas.

A sonoridade musical e o timbre da voz são também elementos significativos como *medium* da experiência. Sua natureza vibratória e rítmica, extracognitiva, pode favorecer a sintonia necessária para a interação estética - lembre-se que aqui "sintonia" é mais que uma metáfora.

Quando ouço a canção, tenho alguma probabilidade de engajar minha própria experiência difusa das coisas naquela "situação iniciada" (isso ocorrerá ou não). É claro que aí o processo se modifica - já não é a singularidade eventualmente episódica que foi passada; nem o "reconhecimento" se dará pela eventualidade de que eu já tenha ou não chorado diante da mostra de emoções banais - pouco importa. O que é relevante é a percepção sintética dessa relação como possível. Nesse sentido, a frase "me expressa" - é por essa adesão produzida, por ter sido emocionalmente afetado que localizo, aí também, uma experiência estética, que ocorrerá ou não, conforme a pessoa que ouve a canção, ou mesmo conforme seu estado de disponibilidade momentâneo.

* * *

Creio que uma leitura desse tipo tenta levar em conta as perspectivas refletidas antes. Mas o trabalho de análise e o trabalho de reflexão abstrata certamente precisam de uma reiteração ampliada, até que efetivamente possamos extrair consequências significativas de sua articulação. Acredito que a reflexão sobre a experiência estética deve se nutrir tanto de desenvolvimentos abstratos e dedutivos teoricamente fundados quanto de descrições tentativas

[3] É fácil verificar a diferença de um relato que dissesse, por exemplo: "ontem chorei de emoção vendo a Fulana enfim beijar Sicrano na novela tal" - que nos soaria talvez ridículo.

de objetos e episódios singulares "cotidianos" em relação com as experiências a montante e a jusante para geração de inferências. O campo das interações sociais mediatizadas se oferece como espaço promissor para tais análises.

Referências

BRAGA, José Luiz. Midiatização como processo interacional de referência. In: MÉDOLA, Ana Sílvia; ARAÚJO, Denize Correa; BRUNO, Fernanda (Orgs.). *Imagem, visibilidade e cultura midiática.* Porto Alegre: Sulina, 2007. p. 141-167.

GUIMARÃES, César; LEAL, Bruno Souza; MENDONÇA, Carlos Camargos (Orgs.). Apresentação. *Comunicação e experiência estética.* Belo Horizonte: Ed. UFMG, 2006.

GUIMARÃES, César. O que ainda podemos esperar da experiência estética? In: GUIMARÃES, César; LEAL, Bruno Souza; MENDONÇA, Carlos Camargos (Orgs.). *Comunicação e experiência estética.* Belo Horizonte: Ed. UFMG, 2006. p. 13-26.

GUMBRECHT, Hans Ulrich. Pequenas crises. In: GUIMARÃES, César; LEAL, Bruno Souza; MENDONÇA, Carlos Camargos (Orgs.). *Comunicação e experiência estética.* Belo Horizonte, Ed. UFMG, 2006, p. 50-63.

LEAL, Bruno. A poesia que a gente vive, talvez. In: GUIMARÃES, César; LEAL, Bruno Souza; MENDONÇA, Carlos Camargos (Orgs.). *Comunicação e experiência estética.* Belo Horizonte: Ed. UFMG, 2006. p. 79-87.

OTTE, Georg. Comunicação e recepção em Walter Benjamin. In: GUIMARÃES, César; LEAL, Bruno Souza; MENDONÇA, Carlos Camargos (Orgs.). *Comunicação e experiência estética.* Belo Horizonte: Ed. UFMG, 2006. p. 64-75.

As vertigens estéticas de um campo em configuração

Eduardo Duarte

Ao falarmos do campo da comunicação, fica no ar uma aparente concordância quanto às especificidades científicas que justificariam uma emergência problemática acordada entre os pesquisadores para fundação deste campo. Parece que estamos falando de um objeto único de investigação que nesse território fundaria sua coerência. A Comunicação construiu recentemente seu espaço de pesquisa científica. Como em todos esses espaços as disputas epistemológicas, mobilizadas tanto por interesses políticos quanto por tentativas de enxergar caminhos a partir das manifestações da comunicação social, tornam muito difícil a localização de matrizes conceituais comuns a todos os nossos interesses profissionais de investigação.

Nesse sentido, quando falamos de um campo não conseguimos enxergá-lo como um território configurado no qual o objeto claramente apontaria possibilidades mais consistentes de compreensão de sua problemática. Como é de conhecimento de todos os pesquisadores das raízes epistemológicas desse território de pesquisa, o campo que se pode ver é uma mistura de vários experimentos em configuração, que esgarçam o sentido da comunicação em direções nem sempre dispostas a negociar com visões complementares. Pelo contrário, lidamos com imagens muito díspares.

Algumas dessas observações foram possíveis após dois anos de pesquisa, com a parceria de pesquisadores do programa PIBIC (CNPq-UFPE), nos anos de 2005 e 2006. A pesquisa, ainda não publicada, versa sobre a configuração ou as configurações possíveis ao campo da comunicação. Essas são observadas e comentadas a partir de livros organizados nos últimos 10 anos, no Brasil, sobre temas relativos ao fazer científico de nossa área, como também contempla artigos apresentados em todos os anos de existência do grupo de trabalho Epistemologia da Comunicação, dos encontros da Associação Nacional de Programas de Pós-Graduação em Comunicação (COMPÓS).

Como um dos resultados preliminares dessa pesquisa, conseguimos observar três tendências de configuração do objeto científico da comunicação apresentados pelos pesquisadores e pesquisadoras da área. A categorização escolhida nos ofereceu possibilidades de visualizar desde imagens mais fechadas, mais restritivas, até imagens mais abertas e pouco norteadoras de um problema mais claro de elaboração conceitual do campo.

Para alguns pesquisadores, a comunicação se realiza exclusivamente na mediação técnica da troca de informação e construção de sentido entre grupos sociais. A capacidade de difusão de informação em larga escala inaugura o campo problemático exclusivo da comunicação social enquanto ciência contemporânea. Nessa visão, a pesquisa se concentra em estudos de emissão e recepção, formação de agendas, análises de conteúdo, tendo um vasto repertório teórico e metodológico do que se concentra na relação de mediação que os meios estabelecem entre os grupos.

Para um segundo grupo de pesquisadores, o objeto da comunicação abre-se um pouco mais, e seu território conceitual passa a contemplar outros fenômenos que não são necessariamente midiáticos, numa visão clássica dos *mass media*, mas que podem ser incluídos e vistos como objetos de investigação científica próprio do campo da comunicação. Esse grupo permite uma compreensão de duas categorias de objetos: a das mídias de massa e a dos outros meios de comunicação. Na primeira categoria já estariam inclusas as ferramentas clássicas, como televisão, rádio, impressos, internet; na segunda, outros elementos coletivos de troca, de contato social, mas que não passariam por suportes técnicos de difusão de massa. Nesse grupo podemos encontrar, por exemplo, a expressão corporal das tribos urbanas em suas danças e tatuagens; vemos também a moda, divulgações por instrumentos como o alto-falante, rádio poste, as rádios bicicletas que lançam suas mensagens num raio circunscrito de ação da informação. Surgem circunstâncias mais prosaicas, mais dispersas na capilarização biosmediática da ação dos agentes comunicativos em pequenos grupos.

É interessante destacar que em cada uma das situações, das circunstâncias comunicacionais estudadas, saberes específicos ao objeto são levantados; abordagens metodológicas distintas são organizadas; suportes teóricos diversos são utilizados para a compreensão da problemática. Esses conjuntos epistemológicos são muitas vezes contraditórios quando comparados entre si por fora da configuração específica da pesquisa. Cada peculiaridade problemática de um objeto faz emergir um panorama teórico com suas respectivas construções metodológicas. O conjunto dessas pesquisas, mesmo contraditório, não é autoexcludente, e o fenômeno comunicacional emerge independente da situação.

Para um terceiro grupo de pesquisadores, ocorre uma ampliação ainda maior do repertório de objetos, o que inevitavelmente leva a uma redefinição conceitual de comunicação. O que chamamos até agora de "mídia massiva" e "mídia de pequenos grupos" mistura-se aqui como se fosse o mesmo fenômeno de comunicação. A comunicação ocorre nesses espaços e em outros, e o estudo de cada um não exclui necessariamente o outro, visto que ambos comporiam o mesmo objeto: somente unidos o conceito se constitui como tal, dada a sua diversidade. Não existem aqui categorias claramente observáveis de manifestação do fenômeno, mas um único aspecto que os engloba.

Essa perspectiva traz uma interessante tendência de considerar a comunicação como toda e qualquer manifestação de troca de informações, em todo e qualquer nível de acontecimento. A possibilidade do uso da máxima "tudo comunica" abrangeria investigações desde as ciências cognitivas, com estudos das transmissões neuronais, ou a troca de sinais dentro de uma espécie animal, como golfinhos e chimpanzés. Ou seja, a comunicação também está inscrita em fenômenos naturais físico-químicos como nas trofolaxes (trocas de informação entre formigas e abelhas com as pontas de suas antenas). Passa também por intersemioses, trocas simbólicas, que não se restringiriam a ações entre seres vivos, já que podem ocorrer também de forma cibernética entre máquinas.

Entretanto, grande parte dos pesquisadores que elaboram o conceito de comunicação por esses caminhos, muitas vezes termina por fazer afirmações excessivamente generalizantes. Se a comunicação está em tudo, surge uma dificuldade de definição de um campo de atuação específico da problemática, pois ela não teria território próprio, já que está diluída nas ações de outras ciências. Essa tentativa holística motiva algumas vezes a perda de foco dos objetos e temas, o que de certa forma dificulta a compreensão das ideias fazendo com que seus pesquisadores sejam pouco creditados.

Com esse panorama parcialmente desenhado a partir dos dados preliminares da pesquisa apresentada, podemos localizar mais claramente um problema: de que configuração de campo falamos quando introduzimos a ideia de experiência estética como elemento reconfigurador? Seria possível falar da experiência comunicacional independente da referência do campo?

O que pensamos que entendemos por experiência comunicacional

Temos aqui um desafio de tentar visualizar, para efeito de compreensão neste debate, o que entendemos por experiência comunicacional para, em seguida, tentar incluir o que podemos dizer sobre a experiência estética. Tomando algo que nos parece salutar ao segundo grupo, tentamos pensar a experiência comunicacional não associada, necessariamente, à existência de complexos sistemas tecnológicos de mídia, mas buscando observar seus processos modeladores de sentidos. Esses últimos ocorrem por meio de trocas simbólicas, amparadas ou não por suportes midiáticos que nos façam perceber que algo se coloca ou tenta se colocar comum na experiência. Ou seja, buscamos aqui apoio numa recuperação etimológica da palavra comunicação que já ensaiamos anteriormente (Duarte, 2003, p. 41-54).

A palavra *comunicação* é derivada do latim *communis,* de onde surge o termo *comum* em nosso idioma. *Communis* quer dizer *pertencente a todos* ou *a muitos*. Dessa mesma raiz surge a palavra *comunicare,* origem de *comungar* e *comunicar*. Num novo desdobramento, ainda no latim, chegamos a *comunicatio-onis,* que indica a ideia de *tornar comum* (Duarte, 2003, p. 43). Desdobrando um pouco mais a palavra comunicação temos a ideia de *tornar comum,* que deriva de *communis*, o sufixo latino *ica* que indica *estar em relação*, e o sufixo *ção* que indica *ação de* (Almeida, 1980, p. 77).

Observemos como esse jogo de significados etimológicos de raízes de palavras nos leva a ver algo posto em relação, construindo um ambiente comum, pertencente a muitos no processo de troca e reelaboração dos sentidos envolvidos. Temos aqui uma matriz possível de observação de pontos problemáticos comuns a qualquer abordagem do campo que se configure. Lidamos com o conceito de comunicação e suas várias conformações que se propõem científicas na definição de uma problemática. Cada grupo reinterpreta a localização do conceito, repovoando-o de mil novas circunstâncias e muitas vezes dificultando possibilidades de compreensões mais generalizantes e comuns, arrastando-o para territórios próprios de visão de mundo.

Tomemos, então, esse caminho pelo qual esses objetos comunicacionais nos inspiram a necessidade de tornar uma informação comum, uma construção de sentido compartilhada, mesmo que inevitavelmente seja mergulhada em seguida noutros jogos de significações. A comunicação parte de uma demanda de fazer-se compreender reciprocamente, o que leva a informar, transmitir uma dada mensagem e a construir entendimentos nessa partilha.

Entretanto, essa reflexão traz explicitamente uma racionalidade impossível de equacionar todos os acontecimentos inerentes ao comunicar, pois inerente ao ato de comunicar há uma *performance*. Tomamos *performance* aqui no seu conjunto conceitual ambivalente, que aponta a ideia de atuação, de desempenho e ao mesmo tempo de efeito estético, como nas artes cênicas.

A comunicação cumpre com níveis diversificados de efeitos performáticos, dos mais sutis aos mais impactantes, da atuação, do desempenho comunicativo mais silencioso ao mais retumbante; das formas mensuráveis às impalpáveis e soturnas reconstruções do imaginário. Se cogitamos essa dupla força do desempenho de uma informação, criamos espaços para reflexões mais qualitativas, observamos a participação de outras plataformas perceptivas dentro do mesmo conjunto lógico e intencional da *performance* comunicativa. O que se observa com isso é possibilidade de construir na mesma ideia, no mesmo conceito, campos de deriva para a dimensão do sensível que nos geram curiosas reflexões sobre as melodias secretas do ato de tornar comum. Essa ideia já foi experimentada anteriormente por Gilles Deleuze (1997) quando fala que todo enunciado traz em potência linhas de morte e linhas de fuga que vão entrar em agenciamento no processo comunicativo.

Essa possibilidade nos indica outras considerações de análise do fenômeno comunicacional. Temos a chance de sentir algo similar ao que na Antropologia contemporânea se experimenta a respeito do conceito de evolução de nossa espécie, o *homo sapiens*, com o estudo das neurociências. Segundo esses acréscimos contemporâneos (Marange, 1998), nossa evolução não se deu apenas a partir da análise do uso de ferramentas encontradas nos sítios arqueológicos, que nos induz facilmente a perceber a profunda e racional correlação entre as mudanças físicas, como o volume de caixa craniana dos achados fósseis e seus repertórios técnicos. Nas descobertas constantes dos atos de bricolagem esse primata se hominizou também experimentando a natureza através dos alimentos, descobrindo ao longo de milênios plantas que alimentavam, plantas que matavam e muitas outras que alucinavam.

A experiência imemorial dos estados alterados de consciência incorporou-se, dessa forma, à nossa experiência sensível através não apenas de achados fósseis, mas também da grande herança das chamadas plantas de poder[1] que podem ser observadas nos inúmeros rituais do homem no planeta. Estamos falando aqui de algo não materialmente localizável, mas que é uma forte suposição para as origens de nossa relação com a dimensão do divino, bem como para a expansão dos volumes cranianos em devaneio. A nomeação *sapiens* para nossa espécie acaba sendo injusta por não conformar também sua constituição *demens*, profundamente responsável por nossa disposição a dimensões sensíveis da existência (Duarte, 2004, p. 21). Essa constituição, embora teorizada, não pode ser provada racionalmente por artefatos fósseis.

---

[1] O cacto mexicano, peyote; o cipó da ayahuasca; cogumelos; a raiz e a casca da jurema, entre outras.

Essa dupla combinação visível e invisível da evolução de nossa espécie nos inspira a imagem que construímos da *performance* comunicativa. Um tanto racional e mensurável; um tanto silenciosa e explosiva. A *performance* sensível da comunicação não está no espectro das mesmas possibilidades metodológicas de avaliação exclusivamente quantitativas. Os rastros desses ecos culturais evocam outros formatos ou paradigmas e observações, que precisam ser descobertos e/ou aprofundados, a fim de que as dimensões do imponderável possam ser minimamente equalizadas nas análises dos efeitos performáticos dos atos comunicativos.

De alguma maneira, esses rastros de ecos são percebidos, mas tornam-se intrigantes pelo desafio de compreender como ser possível falar de tais experiências de maneira científica. Espera-se, muitas vezes, que se concretizem numa forma, que se configurem, que possuam o rosto de um efeito mais claramente mensurável. Espera-se que o magma esfrie para que se possa estudar sua composição mineral na rocha. Essa é uma possibilidade metodológica, tentar observar a experiência pelos efeitos marcantes, pelas cicatrizes deixadas. Por outro lado, uma perspectiva fenomenológica poderia nos colocar mais em contato com o evento enquanto atua e nos possibilitar ver as faíscas e não apenas intuir o calor.

Cremos que, na observação da experiência, alguns elementos da avaliação clássica do trajeto da informação nos condicionam. Temos claramente a ideia de que os grupos interagem em processos comunicativos mediados pelos suportes tecnológicos. Mas até que ponto esse tripé organizacional (emissores, receptores e meio-mensagem), que visualizamos como um organograma da comunicação, pode nos servir para estudar o fazer sensível dessa *performance*?

Podemos propor metodologicamente outra imagem como ferramenta: descartemos a ideia de que a mídia intermedeia a nossa experiência com o fato, pois o fato não existe fora da experiência. A experiência é fenomenológica; acontece em "relação com": trata-se do grupo social e as mídias em relação fenomenológica. Essa *performance* estética não está mais no discurso, pois se trata de algo da ordem não do discurso, mas da experiência. Não é algo que se localize antes dos meios, mas junto com eles. A experiência está não numa relação entre os grupos através das mídias, mas de cada grupo com o que é vivido fenomenologicamente, com o meio que experimenta.

Assim, a experiência do outro midiatizado remete não a um outro como o referente matriz sobre o qual foi construída a mensagem, mas ao outro indiciado, capturado no contexto e, este, em experiência com sua audiência. Não temos aqui algo que é dito para alguém através de um suporte.

Temos esse alguém em experiência completa com esse outro-midia-mensagem, essa entidade macroconceitual sem decupagem.

A experiência diz respeito a quem a vivencia e pouco importa se é [consiste em] um produto ficcional ou de uma bombástica notícia telejornalística. Nem está na análise do conteúdo o seu sentido, pois ele se constrói num outro composto complexo que inclui as disposições culturais de um grupo, com suas carências simbólicas, sua história material e emocional, com as potências despertas visíveis ou invisíveis. Estamos no campo da experiência, e ela se faz como numa dança: essa entidade macroconceitual outro-mídia-mensagem,[2] que convida seu público para dançar e constroem, em ato, o sentido da dança. As mídias não medeiam a experiência de um grupo com outro grupo ou um fato. Somos nós e o outro, midiatizados no fenômeno do encontro, ou nós midiatizados para o outro no mesmo fenômeno. O outro se encarna para nós pelo suporte técnico disponível na construção da informação, é com esse conjunto que nos relacionamos.

Essa disposição pode nos possibilitar uma análise centrada no instante da experiência comunicacional como um fenômeno explicitamente estético, trazendo sua dupla função racional, intencional da informação, com suas provocações submersas em níveis diversos de vertigem. Antes, porém, pensemos um pouco sobre o que esse conceito de vertigem traz para nossa conversa.

A mobilização copernicana e o desarmamento ptolomaico como geradores de vertigens epistêmicas

Poderia resultar uma estranha analogia do fato de que
mesmo a lente ocular do maior telescópio
não pode ser maior que nosso olho.
LUDWIG WITTGENSTEIN

As vertigens epistêmicas fazem parte da grande quebra de referência no modelo de concepção do mundo de uma civilização. É uma alteração profundamente cognitiva que implica a redefinição de valores de concepção de realidade. O filósofo alemão Peter Sloterdijk (1992) parte dessa constatação quando observa o impacto das emergências cognitivas lançadas no mundo pelas descobertas

[2] Certamente será necessária a criação de um conceito que nomeie essa macroentidade conceitual.

científicas feitas por Copérnico, que originaram o livro *As revoluções celestes*, em 1543. Entretanto, o impacto dessas ideias não se deu de imediato no mundo, mas foi sendo lentamente absorvido e generalizado no cotidiano inclusive de quem nunca soube a origem de tais conhecimentos. O filósofo alemão apresenta a obra de Copérnico como aquilo que desencadeou uma poderosa vertigem epistêmica que veio a ser observada no pensamento ocidental.

Observar os céus no mundo ptolomaico era considerar a natureza a partir do bom senso; do que estava sendo visto e sentido; do que estava sendo experimentado diretamente com os fenômenos. Era possível, então, dizer que o sol nascia no horizonte e levantava-se em relação à Terra, uma experiência sensível diretamente observada por qualquer um. Mas a partir do livro *As revoluções celestes*, baseado em cálculos matemáticos e observações empíricas, Copérnico demonstrou que a Terra não se encontrava no centro do universo, como pensava a era cristã, mas vaga errante num universo vazio, como uma pequena estrela movimentando-se sob leis geométrico-físicas.

O choque copernicano demonstrou que não percebemos o mundo como é, mas que precisamos imaginar a sua realidade pela reflexão, contrariando a impressão dos sentidos para compreender como ela é. Eis o dilema: quando o sol se levanta, o sol não se levanta. Não há correspondência entre a nossa visão e a razão informada pela astrofísica (Sloterdijk, 1992, p. 56).

Algo completamente fora da experiência comum e direta com o fenômeno, um verdadeiro choque. A ciência trouxe na sua elaboração a comprovação da existência de outra realidade como verdade, para além daquilo que olhos podem ver e constatar. Para Sloterdijk (1992), Copérnico inaugurou um novo momento na história do pensamento, que veio algum tempo mais tarde a consolidar-se nas práticas das Ciências Modernas. Tornou-se lugar-comum nas narrativas da modernidade dedicar um capitulo ao astrônomo Nicolau Copérnico, responsável pela criação de uma nova visão de mundo e pela destruição da concepção ptolomaica (Sloterdijk, 1992, p. 55).

Quanto às expressões "mobilização" e "desarmamento" utilizadas pelo filósofo alemão no título do seu livro, essas são de origem militar e descrevem manobras de grandes exércitos ou exercícios de tropas. A ideia implícita nessa imagem é a de grande organização de vários níveis de mobilização que precisam sincronizar-se para construção do sentido de uma ação. Ou seja, a ação precisa ser regida de maneira concatenada, seguindo padrões e normas de comprovação dos mais simples aos mais complexos, a fim de que milhares de componentes possam operar em sincronicidade. O pensamento ocidental entrou numa lenta e gradual mobilização em diversos níveis de ação na direção da construção das narrativas modernas.

O desarmamento ptolomaico seria a nova fase em que o pensamento ocidental mergulhou nos debates pós-modernos das últimas décadas, que apontam as crises das grandes certezas; os colapsos das metanarrativas; a volta da observação sensível do mundo e a revaloração das subjetividades. Um desarmamento que nunca poderá ser completo, pois o pensamento jamais se recomporá ignorando séculos de sua conformação copernicana. O filósofo conclui seu ensaio diante da dúvida que também serve para pensarmos a ambivalência das *performances* comunicativas: quais as configurações possíveis ao pensamento contemporâneo diante de uma militarização moderna em colapso, mas profundamente atuante e estruturante da ciência como a conhecemos, e as reemergências das categorias sensíveis para a produção do conhecimento?

Vários elementos desse debate podem ser utilizados em nossa argumentação, mas aqui retornamos ao nosso tema trazendo o sentido da vertigem gerada por um mundo que desaba diante das explicações e justificativas da existência de outro mundo. A vertigem é uma forma de abalo, o desequilíbrio de um sistema cognitivo adaptado a uma circunstância espaçotemporal, que bruscamente é modificada. A percepção passa a não encontrar suporte de entendimento do mundo naquilo que se manifesta como novo para ela. A percepção de mundo bruscamente confrontada por outra forma de percebê-lo, que não mais encontra referência na organização anterior, sofre um choque. O choque a que Sloterdijk (1992) se referia da perplexidade da alma ptolomaica diante de uma nova leitura do mundo Copernicana.

> Se for verdade que não encontramos verdade sobre o mundo naquilo que vemos, ouvimos e sentimos dele numa postura perceptiva passiva primordial, mas que precisamos imaginá-lo além dos testemunhos sensoriais e lê-lo como escrita cifrada, então é próprio dessa verdade provocar vertigem quando refletimos sobre ela (Sloterdijk, 1992, p. 62).

A vertigem é uma forma de arrebatamento, uma abdução para outra experiência, e podemos encontrá-la em outros espaços de sua manifestação a partir de alterações perceptivas do cotidiano. Ela pode ser provocada por fobias conhecidas como o medo de altura ou de lugares fechados, ou localizar-se noutros processos. Um exemplo simples é o arrebatamento estranho que sentimos quando no volante de um carro paramos num sinal de trânsito sozinhos e, lentamente, outro automóvel que vem se aproximando ao nosso lado é percebido pela visão periférica. Um susto. Somos golpeados pela sensação de que nosso carro está descendo de ré. Esse pânico momentâneo que nos faz pisar no freio nos devolve imediatamente a percepção de que o carro não estava descendo, mas o outro estava chegando.

Esses choques vertiginosos de alteração de percepção são bastante comuns e podem ser sentidos em gradientes distintos, dos mais silenciosos, que crescem calmamente suas ondas afetivas deslocando o sujeito para uma condição surpreendente de disposição perceptiva, aos mais chocantes e desestruturantes. Utilizando outra imagem, sugiro que esses gradientes possam ser comparados aos das escalas sismográficas responsáveis pela medição da intensidade dos abalos provocados pelo deslocamento das placas tectônicas. Alguns desses abalos são quase imperceptíveis pela profundidade em que ocorrem; outros são brutalmente catastróficos.

Seria possível imaginarmos a experiência estética como uma experiência de deslocamento perceptivo que pode ocorrer em gradientes vertiginosos distintos? Que tipo de experiência cognitiva nos ocorre nas experiências estéticas? Se pudermos falar de estética sem necessariamente nos referirmos ao belo, como propriedade do debate filosófico, mas ao abalo cognitivo sentido pela alteração de percepção, pelo encontro com uma outra referência perceptiva do mundo que nos impacta; se o estético estiver também nesse campo perceptivo de experiência cognitiva, então não perdemos tempo nas metáforas introduzidas até agora.

Todas essas metáforas são produtoras de imagens que funcionam como ferramentas de conhecimento de novos aspectos do nosso problema. Caminhar por áreas científicas distintas nos permite, através das analogias, recuperar e criar imagens que funcionem como operadores cognitivos, deslocando a compreensão de nosso objeto.

Observamos a experiência estética pelo campo da Geologia, quando traçamos uma analogia dos níveis de intensidade do experimentado com os gradientes sismográficos dos abalos. Podemos também observar pelo campo da Epistemologia, enquanto encontro de sistemas lógicos de percepção do mundo que provocam vertigens, alterações perceptivas em gradientes distintos. Tais manifestações provocam estranhamento e reacomodação estrutural de ideias e sentimentos, elementos que muitas vezes evocados do nosso repertório imaginário e da memória, afluem numa torrente de reconstruções da percepção do tempo vivido.

A reconstrução do tempo na experiência estética da comunicação

Conceituar diretamente uma experiência estética implica lidar com várias experiências correlatas que se agregam trazendo afetos e compõem um quadro complexo. A percepção do tempo participa diretamente da experiência estética como um efeito. Quando a provocação perceptiva movida pelo efeito do fascinante irrompe uma experiência estética temos, quase imediatamente, a criação de uma bolha temporal que nos desloca para fora do tempo cronológico vivido. Trata-se de um sequestro, uma abdução de sentidos, um torpor de vertigem que não se sabe se de dentro pra fora ou de fora para dentro recria a experiência temporal do individuo e do grupo. Uma hipnose pelo esmaecimento de estruturas controladoras do sentido de vida. Um abandono no presente absoluto que remove qualquer transcendência e suas implicações territoriais e cronológicas.

Mas como é possível começar agora a pensar em todas essas experiências e imagens quando refletimos sobre os objetos da comunicação social? Certamente é muito mais fácil compreender a manifestação desses conceitos em estados de subjetivação estética, mas o desafio que se coloca é avançarmos essa reflexão para a experiência coletiva e como essa se põe através dos meios.

Podemos lembrar aqui da final da copa do mundo de futebol de 1994 nos EUA. Brasil e Itália empataram no tempo regulamentar e decidiram o título através de cobranças de pênalti. Essa foi uma das mais fascinantes experiências de reconstrução coletiva do tempo, diante de uma teletransmissão. Diversos grupos em casa, nos bares ou nos mais diversos lugares viveram a suspensão do tempo e a vibração da alegria no Brasil, ou da decepção para os italianos, mas todos os espectadores mergulharam em gradientes diversos de abalos afetivos, convulsões e choros, euforia e desespero.

A experiência estética reconstrói o tempo fora do cronológico, é o debulhamento de um segundo em infinitos instantes, nos quais os territórios diluem suas fronteiras em amplas e profundas possibilidades de trocas simbólicas. Quanto tempo isso dura? O olhar de fora da experiência não é capaz de mensurar esse tempo, pois o momento é rico de acontecimentos e esses ocorrem numa concatenação de momentos sem duração específica.

O que nos acontece quando aparentemente nada acontece num filme do cineasta russo Andrei Tarkovsky? A experiência temporal através desse evento é completamente diferente da que o público pode viver através de um filme de ação. Conhecido pelo seu cinema quase em tempo real, no qual os fatos são expressos no mesmo ritmo do que se vive, Tarkovsky promove uma experiência estética inédita no cinema. O tempo se arrasta em suas obras, todos os eventos são postos numa marcação própria da natureza que irritam e cansam a muitos expectadores, mas que também promovem uma beleza estranha e forte. Tal beleza de temporalidade realista dos seus filmes conecta-se com a existência desse tempo em nossas vidas. A irritante e sonolenta narrativa dos seus filmes é povoada de faíscas vivas de presença nos mínimos acontecimentos de um dia.

O que nos ocorre durante tais experiências estéticas? Corpo e alma se fundem em *afectos spinozistas* que propagam o mundo através do sujeito refazendo-o constantemente para além da individualidade? A subjetivação arrasta o homem em devires *deleuzianos* fazendo-o outro a partir dele mesmo? Há inúmeras possibilidades de visualização de quadros imagéticos para um fazer-se, que não pertencem à ciência alguma, pois elas existem em toda e qualquer experiência humana de encontro que presentifique o homem, que o ponha em deslocamento para além do que conhece. Um além que lhe evoca sensações de prazer ou de desprazer, que podem lhe remeter a estados de descontrole, como nas catarses provocadas durante sessões do filme *Rambo III*, em diversos cinemas do País, em 1989. Num caso específico ocorrido na cidade do Recife (PE) no período de exibição do filme, garotos movidos pelas imagens heroicas e furiosas depredaram salas de cinema e provocaram arruaça nas ruas adjacentes ao final das sessões.

Obras com efeitos coletivos não chegam a ser novidade apenas na era dos *mass media*. O livro *Os sofrimentos do jovem Werther*, publicado anonimamente em 1774, comoveu uma geração inteira levando muitos jovens melancólicos a imitar o personagem principal, usando calças amarelas, coletes azuis e a se suicidar.

Experiências estéticas trazem elementos instigantes ao campo da comunicação. Torna-se difícil lidar com a dupla função do ato performático da comunicação apenas como informação a ser transmitida. As inúmeras circunstâncias em que mergulham a informação podem causar efeitos coletivos inesperados, abalos de percepção que façam emergir coletivamente uma experiência estética. Se na comunicação há mensagens a ser transmitidas e tornadas comuns, onde é possível ver a comunicação, tornar comum uma experiência vertiginosa, caudalosa, silenciosa e imprudente? O quanto uma vertigem coletiva pode ser vivida através dos meios de comunicação?

A transmissão radiofônica da *Guerra dos mundos* é um dos mais espetaculares exemplos de vertigem coletiva, um brutal abalo sísmico social pela experiência do terror produzida por uma obra de ficção tomada como verdade pela audiência de um programa de rádio em outubro de 1938.

Orson Welles propôs à rádio Columbia Broadcasting System uma transmissão diferente: uma adaptação de *A guerra dos mundos*, de H. G. Wells. Após longa negociação a transmissão foi ao ar às 20 horas do dia 30 de outubro daquele ano. Tudo aconteceu de forma cuidadosamente pensada. Depois das previsões meteorológicas do dia seguinte, a rádio tocou uma música. Houve uma interrupção brusca e o locutor disse: "A CBS interrompe seu programa para anunciar aos ouvintes que um meteoro de grandes dimensões caiu em Grovers Hill, no Estado de Nova Jersey, a algumas milhas de Nova York". A transmissão musical retornou, mas foi novamente interrompida para uma entrevista com um especialista em meteorologia sobre a origem dos meteoros. Em seguida entrou no ar um repórter ao vivo falando sobre o meteoro e os muitos curiosos no local. Foi então que o espetáculo vertiginoso para os ouvintes teve início, o repórter começou a descrever que o meteoro estava se abrindo, e seres com tentáculos saíam de dentro, para espanto de todos. Em seguida o repórter foi morto por um raio disparado pelos extraterrestres.

Ruídos assustadores na rádio deixavam o ouvinte ainda mais aterrorizado. Em seguida da locução sobre os invasores que seriam do planeta Marte e que estavam em batalha com a polícia local, o locutor anuncia a morte de seres humanos e que o conflito estava se dirigindo a outras áreas além de Grovers Hill. Enquanto isso, em Nova York e redondezas, os efeitos da notícia já eram devastadores: multidões invadiam quartéis de bombeiros e postos policiais, hospitais e redações de jornais atrás de proteção e informação. As pessoas estavam desesperadas pela possibilidade real de uma invasão qualquer, pois o mundo estava entrando na Segunda Grande Guerra. O rádio tinha grande influência na população, e as pessoas realmente acreditaram na transmissão da invasão dos marcianos.

Em Newmark, cidade mais próxima ao local do conflito, 50 mil pessoas fugiram de suas casas em busca de abrigos. Em várias outras cidades, a histeria coletiva produzida pela narração levou pessoas ao suicídio, a se atirar pelas janelas ou sair pelas ruas em gritos de desespero. Ainda como parte da simulação, o locutor informou que os invasores estavam próximos de Nova York; logo em seguida foi ao ar uma suposta declaração do secretário de Estado do Interior convocando os cidadãos a sacrificar sua vida, se fosse preciso, para que fizessem prevalecer a vida humana na Terra.

Logo chegaram à CBS as primeiras notícias de que a população estava em colapso nervoso, mas o diretor da estação resolveu continuar um pouco mais o experimento. Veio então o grande final, a locução narra o início da invasão a Nova York. Um gás fatal foi lançado no ar e atingiu os prédios mais altos. O locutor não conseguia mais respirar e tombou morto. Nesse exato momento a transmissão chegou ao fim e após alguns segundos o locutor ressuscitado disse: "Vocês acabaram de ouvir a primeira parte de uma irradiação de Orson Welles, que radiofonizou *A guerra dos mundos*, do famoso escritor inglês H. G. Wells".

Tal experimento nos permitiria inúmeras considerações. Como comunicar a experiência da vertigem senão pela própria vertigem? Ainda falamos do mesmo tornar comum de uma mensagem quando a *performance* comunicativa produz o esmaecimento de estruturas perceptivas de controle da referência construídas individualmente e em grupo? Há um movimento passional coletivo comum em experiências desse tipo. O desespero e o terror são comuns, e não importa se a informação é verdadeira ou ficcional. A experiência estética não tem a ver com um conteúdo formal e intencional, ela é a desterritorialização da intenção formal. O seu efeito não é o de uma informação tornada comum, colocada na premissa da intenção de comunicar. O que a experiência torna comum lança o grupo numa incógnita, o efeito não é apriorístico, não está presente na intenção de tornar comum.

Essas experiências não podem estar ditas na informação, pois não fazem parte do conteúdo, mas da construção de novas temporalidades nascidas no encontro do público com esse outro-midia-mensagem. Os abalos não existem antes da experiência. A informação pode trazer virtualmente uma intenção da provocação, mas o acontecimento ou não de seu efeito é fenomenológico, ou seja, completamente dependente do encontro. São experiências vividas em tempo real e que deixam seus ecos, suas intensidades. Elas compõem nosso repertório de manifestação do objeto comunicacional que se apresenta de forma amplamente complexa.

As emergências do fenômeno possuem infinitas conexões codependentes, o que recoloca nosso objeto diante de uma contextualização problemática que reconfigura para o nosso campo o sentido de tornar comum, de partilhar uma produção informacional. Informações carregam conteúdos, que são potencialmente provocações, que por sua vez carregam experiências estéticas e temporalidades. Ambos os movimentos fazem parte da mesma *performance* comunicativa, mas enquanto um é elaborado para formar um sentido informacional comum, a experiência estética, que pode nascer de uma informação, não informa, mas deforma.

Referências

ALMEIDA, Rotilde Caciano. *Dicionário etimológico da língua portuguesa*. Brasília: UNB, 1980.

BOHM, David. *A totalidade e a ordem implicada - uma nova percepção da realidade*. São Paulo: Cultrix, 1980.

DELEUZE, Gilles. *Mil Platôs, v. 4*. São Paulo: Editora 34, 1997.

DELEUZE, Gilles. *Mil Platôs, v. 2*. São Paulo: Editora 34, 1997.

DUARTE, Eduardo. *A fábula restante dos últimos homens*. Recife: Universitária, 2004.

DUARTE. Eduardo. Por uma epistemologia da comunicação. In: LOPES, Maria Immacolata Vassallo de. *Epistemologia da comunicação*. São Paulo: Loyola, 2003. p. 41-54.

MARANGE, Valéry (Org.). *La bioéthique - la science contre la civilisation?* Paris: Le Monde, 1998.

SLOTERDIJK, Peter. *A mobilização copernicana e o desarmamento ptolomaico*. Rio de Janeiro: Tempo Brasileiro, 1992.

SPINOZA, Baruch de. *A ética*. Rio de Janeiro: Ediouro, 1980.

GOETHE, J. W. *Os sofrimentos do jovem Werther*. São Paulo: Abril Cultural, 1983.

Os Estudos Culturais e os deslocamentos do domínio estético

João Freire Filho

Em uma pesquisa reveladora, Woodmansee (1994) traz à cena a curiosa biografia de um personagem importante, mas algo esquecido, da história da estética: o escritor e pensador alemão Karl Philipp Moritz (1756-1793). Cinco anos antes de Kant publicar sua célebre *Crítica da faculdade do juízo* (1790), Moritz nos brindou com a primeira formulação sistemática da moderna concepção de arte. Seu pequeno ensaio quilometricamente intitulado *Para uma unificação de todas as belas-artes e Letras sob o conceito da auto-suficiência* (1785) argumentava que as obras de arte são "totalidades auto-suficientes e harmoniosas", confeccionadas para serem contempladas em si mesmas, de maneira "desinteressada", apenas pelo deleite de suas relações formais e seus atributos constitutivos. Um relógio, uma faca e outros objetos mecânicos estão vinculados à comodidade ou à segurança do seu proprietário; desassociados dos seus propósitos externos, não possuem valor essencial, em si e por si mesmos. Já o valor da genuína obra de arte é intrínseco, independentemente de qualquer finalidade externa: "A bela obra de arte não existe com o intuito de propiciar prazer ou diversão; ela existe, como Deus, para o seu próprio bem – quer dizer, para o bem da sua própria perfeição" (Woodmansee, 1994, p. 22). A analogia entre a atitude estética e a experiência religiosa não dava margem a dúvidas: deveríamos amar a Arte tal como amamos ao Criador, sem qualquer expectativa mundana de ganhos privados.

A proposição de que o mérito da obra de arte deve ser aquilatado a partir da consideração puramente interna da interação harmoniosa de suas partes – já bastante familiar aos nossos ouvidos – instaurava uma ruptura radical com dois milênios de reflexão sobre a atividade artística. De acordo com a perspectiva tradicional, a arte, profundamente integrada ao cotidiano de uma comunidade, intervinha diretamente na vida humana (abalando ou fortalecendo crenças, transmitindo verdades, de uma forma prazerosa);

logo, seu valor deveria ser avaliado instrumentalmente, com base no êxito ou no fracasso em atender a funções cognitivas e efeitos ético-políticos mais amplos: orientação moral, cultural e religiosa, convivência cívica, conforto espiritual ou efusão lúdica.

Na última parte do seu tratado, após haver ponderado acerca da natureza da obra de arte e do modo correto de apreciá-la, Moritz discorre a respeito da postura correta do criador diante da sua obra e do público. Com o mesmo rigor lógico revelado na argumentação anterior, conclama o "verdadeiro artista" a priorizar a excelência da sua realização acima de todas as considerações pragmáticas:

> Se o desejo de aprovação é a sua principal expectativa, e se a sua obra tem valor para você somente na medida em que lhe traga fama, então [...] você está trabalhando de maneira interessada: o ponto focal da obra recairá fora dela; você não estará criando-a por si mesma e, portanto, não vai configurar nada completo e auto-suficiente. Você estará buscando o brilho falso, que pode deslumbrar a ralé, mas que se dissipará feito nevoeiro perante os olhos de um sábio (Woodmansee, 1994, p. 21).

Moritz ambicionava resolver, em seu ensaio seminal, um impasse concreto gerado pelas profundas transformações ocorridas no século XVIII na esfera da produção, da distribuição e do consumo da arte, como o aparecimento de um mercado literário voltado para a classe média em ascensão. A crescente demanda daquele público emergente possibilitou, entre outras mudanças, a profissionalização do escritor (fato particularmente relevante num país como a Alemanha, onde, ao contrário da França, o patronato não havia sido disseminado).

Por volta de 1760, alguns autores já chamavam a atenção para o "vício da leitura" (*Lesesucht*) que se espalhava por todo o território alemão, atingindo também as classes menos abastadas e, em especial, as mulheres (Woodmansee, 1994, p. 10-33, 87-102). A princípio, os ideólogos do iluminismo deram vivas ao acontecimento. Era o mais palpável testemunho do sucesso de suas campanhas para elevar os índices de alfabetização e criar um terreno em que a literatura vernacular pudesse florescer. Não tardou muito, entretanto, para que os *Aufklärer* se dessem conta de que suas intenções pedagógicas mais nobres haviam sido desvirtuadas pela lei da oferta e da procura do livre mercado.

O infrene apetite do novo público leitor por histórias de amor, contos de terror e romances de aventuras redundou na formação de uma verdadeira indústria de literatura de entretenimento. Os poetas alemães não foram beneficiados por essa "compulsão de leitura" (*Lesewut*) e encontravam guarida apenas entre a elite composta por funcionários do governo nas grandes cidades, professores, médicos, advogados, pregadores e, claro, outros poetas.

Para desgosto e irritação de literatos como Moritz, enquanto alguns escassos "homens de gosto" se ocupavam em servir à arte tal qual um filantropo serve à humanidade (ardentemente, sem se preocupar com qualquer benefício pessoal), a maioria dos artistas, atraída pela sedução do sucesso fugaz, se dirigia aos "milhares que não possuem olhos para a beleza" - a "ralé", que buscava na arte apenas "diversão" e "sensações agradáveis".

Já nas duas últimas décadas do século XVIII, pensadores à direita e à esquerda eram unânimes em apontar que a afluente massa de leitores estava lendo muitos livros inapropriados, por razões equivocadas e com resultados funestos. A tendência inicial foi culpar pelo desastre editores e livreiros mercenários; aos poucos, todavia, os olhares de reprovação se voltaram maciçamente contra os próprios consumidores levianos. Schiller se sobressaía como um dos mais enraivecidos críticos da nova audiência: numa carta endereçada a Goethe, em 25 de junho de 1799, o poeta chegou a afirmar que "a única relação possível com o público é a guerra" (Woodmansee, 1994, p. 22).

A combatente elite cultural alemã divergia apenas quanto às consequências, a longo prazo, do malsinado fenômeno de expansão da *Triviallitteratur* (difundida em almanaques, calendários e romances de capa mole) e às medidas para contê-lo. Na opinião dos conservadores, a presumível índole transgressora da literatura popular se configuraria numa ameaça às estruturas tradicionais de autoridade. O contato com um mundo de sonho, paixão, lascívia e aventura estimularia não só a irresponsabilidade no lar e no trabalho, como também o desejo de alterar a ordem moral e social vigentes. Não havia outra saída senão uma intervenção estatal que impedisse o crescimento daquela *literatura daninha*.

Os setores reformistas apregoavam, em contraste, que os novos hábitos de leitura contribuíam para a manutenção do *status quo*. No seu entendimento, era ridículo imaginar que o conteúdo escapista das ficções populares pudesse animar ações políticas revolucionárias. Tudo o que o leitor inculto queria da vida era embrenhar-se cada vez mais no universo conformista e inebriante dos romances baratos, indiferente aos destinos da sociedade.

Com o intuito de proteger e educar o leitor principiante, ideólogos mais progressistas elaboraram uma vasta gama de manuais de leituras que procurava redirecionar o *gosto popular* das formas mais leves de entretenimento (cujo uso intensivo, alertava-se, poderia ocasionar, entre outros efeitos colaterais, a morte prematura) para uma literatura que demandasse um mínimo de reflexão e meditação. Em *A arte da leitura* (1799), um calhamaço de mais de 400 páginas, o popular filósofo Johann Adam Bergk pontificou: aqueles que tiverem aprendido a ler de maneira criativa optarão automaticamente pelos *livros certos*; com o gosto demasiadamente sofisticado para apetecer-se com os prazeres e as diversões da subliteratura, exigirão, em suas horas de folga, a companhia dos "clássicos" – Lessing, Wieland, Goethe, Schiller e Klopstock. Foi naquele contexto de maré baixa para os escritores sérios (impávidos diante das pressões comerciais) que Moritz formulou sua inovadora teoria estética. Ao postular que o fracasso em granjear a aprovação do público era – ao invés de um índice de imperfeição formal – um sinal de excelência da obra de arte, Moritz advogava pela causa de todos os verdadeiros artistas, armando-os de poderosa ferramenta conceitual contra eventuais recepções hostis ou indiferentes de seus escritos difíceis.

A morte prematura de Moritz em 1793 impediu que ele testemunhasse o triunfo de suas proposições sobre a autonomia da obra de arte – diligentemente aprofundadas e notabilizadas por Kant. Em pouco tempo, elas se tornaram a teoria dominante dentro da Filosofia da Arte, contribuindo para a divulgação, entre o público oitocentista, do conceito de alta cultura, ou *Kultur*, diante do qual quase todos se curvariam em reverência, a despeito do que realmente lessem na clandestinidade de seus momentos de lazer, entre quatro paredes (ou, como diria Nelson Rodrigues, num terreno baldio, à luz dos archotes).

Se revisitarmos a vida cultural parisiense do século XIX, encontraremos, sem dúvida, o mais bem acabado painel da penetração e repercussão da "teoria do desinteresse da arte", logo convertida em dogma pelos partidários da doutrina da *l'art pour l'art*. Uma versão supinamente barateada da complexa filosofia estética alemã começou a circular em solo francês ainda durante o império napoleônico (Bell-Villada, 1996, p. 35-40). Até a tardia tradução da *Crítica da faculdade do juízo*, em 1846, a *galicização* de Kant ficara a cargo de um grupo restrito de intelectuais exilados na Alemanha. Sua admiração pelas ideias do sábio de Koenisberg era tão ululante quanto sua falta de intimidade com a obra do pensador alemão, que provavelmente só conheciam por ouvir dizer. Autora de famosa introdução à cena cultural germânica, *De l'Allemagne* (1810), Mme. de Stäel foi uma das grandes responsáveis pela vulgarização do kantianismo. Juntamente com outros *émigrés*, como o escritor Benjamin Constant, com quem teve um longo caso amoroso, a legendária baronesa das letras reduziu a teoria da autonomia da arte a certo número de *slogans* e palavras de ordem que calou fundo na alma dos escritores franceses. Na alma dos poetas, sobretudo. Há bons motivos para que tenham sido eles os que mais se empenharam em hastear a bandeira da "arte pela arte". Os novos contextos e modos de leitura eram menos hospitaleiros à poesia do que ao romance.

Antes da Revolução, a atividade lírica na França era tradicionalmente mantida sob os auspícios da nobreza. Rituais cortesãos de leitura de poesia em voz alta (tão vividamente evocados nas peças de Molière) e o uso corriqueiro dos versos nas tragédias neoclássicas asseveravam função pública e existência palpável ao gênero. Anos de exposição à arte e aprendizagem acumulada, necessários para habituar os ouvidos às nuances verbais da poesia, faziam parte da cesta básica educacional de *gentilhommes* e jovens senhoritas aristocratas. Faltava à classe média, agora no comando, todo esse treinamento poético; seu gosto literário pendia muito mais para a prosa romanesca, com sua ênfase na linguagem referencial, no conteúdo informativo claro e exaustivo, em detrimento da sutileza e da concentração estilística.

Além disso, a laboriosa e densa carpintaria dos versos (com ares de ocupação artesanal, pré-industrial) não coadunava bem com as exigências mercadológicas da nova ordem cultural. Como observou Watt ([1957] 1990), em seu clássico estudo sobre a ascensão do romance, assim que os escritores se veem desobrigados de satisfazer os padrões dos mecenas e da elite literária, sentem pesar sobre seus ombros novas exigências: primeiro, uma escritura clara e até mesmo tautológica, para facilitar a vida dos leitores menos instruídos; segundo, rapidez e prolixidade, para garantir a compensação financeira de sua labuta, já que agora quem lhe pagava era o editor, guiado por critérios basicamente econômicos.

A criação do romance-folhetim levou ao paroxismo a crise estrutural do campo literário tradicional. "A arte pura já teve o seu culto, a sua mística, mas eis que a aparência muda; a indústria penetra no sonho e cria-o à sua imagem", resumiu Saint-Beuve, no artigo *De la littérature industrielle* (1839), dedicado à horrenda glória dos folhetins, produzido aos borbotões, sob um esquema inédito de divisão de trabalho (Cassagne, [1906] 1997, p. 57).

A ideia de que as mãos sujas do mercado estavam maculando os elevados valores da arte, de que a cobiça mercenária havia substituído a intenção artística se tornou um axioma da crítica literária francesa. Enquanto folhetins e romances populares, melodramas e *vaudevilles* conquistavam o coração do público e com alguma sorte levantavam fortunas, as vendagens de *As flores do mal* (1857), de Baudelaire, não perfaziam mais que 250 francos, conduzindo seu editor à bancarrota. *La plume* (1890), de Verlaine, vendeu 350 cópias; *Pages* (1891), de Mallarmé, menos ainda: 325 (Clark, 1978, p. 281). Mesmo em jornais e periódicos prestigiosos, como *L'artiste*, o espaço destinado à poesia era ínfimo, às vezes simplesmente inexistia (Bell-Villada, 1996, 47).

De maneira muito sintomática, começava a ganhar corpo entre os escritores uma mitologia do poeta como vítima, uma criatura cujos dons superiores foram negligenciados ou aviltados. Em 1835 Alfred de Vigny apresentou sua tragédia *Chatterton*, livre reconstituição das agruras de um jovem prodígio do verso que cometera suicídio em 1770, aos 18 anos de idade.

Numa notável ironia histórica, o nascimento de uma teoria da "realidade superior da arte" e da ideia do escritor original e independente coincide exatamente com o período em que a produção cultural está começando a padecer as misérias e indignidades de sua mercantilização. No momento em que se depara com um meio refratário, quando sente o risco de ser reduzido a simples produtor de mercadorias, o artista se proclama gênio transcendente – cérebros febris dotados de clarividência e sensibilidade aguçada; iconoclastas desdenhosos das convenções literárias e sociais. Conforme destaca Eagleton (1993), a peculiaridade da estética como discurso intelectual é que ela constitui, em parte, *uma compensação espiritual* para mudanças nas relações entre o artista e a sociedade:

> Do Romantismo ao Modernismo, a arte busca tornar vantajosa para si a autonomia que ganhou com sua condição de mercadoria, transformando em virtude aquilo que não passava de desagradável necessidade. A autonomia, no sentido preocupante da pura falta de função social, é transformada numa autonomia com um sentido mais produtivo: a arte como um deliberado voltar-se sobre si mesma, como gesto mudo de resistência à ordem social que, na expressão de Adorno, tem um revólver apontado contra a própria cabeça (Eagleton, 1993, p. 267).

Os estudos culturais se desenvolveram na Inglaterra do pós-guerra como uma resposta direta às concepções defensivas (idealizadas? utópicas? mitificadas?) de *arte*, *cultura* e *estética*, em circulação desde o século XVIII. Enaltecidos, não raro, por imponentes iniciais maiúsculas, os três vocábulos passaram a designar – no transcurso de uma trajetória histórica inter-relacionada – domínios superiores da vida humana, com suas habilidades especializadas e seus próprios princípios internos, alegadamente desassociados dos parâmetros do mercado.

Em sua acepção mais reservada, a *cultura* é concebida como uma esfera à parte, *sui generis*, "um abrigo num mundo sem coração", no qual é articulado e promovido um catálogo rarefeito de valores humanos substanciais que sobrevivem sob ameaça, dentro da civilização moderna. A cultura avulta, nesse sentido, como um parâmetro para a avaliação e um veículo de denúncia das deficiências espirituais e morais (abstração, alienação, incompletude, inautenticidade) da ordem social estabelecida. A associação restritiva da *cultura*, no âmbito da *Kulturkritik*, a apenas um conjunto mais refinado de obras e práticas vinculadas à atividade intelectual e artística acaba situando o conceito como antônimo de quase tudo mais que compõe a vida de uma comunidade: a política, a economia, a educação e a comunicação de massa, o ganha-pão, as crenças religiosas, os entretenimentos, os usos, a moral e os costumes das pessoas comuns.

Ao defender a conjunção das duas acepções correntes de *cultura* – como "todo um modo de vida" (os significados compartilhados de uma coletividade) e como "as artes e o aprendizado" (os processos especiais de descoberta e esforço criativo) –,Williams ([1958] 1989) forneceu as bases de um novo paradigma analítico, mais inclusivo e politicamente engajado: o estudo das "práticas significantes", que considera como matéria válida de investigação não apenas o discurso da elite culta, mas o de todos os membros da comunidade. Não era tanto a abrangência radicalmente ampliada do seu *corpus* (em tese, todo o circuito de produção de sentido dentro da vida cotidiana) que distinguia, de fato, os *cultural studies* de outras formações disciplinares aparentadas (como a Antropologia, a Sociologia da Cultura e a História Cultural). Sobressaía como sua marca registrada a ambição de desmistificar e demolir a presumida (nas duas acepções do termo) autoridade de uma tradição de crítica cultural, historiando e *desnaturalizando* princípios e categorias estéticas favorecidas por ela.

Para os proponentes dos estudos culturais, a questão não era mais promover o acesso aos valores superiores de uma cultura qualquer ou salientar as façanhas artísticas dos autores que passaram pelo *teste do CÉU* (Consenso, Eternidade, Ubiquidade), sendo reconhecidos como Grandes por Todos-os-Leitores, em Todos-os-Tempos, em Todo-o-Mundo (a definição é do escritor Gustavo Flávio, em *E do meio do mundo prostituto só amores guardei ao meu charuto* (1997), romance de Rubem Fonseca). Competia ao crítico analisar as condições de formação e perpetuação do cânone literário e da distinção hierárquica entre alta e baixa cultura.

Quando abordamos um texto canônico, preconiza Kacandes (1997, p. 12), em vez de indagar "quais são as qualidades estéticas desta obra que justificam sua presença no panteão daquilo que [Matthew] Arnold qualificou de 'o melhor que foi pensado e escrito'?", devemos perguntar "quais são as qualidades desta obra que fizeram seus admiradores dos séculos XVIII e XIX enxergá-la como expressão de uma 'beleza' e 'verdade' absoluta que eles acreditavam transcender o momento histórico em que o texto foi escrito ou estava sendo lido?". Em outras palavras, é preciso interrogar por que e por quem um texto foi (ou talvez ainda seja) considerado belo; qual o conceito de belo operante numa cultura em determinado período e quais as formas culturais excluídas por tal definição.

De maneira análoga, Tompkins (1985) ressalva que conferir o *status* de obra-prima a um texto envolve um intricado processo social e político, e não um exercício de razão pura, "porque a ideia de 'clássico' é, em si mesma, tão pouco universal ou destituída de interesse quanto a posição daquele cujo ofício é interpretar obras literárias para o grande público" (Tompkins, 1985, p. 37). Não só a seleção do que é digno de ser resguardado varia ao sabor das mutações políticas e sociais, como também a *essência* mesma das obras de arte está em continuada disputa, já que ela é sempre interpretada diferentemente, consoante as aspirações, os anseios e os prazeres de determinada época; mesmo quando um texto é lembrado em sucessivas coletâneas, na verdade não se trata nunca do *mesmo* texto.

Amparado em análises da versão inglesa da *Kulturphilosophie* europeia, Raymond Williams já assinalara que aquilo que conta oficialmente como a cultura de um período é o resultado de um processo contínuo de interpretação e escolha – uma "tradição seletiva", governada por um sistema *contemporâneo* de interesses e valores, incluindo interesses de classe (Williams, [1961] 2001, p. 66-69). A formação de um cânone literário corresponderia, pois, a uma articulação de relações particulares de poder. Assim, convém estar sempre atento à localização histórica de valores culturais e estéticos postulados como autoevidentes e universais.

Williams é, como se sabe, um autor polivalente, cuja obra contempla desde reflexões sobre a cultura da classe operária e a televisão até análises de romances canônicos ingleses, passando pela tragédia grega e pelo drama renascentista. Ele estava longe de manifestar uma aversão indiscriminada pela *estética* ou pelos *clássicos* em si mesmos; incomodava-lhe, na realidade, a especialização histórica e a sacralização institucional daquilo que era válido como experiência estética ou como obra de arte. Definida contemporaneamente como o uso de uma faculdade específica (a imaginação) por parte de um tipo raro de indivíduo (o artista) na elaboração de obras com propriedades ou efeitos estéticos (beleza; harmonia; proporção; ritmo), a arte tende a ser contraposta (de um ponto de vista ontológico, psicológico e implicitamente social) não somente aos objetos ou às práticas manuais triviais, a outras atividades sociais prazerosas, mas também aos modos de apreensão ou apreciação da realidade menos inspirados, característicos dos sujeitos ordinários. Em suas investidas contra essa taxonomia convencional, Williams ressaltou que os processos e as respostas qualificadas como estéticas podem ser experimentadas e expressas em outros espaços e situações, como a própria paisagem natural, o mobiliário doméstico ou a cultura popular. A fim de acentuar ainda mais o caráter problemático da concepção moderna de arte, o autor assinala que, mesmo no âmbito seleto das criações admitidas como propriamente artísticas, os juízos de valor costumam se enrijecer até se transformar em pressupostos de classe, baseados em critérios mistos e incompatíveis com as delimitações classificatórias originais: "Assim, um 'romance ruim' realiza tudo o que a categoria romance indica no nível da sua definição genérica, mas logo falta algo, seja em seu 'processo estético' ou em sua 'seriedade' ou em sua 'relação com a realidade' (que, pelo menos explicitamente, a definição original de romance não havia incluído)" (Williams, 1994, p. 116).

O cerne das objeções de Williams era, em resumo, a natureza insular atribuída à arte, o seu peremptório afastamento da vida social, lastreado por variantes da doutrina estética da autonomização. Num dos verbetes do (sempre proveitoso) *Palavras-chave*, Williams (ano) ponderou que o *estético* – com suas referências especializadas à arte, à aparência visual e a uma concepção do que é "gracioso" ou "belo" – constitui uma formação-chave dentro de uma constelação de significados que realçaram e, ao mesmo tempo, isolaram a atividade sensorial subjetiva como a base da arte e da beleza, em detrimento das interpretações sociais ou culturais. Isso equivale a dizer que o *estético* é um componente da cindida consciência moderna de *arte* e *sociedade* – "uma referência para além do uso e da valoração social que, como o significado especial de *cultura*, pretende expressar uma dimensão humana que a versão dominante da sociedade parece excluir" (Williams, 1985, p. 31). Essa ênfase na proteção de capacidades e aspirações humanas acossadas pela racionalidade formal e pelo mercantilismo da moderna sociedade capitalista é compreensível, mas o isolamento da arte pode ser danoso, transformando a *autonomia* numa espécie de *autismo*. Nas palavras de Williams, "há algo irresistivelmente deslocado e marginal na hoje corriqueira e limitante expressão 'considerações estéticas', principalmente quando contrastada com as considerações *práticas* ou *utilitárias*" (Williams, 1985, p. 32).

Em *Marxismo e literatura*, o autor levou a sua crítica mais adiante, caracterizando a teoria estética como um instrumento de ofuscação:

> A arte e o pensamento sobre a arte têm de se separar, por abstrações cada vez mais absolutas, dos processos sociais dentro quais elas ainda estão contidas. A teoria estética é o principal instrumento desta evasão. Ao concentrar-se nas condições de recepção, nas respostas psicológicas de um tipo abstratamente diferenciado, ela representa a divisão do trabalho no consumo de maneira correspondente à abstração da arte como divisão

> do trabalho na produção. Logo, devemos rejeitar "o estético" tanto como uma dimensão abstrata separada quanto como uma função abstrata separada (Williams, 1977, p. 154-156).

Portanto, no entendimento de Williams (1997), o discurso moderno sobre a arte cumpriria um papel ideológico, na medida em que a função social e política das práticas culturais são amiúde obscurecidas no processo de discussão de sua dimensão estética.

Desprovidas de suas implicações mais acentuadamente marxistas, as objeções de um dos Pais Fundadores dos estudos culturais repercutiram intensamente entre as futuras gerações de pesquisadores. Espraiou-se uma desconfiança generalizada em relação às considerações estéticas, acusadas de endossar tacitamente preconceitos, gostos e sensibilidades peculiares de uma minoria privilegiada do ponto de vista econômico.[1] Os clamores de Hall e Whannel (1964) pela formulação de um método crítico para lidar com problemas de valor e valoração *dentro* do universo (qualitativamente variado) das modernas formas de comunicação acabaram tendo diminuta ressonância, em meio à gritaria contra o caráter irremediavelmente elitista e apolítico do discurso estético.

A partir do instante em que foi decretada a inexistência de bases legítimas para a fixação dos limites entre o valioso e o desvalioso, o julgamento de valor deixou de ser uma tarefa lícita para o crítico – em vez de efetuar distinções de mérito ou qualidade, sua meta deveria ser a descrição e a análise da produção cultural do significado, com intuito de destrinchar como os processos

[1] "O objeto de estudo da estética é a obra de arte em si mesma, [...] visando isolar aquelas propriedades textuais que a tornam bela. O problema óbvio de tal abordagem é que ela falha complemente em 'localizar' os critérios de gosto e beleza dentro do contexto da sua própria produção – assume-se que eles estão 'lá', de alguma maneira, nas obras de arte. Isto tem atraído, justificadamente, a crítica de teóricos marxistas, entre outros, que vêem a estética como um discurso ideológico que tenta 'objetificar' (reificar) os interesses de uma fração de classe particular e postulá-los como abstrações universais com apelo para todos" (HARTLEY, 2002, p. 6); "Tudo isto tornou muito mais difícil categorizar, com segurança, textos em termos de seu valor ou qualidade. Em compensação, talvez não seja mais tão fácil discriminar diferentes grupos sociais em termos de seu gosto ou falta de gosto. Dadas as desigualdades que tradicionalmente têm sido legitimadas pelas distinções de gosto, devemos encarar isto como uma mudança inteiramente bem-vinda" (CASEY, 2001, p. 242); "Embora reconheça que a valoração é uma prática central na produção da cultura, eu me recuso a limitá-la a questões de valor puramente estético, baseadas em preocupações se um objeto é bom ou ruim em algum sentido mítico e místico universal, em vez de, digamos, bom para isto, ruim para aquilo etc. [...] As abordagens estéticas comportam um fetiche do valor: aquilo que deriva de práticas da percepção humana é magicamente transmutado para se tornar propriedade fixa de um objeto. Eu insistiria, em contraste, que o valor de alguma coisa é produzido no seu uso (o encontro do sujeito e do objeto); não está no objeto em si mesmo" (STOREY, 2004, p. 104-105).

simbólicos se conectam com o poder social, político e econômico. Instaurou-se, então, um novo critério valorativo fundamentado em parâmetros políticos e na análise ideológica, em vez de estética. "Dentro desta perspectiva", resume Barker (2003, p. 65), "faz pouco sentido discutir se um artefato cultural é 'bom' ou 'ruim', sob uma ótica formal e estética. Em vez disso, nós precisamos considerar, a partir de uma posição inevitavelmente carregada de valor, sua construção 'ideológica' e suas potenciais consequências".

Felski (2003, 2004) está correta, em parte, ao sublinhar que o escrutínio formal não foi inteiramente banido pelos estudos culturais, em favor de abordagens unicamente focadas no conteúdo e no contexto. O *slogan* da "guerra declarada dos estudos culturais contra a arte e a estética", obstinadamente ecoado por *scholars* vinculados aos departamentos de Letras, se fundamentaria num desconhecimento histórico ou numa interpretação obtusa das aspirações da disciplina rival. Na realidade, corrige Felski, os estudos culturais forneceram vocabulário e metodologia renovados para explorar a complexidade formal da vida cotidiana e da cultura popular contemporâneas, como evidenciam os trabalhos de Paul Willis, Michel de Certeau e Dick Hebdige.

O clássico estudo de Hebdige (1979) a respeito das subculturas espetaculares dos anos 1970 revela, de fato, uma notável preocupação com a forma ou o estilo (os códigos de vestuário e as convenções musicais) mediante o qual eram configurados os oblíquos gestos de resistência juvenil. As subculturas empreendiam, nos termos do autor, uma batalha ideológica contra a apropriação do espaço semiótico pelos códigos dominantes que, conforme demonstrara Roland Barthes, aspiravam se naturalizar: "Ao reposicionar e recontextualizar mercadorias, ao subverter os seus usos convencionais e criar outros, o estilista subcultural desmente aquilo que Althusser denominou 'falsa obviedade das práticas cotidianas', e abre o mundo dos objetos para novas e encobertas leituras oposicionistas" (Hebdige, 1979, p. 102). Os *punks* (cabelos espetados, roupas rasgadas, correntes, algemas, alfinetes de fralda, suástica, bandeira da Inglaterra, música freneticamente rápida, cusparadas, anfetaminas) haviam aperfeiçoado a tática da bricolagem, levando-a a sua conclusão lógica: "Vestidos de caos, eles produziam Barulho na Crise calmamente orquestrada da vida cotidiana do final dos anos 1970 – um ruído cujo *nonsense* era equivalente ao de uma obra musical de vanguarda" (Hebdige, 1979, p. 114-115).

Em que pesem as analogias pós-estruturalistas entre o *punk* e as técnicas experimentais de vanguarda, a abordagem de Hebdige (1979) se concentra no processamento contra-hegemônico de experiências ou "matérias brutas" já mediadas através de aparatos ideológicos preexistentes. A patente admiração do autor pela inventividade das contravenções formais praticadas cotidianamente pelos jovens não lhe conduziu a uma tentativa sistemática de desagravo da arte ou da estética popular, nos moldes, por exemplo, do pragmatismo de Shusterman (1998). O principal interesse de *Subculture: the meaning of style* era frisar a natureza e a função política das expressões simbólicas juvenis, e não aquilatar o mérito estético das formações visuais ou musicais do universo subcultural, estabelecendo gradações de qualidade entre elas, a partir de análises textuais concentradas e individualizadas.

Conforme indica exemplarmente o trabalho de Hebdige (1979), as considerações sobre aspectos formais, quando efetuadas no âmbito dos estudos culturais, estão, em regra, instrumentalmente subsumidas em um projeto de avaliação político conceituado como mais relevante. O que realmente importa é verificar de que maneiras os estratos subordinados se apropriam ativamente dos recursos culturais, reciclando ou repelindo padrões e categorias normativas promovidas pelos aparatos cognatos da mídia e do consumismo (Freire Filho, 2007). "O valor dos bens culturais", sintetiza Frith (1998, p. 13), "poderia ser equivalente, portanto, ao valor dos grupos que os consomem – jovens, a classe trabalhadora, mulheres". Com base nessa equação, outras maneiras de avaliar uma música, um filme, uma história, em termos de sua beleza, destreza ou graça, tendem a ser ostensivamente descartadas (Frith, 1998, p. 14).

O desdém (ou a hostilidade programática) pela abordagem prioritariamente estética (tergiversadora! diversionista!) foi ratificado e fortalecido com o lançamento, em 1984, da influente tradução inglesa de *La distinction: critique sociale du jugement* (1979), *magnum opus* de Pierre Bourdieu. Com base em dados levantados através de pesquisas empíricas sobre padrões de consumo na França dos anos 1960 e 1970, Bourdieu ([1979], 1997) apresentava um novo modelo explanatório para o vínculo entre o universo das condições econômicas e sociais e a esfera dos estilos de vida, sublinhando a centralidade do consumo na criação e no perpetuamento das relações de dominação e subalternidade. As preferências e as práticas rotineiras dos indivíduos seriam determinadas em larga escala pela história e pela estrutura objetiva do seu mundo social. Essas escolhas e hábitos por sua vez contribuiriam de modo involuntário para a manutenção da estrutura hierárquica existente.

Tratava-se não de proclamar o truísmo "diferentes segmentos e categorias sociais adotam diferentes estilos de vida", mas de esmiuçar o processo mediante o qual as diferenças no consumo cultural das classes e frações de classes se tornam socialmente funcionais. Assim, o *sublime* território do gosto era redefinido como um campo de batalha em que a reprodução cultural e a legitimação do poder se exercem de maneira camuflada: as atividades e os bens culturais favorecidos pela classe dominante são legitimados como *intrinsecamente* superiores pelas instâncias normativas controladas por esta mesma classe; concomitantemente, a preferência da classe dominante por tais artefatos e práticas é interpretada como índice de sua própria superioridade cultural *inata*. Por adquirir sua competência cultural num ambiente familiar privilegiado, a elite possui maiores chances de experimentá-la mental, física e emocionalmente como uma segunda natureza. Sua maior *familiaridade* com estilos e gêneros valorizados socialmente permite manejá-los com adequação e desembaraço em qualquer oportunidade. Cada uma de suas escolhas estéticas, cada um dos seus atos de consumo parece refletir um inefável senso do que é certo, apropriado, de bom gosto. Sua capacidade de apreciar as "artes maiores", determinada por fatores sociais (como o aprendizado total, precoce e insensível, efetuado na primeira infância e prolongado por um ensino escolar que lhe pressupõe e arremata), tende a ser reinterpretada como sinal de uma preeminência mais intrínseca: um *dom natural*. Esse modo de aquisição cultural que deixa menos visíveis os traços de sua gênese foi definido por Bourdieu, de maneira lapidar, como o "novo mistério da Imaculada concepção" (Bourdieu, 1997, p. 73).

Conforme sugere a paráfrase de seu subtítulo, *A distinção* foi concebida como um contraponto sociológico à *Crítica da faculdade do juízo*. Na visão de Bourdieu (1997), a estética kantiana ("expressão de interesses sublimados da intelligentsia burguesa") é, apesar da sua pretensão de universalidade, inteiramente anti-histórica e etnocêntrica, já que não contempla outros dados a não ser a experiência de vida de um *homo æstheticus*, que é o próprio sujeito do discurso estético. "A análise kantiana do julgamento do gosto encontra seu princípio real dentro de um conjunto de princípios éticos que são a universalização de disposições associadas a uma condição particular" (Bourdieu, 1997, p. 577). Em outras palavras, a superexaltada apreciação artística nada mais seria do que uma forma de violência simbólica de base classista.

Referências à sociologia do gosto de Bourdieu se tornaram *de rigueur* entre os acadêmicos anglo-americanos interessados em reabilitar formas, gêneros e consumidores da cultura popular de massa. Num caso típico de *decodificação negociada*, foi menosprezado ou convenientemente flexionado o repúdio explícito do autor francês pela indústria televisiva (Bourdieu, 1997) e pelo populismo cultural (Bourdieu, 1997, p. 63-65, 433; 2007, p. 210-212; 2001, p. 92-94). São incontáveis os exemplos da livre apropriação da obra bourdiana, evocada para legitimar os prazeres do consumo das *soap operas* (Ang, 1985), da cultura *trash* (Hunter; Kaye, 1997), em particular, do cinema *exploitation*

(WATSON, 1997) e, para explicar a predileção, as atividades e as condenações dos fãs de ficção científica (JENKINS, 1992), revistas em quadrinhos (BROWN, 1997), luta livre (DELL, 1998; FISKE, 1989, p. 83-102), etc.[2]

Sob a influência declarada de *A distinção*, Fiske (1989) sustentou que o modo de discriminação popular difere positivamente da discriminação estética, por desconsiderar os cânones elitistas de "qualidade", preocupando-se mais com a "funcionalidade" dos bens culturais.[3] As escolhas populares seriam primordialmente motivadas por critérios de "relevância social" (ligados a necessidades, interesses e usos *imediatos*, *concretos*, *reais*), que residiriam nos artefatos culturais apenas como um "potencial" e não como uma "qualidade".[4]

O consumo produtivo popular também rechaçaria de maneira *gritante* o decoro do discurso estético, calcado no dogma de que o valor das manifestações artísticas deve assegurado por um rebaixamento do corpo e pela elevação da arte e da experiência estética além dos deleites mundanos. Na perspectiva redentora de Fiske (1989), as atividades calorosas, *espontâneas* e comunitárias dos fãs corresponderiam, por exemplo, àquilo que Bourdieu (ano) classificou de "prática cultural proletária", caracterizada por

---

[2] A menção *honrosa* ao nome de Bourdieu passou a ser obrigatória até mesmo quando as suas reflexões não servem de suporte teórico significativo para o analista. "Nós incluímos GOSTO como uma categoria nesta antologia não com intuito de celebrar o decoro, mas, ao contrário, para podermos investigar, acima de tudo, os processos sociais e culturais mediante os quais práticas e objetos culturais vêm a ser classificados como de bom ou mau gosto. [...] Na esteira da obra de Pierre Bourdieu, a análise crítica da 'distinção' se tornou um elemento importante dos estudos culturais", afirmam, com propriedade, Jenkins *et al.* (2002, p. 341). Curiosamente, entretanto, os textos do sociólogo francês não figuram na bibliografia de nenhum dos seis artigos enfeixados naquela seção da coletânea.

[3] "'Qualidade' – uma palavra adorada pela burguesia, porque universaliza a especificidade de classe de suas próprias formas de arte e gostos culturais – é irrelevante aqui. Os julgamentos estéticos são antipopulares – eles negam a multiplicidade de interpretações e funções que o mesmo texto pode suscitar, à medida que ele é movido através de diferentes alianças dentro da ordem social. A estética concentra seus valores na estrutura textual e, portanto, ignora estas pertinências sociais mediante as quais o texto e a vida cotidiana são interconectados. [...] A estética requer a presença do crítico-pregador para controlar os significados dos textos e as repostas geradas por eles; logo, ela demanda processos de educação formal por meio dos quais as pessoas são ensinadas como apreciar a 'grande arte'. A estética é um sistema disciplinar, uma tentativa da burguesia de exercer um controle sobre a economia cultural equivalente ao que exerce sobre a economia financeira. [...] A estética é a hegemonia nua e crua, e a discriminação popular acertadamente a rejeita" (FISKE, 1989, p. 130).

[4] "A relevância é uma qualidade determinada e ativada pelas especificidades de cada momento de consumo; ao contrário da estética, a relevância é ancorada temporal e espacialmente. [...] A relevância é descoberta ou produzida pelo leitor [...] na identificação e seleção dos pontos de pertinência entre o texto e a vida cotidiana" (FISKE, 1989, p. 131).

sua oposição ao modo burguês de apreciação da grande arte: distanciado, contemplativo, eivado de pedantismos e sorrateiros preconceitos de classe.

Numa abordagem posterior da tietagem, Fiske (1989) reconheceu apenas de passagem que os julgamentos efetuados pelos fãs comportam simultaneamente características da discriminação popular e do "juízo estético da cultura oficial". Os fãs costumam distinguir hierarquicamente artistas, roteiristas e seriados, construindo seus cânones com base em critérios validados pelos estudos literários, como "autenticidade", "complexidade" e "sutileza". Fiske (1989) não se aventura na investigação do emprego desses conceitos pelos fãs. Fiel ao seu protocolo analítico inicial, prefere especular que o uso dos padrões da cultura oficial deve ser mais corriqueiro entre os fãs do sexo masculino, mais velhos e com alto nível de escolaridade, enquanto que o *habitus* típico da cultura proletária seria mais comum entre os fãs subordinados por gênero, idade ou classe (Fiske, 2001, p. 36-37).

A iniciativa teórica de suspender o debate sobre "qualidade", de arvorar uma indiferença ou neutralidade valorativa, pode consistir em última análise apenas numa evasão autoenganadora ainda que impulsionada muitas vezes por um legítimo anseio político "de liquefazer certas coagulações violentas ou opressivas do valor (a confusão da cultura branca e masculina com a cultura em geral, a prioridade da cultura de elite sobre a cultura popular, a centralização da história ao redor de categorias e tópicos estreitamente redutores e assim por diante)", que provocam uma suspeição ansiosa diante do valor e da valoração em geral, "como se as operações associadas com as transações do valor sempre estivessem destinadas a levar a uma hierarquia (injusta) e uma exclusão (violenta)" (Connor, 1992, p. 23-24).[5]

[5] Eagleton (1996, p. 102-103) salienta, a propósito, que é um equívoco confundir hierarquia com elitismo: "Elitismo significa a crença na autoridade de uma minoria seleta, o que, em termos culturais, costuma sugerir que os valores são, ou deveriam ser, restritos a um grupo privilegiado, autoeleito ou não, que deriva sua autoridade somente de sua influência cultural ou de algum status que não o prestígio cultural (sua origem social ou formação religiosa). [...] Ainda que essa *coterie* monopolize a *definição* de valores, esses depois serão disseminados no sentido descendente, chegando à consciência popular, intactos ou modificados. [...] 'Hierarquia', termo que originariamente denotava as três categorias de anjos, passou a designar qualquer tipo de estrutura graduada, não necessariamente uma estrutura social. No seu sentido mais amplo, quer dizer algo como uma ordem de prioridades. De acordo com esta acepção mais abrangente da palavra, todo mundo é *hierarquista*, ao passo que nem todo mundo é elitista. De fato, você pode opor-se às elites, porque elas desrespeitam a sua ordem de prioridades. [...] Os teóricos culturais gostam de fingir, às vezes, que o valor não tem importância, e houve, decerto, um grande culto a ele na antiga academia literária; mas enquanto a *intelligentsia* populista nega a superioridade de George Eliot em relação a *Beavis & Butthead*, o populacho, que teima em julgar, continua a preferir um programa de televisão a outro ".

Aquele que acompanha mais de perto a trajetória internacional dos estudos culturais percebe que paulatinamente a condenação do julgamento valorativo ao ostracismo começa a ser revista. Desde o fim do século XX, alguns autores vêm procurando se engajar de diferentes maneiras em discussões sobre a qualidade estética dos artefatos da cultura popular massiva – notadamente dos programas de televisão (Brunsdon 1997a, 1997b; Geraghty, 2003; Gripsrud, 1998; Jacobs, 2001; Schrøder, 1997).

A motivação para essa guinada estratégica em direção a questões formais e de excelência criativa envolve uma trama complexa de interesses teóricos, pedagógicos e políticos. As propostas de revisão do financiamento e da regulamentação do sistema de teledifusão em diversos países da Europa ocidental ajudaram a disseminar as polêmicas públicas e acadêmicas a respeito da qualidade da televisão (Freire Filho, 2008). Em 1988, o debate foi aquecido, no cenário cultural britânico, com a publicação de *Broadcasting in the '90s: Competition, Choice and Quality*. O documento, elaborado pelo governo conservador de Margaret Thatcher, sustentava que a liberalização do mercado e a introdução de novos canais estimulariam a competição entre as redes de televisão; por conseguinte, o surgimento de atrações de maior qualidade. Como antídoto para o elitismo cultural do serviço de televisão pública, preconizava-se o apoio à livre-iniciativa empresarial e a entronização do consumidor soberano como árbitro supremo da programação. (Por via das dúvidas, existia também uma determinação expressa para que os novos canais comerciais "fornecessem uma proporção razoável de programas de alta qualidade", embora tanto esse conceito quanto os meios para a sua posterior mensuração não estivessem claramente definidos em nenhum momento da proposta governamental).

A índole neoliberal do informe oficial despertou reação entre intelectuais de esquerda. Mesmo teóricos mais afinados com a perspectiva relativista do pós-modernismo e dos estudos culturais decidiram retirar da quarentena as considerações axiológicas e tomar parte na grande interrogação sobre o que é ou poderia ser uma TV de qualidade (Brunsdon, 1997a, 1997b; Curran, 1998, p. 407-408; Schrøder, 1997, p. 110; Turner, 2001, p. 380-381).

Na opinião de Corner (1998), insistir com a recusa em abordar questões sobre qualidade resultará na continuação da distância entre os trabalhos na área dos estudos culturais e a esfera da elaboração de políticas culturais (nas quais as questões de "padrões" e "qualidade" são centrais, ainda que frequentemente controversas). São necessárias, recomenda o autor, investigações que, ultrapassando os limites das indicações lacônicas dos questionários de Bourdieu (ano), esclareçam melhor como diferenciados acessos, disposições, competências e julgamentos surgem na sociedade contemporânea, devido a um conjunto de fatores econômicos, sociais e pessoais. Na conclusão do seu ensaio, Corner apregoa que os estudos culturais – sem abandonar sua ênfase fundadora no caráter político e socialmente diferenciado da experiência cultural e da contingência da prática estética – deveriam apoiar políticas culturais (muitas das quais tradicionalmente liberais) que almejam franquear a todos o acesso mais amplo possível a formas estéticas convencionalmente "elevadas", e os meios para o desfrute delas [para desfrutá-las].

Seguindo por uma trilha similar, Christine Geraghty (2003) argumenta que professores e pesquisadores da área dos estudos culturais, ao rejeitar a valoração da TV, estariam excluindo-se de um debate central e falhando com os estudantes, que efetuam julgamentos de valor, tanto em seu consumo televisivo quanto em seus trabalhos práticos.

> A questão da qualidade na televisão é importante não apenas em termos de como ela é estudada, mas também de como ela é ensinada; ignorar as questões estéticas é prejudicial para os futuros realizadores e para a audiência. É particularmente importante ajudar na fomentação da consciência crítica dos estudantes, num contexto em que a ideologia da 'escolha do consumidor' norteia a produção dos programas nos serviços públicos de televisão, como também nos sistemas mais ostensivamente comerciais (Geraghty, 2003, p. 37).

Dada as dificuldades para a abordagem de problemas de valoração por meio de regulamentação, seria preciso fortalecer o contexto crítico, a fim de consolidar a qualidade estética como uma questão de debate público.

Em sua contribuição pessoal nesse sentido, Geraghty (2003) busca delinear um quadro de referência para a avaliação de programas individuais, indicando como essa estratégia pode ampliar as atuais abordagens do valor televisivo, concentradas geralmente em questões ideológicas de representação. Seu objetivo é, mais especificamente, elaborar padrões específicos para nortear o debate sobre o que é bom ou ruim no drama televisivo, distanciando-se das considerações totalizantes sobre a "estética da TV", formuladas na esteira dos trabalhos de Raymond Williams, John Ellis e John Thornton Caldwell.

Apesar de reconhecer as dimensões sociais de qualquer discussão valorativa, Christine Geraghty (2003) enfatiza o aspecto textual do problema, propondo a observância dos seguintes procedimentos na investigação do valor estético dos dramas televisivos populares: (a) revisão dos paradigmas crítico existentes, com a finalidade de aprimorar a distinção entre diferentes empregos das convenções melodramáticas; (b) reflexão sobre os diversos e complexos usos e conceituações do realismo na TV; (c) análise textual que não se restrinja a abordar a estrutura e a progressão narrativa, mas examine também a organização visual e a relação entre som e imagem; (d) atenção à escrita e aos diálogos e ao desempenho de autores individuais, cujo talento deve ser publicamente reconhecido como forma de encorajamento e fortalecimento diante das demandas da indústria; (e) elaboração de parâmetros críticos para julgar a *performance* e a caracterização dos atores; (f) identificação e enaltecimento da inovação na TV, um meio propenso à repetição. Por fim, Geraghty (2003) acrescenta que a abordagem crítica da qualidade estética na TV deve levar em consideração os aspectos (aparentemente) realçados pela audiência (boas atuações; locações; trabalho de câmera; o "crível"; o "interessante"; o "espetacular"; o "satisfatório").[6]

Alheio às discussões de política cultural, mas igualmente preocupado com o estabelecimento de paradigmas específicos para a avaliação da qualidade dos diversos gêneros televisivos, Jacobs (2001) propôs um conjunto de critérios para considerar a excelência de seriados dramáticos produzidos a partir dos anos 1990, em especial daqueles ambientados em hospitais, como *Chicago Hope* e o seu favorito *Plantão médico*. De acordo com o autor, a conceituação da TV como dispositivo de suprimento (de discursos socioculturais, padrões de gosto, ideologias ou formas nocivas de representação) menospreza seu potencial como meio para a expressão artística. Diante de êxitos da televisão contemporânea (*Arquivo X*; *Buffy, a caça-vampiros*; *Os Sopranos*; *The West Wing*), seria preciso rever a noção predominante de que o texto televisivo é usualmente inferior ao texto fílmico e não suporta um esforço crítico concentrado, devido à sua falta de densidade simbólica, riqueza de *mise-en-scène* e promoção de identificação como meio de assegurar a proximidade da audiência. Para Jacobs (2001), é possível elaborar um método de investigação que leve em conta as dimensões expressivas da TV, mesmo a partir da análise de aspectos aparentemente acessórios, como a sequência dos créditos de abertura.[7]

---

[6] Com intuito de verificar a rentabilidade do seu (ambicioso) modelo teórico num estudo de caso específico, Geraghty (2006) empreendeu uma análise textual de episódios da *soap* opera *EastEnders*, exibida pela BBC1, destacando o uso dinâmico das convenções melodramáticas (como a ênfase na expressão de emoções interiores através de símbolos, cenários, movimentos de câmera e iluminação). Uma das raras críticas jornalísticas positivas de *EastEnders* tentava reposicioná-lo num quadro de referência realista, ao passo que, para *Geraghty*, apenas quando as ressonâncias melodramáticas do programa fossem abordadas seriamente é que suas qualidades estéticas e dramáticas poderiam ser mais bem compreendidas e criticamente julgadas (GERAGHTY, 2006, p. 231).

[7] Curiosamente, no instante de distinguir a sua perspectiva analítica da abordagem tradicional dos estudos culturais, Jacobs (2001) elege como contraponto um trabalho mais antigo de Christine

No momento mais ousado de sua análise comparativa dos créditos de abertura de *Plantão médico* e de congêneres artisticamente inferiores, Jacobs (2001) tenta aplicar aos seriados televisivos a noção romântica de fragmento como uma "forma concluída" que, ao mesmo tempo, implica um todo mais abrangente. No que concerne aos programas de TV, esse todo mais abrangente seria constituído por seus episódios passados (e futuros), bem como por sua relação com as tradições do gênero. No fim das contas, a analogia com o prestigioso acervo artístico e crítico romântico soa um tanto forçada; além disso, pouco contribui de fato para a economia epistemológica do artigo.

A ânsia de respaldar a todo custo as abordagens estéticas dos artefatos midiáticos com referências consagradas é decerto apenas uma das armadilhas teóricas e metodológicas à espreita de quem opta por esse viés analítico. Deve-se lembrar, entretanto, que equívocos e exageros também foram cometidos por teóricos comprometidos a identificar obrigatoriamente o significado e a relevância política da cultura popular massiva – "Enquanto a indústria cultural encara cada texto ou prática possível como um meio de geração de receita, os estudos culturais consideram cada texto ou prática em termos dos seus reais ou possíveis usos políticos" (STERNE, 2005, p. 82).

A ênfase às dimensões políticas dos artefatos midiáticos trouxe contribuições teóricas importantes; serve, por exemplo, para reavaliar eventuais potencialidades críticas dos excessos, das grosserias e das carnavalizações grotescas ainda pulsantes em filmes e programas de TV, a despeito dos prevalecentes *parâmetros de medianidade* da indústria cultural. Em alguns casos, todavia, a obstinada disposição para acentuar os efeitos políticos subversivos de *soap operas*, *sitcoms*, *game shows* e afins parece atender mais aos desejos (conscientes ou não) do crítico de justificar, em termos politicamente progressistas, os seus próprios prazeres consumistas.

Por maiores que sejam as dificuldades na incorporação do julgamento de valor ao temário dos estudos culturais, é imperioso contribuir para a

---

Geraghty, *Women and soap opera* (1991): "Neste tipo de estudo, questões de julgamento e valor são dirigidas àquilo que o público faz com os textos ou ao grau de conexão das *soap operas* com assuntos sociopolíticos considerados pelo acadêmico como pertinentes. Questões estéticas, quando abordadas, dizem menos respeito ao julgamento de valor, do que à definição dos 'prazeres estéticos' que os textos disponibilizam para a audiência. A maioria dos estudos sobre as *soap operas* demonstra pouca tolerância – para além das validações cautelosas ou entusiásticas dos prazeres propiciados ao público – em relação aos textos em análise. Como argumenta Geraghty (1991): 'É a telespectadora que confere riqueza e densidade ao material que, na superfície, pode parecer ralo e pouco compensador'" (JACOBS, 2001, p. 433).

formulação de um novo quadro de referência para o debate público sobre a *qualidade* dos artefatos midiáticos, dominado por uma hipertrofia daquilo que Richeri (1995, p. 14) denominou "conceito ecológico de qualidade", que visa a proteger a sensibilidade do "cidadão comum" da "contaminação" antissocial de produções violentas, imorais, sexistas ou racistas.

Evidentemente, não é o caso de apontar e realçar as qualidades transcendentes dos empreendimentos criativos da mídia, numa caricatura involuntária do discurso estético tradicional. A ampliação do nosso conhecimento a respeito da relatividade cultural e histórica dos padrões de beleza e do gosto ou da dimensão patriarcal e etnocêntrica da formação dos cânones literário e musical deve servir de estímulo para fomentar uma visão mais multidimensional da teoria e da experiência estética cujos padrões de valores estejam menos vedados às contingências, às impurezas, às interferências e às voluptuosidades mundanas; cujo sistema de análise das operações poéticas e prosaicas dos artefatos midiáticos esteja mais aberto à especulação sobre como os encantamentos, os sobressaltos, as comoções, os enternecimentos, os terrores e os êxtases tipicamente evocados ou articulados de diferentes formas pelas expressões culturais populares alcançam, mobilizam e eventualmente potencializam a sensibilidade, os afetos, o imaginário e as atitudes dos seus consumidores. Com base nesses novos registros ampliados, a crítica acadêmica poderá ir além do monitoramento do ideologicamente nocivo, intervindo, de maneira profícua, na discussão – sustentada por certas premissas estéticas – sobre o que é *bom* ou *ruim*, *instigante* ou *maçante* na nossa polimorfa paisagem midiática.

Referências

ANG, Ien. *Watching Dallas: soap opera and the melodramatic imagination.* Londres: Methuen, 1985.

BARKER, Chris. *Cultural studies*: theory and practice. Londres: Sage, 2003.

BELL-VILLADA, Gene H. *Art for art's sake and literary life: how politics and markets helped shape the ideology & culture of aestheticism, 1790-1990.* Lincoln: University of Nebraska Press, 1996.

BOURDIEU, Pierre. *La distinction – critique sociale du jugement* [1979]. Paris: Les Éditions de Minuit, 1997.

BOURDIEU, Pierre. *Razões práticas: sobre a teoria da ação.* Campinas: Papirus, 2007.

BOURDIEU, Pierre. *Sobre a televisão.* Rio de Janeiro: Zahar, 1997.

BOURDIEU, Pierre. *Meditações pascalianas.* Rio de Janeiro: Bertrand Brasil, 2001..

BROWN, Jeffrey A. Comic book fandom and cultural capital. *Journal of Popular Culture*, v. 30, n. 4, p. 13-31, 1997.

BRUNSDON, Charlotte. Aesthetics and audiences. In: *Screen tastes: soap operas to satellite dishes,* p. 112-123. Londres: Routledge, 1997a.

BRUNSDON, Charlotte. Problems with quality. In: *Screen tastes: soap operas to satellite dishes,* p. 124-147. Londres: Routledge, 1997b.

CASSAGNE, Albert. *La théorie de l'art pour l'art en France chez les derniers romantiques et les premiers réalistes.* Seyssel: Champ Vallon, 1997.

CASEY, Bernadette *et al.* Taste. In: CASEY, Bernadette *et al. Television studies: the key concepts,* p. 238-243. Londres: Routledge, 2001.

CLARK, Priscilla. The beginnings of mass culture in France: action and reaction. *Social Research*, v. 45, n. 2, p. 277-291, 1978.

CONNOR, Steven. *Teoria e valor cultural.* São Paulo: Loyola, 1992.

CORNER, John. Debating culture: quality and inequality. In: *Studying media: problems of theory and method,* p. 135-146. Edimburgo: Edinburgh University Press, 1998.

CURRAN, James. El nuevo revisionismo en los estudios de comunicación: una reevaluación. In: CURRAN, James *et al.* (Eds.). *Estudios culturales y comunicación*: análisis, producción y consumo cultural de las políticas de identidad y el posmodernismo, p. 383-415. Barcelona: Paidós, 1998.

DELL, Chad. Lookit that hunk of man!: subversive pleasures, female fandom, and professional wrestling. In: HARRIS, Cheryl; ALEXANDER, Alison (Eds.). *Theorizing fandom*: fans, subculture and identity, p. 87-108. New Jersey: Hampton Press, 1998.

EAGLETON, Terry. *A ideologia da estética.* Rio de Janeiro: Zahar, 1993.

EAGLETON, Terry. *The illusions of postmodernism.* Oxford: Blackwell, 1996.

EMORY, Elliott. Introduction: cultural diversity and the problem of aesthetics. In: EMORY, Elliott *et al.* (Eds.). *Aesthetics in a multicultural age*, p. 3-30. Oxford: Oxford University Press, 2002.

FELSKI, Rita. Modernist studies and cultural studies: reflections on method. *Modernism/modernity*, V. 10, n. 3, p. 501-517, 2003.

FELSKI, Rita. The role of aesthetics in cultural studies. In: BÉRUBÉ, Michael (Ed.). *Aesthetics and cultural studies*, p. 28-43. Oxford: Blackwell, 2004.

FISKE, John. *Understanding popular culture.* Londres: Unwin Hyman, 1989.

FISKE, John. The cultural economy of fandom. In: LEWIS, Lisa A. (Org.). *The adoring audience*: fan culture and popular media, p. 30-49. Londres: Routledge, 2001 [1992].

FLUCK, Winfried. Aesthetics and cultural studies. In: EMORY, Elliott *et al.* (Eds.). *Aesthetics in a multicultural age*, p. 79-104. Oxford: Oxford University Press, 2002.

FREIRE FILHO, João. TV de qualidade: uma contradição em termos? *Líbero*, ano IV, v. 4, v. 7-8, p. 86-95, 2001.

FREIRE FILHO, João. Notas históricas sobre o conceito de qualidade na crítica televisual brasileira. *Galáxia*, n. 7, p. 85-110, 2004.

FREIRE FILHO, João. *Reinvenções da resistência juvenil*: os estudos culturais e as micropolíticas do cotidiano Rio de Janeiro: Mauad, 2007.

FREIRE FILHO, João. O debate sobre a qualidade da TV no Brasil: da trama dos discursos à tessitura das práticas. In: BORGES, Gabriela e REIA-BAPTISTA, Vítor (Orgs.). *Discursos e práticas de qualidade na televisão da Europa e América Latina.* Faro: Ciccoma, 2008 (No prelo).

GERAGHTY, Christine. Aesthetics and quality in popular television drama. *International Journal of Cultural Studies*, v. 6, n. 1, p. 25-45, 2003.

GERAGHTY, Christine. Discussing quality: critical vocabularies and popular television drama. In: CURRAN, James & MORLEY, David (Eds.). *Media and cultural theory*, p. 221-232. Oxford: Routledge, 2006.

FRITH, Simon. *Performing rites*: on the value of popular music. Cambridge, Massachusetts: Harvard University Press, 1998.

GRIPSRUD, Jostein. Cultural studies and intervention in television policy. *European Journal of Cultural Studies*, v. 1, n. 1, p. 83-95, 1998.

HALL, Stuart; WHANNEL, Paddy. *The popular arts*. Londres: Hutchinson, 1964.

HARTLEY, John. Aesthetics. In: O'SULLIVAN, Tom *et al. Key concepts in communication and cultural studies*, p. 6-7. Londres: Routledge, 2002.

HEBDIGE, Dick. *Subculture*: the meaning of style. Londres: Methuen, 1979.

HUNTER, I. Q.; KAYE, Heidi. Introduction – Trash aesthetics: popular culture and its audience. In: CARTMELL, Deborah *et al.* (Eds.). *Trash aesthetics: popular culture and its audience*, p. 1-13. Londres: Pluto Press, 1997.

JACOBS, Jason. Issues of judgement and value in television studies. *International Journal of Cultural Studies*, v. 4, n. 4, p. 427-447, 2001.

JENKINS, Henry. *Textual poachers: television fans and participatory culture.* New York: Routledge, 1992.

JENKINS, Henry *et al.* Taste. In: JENKINS, Henry *et al.* (Eds.). *Hop on pop*: the politics and pleasures of popular culture, p. 341-342. Londres: Duke University Press, 2002.

KACANDES, Irene. German cultural studies: what is at stake? In: DENHAM, Scott *et al.* (Eds.). *A user's guide to German cultural studies*, p. 3-28. Ann Arbor: University of Michigan Press, 1997.

KANT, Immanuel. *Crítica da faculdade do juízo* [1790]. Rio de Janeiro: Forense Universitária, 1995.

RICHERI, Giuseppe. La calidad de la televisión. *Telos*, n. 42, p. 13-14, 1995.

SCHRÖDER, Kim Christian. Calidad cultural: ¿la persecución de un fantasma? In: DAYAN, Daniel (Org.). *En busca del publico*: recepción, televisión, medios, p. 107-125. Barcelona: Gedisa, 1997.

SHUSTERMAN, Richard. *Vivendo a arte: o pensamento pragmatista e a estética popular*. São Paulo: Ed. 34, 1998.

STERNE, Jonathan. The burden of culture. In: BÉRUBÉ, Michael (Ed.). *Aesthetics and cultural studies*, p. 80-102. Oxford: Blackwell, 2004.

STOREY, John. *Inventing popular culture*: *from folklore to globalization*. Londres: Blackwell, 2004.

TOMPKINS, Jane P. *Sensational designs*: the cultural work of American fiction, 1790-1860. Nova Iorque: Oxford University Press, 1985.

TURNER, Graeme. Television and cultural studies: unfinished business. *International Journal of Cultural Studies*, v. 4, n. 4, p. 371-384, 2001.

WATT, Ian. *A ascensão do romance* [1957]. São Paulo: Companhia das Letras, 1990.

WILLIAMS, Raymond. *Cultura e sociedade - 1780-1950* [1958]. São Paulo: Companhia Editora Nacional, 1969.

WILLIAMS, Raymond. Culture is ordinary. In: ROBIN, Gale (Ed.). *Resources of hope*: *culture, democracy, socialism*, p. 3-18. Londres: Verso, 1989 [1958].

WILLIAMS, Raymond. *The long revolution* [1961]. Harmondsworth: Penguin, 1980.

WILLIAMS, Raymond. *Keywords*: *a vocabulary of culture and society* [1976]. New York: Oxford University Press, 1985.

WILLIAMS, Raymond. Aesthetics and other situations. In: *Marxism and literature*, p. 151-157. New York: Oxford University Press, 1977.

WILLIAMS, Raymond. *Sociología de la cultura*. Barcelona: Paidós, 1994 [1981].

WATSON, Paul. There's no accounting for taste: exploitation cinema and the limits of film theory. In: CARTMELL, Deborah *et al.* (Eds.). *Trash aesthetics: popular culture and its audience*, p. 66-83. Londres: Pluto Press, 1997.

WOODMANSEE, Martha. *The author, art, and the market*: *rereading the history of aesthetics*. New York: Columbia University Press, 1994.

Parte 3

Modelizações verbais e visuais da experiência

O texto como modelo de experiência estética: sensação ou percepção?

Hugo Mari

Observações iniciais

Os termos fundamentais desta discussão colocam em jogo a experiência estética diante de dois movimentos essenciais para a compreensão humana: de um lado nos situamos diante dos fatos que são captados pelas sensações, de outro avançamos sobre aquilo que nos provê a percepção. A contraposição entre os termos não é por si evidente, já que estaríamos longe de delimitar tudo aquilo que decorre apenas de sensação daquilo que emerge da nossa percepção: as duas dimensões formam, com certeza, um contínuo e a sua separação se deve à necessidade que temos de isolar certos fatos, do ponto de vista metodológico. Apesar das dificuldades de delimitação, existem fatos que consideramos afeitos aos movimentos do corpo – as sensações – e outros que consideramos como decorrentes de uma elaboração sobre as sensações e que são representados por movimentos da mente, isto é, a percepção. Embora apontadas como movimentos distintos, sensação e percepção estão integradas num esforço cognitivo que nos conduz ao conhecimento.

A questão que nos desafia aqui, antes de qualquer delimitação entre as formas de conhecimento que caracterizam uma e outra dimensão, é precisamente mostrar em qual delas, quando as precisamos isolar por algum critério metodológico, preferencialmente, situaríamos as nossas experiências estéticas, ou o que poderíamos atribuir a uma e outra como responsáveis por produzir tais experiências, conforme o esquema seguinte:

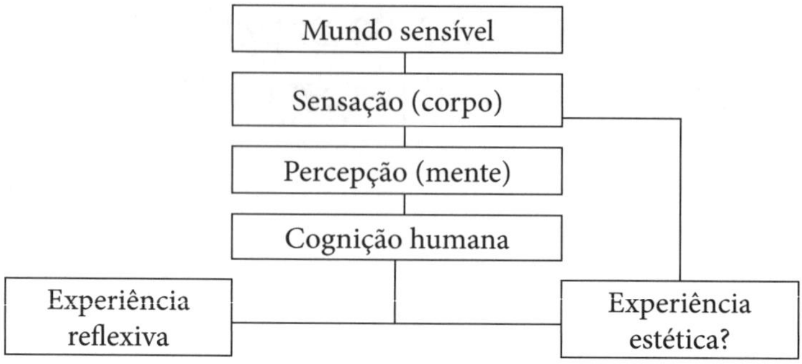

Figura 1 - Experienciação do conhecimento

A Fig. 1 coloca em questão o caminho que fazemos para construir ou sentir uma experiência estética: seria ela um mero produto de nossas sensações, ou seria ela resultado de procedimentos cognitivos plenos que rivalizam com outras formas de experiência reflexiva?

Se encaminharmos nossa discussão para o campo das sensações, estamos certamente nos comprometendo com argumentos ou critérios que nos impelem a tratar a experiência estética como algo que transita pelo nosso corpo ou como algo que se traduz por uma apreensão imediata. Não há dúvida de que esta é uma dimensão do problema, sobretudo quando fazemos aproximar a experiência estética das nossas emoções. Nada nos impede, todavia, de ver a experiência estética como um conhecimento pleno, cuja elaboração resulta de todos os procedimentos racionais da nossa reflexão.

Aqui, todavia, ao invés de polemizarmos sobre esses dois caminhos possíveis para a experiência estética, estamos nos orientando por um objetivo mais específico: aquele que nos possibilite avaliar, sob que circunstâncias, manifestações dessa natureza são materializadas em realizações textuais específicas. Em outras palavras, de que recursos textuais dispomos, como leitores, para dizer que uma experiência de leitura se traduz por estética? Além do mais, como conduzimos esta experiência quando o suporte desta leitura é um jornal?

Duas dificuldades iniciais

Duas dificuldades imediatas se colocam como tentativa de um comentário para estas questões. De um lado, apontamos a quantidade de informação e sua diversidade como um fator a ser considerado nesta discussão. Partilhamos da suposição de que uma experiência estética é necessariamente seletiva:

nunca nos mostramos propensos a considerar estético qualquer conjunto de ondas cromáticas que o olho capta; nem qualquer tipo de evento textual que possamos decifrar no mundo da escrita. A quantidade da informação que perpassa, por exemplo, um jornal diário, agrupada sob as mais diversas formas de tipos e gêneros textuais, pode servir de cardápio para seleção daquilo que elegemos como estético, mas nem tudo que aparece ali registrado recebe prontamente, de nossa parte, esta qualificação.

Quando, em tais circunstâncias nos tornamos aptos a falar de uma experiência estética em razão da diversidade e da quantidade? O que é próprio desta categoria provavelmente é aquilo sobre o que "os nossos olhos demoram", para usar uma metáfora tradicional do meio. É claro também, desfazendo a metáfora, que os nossos olhos poderiam demorar sobre muitos outros fatores de um texto que não guardariam em si nenhum valor estético de maior relevância. Tudo isso nos coloca diante de um dilema de decidir sobre aquilo que é, de fato, estético em nossa experiência de leitor de um jornal.

Aqui nos situamos, pois, diante de um dilema: a busca de um critério, de uma definição que nos permita operar qualitativamente diante dos fatos. Definir é sempre um risco que corremos ao deixar de fora da definição grande parte daquilo que pretendíamos definir; definir o estético pode ser uma ousadia descabida, pois o teor movediço de sua percepção não permite que nos fixemos sobre A, quando no sentir seguinte o estético está em B. Sabemos que o estético passa pelo nosso corpo e por alguns sensores de modo especial, quando elegemos um meio específico – a visão poderia ser destacada para um jornal. Sabemos também que o estético invade os espaços de nossa consciência: é neles que moemos e remoemos a informação disponível para construir a partir dela a percepção do estético. Penso ser esta última a dimensão que mais nos toca quando aproximamos a experiência do estético com aquela de um leitor que lê jornal.

O segundo aspecto refere-se, diante da multidão e da diversidade, à perda de um domínio de fronteira através do qual inúmeras formas de organização da produção humana já foram reconhecidas como estéticas. É possível que a experiência humana tenha assegurado, em alguns momentos, certo tipo de padrão de objetos alçados à categoria de estético. É possível ainda que isso justifique grande parte desta produção organizada sob a forma de museus, por exemplo. Mas continuamos a ter algum critério a partir do qual estaríamos aptos a reconhecer tais objetos? Que procedimento devemos ter: depurar os processos que atuariam no reconhecimento de objetos estéticos ou simplesmente expandir *ad infinitum* os espaços para museus, para dar um contorno metonímico à nossa dúvida?

Apesar de todas essas dúvidas, de um ambiente nublado por incertezas ainda nos julgamos aptos a operar seletivamente, isto é, estamos sempre atentos ao reconhecimento do estético. É assim que agimos quase intuitivamente, mas é assim que continuamos a proceder, mesmo quando alcançamos estados de consciência mais depurados. O estético pode vir por um arrebatamento imediato, mas também por uma decantação dos processos da consciência. Renunciar a qualquer princípio de qualificação seria aceitar um relativismo que não parece refletir a forma segundo a qual funcionamos quando vemos, quando lemos, quando ouvimos.

Orientada para o nosso objeto, a experiência estética traduz-se pela necessidade da busca de algum valor diferencial nos textos, diríamos com Barthes a propósito da conotação. Experimentamos na leitura de um jornal vozes dissonantes, cenas diferentes, cores de matizes e de proveniências diversas, arranjos arquitetônicos diferentes a partir daquilo que estamos habituados a ler. É curioso que nunca lemos nos jornais um único gênero ali presente: somos leitores movidos por uma curiosidade eclética ou por inquietação ilimitada pela informação, tudo isso talvez seja um movimento natural em favor de uma expectativa estética de reconhecer alhures valores diferenciados.

Esta é a expectativa que temos para o conceito de estético: efeitos de sentido que derivamos de certos textos, para além do seu teor informacional, do seu caráter de prestação de serviços, do seu teor avaliativo-descritivo imediato. Um editorial pode prestar um serviço a uma comunidade, quando faz uma avaliação crítica de um fato, mas pode também fazer dele uma paródia; uma reportagem informa fatos, mas nem sempre é tão isenta a ponto de não deixar escapar ironias; uma charge informa criticamente, mas também diverte o leitor. Assim, é nesse além que ultrapassa a sua função imediata que um gênero está apto a prover para o leitor uma perspectiva para o reconhecimento do estético.

Percepção e racionalidade: experiência com o texto

Nos termos da nossa discussão até aqui, o estético deve ser pensado como uma forma de cognição depurada, pois não saberíamos apontar alguma experiência humana que não representasse um padrão de conhecimento. De modo mais direto, podemos ilustrar essa experiência, atrelando-a à nossa atividade com os textos jornalísticos, a qual constitui uma experiência considerável na vida de todos nós. Uma atividade tão marcante assim (e em muitos casos voluntária) não poderia ser traduzida apenas sob a forma de uma instrumentalização da informação, isso seria banalizar de todo a informação jornalística.

Esse desafio para o leitor dos jornais responde por uma experiência significativa com os textos, aquele em que nos vemos na condição de digladiar na construção do seu sentido. A experiência significativa com o texto é esse embate sem fronteiras e sem limites a que nos submetemos na descoberta de efeitos de sentido. Para ler textos precisamos nos tornar aptos a esse confronto, racionalizando procedimentos e estratégias, buscando uma economia de energia drástica de tal forma a tornar dinâmico o percurso sobre os textos: é assim que faz o leitor do jornal, ao passar e repassar páginas, ao ir e vir sobre os cadernos, ao dinamizar o seu próprio percurso de leitura sobre o jornal. Aqui lembramos um pouco de Barthes em *Prazer do texto* (1986, p. 46): "O que eu aprecio numa narrativa não é directamente o seu conteúdo nem mesmo a sua estrutura, mas sim as esfoladelas que faço no belo invólucro: corro, salto, levanto a cabeça, torno a mergulhar".

O texto de Barthes materializa, no nosso entendimento, o que somos como leitores de jornais e é nesse percurso que talvez esteja traçado o nosso perceber estético. A leitura de um jornal não é um contínuo que começa na primeira página e vai até a última: isso seria um contrassenso para o arrebatamento. Somos nós leitores que construímos esse contínuo, quem sabe pelo receituário do autor: mesmo correndo, mesmo saltando, mesmo levantando a cabeça (desviando), mas, tornando sempre a mergulhar. E nesse mergulho vamos dando conta da necessidade de ressignificar os horizontes da atividade de leitura.

A nossa experiência significativa com o texto talvez seja a primeira condição que devemos impor para o nosso traçado na direção do estético. Entendo por esta experiência significativa a apropriação do seu sentido, a necessidade de podermos dispor de uma compreensão racional de todas as suas etapas. Assim, a experiência com um editorial implica o domínio do fato – a matriz de sentido que o suporta – e da avaliação consequente que dele emana – o seu valor pragmático mais imediato. Essa percepção racional do seu funcionamento nos assegura padrões de racionalidade para a percepção dos efeitos de sentido; provavelmente fazemos isso com todo texto. A leitura dos avaliadores econômicos racionalmente nos acolhe na dimensão do pânico ou da segurança: essa é uma forma de continuidade que construímos ao trafegar por números, por dados, por balanços, por predições. E aqui talvez se possa falar da estética do medo, na mesma extensão em que ela aflora como um pré-construído nos filmes de terror.

Poderíamos dizer que, em grande parte, esses efeitos consequentes viriam compor uma série de efeitos racionalmente previsíveis, por representar ainda um domínio linear do código. Nada impede, porém, que aqui já venhamos a vislumbrar lampejos do estético, mas resguardaríamos a sua emergência efetiva para os momentos em que nossa leitura jogasse com uma possibilidade da quebra da linearidade código, ou da reconstrução do código em outras dimensões, conforme esquematizamos abaixo:

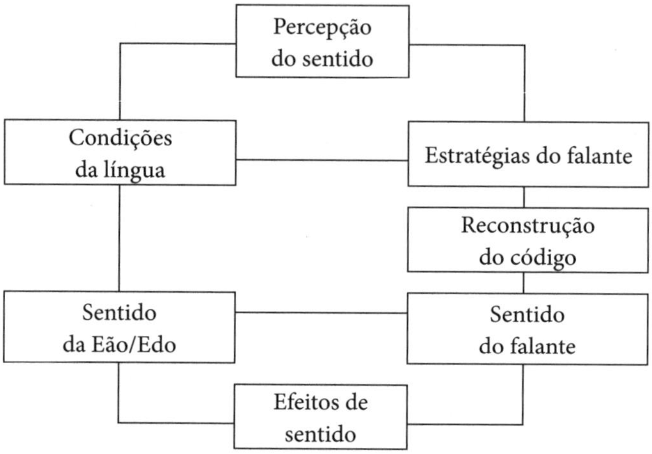

Figura 2 - Duas formas de percepção do sentido

Na Fig. 2 apontamos dois caminhos que julgamos essenciais para a nossa discussão: o percurso à esquerda, que vai da percepção do sentido aos efeitos de sentido e representa o processo de produção determinado, em grande parte, pelas condições da língua que gera efeitos estruturados a partir da enunciação (Eão) e do enunciado (Edo). Neste percurso, supomos uma percepção linear do sentido. O caminho à direita combina as condições da língua com estratégias do falante, possibilitando que o código seja reconstruído por força de efeitos que são produzidos pela interferência do falante. A esse conjunto de efeitos gerados nessa trilha é que estamos denominando de estéticos. E o texto jornalístico está aberto a essas possibilidades ou é um texto com um regime de sentido lacrado que admite um único traçado para os efeitos de sentido?

É possível que um jornal, por mais revolucionário que seja – e essa revolução nunca será necessariamente estética – precise compor-se com essas duas ordens de sentido. É possível que códigos relativamente móveis para a produção do sentido não se façam presentes em todos os textos, mas há lugares que os jornais nos reservam para exercitar um regime de sentido diferenciado. Não se trata de uma limitação ou de uma idiossincrasia do texto jornalístico: conhecemos esse regime duplo até mesmo na literatura.

Talvez esteja nessa maneira de ser dos textos que atravessam uma sociedade uma forma de assegurar certo valor "democrático" para os efeitos de sentido: é possível que muitos efeitos sejam alcançados por todos, mas é pouco provável que todos tenham o mesmo alcance.

Na sequência, pretendemos avaliar alguns lugares onde os jornais convidam seus leitores para uma forma de experienciação significativa diferenciada, o que não impede que o leitor esteja circunscrito apenas a esses lugares. O seu poder de transitar sobre as matérias, de ir e vir faz dele um descobridor de novos lugares, de novas perspectivas para a ressignificação.

Alguns lugares do estético

Não estamos propondo, na sequência, uma forma sistemática de mapear jornais com lugares preferenciais para a experienciação do estético, mesmo porque há certamente lugares aleatórios onde essa experienciação pode ocorrer como perspectiva para algum leitor. Aqui recolhemos alguns exemplos que poderão ilustrar a nossa empreitada. Nos comentários que vamos desenvolver, não estamos preocupados em detalhar todos os aspectos da análise da narrativa em questão: há muitos aspectos que extrapolam os objetivos deste texto. Trata-se, pois, de mostrar alguns processos através dos quais podemos reconhecer o que estamos denominando de estético, enquanto um trabalho do leitor sobre o texto, na busca de novos efeitos de sentido.

Texto 1– "Sertão" (Félix Athayde, O Pasquim)

Sertão

Ser tão sem

Tão sem ser

Sem ser tão

Entendemos aqui que o desafio de uma experiência estética com o poema relaciona-se às múltiplas possibilidades de significação que uma recomposição do código, a partir do rearranjo das sílabas de *sertão* e de sua combinação com *sem*. Pode-se pensar o texto em duas dimensões: a dos efeitos de sentido que ele pode alcançar e a dos processos que ele permite implementar com vistas à sua leitura. Na dimensão dos efeitos, podemos admitir que a ideia central do texto é mostrar de que forma o *sertão* representa a ideia geral de *privação*. Para isso dispomos, inicialmente, de um esquema de leitura que perpassa o texto em sua forma padrão. Poderíamos, para motivar a leitura, usar o título como uma indagação que será respondida, de forma múltipla, pelos efeitos de sentido que podemos derivar dos seus versos, conforme esquematizamos abaixo:

Esquema 1 - [E→D]

<table>
<tr><td></td><td>Leitura:
[E→D]</td><td>Efeito de sentido</td></tr>
<tr><td rowspan="3">O que é
SERTÃO?</td><td>SER TÃO SEM</td><td>O ser intenso de privação</td></tr>
<tr><td>TÃO SEM SER</td><td>A intensificação da privação do ser</td></tr>
<tr><td>SEM SER TÃO</td><td>A privação do ser intensificada</td></tr>
</table>

Cada um dos efeitos acima foi determinado, a partir do tema geral, combinando o valor semântico das unidades lexicais presentes nos versos e na ordem em que aparecem. Esta leitura, que foi realizada no padrão [esquerda → direita], poderia ser realizada de modo inverso, e geraria outros efeitos de sentido. Assim, teríamos uma leitura dos mesmos versos com a orientação [direita → esquerda]:

Esquema 2 - [E←D]

<table>
<tr><td></td><td>Leitura:
[E←D]</td><td>Efeito de sentido</td></tr>
<tr><td rowspan="3">O que é
SERTÃO?</td><td>SER TÃO SEM</td><td>A privação intensificada do ser</td></tr>
<tr><td>TÃO SEM SER</td><td>O ser com privação intensificada</td></tr>
<tr><td>SEM SER TÃO</td><td>A intensificação do ser na privação</td></tr>
</table>

Alternando a orientação de leitura, podemos obter efeitos de sentido diferenciados como mostramos Esquemas 1 e 2. Esses mesmos efeitos poderiam também ser obtidos a partir de outros rearranjos do código, como a admissão de versos verticais para o poema, em que a orientação de cima para baixo e da esquerda para a direita (↓→) corresponderia aos efeitos de sentido do Esquema 1 e uma orientação de baixo para cima e da direita para a esquerda (↑←), à segunda tabela de efeitos, conforme ilustram os Esquemas 3 e 4 a seguir:

Esquema 3 - (↓→)

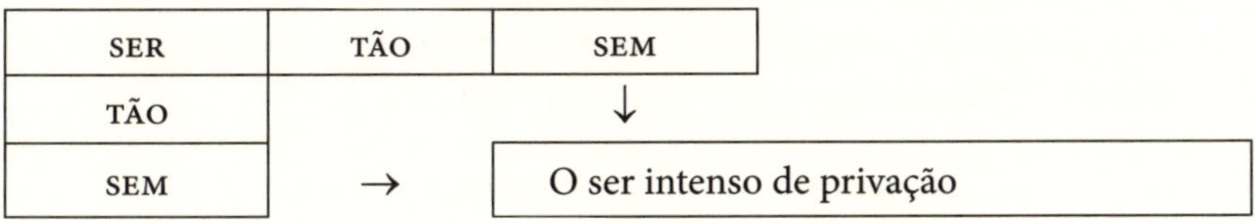

Esquema 4 - (↑←)

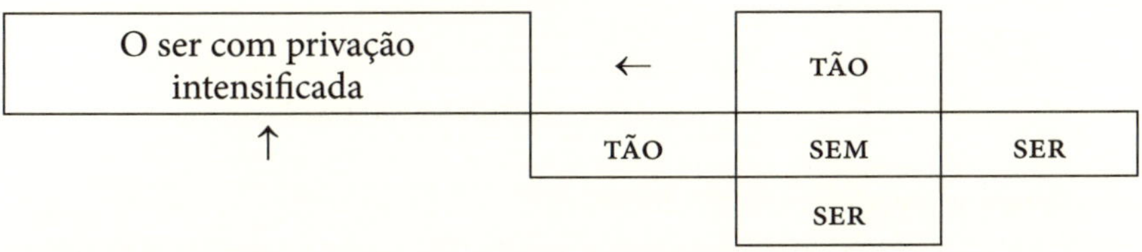

Pensamos que a experiência estética aqui está neste exercício de descoberta do leitor de ver que os efeitos de sentido se multiplicam quando o código é reorientado, da mesma forma que o mesmo efeito poderá ser obtido por padrões diferentes de orientação da leitura.

Texto 2 - "Descartes e o computador" (José Paulo Paes, *Mundo Vestibular*)

Descartes e o computador

Você pensa que pensa
ou sou eu quem pensa
que você pensa?

Você pensa como eu penso
ou eu é que penso
como você pensa?

Bem, vamos deixar a questão em suspenso
enquanto você pensa se já pensa
e eu penso se ainda penso

Veríamos, como desafio de mostrar alguma dimensão estética do texto, o repensar a existência cartesiana em uma dimensão interlocutiva a partir de um ícone da modernidade como o computador. O primeiro efeito desta mudança é admitir que a existência não seja mais submetida ao exercício de uma dúvida solipsista (*cogito ergo sum*), mas de uma dúvida de teor intersubjetivo, isto é, "eu penso que você é". Assim, três aspectos diferenciados sobre a dúvida são apresentados no poema, neste diálogo fictício entre Descartes e o computador. A estrutura dialógica do texto possibilita, então, que reestruturemos o seu processo enunciativo em duas dimensões: afinal, quem fala para quem neste poema?

Esquema 5 - Processo enunciativo global

<table>
<tr><td></td><td>Loc: Descartes/Computador</td></tr>
<tr><td>Eão</td><td>Edo: poema</td></tr>
<tr><td></td><td>Aloc: Computador/Descartes</td></tr>
</table>

A possibilidade de interlocutores diferentes assumirem o processo enunciativo, como mostra o Esquema 5, permite não apenas reverter o processo da dúvida, mas também de extrair dele efeitos de sentido diferenciados, conforme podemos perceber nos Esquemas 6 e 7:

Esquema 6 - Locutor: Descartes

<table>
<tr><td></td><td>pensa (computador, (pensa (computador)))</td></tr>
<tr><td>Eão-1
Loc: Descartes</td><td>OU</td></tr>
<tr><td></td><td>penso (Descartes, (pensa (computador)))</td></tr>
</table>

A primeira fórmula deste esquema, como para o seguinte, traduz o teor solipsista da existência (aqui suposta a partir do pensar), enquanto a segunda a converte numa forma interlocutiva. Neste primeiro caso, para o qual atribuímos a Descartes o papel do locutor, o efeito de sentido decorrente desta organização enunciativa seria o de marcar a dúvida sobre a existência do *computador*, por um deslocamento inicial que retira do locutor a sua condição reflexiva de supor a própria existência (*cogito ergo sum*), restituindo-lhe a condição de duvidar sobre a existência do alocutário, na segunda fórmula. O primeiro verso que inicia esta estrofe parece ratificar todo o processo de dúvida que marcou ou poema, daí a ideia de certo conformismo gerado a partir de *suspenso*.

Esquema 7 - Locutor: Computador

	pensa (Descartes, (pensa (Descartes)))
Eão-2 Loc: Computador	OU
	penso (computador, (pensa (Descartes)))

Neste segundo arranjo, com o computador no centro da organização enunciativa, o efeito de sentido que sobressai é a suspensão da existência metonímica de Descartes: é sobre ele agora que reside a dúvida existencial, introduzida intersubjetivamente na segunda fórmula. Aqui, portanto, esse efeito retira a supremacia do locutor sobre o interdiscurso (*cogito ergo sum*), como justificativa para pensar a própria existência.

Nos Esquemas 8, 9 e 10, podemos assinalar ainda esse grande efeito de sentido que percorre todo texto, através de duas modalizações possíveis de todo o processo interlocutivo.

Esquema 8 - Modalização

	pensa (computador, (M) penso (Descartes)))
Eão-1 Loc: Descartes	OU
	penso (Descartes, (M) pensa (computador)))

Esquema 9 - Modalização

	pensa (Descartes, (M) penso (computador)))
Eão-1 Loc: Computador	OU
	penso (computador, (M) pensa (Descartes)))

Os Esquemas 8 e 9 refletem o mesmo processo de qualificação da dúvida a partir dos respectivos locutores: trata-se, portanto, da inserção do operador modal (M = como), especificando o teor da dúvida de outra forma que não aquela admitida para os esquemas anteriores. Nesta esquematização, podemos admitir, pois, que o grande efeito de sentido que se faz aí presente refere-se a um questionamento mais radical da existência: aquela que é colocada em dúvida, pela modalização (M), ou seja, a própria forma para pensar a existência.

Esquema 9 - Modalização temporal

<table>
<tr><td rowspan="3">Eão-2
Loc: Descartes</td><td>(T) pensa (computador, (já pensa (computador)))</td></tr>
<tr><td>OU</td></tr>
<tr><td>(T) penso (Descartes, (ainda penso (Descartes)))</td></tr>
</table>

Esquema 10 - Modalização temporal

<table>
<tr><td rowspan="3">Eão-2
Loc: Computador</td><td>(T) pensa (Descartes, (já pensa (Descartes)))</td></tr>
<tr><td>OU</td></tr>
<tr><td>(T) penso (computador, (ainda penso (computador)))</td></tr>
</table>

O efeito de sentido nestes últimos versos do poema é assinalado pela presença de um operador temporal genérico (*enquanto*) que aparece determinando dois outros operadores (*já* e *ainda*). O contraste entre estes dois operadores permite apontar uma divergência temporal: assim, *já- pensa* admite o alcance pleno, mas talvez precipitado da existência, enquanto que *ainda-penso* supõe a continuidade da existência de um determinado ponto até o presente. No primeiro caso, o marcador temporal assegura certeza, no segundo ele abre-se à dúvida: *ainda-penso*, mas não sei se continuarei a fazê-lo.

Texto 3 – "Brasil do B" (Josias de Souza, *FSP*)

> [...]
> Brasil Biafra. Breu. Barbárie boçal. Barraco barrento. Barata. Bacilo. Bactéria. Bebê buchudo, borocoxô. Bolso banido, Boca banguela. Barriga baldia. Barbeiragem. Bastaria bóia, baião-de-dois.
>
> Brasil Bélgica. Brancura. Black-tie. Badalação brega. Boa brisa. Bens. Banquetes. Brindes. Brilho besta. Bonança bifocal. BMW: blindagem. Bolsa balofa: babau, baby.
> [...]

Os parâmetros de discussão não são os mesmos daqueles apresentados para os textos anteriores, até mesmo por estarmos aqui diante de dois padrões diferenciados de narrativa. Nada, entretanto, discrepa neste texto do ponto de vista do alcance de uma experiência estética: aqui há efeitos a serem alcançados por um enriquecimento da informação, a partir de uma recombinação do código. Podemos, portanto, partir de um efeito de sentido global, isto é, a crítica à desigualdade social no Brasil.

Em muitas circunstâncias (editoriais, reportagens, etc.) a imprensa já tratou deste tema, sem que a forma do texto fosse decisiva neste processo. Aqui temos uma narrativa construída sequencialmente por um conjunto de nomes iniciados pela letra "B", a qual pode ser assumida como índice de reorganização de um código que se sobrepõe ao texto e que possibilita a sua expressão temática. Trata-se, pois, dos lugares em B, dos fatos em B por onde se podem apontar as desigualdades.

Numa avaliação mais depurada desses nomes, vemos que eles se agrupam em torno de dois valores que são representados por formas lexicais já assinaladas com um valor determinado para fatos negativos (*barbárie, bactéria, banguela*) ou para fatos positivos (*brilho, bens, banquetes*); a partir da constituição de certas relações (*bebê buchudo, bolso banido, barriga baldia*) ou (*boa brisa, bonança bifocal*); e, sobretudo, pela escolha inicial do autor de *Brasil Biafra* e de *Brasil Bélgica* para funcionar como senhas de acesso à miséria e à riqueza do Brasil. A esses movimentos do leitor sobre o código do texto é que estamos denominando de experiência estética, que é neste caso propiciada pela forma do próprio texto.

Observações finais

Iniciamos esta reflexão com uma indagação genérica de onde situar, de modo mais efetivo, a experiência estética. Até onde uma distinção entre sensação e percepção pode ser conduzida, é possível supor que alternamos entre estes estados no domínio do estético: há fatos que saltam à vista, há outros, porém, com um custo cognitivo maior. Aqui destacamos a percepção por ser ela a dimensão de um fazer consciente que possibilita, na dimensão da análise apontada, o exercício pleno dos códigos fundamentais e de outros níveis possíveis para a sua reconstrução.

Por esse critério, o fulcro da nossa argumentação percorreu certo fazer racional, ou racionalizável, que buscamos justificar em torno de certas categorias, de certos padrões narrativos que estão inseridos na edição dos jornais escritos, não importando que qualificação *a priori* possamos atribuir a eles. É possível que leitores diferentes passem pelos textos discutidos sem uma preocupação fundamental de "vasculhar" a sua forma de organização e detenha-se apenas naquilo que sua superfície oferece de imediato. Nada a estranhar neste fato: os leitores são muito diferentes em qualquer parâmetro que viermos a submetê-lo em avaliação.

Tudo isso parece reforçar o teor que atribuímos à experiência estética como leitores de um jornal: sacrificamos as sensações em nome da percepção, relativizamos o arrebatamento espontâneo em favor de uma elaboração demorada e por fim anulamos a experiência sensível e imediata, dando espaço a um trabalho demorado, racional e consciente. Ler jornal é muito diferente de entrar em um museu: este último movimento pode dar vazão às nossas sensações imediatas, mas dificilmente repetimos certo escoamento das nossas emoções com a mesma intensidade em um jornal. Aqui os lugares estão marcados com intensidades muito diferenciadas para cooptar leitores para uma experiência estética.

Referências

ATHAYDE, F. Sertão. *Pasquim*. Rio de Janeiro, Codecri, 17 abr. 2004.

BARTHES, R. Denotação e conotação. In: *Elementos de semiologia*. São Paulo: Cultrix, 1975. p. 95-98.

BARTHES, R. *O prazer do texto*. Lisboa: Edições 70, 1988.

MARI, Hugo. *Lugares do sentido*. Campinas: Mercado das Letras, 2008.

PAES, J. P. Descartes e o computador. Disponível em: <www.mundovestibular.com.br/articles/1199/1/MELHORES-POEMAS>.

SOUZA, J. Brasil do B. *Folha de S. Paulo*. São Paulo, p. 2., 15 jun. 2000.

De certezas e desvios: a experiência "modelizada" no texto jornalístico

Elton Antunes

I

Ao tratar do tema "o texto como modelo de compreensão da experiência estética", como proposto no simpósio, só poderia fazê-lo de uma maneira duplamente desconfiada. Em primeiro lugar, minhas preocupações recentes de pesquisa têm gravitado em torno do discurso jornalístico, em particular no meio impresso, que é também um lugar de prática com o qual permaneço envolvido. E digo isso porque gostaria de já pôr de lado perspectivas ou olhares voltados para a análise dos fenômenos relacionados ao jornalismo, que lhe atribuem a incapacidade de se referir à experiência; o jornalismo que é tomado como uma espécie de correlato da experiência degradada, como uma modalidade do empirismo que ocultaria certo sentido original da experiência (Romano, 1999). Nesse recorte, tende-se a atribuir ao jornalismo uma incapacidade de se referir à experiência. Desde Benjamin e o ensaio "O narrador" (1987), postula-se com frequência uma incapacidade da notícia em "intercambiar experiências". O pensador alemão acabou por se tornar o fiador de uma espécie de leitura do jornalismo como "cavaleiro do apocalipse" da experiência.[1] A pretensão de atualidade e os valores que a dominam são vistos como avessos a uma experiência rica do mundo. O acontecimento

[1] "Benjamin dizia que o periodismo é o grande dispositivo moderno para a destruição generalizada da experiência. O periodismo destrói a experiência, sobre isso não há dúvida, e o periodismo não é outra coisa que a aliança perversa entre informação e opinião. O periodismo é a fabricação da informação e a fabricação da opinião. E quando a informação e a opinião se sacralizam, quando ocupam todo o espaço do acontecer, então o sujeito individual não é outra coisa que o suporte informado da opinião individual, e o sujeito coletivo, esse que teria de fazer a história segundo os velhos marxistas, não é outra coisa que o suporte informado da opinião pública. Quer dizer, um sujeito fabricado e manipulado pelos aparatos da informação e da opinião, um sujeito incapaz de experiência. E o fato de o periodismo destruir a experiência é algo mais profundo e mais geral do

seria da ordem de uma perturbação efetiva do mundo; a notícia, apenas um traumatismo superficial. Em algumas perspectivas, trata-se mesmo de ver o jornalismo como um correlato da experiência degradada (Romano, 1999). O jornalismo seria uma das modalidades do empirismo que oculta o sentido original da experiência,[2] percebida como "travessia e perigo".[3]

A segunda perna dessa desconfiança reside nas minhas próprias dúvidas acerca da maneira mais adequada, sistemática e consistente de poder contribuir numa discussão sobre as possibilidades de analisar o texto como modelo de compreensão da experiência estética. Afinal, teria, ou terei que partir do jornalismo, do seu texto, na arriscada empreitada de transformá-lo em um recurso para pensar o problema da experiência, em particular da experiência estética. E o jornalismo, nesse campo, boa parte das vezes aparece ou é invocado como uma espécie de contraexemplo. Não sem razão, eu diria.

As pesquisas em comunicação já de algum tempo vêm produzindo variadas críticas e questionamentos aos modelos de análise utilizados para se pensar o texto nos processos midiáticos. Tal discussão costuma aparecer com relativo vigor nas análises que envolvem produtos na chamada mídia eletrônica, televisão e rádio, e hoje fortemente, os produtos relacionados ao universo das novas tecnologias. Reivindica-se com propriedade uma noção de texto ao mesmo tempo ampliada e mais complexa que supostamente a matriz oriunda das ciências da linguagem, interessada sobretudo em regras de codificação, não daria conta.

Para contribuir nas discussões que vem se fazendo nesse encontro, gostaria de inverter o tópico em questão – "o texto como modelo de compreensão da experiência estética" – e indagar acerca da ideia de experiência que aparece "modelizada" em uma forma específica de texto: o texto jornalístico. Aí então, em um segundo momento, a partir dessas considerações iniciais, tentaria

---

que aquilo que derivaria do efeito dos meios de comunicação de massas sobre a conformação de nossas consciências" (BONDÍA, 2002, p. 19).

[2] "Se o sentido *evenemencial* da experiência é o seu sentido originário para a aventura humana, resta compreender porque tem estado constantemente recoberto e obscurecido por esta tradição filosófica que, de Aristóteles aos nossos dias, pode receber a denominação ampla de empirismo" (ROMANO, 1999, p. 255).

[3] Romano grafa "ex-pér-ience" para ressaltar como tais sentidos estão na própria etimologia da palavra: provar, do latim *experiri*, lembrando o radical *periri*, que remete a perigo; o antepositivo per, que remete a travessia. Trata-se, segundo o próprio autor, de um esforço de construir um conceito verdadeiramente fenomenológico da experiência.

indicar como certa dimensão do texto, aquilo que chamarei de a dimensão da temporalidade, pode vir a ser pensada como recurso para renovar tal noção de texto em uma direção que se mostre mais afeita ao entendimento de experiência não reduzida a uma dimensão empirista, mas, como mostram Quéré e Ogien, experiência como aquilo que

> [...] designa uma travessia que modifica aquele que a realiza. Esta travessia é uma prova, e pode ser ocasionada pela confrontação com um texto, uma obra de arte, um acontecimento ou uma situação. Implicando a exploração e explicação dos efeitos de interação que a funda, ela é fonte de descobertas sobre o mundo e sobre si, e revela novas possibilidades de compreensão e de interpretação. Ela é produtora não somente de verdade, seja sob a forma de conhecimento ou compreensão, mas também de individualidade (aquela do acontecimento, da situação, do texto ou da obra implicada) e de identidade (QUÉRÉ; OGIEN *apud* GUIMARÃES, 2006)

II

Gostaria de partir de uma rápida incursão analítica de material publicado em jornais impressos, ou seja, em uma situação específica de comunicação, no nível discursivo do jornalismo impresso, para fazer alguns apontamentos. Antes chamo a atenção para o fato de que não discutirei variados aspectos da questão do texto que poderiam também ser objeto de atenção com vistas a problematizar a relação jornalismo e experiência. Por exemplo, problematizar a ideia de que o texto jornalístico parece se voltar para o extraordinário e que o corriqueiro e banal não pode aí aparecer enquanto tal. Ou ainda reconhecer a complexidade pragmática da circulação material e das condições de produção de um texto, o que nos leva, como diz Adam (1999), à delicada questão da delimitação do início e do fim de um texto, da sua unidade. Seria de fato interessante pensar a relação jornalismo/experiência a partir da perspectiva de que o texto jornalístico é uma espécie de sistema em que cada unidade deve ser investigada em relação de interdependência com outras: o texto é, ao mesmo tempo, uma disposição (sua caracterização como um elemento gráfico na página), uma composição (sua construção através linguagens específicas) e uma justaposição (a combinatória dos diferentes elementos e o estabelecimento de relações entre eles).

Poderia, por fim, enveredar por uma discussão que pensa o texto jornalístico constituindo ambientes que indicam redes de relacionamentos e constituem mundos moldados no qual o leitor desse texto é convidado a se apresentar. Um texto que é tomado como uma espécie de microssistema que, à semelhança da experiência cotidiana com seus arredores físicos e sociais imediatos, permite que o leitor se apresente para compor diferentes situações e intercambiar papéis diversos (Banrhurst; Nerone, 2003). Por agora, pretendo tomar outro caminho.

Mas, então, como poderíamos pensar a maneira como o texto jornalístico, em seu sentido mais geral, se articula à questão da experiência assim pensada? Em uma resposta muito trivial, seria possível pensar que o texto jornalístico visa uma espécie de estrutura composicional da experiência. Nesse texto respondemos a estas perguntas: O que aconteceu? O que deve acontecer na sequência? Por que [isso] aconteceu? Quando e onde [isso] aconteceu? Essa estrutura de composição é expressa fundamentalmente por uma narrativa, por um encadeamento de elementos. Seriam esses elementos aspectos de variadas experiências que existem entranhados, mas que, para efeitos de transmissão, o texto jornalístico distingue, identifica e articula. Mas, ao fazê-lo, esse texto jornalístico alimenta a ideia de experiência como travessia apontada anteriormente?

Relatos jornalísticos em diários impressos se valem de inúmeros recursos narrativos para que eventos difusos e ocorrências dispersas se tornem compreensíveis. Tais histórias são obviamente compostas por começo e fim, pontos principais de articulação, características específicas de desenvolvimento, contextualizações. Como as diferentes modalidades narrativas, o relato jornalístico opera dando forma àquilo que é informe e produzindo representações de um mundo.

Como ilustração, vamos tentar indicar na escrita jornalística dos diários impressos como uma dimensão temporal pode ser mobilizada para compor o relato e representar o acontecimento. De novo relembro meu estado "desconfiado". Se estamos aqui discutindo as dificuldades de abordagem da experiência, incluo na discussão outra noção que também padece de certa indeterminação de fronteiras: a temporalidade. Sei das diferentes abordagens para o estudo do tempo, mas parto do suposto do caráter necessariamente temporal da discursividade social. Em outra ocasião chamei essa análise de "o resultado antes do jogo".[4]

[4] Desenvolvi parte dessa análise no trabalho de doutorado *Videntes imprevidentes: temporalidade e modos de construção do sentido de atualidade em jornais impressos diários*, sob orientação do professor Giovandro Marcus Ferreira, na Universidade Federal da Bahia (ANTUNES, 2007).

III

Observemos as matérias e fotos dos jornais indicados na FIG. 1. Os jornais são do mesmo dia e reportam um mesmo assunto. A *Folha de S. Paulo*, após um versal com a palavra "Vôlei", apresenta uma linha fina informando que "Roberto Minuzzi, 23, tem dilatação da aorta e será operado na sexta-feira" para em seguida apor o título "Aliviado, aposta da seleção anuncia cirurgia cardíaca". O *Estado de Minas*, que se utiliza do mesmo versal da *Folha*, escreve o bigode "Minuzzi, atacante do Minas e da Seleção Brasileira, será operado da aorta ascendente, sexta-feira, em São Paulo. Cirurgia é delicada, mas os médicos apostam na recuperação" para em seguida titular "Esperança de voltar à quadra". Por fim, o jornal *O Globo* cunha o título "Esperança para Minuzzi" seguido pelo bigode "Atacante da seleção de vôlei será operado sexta-feira e deverá voltar a jogar".

Esperança para Minuzzi

Atacante da seleção de vôlei será operado sexta-feira e deverá voltar a jogar

Claudio Nogueira

Roberto Minuzzi, atacante da seleção brasileira de vôlei, poderá voltar a jogar no ano que vem, depois de ser operado para a correção de um aneurisma na aorta (dilatação na maior artéria do corpo humano, que sai do coração, passa pelo tórax, pelo abdômen e desce para as pernas). A análise é do cardiologista João Olyntho, o Zela, da Confederação Brasileira de Vôlei (CBV), que deu entrevista ontem, na sede da entidade. O jogador falou com coragem da cirurgia e da recuperação.

— Todos esperavam me ver cabisbaixo, triste, deprimido. Ou eu via o problema como tragédia, pondo um risco para a minha carreira e para a minha vida, ou como um achado, que salvou minha vida. Se não tivesse feito este exame, talvez o presidente (da CBV, Ary Graça) e o médico estivessem aqui dando outras explicações — declarou ele, que renovou com o Minas em abril.

Alexandre Cassiano

PENSATIVO, O ATACANTE Roberto Minuzzi participa da entrevista coletiva na sede da CBV: previsão de volta às competições

Saiba mais sobre o problema do atleta

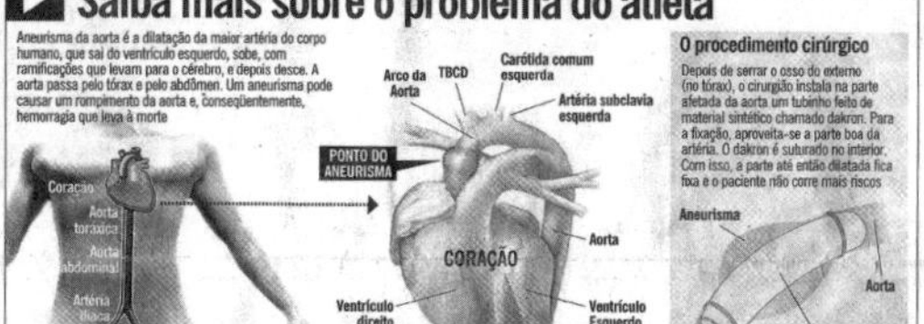

Jogador foi destaque da última Superliga

• O jogador, de 23 anos, está otimista quanto à cirurgia cardíaca:

— Minha primeira preocupação é com minha saúde, e a segunda, o esporte. Aqui, está um atleta de cabeça erguida, que se assustou, mas está enfrentando o problema de frente. Isso salvou a minha vida.

Apontado como possível substituto do ponta Nalbert, que foi para o vôlei de praia, Minuzzi foi o melhor atacante da última Superliga.

— Com uma notícia ruim, a gente se apega à família e ao trabalho. Sabia que a família iria encarar com coragem e que eu poderia contar com a CBV e o Minas. Muita gente me ofereceu médicos e hospitais.

Minuzzi falou com carinho da seleção brasileira. Ele estava em Saquarema quando soube da notícia:

— O carinho entre nós é familiar. É como se tivesse sido com um irmão.

O médico José Olyntho explicou que o problema de Minuzzi foi detectado há dez dias em exames de rotina no CT de Saquarema.

— A dilatação da aorta do atleta está na região ascendente (que sai do coração e sobe, com ramificações para o cérebro). Uma aorta normalmente tem 3 centímetros (diâmetro). A dele está com 4,9. Teria sido pior se fosse em vários pontos, mas a aorta dele é sadia. Não há risco de o problema voltar.

Olyntho acrescentou que o atacante não tinha sintomas:

— Uma angioressonância, no Rio, deu o tamanho e a extensão do aneurisma e detalhou o que tinha sido visto no ecocardiograma.

Em seguida, Olyntho consultou os cirurgiões vasculares Henrique Murad, professor da UFRJ, e em São Paulo, José Pedro da Silva. Ambos recomendaram cirurgia. O atleta preferiu ser operado por José Pedro da Silva, na Beneficência Portuguesa, em São Paulo, sexta-feira. O mesmo cirurgião operou o presidente do Comitê Olímpico Brasileiro (COB), Carlos Arthur Nuzman. Na cirurgia, será colocado próximo ao local do aneurisma uma espécie de pequeno tubo do material sintético chamado dakron, que reforça as paredes da aorta e impede que se rompam.

Na opinião de Olyntho, o problema do atleta deve ter origens genéticas. Segundo Minuzzi, seu pai tem um problema numa válvula cardíaca. Mas para o cardiologista, não há relação entre os casos.

— A recuperação dele será com internação, acompanhamento ambulatorial, depois atividade de baixa intensidade. A primeira fase deve levar até 15 dias, e ele ficará meses fora do esporte, para possivelmente ano que vem retornar jogando forte — disse o médico, acrescentando que não será necessário mais de um ecocardiograma por ano:

— A única seqüela que ele terá é a de uma pequena incisão no tórax. Os cuidados após a cirurgia serão mínimos. Ele não terá de tomar medicamentos. Não será um doente.

Para o cardiologista Fernando Cruz, do Hospital Samaritano, Minuzzi poderá se recuperar e voltar a competir após a cirurgia.

— Por ser jovem, ele tem grandes chances de se recuperar e voltar ao esporte — analisou.

O presidente da CBV, Ary Graça garantiu que a entidade e o Minas darão total apoio ao atleta. ■

Seleção feminina estréia hoje na Itália

• A seleção brasileira feminina de vôlei estréia hoje, às 13h30m (horário de Brasília), contra a Alemanha, no Torneio de Courmayeur, na Itália. A ESPN Brasil transmite. O evento começou ontem com a vitória da Sérvia e Montenegro sobre a Rússia por 3 sets a 0 (25/18, 25/21 e 25/21).

O técnico José Roberto Guimarães, as 14 jogadoras brasileiras e a comissão técnica assistiram ao jogo.

— A Rússia mudou seu estilo em relação à época de Nikolai Karpol (ex-técnico da seleção feminina). A Gamova está jogando como oposto e a equipe está mais rápida, mais ou menos no nosso estilo. A Sérvia também tem um jogo semelhante ao nosso, só que com jogadoras bem altas. A Alemanha veio com a mesma equipe que disputou as Olimpíadas, à exceção da levantadora. Já a Itália tem um time mais jovem — analisou Zé Roberto.

A seleção jogará também o Torneio de Montreux, de 7 a 12 de junho, na Suíça, preparando-se para o Grand Prix, de 24 de junho a 18 de julho, em vários países da Ásia.

A levantadora Carol Albuquerque disse que a equipe está empolgada:

— Assistimos a um vídeo das alemãs, nas Olimpíadas. Temos de imprimir o nosso ritmo. A chance está sendo dada a cada uma de nós. É a camisa do Brasil que estará em quadra. A doação será total — prometeu a jogadora.

ESPORTES

EDITOR: Cláudio Arreguy
EDITOR-ASSISTENTE: Sílvio Scalioni
E-MAIL: esportes.em@uai.com.br
TELEFONE: (31) 3263-5313

VÔLEI

Minuzzi, atacante do Minas e da Seleção Brasileira, será operado da aorta ascendente, sexta-feira, em São Paulo. Cirurgia é delicada, mas os médicos apostam na recuperação

Esperança de voltar à quadra

“Desde que comecei a jogar, em 1998, venho acumulando vitórias. E essa vai ser mais uma”

■ Minuzzi

ALEXANDRE CASSIANO / AG

O ponta Roberto Minuzzi, de 23 anos, bicampeão da Liga Mundial, com a Seleção Brasileira (2002 e 2004), e vice-campeão da Superliga Nacional de 2004/2005, pelo Telemig Celular/Minas, que teve diagnosticada uma dilatação na aorta ascendente, não terá de abandonar a carreira. Foi o que assegurou ontem o cardiologista da Seleção Brasileira, João Olyntho (o Zela), em entrevista coletiva convocada pela Confederação Brasileira de Vôlei (CBV), no Rio de Janeiro.

A anomalia foi detectada sábado, após a análise do resultado do ecocardiograma feito na semana passada, em Saquarema-RJ, onde a Seleção treina para a Liga Mundial. Minuzzi será operado sexta-feira, em São Paulo. Ele manifestou a esperança de voltar a jogar. Mas ficará afastado das quadras por algum tempo. "Serão cerca de dez, 15 dias no hospital. O período de recuperação é difícil de dizer. Vai depender da recuperação dele. Pode ser em um ano, ou menos", informou o médico.

Minuzzi será operado. no Hospital da Beneficiência Portuguesa, pelo cardiologista José Pedro da Silva, responsável pelas cirurgias do presidente do Comitê Olímpico Brasileiro, Carlos Arthur Nuzman, do técnico do Atlético-PR, Antônio Lopes, e pelo transplante bem-sucedido do ator Norton Nascimento. "Há risco em qualquer cirurgia. Mas, no caso do Roberto, é muito baixo. Ele passará por uma fase de reabilitação, mas a idéia é de um retorno pleno. Não posso precisar quando. Depende da resposta dele", explicou João Olyntho, lembrando que, se o problema não fosse diagnosticado, o atleta correria risco de vida.

Segundo o cardiologista da Seleção, o caso é congênito – o pai do jogador também tem a anomalia – e não foi identificado antes porque não existia. "Esse é um problema que se instala sem avisar. Ainda bem que foi detectado no exame. O jogador tem fragilidade nas paredes da artéria, que, com o desenvolvimento e a ação do sangue, começou a ceder. A idéia de que o esporte foi o causador não procede. Normalmente, a aorta tem três centímetros. No caso dele, está com 4,8cm", disse João Olyntho.

Minuzzi se mostrava abatido, mas tranqüilo com o desafio da cirurgia e da recuperação. "Todo mundo poderia achar que encontraria aqui um cara deprimido, triste, cabisbaixo. Mas eu tinha duas maneiras de encarar essa situação: ficaria arrasado, achando que era o fim da linha, ou como um achado que salvou a minha vida. Não fossem os exames, o médico e o presidente poderiam estar aqui, agora, anunciando uma tragédia. Ficarei um tempo afastado, mas com chances de voltar às quadras. Desde que comecei a jogar, em 1998, venho acumulando vitórias. E essa vai ser mais uma", afirmou o jogador, uma das apostas do técnico Bernardinho para a Olimpíada de Pequim'2008, para substituir Nalbert no time titular.

O atleta repetiu o ecocardiograma, ontem de manhã, no Minas, com o médico Carlos Antônio Ferreira, que acompanhou a coletiva no Rio. Ele ainda não definiu se fará a recuperação em Belo Horizonte ou Canoas-RS, onde mora a mulher, Luciane, e a filha Isabela, de 9 meses.

O supervisor de vôlei do Minas, Marcos de Lima Befort, nega que o clube já esteja tentando contratar um substituto para a Superliga de 2005/2006. "Temos esperança de que ele estará treinando com a gente em dezembro."

A OPERAÇÃO

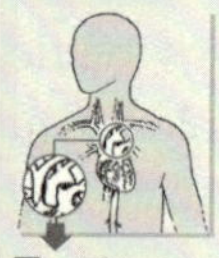

1 A artéria aorta está dilatada na sua curva asecendente, o que já constitui um aneurisma, pois há o risco de rompimento

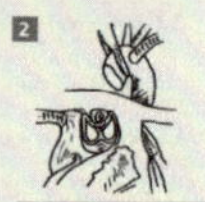

2 Durante a cirurgia, os médicos vão avaliar se houve comprometimeto da válvula aórtica, que pode ser substituída por outra, de prótese.

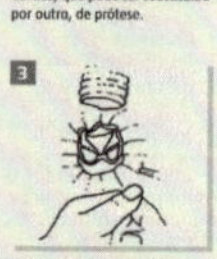

3 O corte é feito próximo à dilatação, para a colocação de um pequeno tubo de prótese

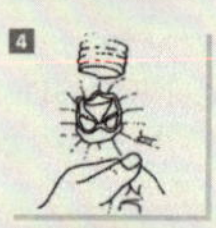

4 O médico vai avaliar se é melhor colocar a o tubo (espécie de bandagem, para fortalecer a parede) por fora ou por dentro da artéria

WASHINGTON ALVES/CBV DIVULGAÇÃO

Renovado, o Brasil aposta em atacantes como a oposto Mari

Brasileiras estréiam na Itália

A Seleção Brasileira feminina estréia hoje na primeira competição internacional após o vexame na Olimpíada de Atenas, ano passado. O primeiro adversário pelo torneio de Courmayeur (Itália) é a Alemanha, às 13h30 (de Brasília), com transmissão pela ESPN Brasil.

O técnico José Roberto Guimarães tem em mãos um time bem diferente do que deixou escapar a vitória sobre a Rússia, pelas semifinais na Grécia, quando vencia o quarto set por 24 a 19, permitiu o empate das rivais e, no tie-break, perdeu e a chance de chegar à inédita final olímpica. Sem equilíbrio emocional, as brasileiras perderam a partida seguinte contra Cuba, na disputa do terceiro lugar, e ficaram de fora do pódio.

Titulares na Grécia, Fernanda Venturini, Virna, Walewska, Érika e Arlene não estão mais no grupo, que manteve apenas a meio-de-rede Valeskinha. Rostos novos – como as levantadoras Carol e Marcelle, as centrais Fabiana e Carol Gattaz, a líbero Fabi e as atacantes Mari, Paula Pequeno, Raquel, Sassá, Jaqueline e Renatinha – são a aposta do Brasil para o novo ciclo olímpico, rumo a Pequim'2008.

Depois do Torneio de Courmayeur, o Brasil participará da Montreux Volley Masters, de 7 a 12 de junho, na Suíça. Essas duas competições sãopreparatórias para o Grand Prix, de 24 de junho a 18 de julho, na Ásia. "Algumas seleções começam esse ciclo olímpico com equipes renovadas, como nós. Outras mantiveram o grupo. Ainda temos muito trabalho pela frente, e a ordem é ter paciência e treinar muito", diz Zé Roberto.

O torneio italiano começou ontem, com a vitória da Rússia sobre a Sérvia e Montenegro por 3 a 0 (25/18, 25/21 e 25/21).

TÊNIS

Semifinal de gala em Paris

Uma final antecipada. Assim é encarada uma das semifinais do Aberto da França, entre o suíço Roger Federer e o espanhol Rafael Nadal. Os dois grandes favoritos ao título venceram seus jogos de ontem e vão definir, sexta-feira, uma vaga na final.

Federer, nº 1 do mundo e em busca do único título de Grand Slam que ainda lhe falta, bateu o romeno Victor Hanescu por 3 a 0 – 6-2, 7-6 (7/3) e 6-3. Aos 23 anos, chega pela primeira vez às semifinais em Paris. Nadal também fez 3 a 0, sobre o espanhol David Ferrer – 7-5, 6-2 e 6-0. Em sua estréia entre os adultos em Roland Garros, já tem grandes de ser campeão.

Nesta temporada, Federer perdeu apenas duas partidas. No Aberto da França, não perdeu nenhum set. Nadal, que fará 19 anos sexta-feira, sofreu seis derrotas este ano – uma para o próprio suíço, na final do Masters Series de Miami – e cedeu um único set no saibro parisiense.

A outra semifinal será conhecida hoje. O vencedor do duelo argentino entre Guillermo Cañas e Mariano Puerta pegará o russo Nikolay Davydenko ou o espanhol Tommy Robredo.

As semifinais femininas já estão definidas. A belga Justine Henin-Hardenne venceu a russa Maria Sharapova por 6-4 e 6 e 2 e enfrentará, amanhã, a compatriota Nadia Petrova, que superou a sérvia Ana Ivanovic por duplo 6-2. A francesa Mary Pierce surpreendeu a cabeça-de-chave nº 1, a norte-americana Lindsay Davenport, por 6-3 e 6-2, e decidirá vaga na final com a russa Elena Likhovtseva, que eliminou a búlgara Sesil Karatantcheva por 2-6, 6-4 e 6-4.

GUGA De folga desde que caiu na estréia em Roland Garros, terça-feira da semana passada, Guga reiniciou ontem as atividades, em Paris. Orientado pelo técnico argentino Hernan Gumy, ele treinará em dois períodos, incluindo preparação física e fisioterapia. Seu próximo compromisso será o confronto com as Antilhas Holandesas, pela Copa Davis, em julho, na catarinense Joinville.

Flávio Saretta estréia hoje, às 8h (de Brasília), no Challenger de Prostejov (República Checa), diante do francês Jerome Haehnel.

JACK GUEZ/AFP

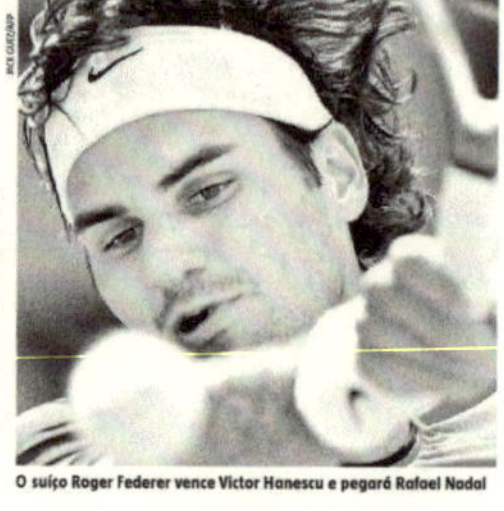

O suíço Roger Federer vence Victor Hanescu e pegará Rafael Nadal

VÔLEI *Roberto Minuzzi, 23, tem dilatação da aorta e será operado na sexta-feira*

Aliviado, aposta da seleção anuncia cirurgia cardíaca

DO ENVIADO AO RIO

"Quem esperava ver um jogador triste e abatido quebrou a cara. Foi uma semana tranqüila."

Foi assim que o jogador Roberto Minuzzi, 23, começou ontem a entrevista em que falou sobre seu grave problema de saúde.

Uma das apostas do técnico Bernardinho, o ponta tem dilatação da aorta —artéria do coração—, herança genética que o obrigará a ser submetido a uma cirurgia depois de amanhã.

Apesar de a enfermidade significar, na previsão mais otimista, pelo menos sete meses de reclusão, o jogador prefere ver seu caso com um olhar otimista.

"Se eu não tivesse feito esse exame, talvez estivessem anunciando hoje uma coisa bem mais desagradável, como a minha morte", declarou o jogador.

"Fiquei feliz porque, com a cirurgia, poderei voltar a ser uma pessoa saudável. Em segundo lugar, fiquei feliz porque há chances reais de eu voltar para a quadra. Serei submetido a uma cirurgia de baixíssimo risco", acrescentou.

A previsão do atacante, melhor de sua posição na Superliga 2004/2005, é baseada na opinião de dois médicos, Henrique Murad e José Pedro da Silva, o mesmo que fará a cirurgia na sexta-feira no Hospital Beneficência Portuguesa, em São Paulo. Ele foi o médico que operou o presidente do Comitê Olímpico Brasileiro, Carlos Arthur Nuzman.

O diagnóstico da dilatação da aorta ocorreu há dez dias, no CT de Saquarema, quando o jogador passou por uma bateria de exames de rotina, efetuados em todas as categorias da seleção brasileira. Uma aorta, geralmente, tem três centímetros de diâmetro. No caso dele, está com 4,8 centímetros.

Para confirmar a anomalia, os médicos resolveram levar o atleta ao Rio, onde foi submetido a uma angiorressonância.

"A periodicidade dos testes será mantida. Não há motivo para aumentar a freqüência. O Minuzzi não foi diagnosticado antes porque não tinha o problema na época que fez os exames. Conseguitho, cardiologista da seleção.

"A possibilidade de ele voltar a jogar vôlei competitivo é clara. Pelos nossos cálculos, isso pode ocorrer em 2006, quiçá antes", declarou ele. Se o caso não fosse tratado agora, o jogador passaria a correr risco de morte.

O diagnóstico do problema cardíaco breca a ascensão de Minuzzi nas vagas deixadas por Nalbert e Giovane, aposentados da quadra.

Ele já havia feito parte do grupo de Bernardinho, mas na única chance que teve de furar a redoma dos "12 titulares", quando Nalbert lesionou o ombro, acabou perdendo a vaga para Murilo, que conquistou a Liga Mundial-04.

Minuzzi não esteve com a sele-

20.mai.2003/Divulgação

Roberto Minuzzi treina no ginásio do Ibirapuera

O PROBLEMA

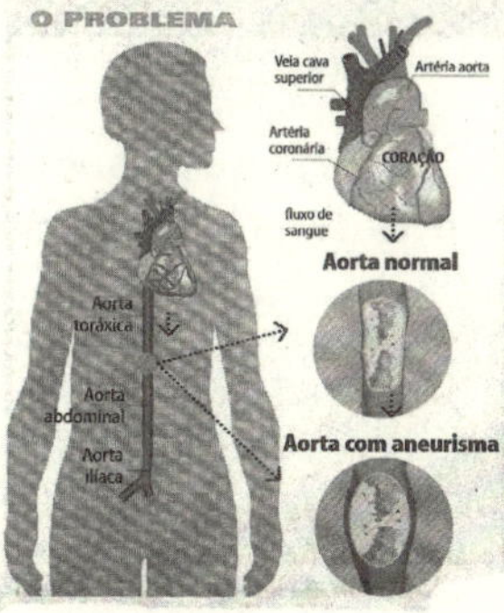

Roberto Minuzzi tem um **aneurisma** (dilatação) da aorta. No caso do atleta, o problema é de origem genética. Ele provoca **dilatações anormais** localizadas e permanentes de uma artéria. Tem origem no enfraquecimento ou defeito estrutural da parede arterial. Pode surgir de uma hora para outra, e a pessoa atingida não apresenta sintomas. Por causa da parede fina da artéria, **pode ocorrer hemorragia**

MEMÓRIA

Brasil acumula casos de morte e cura no esporte

DA REPORTAGEM LOCAL

No último ano, o Brasil passou a associar cada vez mais problemas cardíacos à prática esportiva.

O caso mais grave foi do jogador Serginho, do São Caetano, que morreu em campo em outubro de 2004.

O mesmo clube teve de afastar dos gramados neste ano o atacante Fabrício Carvalho, que também apresentou anomalias no coração. Ele segue parado.

Outros atletas, no entanto, tiveram melhor sorte. A levantadora Danielle Lins assistirá das arquibancadas à estréia do Brasil hoje em torneio amistoso de vôlei. Só não atuará por causa do rodízio na equipe.

No meio de 2004 ela teve arritmia cardíaca. Ficou afastada até o início deste ano e já joga normalmente.

O mesmo ocorreu com a surfista Ana Karina Barbosa, que descobriu problemas cardíacos durante temporada do Havaí. No dia 15 de março, a atleta passou por cirurgia. Poderá voltar a surfar em 15 de julho.

Nos campos, Washington também superou a doença. Após ser submetido a cateterismo e angioplastia, fez 34 gols pelo Atlético-PR no Brasileiro-2004.

Você pode ver de duas formas: achar que é uma tragédia ou um achado que salvou sua vida. Preferi a segunda opção

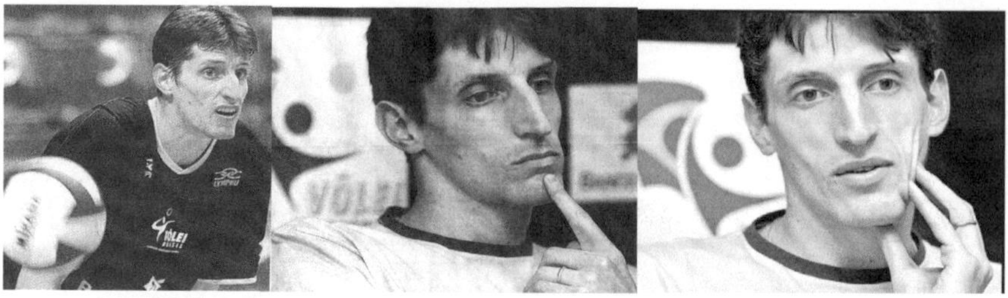

Figura 1: Páginas e fotos publicadas respectivamente pela *Folha de S. Paulo*, *O Globo* e *Estado de Minas* sobre problemas de saúde do jogador Roberto Minuzzi, em 1/6/2005

Esses diários fazem uma construção narrativa em que a maneira como a temporalidade é construída induz determinadas significações daquilo que dizem e determinadas referências daquilo que mostram como a realidade do acontecimento jornalístico. A palavra "esperança", por exemplo, marca os títulos do diário carioca e do diário belo-horizontino: na manifestação de um sentimento expressam não apenas confiança na realização de algo como também a expectativa que tal se realize. Apontam para o futuro. Já a *Folha* volta-se para o fato do próprio anúncio da operação do jogador sem, ao menos de início, chamar a atenção para qualquer ato de espera, qualquer ação vindoura. Interessa o presente. A organização narrativa da matéria, entretanto, aponta algumas particularidades que ajudam a compreender a maneira com a qual cada jornal trata sua economia enunciativa em relação ao problema da temporalidade.

A abertura da matéria de *O Globo* segue a perspectiva do título e coloca em evidência que o atleta tem chances de retornar à prática esportiva no ano seguinte após a operação.

> Roberto Minuzzi, atacante da seleção brasileira de vôlei, poderá voltar a jogar no ano que vem, depois de ser operado para a correção de um aneurisma na aorta (dilatação na maior artéria do corpo humano, que sai do coração, passa pelo tórax, pelo abdômen e desce para as pernas). A análise é do cardiologista João Olyntho, o Zela, da Confederação Brasileira de Vôlei (CBV), que deu entrevista ontem, na sede da entidade. O jogador falou com coragem da cirurgia e da recuperação (O Globo, 1/6/2005).

A sequência do texto relata a entrevista coletiva ocorrida no dia anterior anunciando o problema do atleta e desenvolve uma recapitulação de fatos falando da descoberta do problema cardíaco, do ambiente da equipe brasileira de vôlei, dos procedimentos adotados depois da descoberta do problema, da sua provável origem, do que deverá ocorrer após a cirurgia e das perspectivas de retorno do atleta ao esporte.

A *Folha de S. Paulo*, por sua vez, preferiu focar na própria realização da entrevista coletiva e no estado emocional demonstrado pelo jogador.

> Quem esperava ver um jogador triste e abatido quebrou a cara. Foi uma semana tranquila.
>
> Foi assim que o jogador Roberto Minuzzi, 23, começou ontem a entrevista em que falou sobre seu grave problema de saúde.
>
> Uma das apostas do técnico Bernardinho, o ponta tem dilatação da aorta – artéria do coração –, herança genética que o obrigará a ser submetido a uma cirurgia depois de amanhã.
>
> Apesar de a enfermidade significar, na previsão mais otimista, pelo menos sete meses de reclusão, o jogador prefere ver seu caso com um olhar otimista.
>
> Se eu não tivesse feito esse exame, talvez estivessem anunciando hoje uma coisa bem mais desagradável, como a minha morte, declarou o jogador.
>
> Fiquei feliz porque, com a cirurgia, poderei voltar a ser uma pessoa saudável. Em segundo lugar, fiquei feliz porque há chances reais de eu voltar para a quadra. Serei submetido a uma cirurgia de baixíssimo risco, acrescentou (Folha de S. Paulo, 1/6/2005).

Em seguida a matéria segue apresentando a avaliação do atleta sobre a sua enfermidade e só aí relata a expectativa do jogador em retornar à prática esportiva. O texto prossegue fazendo um histórico de como se realizou o diagnóstico do problema, uma rápida avaliação médica sobre a evolução do quadro de saúde do atleta e conclui realizando uma análise da situação do jogador na seleção brasileira de vôlei. Retorna ao presente relatando que "o diagnóstico do problema cardíaco breca a ascensão de Minuzzi na seleção". Uma sub-retranca relembra casos similares no esporte do País e diz que "no último ano, o Brasil passou a associar cada vez mais problemas cardíacos à prática esportiva". A confusão é evidente: significa que os problemas cardíacos podem ter origem na prática esportiva? Ou que no último ano o número de casos noticiados foi grande? Ou o número de casos – e não necessariamente noticiados – de praticantes de esporte com problemas cardíacos cresceu? "No último ano" é um recorte cronológico que faz apelo a uma memória, a um saber disponível aos agentes implicados no relato, em particular ao leitor, um "conhecimento à mão" que do ponto de vista temporal ordenaria e daria coerência à narrativa. Mas, da maneira como o faz, a conexão significativa que produz desses eventos é o de reduzir a singularidade do evento principal e remetê-lo a uma espécie de museu de acontecimentos do mesmo tipo.

O jornal *Estado de Minas* segue em linha aparentemente similar à de *O Globo*: o foco da matéria estrutura-se em torno da probabilidade de o jogador voltar a atuar segundo avaliação de especialista, mas enfatizando também a expectativa do próprio atleta.

> O ponta Roberto Minuzzi, de 23 anos, bicampeão da Liga Mundial, com a Seleção Brasileira (2002 e 2004), e vice-campeão da Superliga Nacional de 2004/2005, pelo Telemig Celular/Minas, que teve diagnosticada uma dilatação na aorta ascendente, não terá de abandonar a carreira. Foi o que assegurou ontem o cardiologista da Seleção Brasileira, João Olyntho (o Zela), em entrevista coletiva convocada pela Confederação Brasileira de Vôlei (CBV), no Rio de Janeiro.
>
> A anomalia foi detectada sábado, após a análise do resultado do ecocardiograma feito na semana passada, em Saquarema-RJ, onde a Seleção treina para a Liga Mundial. Minuzzi será operado sexta-feira, em São Paulo. Ele manifestou a esperança de voltar a jogar. Mas ficará afastado das quadras por algum tempo. "Serão cerca de dez, 15 dias no hospital. O período de recuperação é difícil de dizer. Vai depender da recuperação dele. Pode ser em um ano, ou menos", informou o médico (Estado de Minas, 1/6/2005).

Em seguida a matéria apresenta detalhes da história, mas sem uma recapitulação como a feita pelos dois outros jornais. Informa primeiro sobre a realização da cirurgia, especula sobre o regresso do atleta às atividades esportivas, fala da origem do problema, narra como o jogador se comportou e o que disse na entrevista realizada no dia anterior, informa sobre seus próximos passos e, por fim, faz conjecturas sobre o que fará a equipe de vôlei na qual atua. O tom da matéria é claramente dirigido para os desdobramentos, pouco se atendo a históricos, evoluções e eventos passados. A notícia se orienta para a predição, para o relato de eventos que ainda não aconteceram. Não há, todavia, incertezas. O futuro anunciado é questão de tempo: tempo para recuperação, tempo para voltar a jogar, tempo para que a nova condição chegue.

Mas a nosso ver é possível ver mais nessa composição da narrativa nos três jornais no que tange ao trabalho da temporalidade. A narrativa ganha novo fôlego quando a fala do jogador é destacada, tanto no texto verbal ou em sua figura representada fotograficamente.

O Globo destacou logo no segundo parágrafo da matéria a seguinte fala do jogador Roberto Minuzzi:

> Todos esperavam me ver cabisbaixo, triste, deprimido. Ou eu via o problema como tragédia, pondo um risco para a minha carreira e para a minha vida, ou como um achado, que salvou minha vida. Se não tivesse feito este exame, talvez o presidente (da CBV, Ary Graça) e o médico estivessem aqui dando outras explicações (O Globo, 1/6/2005).

Na *Folha* também no início da matéria mencionou-se a afirmativa de que "se eu não tivesse feito esse exame, talvez estivessem anunciando hoje uma coisa bem mais desagradável, como a minha morte". O *Estado de Minas* por sua vez só mencionou tal fala do atleta já na parte final do texto.

> Todo mundo poderia achar que encontraria aqui um cara deprimido, triste, cabisbaixo. Mas eu tinha duas maneiras de encarar essa situação: ficaria arrasado, achando que era o fim da linha, ou como um achado que salvou a minha vida. Não fossem os exames, o médico e o presidente poderiam estar aqui, agora, anunciando uma tragédia (Estado de Minas, 1/6/2005).

Para além das diferenças ao reportar o relato do jogador, percebe-se que tal fala indica uma chave interpretativa interessante para se desenvolver na notícia. O próprio atleta intui que a identificação da anomalia é um cruzamento entre algo, ao mesmo tempo, inaugural, retrospectivo e prospectivo, que reorganiza a sua experiência. Alguma coisa que o relato da notícia tal como construído não foi capaz de reapresentar.

Em *O Globo* o título invoca uma "esperança para Minuzzi" de um fato que parece ser exterior à experiência vivida pelo jogador: uma futura cirurgia oferece alento. A foto que acompanha o título, entretanto, não celebra essa sorte. Sua temporalidade é de um presente problemático em que o atleta parece estar diante de uma encruzilhada. A legenda descreve a imagem e diz que o jogador está pensativo, em um gesto que exprime uma dúvida que manifesta outros futuros distintos daquele presentificado pela manchete. Se a foto remete aos tempos da fala de Minuzzi, a manchete os apaga.

No *Estado de Minas* o título manifesta um ponto de vista do atleta, "esperança de voltar", mas, assim como em *O Globo*, relacionado à fotografia que o segue, o enunciado não dá conta de outras possibilidades que certamente afligem o jogador. A *Folha* é a publicação que, nesse caso, faz brigarem discursos que se cruzam na matéria. O foco da matéria aponta para o momento da entrevista do jogador, o título indica um estado emocional do atleta ("aliviado, aposta da seleção"), mas a fotografia é uma imagem de arquivo de Minuzzi em quadra! A temporalidade de um fato extratextual invade a matéria: é o jogador antes da descoberta da anomalia? É o jogador em sua situação atual? É a expectativa do jogador em sua situação futura?

Nessas distintas maneiras de construir a narrativa desse acontecimento, os jornais, com diferentes abordagens, na verdade engendram uma história amparada por uma ordem sequencial, por um sentido que exorciza indeterminações e subtende, como diz Bourdieu (2005, p. 184), uma "vida organizada como uma história transcorre, segundo uma ordem cronológica que é também lógica, desde um começo, uma origem, no duplo sentido de ponto de partida, de início, mas também de princípio, de razão de ser, de causa primeira, até seu término, que é também seu objetivo".

Nesse sistema de referência utilizado pelos jornais não há maior possibilidade de que o acontecimento se manifeste também por sua face de imprevisível, de emergência de um processo que inova e não simplesmente que se mostra. Na fala do jogador de vôlei e em duas de suas imagens de fato insinuam-se sentidos para o discurso do acontecimento que a notícia recalcou: um "dis-curso", uma bifurcação temporal que ultrapassa a linearidade possível para uma história. Na notícia aquilo que é da ordem da retrospectiva e aquilo que é da ordem da antecipação estão fortemente predeterminados, sem chances de, porque são intempestivos, porque alteram a ordem temporal estabelecida.

IV

Os textos jornalísticos visados anteriormente dizem pouco de uma experiência no seu vetor transformativo. Pouco indicam desejo ativo de escutar e dar atenção às possibilidades alternativas que poderiam transformar a maneira como a reportagem constrói e pensa os fatos.

Para isso, seria preciso admitir um texto cuja lógica se constituísse também a partir de certa vulnerabilidade, do reconhecimento de uma falta, e não de uma suposta plenitude de significação. Assim, em alguma medida, esse texto jornalístico, para se abrir como elemento de compreensão da experiência estética, precisaria se problematizar, construir formas de abordagem que dessem conta de aspectos como a complexidade, a indeterminação e a multiplicidade contextual que um texto apresenta.

É um texto que precisaria, ele mesmo, apresentar-se como um sulco da e na experiência, que expandisse e enriquecesse nossas próprias experiências, que implicasse para os interlocutores nessa comunicação jornalística algum grau de exame e investigação a ponto de conseguirem um acúmulo que lhes desse um novo equilíbrio temporário com o ambiente. Ou seja, seria preciso um texto que encarnasse dúvida, hesitação, perplexidade também como objetivos dessa comunicação jornalística, um texto que configurasse uma situação problemática.

Do que se disse até aqui, fica claro que indicamos a problemática da temporalidade como possibilidade de constituir uma chave para compreensão e crítica do discurso jornalístico dos diários impressos. Obviamente, é preciso situar essa possibilidade de pensar a informação jornalística e a temporalidade. Nos estudos em comunicação seria possível identificar várias abordagens e métodos de trabalho em torno da noção de tempo, resultando em um quadro classificatório bastante diverso sobre o panorama das investigações. A questão do tempo aparece, com frequência, muito mais como um princípio normativo do que como uma categoria de análise essencial à compreensão dos fenômenos comunicativos. Tais reflexões costumam estar assentes ou numa compreensão de noções de tempo de caráter eminentemente especulativo, ou numa percepção intuitiva do tempo como dado evidente de uma realidade empírica.

Um olhar mais detido, porém, pode produzir uma tipologia teoricamente mais sofisticada no que tange às questões relativas à temporalidade e aos processos midiáticos, mas que não seria nosso objetivo aqui agora.[5]

Para o exercício feito anteriormente, que tipo de chave teórica permitiria uma articulação entre sentido e tempo de maneira a problematizar o texto jornalístico percebendo aí uma ideia de experiência modelizada? Uma chave conceitual que nos parece interessante é aquela que procura investigar a relação entre estruturas temporais e a constituição do significado na experiência vivida. Muzzetto (2006) oferece uma interpretação útil para pensarmos a problemática do tempo na notícia. Ancorado numa fenomenologia baseada em Schutz (1974), considera que toda experiência vivida é acompanhada de uma retenção (uma memória), uma primeira lembrança. Numa analogia interessante, Schutz (1974) explica que, quando vou de um agora para outro agora, é como a cauda de um cometa.

Cada agora também é acompanhado por uma tensão para o instante seguinte, um prolongamento do momento atual no instante seguinte. Uma lembrança secundária e uma antecipação são distintas desses primeiros processos primários, mas só são possíveis por causa deles. Uma recordação secundária é como fazer do passado uma experiência presente. A antecipação é da mesma natureza: refere-se a uma experiência futura como tendo ocorrido.

É bom lembrar que em Schutz (1974), experiência vivida é experiência passada, algo que já foi estabilizado. O significado não é nada mais que a atitude da mente "experimentando" suas experiências passadas. Entretanto, não significa que somente se possa lidar com o tempo por meio desse "voltar a atenção", esse movimento retrospectivo. Isso sugeriria a leitura de uma aparente contradição entre "viver" e "pensar o viver". Mas a reflexão central de Schutz (1974) é em torno da ação social enquanto construção intersubjetiva

---

[5] Sobre tais tipologias, ver Jaëcklé, 2002.

do mundo social. E essa ação tem uma estrutura temporal. Ação, para Schutz (1974), é uma conduta humana baseada em um projeto, é concebida de antemão, diferentemente do ato, que é resultado desse processo em curso, a ação cumprida (SCHUTZ, 1974). E é por isso que não podemos circunscrever a experiência vivida a uma atenção ao passado da experiência. Toda ação supõe também uma antecipação da conduta futura pela imaginação. Imagina-se não a ação, mas o ato. "Devo visualizar o estado de coisas que provocará minha ação futura antes de poder esboçar os passos específicos de dita ação futura da qual resultará esse estado de coisas" (SCHUTZ, 1974, p. 49). O projeto, então, antecipa o ato futuro, mas só pode fazê-lo por se basear em um conhecimento que está à mão do sujeito no momento mesmo da projeção.

É essa estrutura temporal que vai explicar a relação entre o projeto para a ação e o motivo dessa ação (no sentido weberiano). Entretanto, segundo Schutz (1974), a ordem do motivo é dúbia em nas elaborações de Max Weber, que não diferencia claramente entre os fins da ação e aquilo que induz o agente para um comportamento particular. Schutz (1974) se vale então de uma distinção entre "motivo para" e "motivo porque". Os "motivos para" dizem dos objetivos que se quer alcançar mediante a ação. Do ponto de vista do ator social, é uma classe de motivos que se refere ao futuro. Os "motivos porque" tratam, também do ponto de vista do ator social, das experiências, dos antecedentes que explicam a ação. É por isso que, além da experiência vivida como coisa já passada, o ator social, ao mesmo tempo, no curso da sua ação, se volta para o futuro.

Essa distinção entre "motivos" conectada com aspectos temporais é que provê a ação, lembra Muzzeto (2006), de uma qualidade narrativa, a ação como uma história prospectiva e retrospectiva, dotada de uma situação precedente, o presente no qual ela se dá, e os fins que ela se propõe alcançar. Assim, a partir dessa abordagem, Muzzetto conclui, então, indicando quatro aspectos essenciais para articular tempo e significado: (1) Instante após instante, as experiências permitem que os atores sedimentem um estoque de conhecimento, de maneira não aleatória, mas articulados com um conjunto de relações, inclusive relações temporais. "A própria cronologia da sedimentação tem um caráter constitutivo: as 'mesmas' experiências depositadas em sequências diferentes formam diferentes estoques de conhecimento" (p. 16); (2) a forma mais relevante de agregar esse estoque de conhecimentos é o "sistema de relevâncias", que dirige a consciência de um ponto a outro da experiência vivida interpretando-os de acordo com interesses existentes no momento. Apesar de operar como uma unidade, há "uma distinção analítica entre as relevâncias: temática, interpretativa e motivacional" (p. 16); (3) podemos então ver o significado como

> [...] relação, inata ao ato de voltar a atenção, entre uma experiência vivida e a experiência-vivida inteira do indivíduo, uma experiência configurada dentro do sistema de relevâncias. Deve-se adicionar, e este é um fator chave, que o sistema de relevâncias é uma função da biografia de cada indivíduo, de seu tempo vivido. É então necessariamente único para cada um indivíduo. Além disso, muda com cada momento vivido sucessivo. Em cada instante, o sistema de relevâncias interpreta o evento para o qual volta sua atenção, e essa interpretação modifica o próprio sistema em um processo circular contínuo. Não é somente o significado de cada experiência fundamental única, mas a 'mesma' experiência não tem um significado estabelecido definitivamente. Sempre que eu trago uma experiência à mente, ela toma um sentido diferente, um significado que depende do momento temporal em que a atenção é focalizada outra vez na experiência. Por consequência, significado é radicalmente uma função do tempo (Muzzetto, 2006, p. 16).

O último aspecto essencial para articular tempo e significado é: (4) vivemos então simultaneamente em vários planos "da realidade", transitando entre eles e com cada "campo" se tornando, em níveis diferentes, horizonte do outro. Isso implica/significa que agimos também em várias dimensões de temporalidade distintas e é o mundo da vida cotidiana do *self* que unifica passado, presente e futuro.

Podemos, então, dizer que a interpretação do mundo feita pelos diferentes agentes e tipificada pelo jornalista por meio da notícia se baseia em um "acervo de experiências prévias" que funcionam como um esquema de referências a partir de um "conhecimento à mão". Tais referências nos aparecem como típicas – atinentes a referências similares antecipadas. O jornalista, quando identifica um evento noticiável, mobiliza uma cadeia de percepções, que vão do repertório de sua experiência individual até as molduras produzidas à escala da sua comunidade interpretativa profissional e àquelas molduras predefinidas no âmbito do meio em que trabalha (editorias, linha editorial, linguagem do veículo, etc.). Trata-se de se perguntar que evento é esse, que notícia será essa, para averiguar o grau de conformidade com outros acontecimentos jornalísticos verificando o seu grau de tipicidade e singularidade. A produção da notícia, enquanto prática discursiva, está marcada pelo que Schutz (1974) chama de "situação biograficamente determinada". Então, a notícia, enquanto uma representação sobre estados atuais do mundo, ao se voltar para o presente da experiência social, pode também ser lida com essa combinação de passado, presente e futuro? A ideia de "motivos para" e "motivos como" pode fundamentar uma análise temporal da notícia? O "texto" da notícia pode ser inquirido sobre estoques de conhecimento que fundamentam a narrativa de um fato e atos futuros que ajudaram a "desenhá-la"?

Temos então que a temporalidade no discurso do jornal é transversal ao conjunto das restrições e estratégias. A temporalidade é simultaneamente um elemento intradiscursivo e extradiscursivo. Faz parte da gramática de produção e reconhecimento, das condições de produção e reconhecimento do discurso. Se o nosso foco analítico tem como epicentro a notícia e o modo como ela fala de acontecimentos da atualidade, a temporalidade pode ser pensada na maneira como se estabelecem os vínculos entre um acontecimento e outros acontecimentos de que fala o jornal (Verón, 2004). A temporalidade social faz parte do processo de produção de sentido nos meios de comunicação de massa.[6] "O 'trabalho' desta construção opera em todos os níveis das matérias significantes que constituem o meio de imprensa e consiste em oferecer os princípios que permitem identificar os acontecimentos, situar uns em relação com os outros e explicá-los" (Verón, 2004, p. 92). Essa abordagem, a nosso ver, permite reavaliar um estruturalismo que ainda marcaria as abordagens discursivas do relato jornalístico, enviesadas por uma mentalidade "a-diacrônica" ou mesmo acrônica nas quais o relato é sempre uma sucessão de acontecimentos com uma temporalidade imanente.

V

É preciso distinguir nesse processo de transformação de acontecimentos em acontecimentos midiáticos pelo menos três "partições" temporais: esse tempo da emergência, mais aquele de uma demanda de sentido e inteligibilidade, e o tempo do reconhecimento (Arquembourg, 2003). A notícia não trata, efetivamente, de uma retrospectiva de acontecimentos históricos,

[6] Aqui cabe uma ponderação: a notícia está eivada de uma temporalidade social em que há diferentes concepções de construção das relações na vida social firmadas em representações de passado, presente e futuro. Mas é importante evitar uma espécie de "temporocentrismo" (BASCH, 2000), quando os membros de uma dada sociedade tomam a construção social do tempo que erigem no conjunto das suas relações como "o" tempo realmente existente. O temporal aqui diz de uma dimensão de análise do discurso das notícias. O alerta de Basch (2000) nos parece similar à distinção feita por Eliseo Verón (2004) entre ideologia (ou melhor, as ideologias) como um conjunto reconhecível de ideias e representações e o ideológico, como "dimensão de análise do funcionamento social" (VERÓN, 2004, p. 44).

mas necessariamente orienta sua cotemporalidade entre acontecimento e circulação do acontecimento; não os priva, e sim os orienta por linhas de fuga que figuram representações de passado e futuro.

> A fixação ao presente parece realizar-se em detrimento das outras dimensões temporais. Este presente parece cortado do campo da experiência e do horizonte de expectativa, privado de perspectivas orientadas para o passado como para o futuro. Ele é compreendido como um momento efêmero a partir do qual nada de duradouro pode edificar-se: nem reflexão, nem projeto (Arquembourg, 2003, p. 57).

O que está em causa aí, para Arquembourg (2003), é a própria definição desse presente sem espessura. Há uma compreensão do presente tipicamente como sucessão de momentos, herança do passado e determinação para emergência do futuro. É uma figuração da temporalidade assentada em uma compreensão comum a partir de elementos como sucessividade, linearidade e universalidade. É uma imagem de que "o tempo é algo que flui, que há um agora movente, um presente móvel que vai se deslocando sem cessar, sempre no mesmo ritmo, do passado, do que já foi, para o futuro, o que ainda não é" (Oliveira, 2003, p. 49). É uma compreensão que nos faz pensar que a história tem um sentido, a estabelecer uma ordem dos acontecimentos baseada na relação entre eventos que são causa e eventos que são efeito. Tal imagem, segundo Oliveira, não tem qualquer fundamento empírico para a ciência contemporânea, não corresponde a nenhum atributo objetivo do mundo natural. A sensação de fluxo do tempo é uma ilusão. "Habituada à cronalidade, nossa mente não 'apreende' o tempo, mas projeta-o sobre a realidade física, que ignora por completo o 'momento presente movente' característico da imagem da flecha móvel do agora" (Oliveira, 2003, p. 50). Esse presente sem historicidade é um presente, como diz Arquembourg (2003), de momentos "arrancados ao tempo". Reducionismo ou empobrecimento dos regimes de temporalidade, o fato é que essa compreensão comum é tomada como explicativa para a a-historicidade do acontecimento jornalístico.

Assim, talvez falte imaginar a construção dos acontecimentos jornalísticos, por exemplo, sobre a perspectiva não apenas da cronologia, mas também de outras figuras do tempo, como o *kairós*, que François Hartog (2001, p. 103), ao refletir sobre a fundação da historiografia por Tucídides na época clássica, assim caracteriza: "em momento algum se trata de 'estabelecer' os fatos, investigar a realidade dos acontecimentos, mas sim pensar a respeito e a partir deles, saber, melhor que ninguém, exprimi-los, a fim de fazer o melhor uso deles, em função da conjuntura presente (*kairós*)".

Ou seja, trata-se de pensar a possibilidade de acrescer à relação tempo e acontecimento, para além do pontual, homogêneo, linear e contínuo, outras figuras da temporalidade.[7]

É curioso que uma compreensão comum da notícia aponte para a ideia de que ela compõe um repertório, no âmbito da instância midiática, de contingência e imprevisibilidades, da "velha" história de que se um cachorro morder um homem não é notícia, mas sim o seu inverso. Ora, nessa concepção unidimensional de temporalidade como uma externalidade em relação aos fenômenos, nessa sucessão de instantes, nessa continuidade linear, o discurso da informação jornalística parece apontar para o sentido oposto, procura exorcizar a indeterminação, congelar a significação. Um das operações mais recorrentes no âmbito da produção da notícia que traduz tal movimento é o estabelecimento de uma ordenação dos acontecimentos fortemente baseada em um sentido: de eventos-causa para eventos-efeito. Mas como não ver uma "kairologia" no processo de seleção de acontecimentos, tão caro à produção da notícia? O *kairós* remete ao momento oportuno, "a coincidência brusca e improvisa na qual a decisão colhe a ocasião" (Agamben, 2005, p. 124). Implica, pois, como lembra Márcio Tavares d'Amaral, ocorrência e decisão. "Mantivemos a ocorrência, mas suprimimos a decisão" (d'Amaral, 2003, p. 29). Já é lugar-comum que o jornalismo procede fundamentalmente por escolhas. Que acontecimentos reter? De que maneira mostrar? São decisões acopladas a ocorrências. Mas, nesse sentido, são também o estabelecimento de operações temporais. Da mesma maneira, o acaso, aquilo que podia não ser, não é só da ordem dos "acontecimentos naturais", mas uma potência estruturante da própria notícia, certo princípio de indeterminação quanto à significação, ao sentido daquilo que se relata.

A partir dessa reflexão sumária, obviamente vários aspectos há para ser abordados acerca desse regime de temporalidade que prevalece no texto jornalístico. Mas, já para encerrar, enfatizo aqui esse procedimento que ancora

[7] Márcio Tavares d'Amaral (2003) lembra que os gregos valiam-se do *kairós*, *aiôn*, *khronos*, ethos para tratar de processos distintos. "Para todas essas palavras usamos uma só, "tempo". E dizemos que os gregos tinham várias concepções do tempo: uma como *aiôn*, outra como *kairós*, outra como *khronos*, outra como ethos, e havia ainda a referência aos ancestrais, a um passado gerador. Mas será que faz sentido dizermos que, quando os gregos usam a palavra *aiôn*, estão dizendo "tempo"; e quando usam *kairós* também estão dizendo "tempo"? E quando empregam ethos falam ainda da mesma coisa? E quando utilizam *khronos* permanecem designando "tempo"? Por que eles inventariam tantas palavras se estão dizendo uma coisa só? Nós é que empobrecemos extremamente a compreensão do que é o tempo quando acoplamos a lógica à duração e produzimos uma concepção crono-lógica, que é a única que fomos capazes de empregar de Aristóteles até agora" (D'AMARAL, 2003, p. 26).

a construção do acontecimento jornalístico nessa ideia comum de tempo marcado pela própria maneira como a notícia busca "capturar" e narrar o acontecimento: como acho que está presente nos textos aqui analisados, existe certa obstinação em não apenas coletar informações, pesquisar e descrever a realidade, transformando-a em problema, mas sobretudo de explicá-la.

Socorro-me numa discussão da História para clarear o ponto no que se refere ao acontecimento jornalístico. Gagnebin (1994), ao buscar compreender a relação história e narração em Walter Benjamin (1987), mostra como, ao contrário de pensar uma relação "extensiva do objeto no tempo, colocado como por acidente num desenrolar histórico heterogêneo à sua constituição", o pensador alemão via também a possibilidade de vislumbrar história e temporalidade "concentradas no objeto: relação intensiva do objeto com o tempo, do tempo no objeto" (Gagnebin, 1994, p. 13). Parece-nos que o fato jornalístico adquire, com a visão comum do tempo, de maneira análoga a uma historiografia cientificista, não a dimensão de um objeto "bruto", mas um acontecimento com explicações disponíveis a serem tão somente recuperadas.

Daí, será que não poderíamos transformar em questão para esse jornalismo "amarrado" ao presente a indagação que Gagnebin (1994) formulou ao discutir, entre outras coisas, o que é contar histórias?

> Como descrever esta atividade narradora que salvaria o passado, mas saberia resistir à tentação de preencher suas faltas e de sufocar seus silêncios? Qual seria esta narração salvadora que preservaria, não obstante, a irredutibilidade do passado, que saberia deixá-lo inacabado, assim como, igualmente, saberia respeitar a imprevisibilidade do presente? (Gagnebin, 1994, p. 72).

Marcado pela "obstinação da intenção", o discurso jornalístico pouco tem sabido admitir a "intensidade da atenção". Seria preciso, como diz Gagnebin (1994), buscar outro caminho, talvez o que ela aponta como o método do desvio.

> Uma espécie de atenção ao mesmo tempo intensa e leve. Esta atenção indica uma presença do sujeito ao mundo tal que saiba deter-se, admirado, respeitoso, hesitante, talvez perdido, tal que as coisas possam se dar lentamente a ver e não naufraguem na indiferença do olhar ordinário. [...] A estrutura temporal deste método do desvio deve ser ressaltada: o pensamento pára, volta para trás, vem de novo, espera, hesita, toma fôlego. É o exato contrário de uma consciência segura de si mesma, do seu alvo e do itinerário a seguir (Gagnebin, 1994, p. 99).

Não parece que tem sido esse o movimento característico do discurso de informação da atualidade contemporaneamente. Ao contrário, tomando de empréstimo uma formulação de Walter Ong (1998, p. 155) para a cultura da escrita, podemos dizer que "planejamos cuidadosamente nossos acontecimentos para estarmos seguros de que sejam inteiramente espontâneos".

Desse modo, a experiência que se modeliza e se constitui no texto jornalístico, amparada em uma ideologia da comunicabilidade plena, da forma como concebe a dimensão da temporalidade, tem estado longe de ser percebida como "travessia e perigo". Nessa perspectiva, o relato jornalístico do acontecimento se marca essencialmente por uma abordagem que produz a saliência do padrão, do que se assemelha nos acontecimentos, na não caracterização de unicidade. As conexões que se estabelecem entre os fatos estão no domínio da ordem e das causalidades simples, na identificação de "leis" que dirigem os acontecimentos e tramam contra a possibilidade de manifestação do imprevisto e do diferente.

Mas à aparente constatação de que o discurso da informação jornalística se torna o "algoz" da experiência, talvez devêssemos perguntar como o relato do acontecimento jornalístico pode valer-se também de imprevisibilidade, contingência e não estar necessariamente regido por leis que predeterminam sua significação. Se, como diz Agamben (2005, p. 26) lembrando Montaigne, "a experiência é incompatível com a certeza, e uma experiência que se torna calculável e certa perde imediatamente a sua autoridade", como operaria a introdução de um princípio de "incerteza" na notícia?

Referências

ADAM, Jean-Michel. *Linguistique textuelle: des genres de discours aux textes.* Paris: Nathan, 1999.

AGAMBEN, Giorgio. Tempo e história – crítica do instante e do contínuo. In: AGAMBEN, Giorgio. *Infância e história*. Belo Horizonte: Ed. UFMG, 2005.

ANTUNES, Elton. *Videntes imprevidentes: temporalidade e modos de construção do sentido de atualidade em jornais impressos diários*. 2007. Tese (Doutorado em Jornalismo) – Faculdade de Comunicação, Universidade Federal da Bahia, Salvador, 2007.

ARQUEMBOURG, Jocelyne. *Le temps de événements médiatiques*. Bruxelles: De Boeck, 2003.

BARNHURST, Kevin G.; NERONE, John C. News form and the media environment: A Network of Represented Relationships. *Media, Culture & Society*, v. 25, n. 1, p. 111-124, 2003.

BENJAMIN, Walter. *O narrador: considerações sobre a obra de Nikolai Leskoi.* In: *Obras Escolhidas.* São Paulo: Brasiliense, 1987.

BOURDIEU, P. A ilusão biográfica. In: FERREIRA, M.; AMADO, J. (Eds.). *Usos e abusos da história oral.* Rio de Janeiro: FGV, 2005.

D'AMARAL, Marcio Tavares. Sobre o tempo: considerações intempestivas. In: DOCTORS, Márcio (Org.). *Tempo dos tempos.* Rio de Janeiro: Zahar, 2003. p. 15-32.

GAGNEBIN, Jeanne Marie. *História e narração em Walter Benjamin.* São Paulo: Perspectiva; Campinas: Ed. Unicamp, 1994.

GUIMARÃES, C. O que ainda podemos esperar da experiência estética? In: GUIMARÃES, César; LEAL, Bruno Souza; MENDONÇA, Carlos Camargos (Org.). *Comunicação e experiência estética.* Belo Horizonte: Ed. UFMG, 2006. p. 13-26.

HARTOG, François. *A história de Homero a Santo Agostinho.* Tradução de Jacyntho Lins Brandão. Belo Horizonte: Ed. UFMG, 2001.

JAËCKLÉ. Luc. Le temps comme objet de recherche pour les Sciences del'Information et de la Communication. ACTES du Congrès 2001 de la SFSIC: Emergences et continuité dans les recherches en information et communication. Paris: SFSIC, 2001. p. 241-250. Disponível em: <http://www.sfsic.org/sicnet/publications/actes-01/jaec-01.pdf/>. Acesso em: 1º ago. 2005.

MUZZETTO, Luigi. Time and Meaning in Alfred Schutz. *Time & Society*, v. 15, n. 1, p. 5-31, 2006.

OLIVEIRA, Luiz Alberto. Imagens do tempo. In: DOCTORS, Márcio (Org.). *Tempo dos tempos.* Rio de Janeiro: Zahar, 2003. p. 33-68.

ONG, Walter. *Oralidade e cultura escrita.* Campinas: Papirus, 1998.

ROMANO, Claude. *L'Événement et le temps.* Paris: PUF, 1999.

SCHUTZ, Alfred. *El problema de la realidad social.* Buenos Aires: Amorrortu, 1974.

VERÓN, Eliseo. Prensa gráfica y teoria de los discursos sociales: produccion, recepcion, regulacion. In: VERÓN, Eliseo. *Fragmentos de um tejido.* Barcelona: Gedisa, 2004.

A semiose alegórica em textos verbovisuais

Gonzalo Abril

As observações que vou desenvolver nesta exposição derivam de meu trabalho nos últimos anos em torno de textos visuais que organizei fundamentalmente em dois livros (Abril, 2003; 2007). Desejo refletir com vocês sobre alguns aspectos da alegorese ou da semiose alegórica nessa classe de textos, mesmo sabendo que o fenômeno da alegoria não está sempre bem delimitado, nem parece ter estado ao longo da história. Para ilustrar essa deficiente delimitação, recordarei que, conforme a definição clássica proposta por Goethe (1993) em suas *Máximas e reflexões* e que tanta influência exerceu sobre a estética romântica, a alegoria consiste, nem mais nem menos, numa imagem que remete a um conceito, uma ideia que vem coincidir surpreendentemente com a definição genérica de signo proposta por Saussure (1978, p. 98) no *Curso de linguística geral*: exatamente a relação entre uma imagem ("acústica", pois no *Curso* se trata do signo linguístico) e um conceito. É fácil, talvez demais, inferir que ou bem a definição goethiana de alegoria prefigura uma concepção moderna do signo em geral, ou bem a noção estruturalista do signo faz seu o conteúdo da alegoria clássica e o generaliza como fenômeno semiótico igualmente geral.

Mas essa discussão de caráter histórico não é o que me interessa aqui. O que quero, sobretudo, é me servir da alegoria e das formas de semiose habitualmente consideradas alegóricas como pretextos que me permitam ilustrar quão profundamente se integram os aspectos estéticos, cognitivos e moral-práticos nos textos visuais mais comuns, como aqueles comumente ditos próprios da "cultura de massas".

Alegoria: imagens de conceitos

Mesmo assumindo tradições medievais da práxis da imagem, durante o renascimento e ainda com maior intensidade no século XVII, na era barroca, se desenvolveram as condições (e entre elas, destacadamente, a tecnologia da impressão) de uma cultura visual propícia a um tratamento *analítico* do texto, ou seja, a produzir o texto como um conjunto de peças ou fragmentos funcionais suscetíveis de, numa experiência visual comum, se integrar a um mesmo nível de significatividade estética e cognitiva, mas também aptos para ser descompostos e eventualmente de novo contextualizados.[1]

Para estabelecer uma genealogia das formas textuais visuais da modernidade, é preciso prestar atenção aos hieróglifos, emblemas, *loci* mnemotécnicos, empresas, lemas, caligramas e outros muitos *textos alegóricos* que deram forma à cultura verbovisual do barroco. Todos eles propiciaram uma profunda interpenetração e mútua tradução dos códigos visuais e dos códigos linguísticos e favoreceram a contaminação entre os elementos icônicos e os do discurso escrito. Por exemplo, era frequente que as imagens visuais funcionassem como ideogramas ou unidades de uma escrita hieroglífica, enquanto os enunciados verbais desempenhavam também uma função icônica, caligramática.

O discurso moderno da publicidade e outras formas textuais contemporâneas devem muito a essa cultura verbovisual, por isso recorrem frequentemente aos mesmos procedimentos semióticos do hieróglifo e, em geral, da contaminação dos registros semióticos icônico e simbólico que já eram característicos da iconografia barroca.

Como já antecipamos, Goethe (1993) propôs o antagonismo entre as expressões da semiose alegórica e as do "símbolo poético": enquanto este expressa somente o particular e, assim, se mantém vivo, aberto às fulgurações do concreto e dos sentidos subjetivos, no texto alegórico as representações do particular somente são avaliadas como exemplos do geral ou, em outras palavras, o sentido da imagem serve apenas à expressão circunscrita, fechada e completa de um *conceito*; não é senão uma imagem conceitual cujo significado foi blindado por uma convenção perfeitamente gramaticalizada.[2]

---

[1] Esses fragmentos funcionais receberão a denominação mais precisa de lexias em S/Z, uma obra em que Barthes (1980) se distingue, entre outros méritos, como precursor da teoria do hipertexto (LANDOW, 1995), por haver antecipado essa concepção do texto como um conjunto de "blocos" suscetíveis de se enlaçar e se inter-relacionar.

[2] Goethe afirma que quem capta o momento particular do símbolo "de forma viva, recebe ao mesmo tempo o geral, sem se dar conta ou não o percebendo senão mais tarde" (GOETHE, 1993, parágrafo 279, p. 70-71). Pressupõe-se, pois, que a alegoria não opera "de forma viva". Ao transformar o fenômeno em um conceito e o conceito em uma imagem, ela circunscreve, completa e expressa o conceito de modo permanente (GOETHE, 1993, parágrafo 1.112, p. 233), repetitivo e como que paralisado.

As imagens conceituais, veículos de ideias abstratas, devem talvez uma parte de sua força cultural ao *ars memoriae* que, para apoiar a memória de maneira lógica, se serviu, desde a Antiguidade, da técnica de montagem de imagens, associando-as e organizando-as espacialmente (Wunenburger, 2005, p. 18). Assim, a imagem conceitual se desenvolveu historicamente ao serviço de contribuições mnemotécnicas. Porém, serviu também à reprodução e ao reforço dos sistemas de organização do saber e dos imaginários imperantes, já se tratasse, antigamente, da economia simbólica do poder político barroco, com suas características "paixões frias" (R. De La Flor, 2005), ou de outras mais cálidas e modernas, na economia do desejo mobilizada pelo discurso publicitário.

Em certo anúncio de uma bebida alcoólica, no final do século XX, a imagem da serpente aparece como uma alegoria da tentação ou do perigo tentador, e provavelmente nenhum espectador contemporâneo a apreenderia como um símbolo da regeneração do universo, como poderia ocorrer no contexto da mitologia hindu ou da medicina, como aconteceria em outros contextos culturais.

Em uma das *Empresas políticas* de Diego Saavedra Fajardo (1640), a serpente desempenha também uma função alegórica e, portanto, propõe um significado conceitual igualmente fechado: é a representação de uma prudência política extrema, a de quem não quer dever nada ao outro nem se dedicar a ele ("*nec a quo nec ad quem*") e se mostra recolhido sobre sua própria força e seus próprios interesses, conforme o sistema de valores políticos barrocos que R. de la Flor (2005) analisou.

Quer se trate, pois, da arte do passado, quer se trate do texto verbovisual massivo contemporâneo,

> [...] a alegoria não encontra um sentido pleno senão na proposição que lhe entrega sua chave. Sem a valorizadora equivalência do discurso com sua imagem não decifraríamos, nessa mulher com o seio à mostra no meio de um combate, os traços resplandecentes da liberdade conduzindo o povo às barricadas. Do mesmo modo, as batatas fritas que voam só existem graças à leviandade da *Végetaline* (2003, p. 251).

Assim Lagneau cotejava o sentido alegórico do célebre quadro de Delacroix com o de um anúncio de margarina. Também Barthes (2000) alude ao caráter alegórico da fotografia jornalística quando fala que seus objetos são indutores de associações fixas entre ideias (biblioteca=intelectual, por exemplo, em certas fotos da imprensa) e que, nesse sentido, compõem um autêntico léxico estável, inclusive formalizável numa sintaxe. Porém, uma alegorese semelhante à dos discursos visuais massivos está presente também nas práticas privadas da fotografia familiar. É muito típica a fotografia na qual se adivinha o turista, "ponto minúsculo agitando o braço, diante do Sagrado Coração, e que, como acontece frequentemente, foi feita de longe porque se queria captar o monumento inteiro e o personagem". Exemplo que ratifica, sem mais, que a foto de viagem "se converta numa espécie de ideograma ou de alegoria" (Bourdieu, 2003, p. 76).

É fácil observar que a semiose alegórica foi incorporada às linguagens visuais da vanguarda do início do século XX. Ainda mais: os novos recursos semióticos da fotografia e do cinema permitiram dotar de valor alegórico-conceitual o tempo, o movimento e a velocidade.

Por exemplo, no filme *A linha geral* (1929), de S. Eisenstein, a lentidão dos rituais religiosos dos camponeses adquire uma significação alegórica muito evidente pela contraposição com a rapidez vertiginosa da máquina desnatadeira promovida pelos líderes comunistas: o movimento da máquina pode ser interpretado, simplesmente, como uma alegoria da revolução.

A alegoria contra a narração

Podemos contrapor a semiose alegórica à semiose narrativa e a montagem de segmentos conceituais à duração de episódios acionais. Contamos, para isso, com importantes dicotomias, como a que Bruner (1991) propôs, entre *pensamento categorial* ou *paradigmático* (que muitos estudiosos consideram subordinado ao desenvolvimento da cultura escrita) e *pensamento narrativo*, mais propriamente submetido a condições experienciais e contextuais.

Portanto, em um texto visual como o do anúncio que reproduz a figura, seria possível diferenciar dois "espaços" ou dimensões semióticas: no *espaço narrativo-figurativo* se conta uma história. O leitor do anúncio, realizando numerosas inferências, pode reconstituir com maior ou menor exaustividade os dados de uma "fábula" e as operações de uma "trama". Poderia também parafrasear o conteúdo diegético por meio de um relato verbal, uma *ékfrasis*, do tipo: "são duas moças, uma morena e uma loira, vestidas assim ou assado, que estão se beijando, talvez ao lado de uma discoteca onde se conheceram nessa mesma noite, quando, de repente, um fotógrafo furtivo, fora do campo de visão, está tirando uma foto roubada da cena (mediante um *night shot*)...".

O espaço *alegórico-conceitual*, por sua vez, consta de um conjunto de inscrições escriturais e gráficas; além disso, do ícone de um maço de cigarros ligeiramente amassado. Chamamo-lo de "conceitual" porque há de ser lido como um conjunto de conteúdos e relações conceituais, não de representações narrativas. Por exemplo: "*I chose* + ícone do maço de Lucky Strike" pode ser lido como "ato predicativo de escolha por parte da instância pronominal 'Eu' cujo objeto é, junto a outros prováveis, esse produto/marca".

A linha vermelha da borda do maço, que se prolonga debaixo do enunciado do *slogan*, é também um claro objeto conceitual: icônica, enquanto faz parte da imagem do maço, se transforma em índice metalinguístico em função do sublinhado, porém é, sobretudo, o índice visual da função predicativa que descrevemos no parágrafo precedente.

Essa classe de espaços semióticos, enraizados na tradição do hieróglifo e da alegoria barroca, foram descritos como "espaços mentais que as forças conceituais materializadas nas figuras produzem através de sua relação" (Català Doménech, 1993, p. 200). Trata-se de um âmbito visual que há de ser lido como "marco mental analítico", como uma rede de nexos entre conceitos virtuais.

A alegoria na narração

Mas só à primeira vista. Pois, à medida que avançamos na análise, percebemos que a significação alegórica se aplica também a um momento ou a um segundo momento da narração. A significação conceitual e a narrativa não são paralelas, mas complementares. Chamamos de "charneiras" (metáfora que remete ao ligamento entre as conchas dos moluscos bivalves) aos signos ou elementos textuais através dos quais os dois planos semióticos entram em interseção e estabelecem interações. Por exemplo, no anúncio de *Lucky Strike*, o maço de cigarros representa conceitualmente o produto, a marca e uma função de objeto predicativo, como dissemos; mas, ao mesmo tempo, em relação ao espaço narrativo, descreve vincos paralelos às curvas da moça loira, propondo uma metáfora plástica e se superpõe metonimicamente ao espaço figurativo do bolso (onde supostamente se guarda o cigarro). Sobretudo porque se apresenta enrugado e já aberto, remete a ações e acontecimentos anteriores, ao "se fumou" de um tempo qualificado da sedução.

Segundo exemplo de charneira: o pronome "*I*" se associa ao personagem da moça loira por sua composição oblíqua e paralela ao corpo dessa personagem e, assim, é atraído ao universo do relato, tanto metaforicamente pela posição quanto metonimicamente pela proximidade espacial. Pelo caráter "caligráfico" de sua tipografia, o pronome de primeira pessoa aparece como indicador de expressão ou identidade pessoal (um efeito de "assinatura") e sugere a atribuição dessa função autoafirmativa do eu ao próprio personagem. (E, certamente, o uso do inglês no *slogan* também tem uma função alegórica.)

O espaço alegórico-conceitual pode ser, em suma, incluído como um ingrediente da narração. E isso ocorre sobretudo em função dos três componentes fundamentais da diegese: a representação dos "momentos narrativos" que expressam *acontecimentos* do relato, a dos *personagens* ou sujeitos das ações narrativas e a dos *espaços ou cenários*. Em outras palavras: tanto a seleção dos momentos-eventos quanto a *personificação* e a *espacialização* da ação podem, e até mesmo costumam, adquirir um sentido alegórico.

Deleuze (1984, p. 17) denomina de "instantes privilegiados" ou "poses" aqueles "elementos formais transcendentes" que determinam a natureza de um movimento, em oposição aos "momentos quaisquer" ou "cortes", que expressam simplesmente elementos materiais imanentes. O "instante privilegiado" havia sido denominado "momento mais pregnante" por Lessing (1766), no capítulo XV de seu tratado estético *Laocoonte*, para se referir ao momento mais favorável ou expressivo para representar uma ação. Como bem aponta Aumont (1992, p. 245), a seleção desse instante, na história da arte visual, remeteu sempre a determinadas "codificações retóricas", por exemplo, os cinco estados de ânimo da Virgem durante o episódio da Anunciação.

Pode-se observar em diferentes exemplos a referência diferenciada a algum desses momentos passionais codificados segundo o relato de São Lucas. Em suma, e tal como sugere a categoria de "pose" de Deleuze, trata-se de momentos alegóricos que condensam a significação do acontecimento em relação a certas representações prototípicas ou estereotipadas num contexto cultural determinado. Essa é a razão pela qual os motivos figurativos, na representação de tipo "pose", adquirem uma densidade conceitual particular: na pintura histórica, o punhal, no momento de pairar sobre a vítima, não só designa o acontecimento de uma ameaça específica, mas também pode simbolizar a solenidade ritual e trans-histórica do magnicídio; na ilustração moral do final do século XIX, o instante espasmódico do proletário embriagado simboliza, para o leitor burguês, a ameaça coletiva do vício e das classes populares que o praticam, etc.

Porém, junto à alegorização de acontecimentos, dizíamos, aparece em segundo lugar a dos personagens: um retrato equestre como o do Conde Duque de Olivares, pintado por Velázquez por volta de 1634, não mostra a prática da equitação conforme uma pauta "costumbrista": seria um anacronismo pensar que o retrato representa o protegido de Felipe IV no momento em que desfruta de um passatempo desportivo. A equitação é, antes de tudo, uma alegoria da arte do governo, segundo a analogia que estabelece: dominar um cavalo é como dirigir um estado, o príncipe é como um ginete. Nesse mesmo horizonte simbólico, a postura do equino, "em curveta", não é uma figura estética que pretenda captar deleitantemente o dinamismo do movimento hípico, mas, sobretudo, uma expressão conceitual do controle sobre si mesmo e sobre quanto permanece sob o domínio do príncipe (Sancho, 2000), pois, não por acaso, o protegido pretende competir com a majestade dos próprios reis. Inclusive como posição rampante, codificada pela heráldica, a postura do cavalo poderia vir a conotar essa competição simbólica. Enfim, o campo de batalha que aparece como cenário representa seu grande poder militar e a supremacia imperial da Espanha em relação à Áustria, e não alguma das batalhas reais que o protegido incitou, e em nenhuma das quais esteve presente.

Voltando ao nosso exemplo contemporâneo – o anúncio de cigarros – o conhecimento do cinema americano e de alguns de seus gêneros mais populares (como o *thriller* e/ou o *film noir*) nos permite reconhecer no estilo gestual, no penteado, no olhar e na expressão da boca da moça morena, os indicadores iconográficos da *femme fatale* (Sánchez Leyva, 2005) e o motivo da sedução ao mesmo tempo irresistível e perigosa que esse estereótipo narrativo representa.

Também nesse exemplo se pode perceber finalmente a sobredeterminação alegórica do espaço no relato: a noite, os arredores de uma discoteca, se apresentam indiscutivelmente como âmbitos da sedução e do erotismo.

Enfim, se reunirmos os três componente que mencionamos – o momento temporal, a personificação, a espacialização – e os conceituarmos conjuntamente sob a figura do *cronotopo* com que Bakhtin (1989) se referia à "conexão essencial das relações temporais e espaciais assimiladas artisticamente" e sempre vinculadas a uma determinada "imagem humana", haveremos de admitir que a cronotopia, como matiz narrativa, é em si mesma um enclave de interseção entre componentes acionais e conceituais, entre a diegese e a alegorese.

A alegoria como "polarização simbólica"

O antropólogo Victor Turner (1980), em *Floresta dos símbolos*, explicou o funcionamento dos "símbolos rituais". Seu exemplo paradigmático é o processo de simbolização do *mudyi*, "árvore do leite", na cultura dos Ndembu: devido a seu látex leitoso, essa árvore serve como significante do leite materno. Mas, seguindo um processo de sucessiva associação e "condensação", vai adquirindo significados cada vez mais complexos e abstratos: a amamentação, a relação materno-filial, a matrilinearidade, o conjunto da organização e da continuidade social Ndembu e, finalmente, a própria identidade desse povo centro-africano: o *mudyi*, nas palavras de um nativo, é como a "bandeira" dos Ndembu.

Junto a essa "condensação de muitos significados em uma forma única", Turner fala da "polarização do sentido" que tais símbolos adquirem: num extremo do processo simbólico ritual (o polo sensorial) se acham significados que remetem a fenômenos naturais e fisiológicos ou, mais propriamente, qualidades sensoriais, elementos figurativos e/ou comportamentos dramáticos, estreitamente relacionados com a forma externa do símbolo. No outro extremo (o polo ideológico) se encontram ideias, valores e normas que concernem à organização social e moral. Essas relações semânticas tornam possível também a interconexão analógica dos significados, em termos de translações metafóricas; por exemplo, a nutrição do lactente pode metaforizar a aprendizagem e a aculturação: "o membro da tribo bebe dos seios do costume tribal".

Os usos alegóricos das representações visuais, tanto no passado como na modernidade, podem ser interpretados à luz desses mecanismos simbólicos, adiante do marco de uma retórica da imagem. As formas retóricas da alegoria são, em vez de cópias visuais das figuras literárias, expressões de processos simbólicos básicos que ocorrem em práticas sociais diversas, desde os rituais religiosos até a educação escolar, desde a construção privada de uma identidade pessoal até a construção das imagens das instituições e dos personagens públicos. Indo ainda mais longe, a definição de Turner da polarização/condensação simbólica vem de novo recobrir a própria noção de signo tal como – lembrávamos no início – foi proposta por Saussure. Agora, a que chamávamos "surpreendente" coincidência conceitual entre a alegoria de Goethe e o signo de Saussure pode ser vista à luz de uma teoria antropológica que acharia na linguagem uma expressão, embora certamente a fundamental, da arquitetura do simbólico, dentro da qual os "tropos" e outros mecanismos retóricos são para nós usos derivados ou desviados, mas também a própria trama que a constitui, o que novamente daria razão a Nietzsche, que afirmava: "Não existe de maneira alguma a 'naturalidade' não retórica da linguagem à qual se pudesse apelar: a linguagem ela mesma é o resultado de artes puramente retóricas", a linguagem é retórica, e é doxa muito antes de poder servir a uma episteme (Nietzsche, 2000, p. 9-92).

A alegoria enunciativa

Zizek propôs uma nova modalidade da semiose alegórica: se, na alegoria tradicional ou conceitual, "o conteúdo diegético é alegórico de alguma entidade transcendente" (como ocorria com a serpente que representa a tentação ou com a equitação que remete à arte de governar), no espaço narrativo moderno "o conteúdo diegético é postulado e concebido como a alegoria de seu próprio processo de enunciação" (Zizek, 1994, p. 160). Essa ideia de alegoria reflexiva, reiterada sobre o próprio discurso, supõe simplesmente um potencial crítico-ideológico que o filósofo esloveno julga exemplarmente realizado em algumas sequências do cinema de Hitchcock, que conseguia denunciar, em muitas ocasiões, a "natureza ambígua e dividida do desejo do espectador.

Encontramos um excelente exemplo no filme *Psicose* (1960): Norman, que assassinou Marion e colocou o corpo no porta-malas, examina com aparente indiferença, sem deixar de mastigar, o lento e borbulhante afundamento do carro no pântano, onde quer fazê-lo desaparecer. Quando o carro se detém por uns momentos, Norman olha para os lados e nos faz imaginar, e sobretudo temer, outras possíveis presenças. O desconforto moral da cena decorre do fato de nos identificarmos com um psicopata, não só pelo procedimento formal da "câmera subjetiva" que nos mostra vários planos do lugar virtual de seu olhar, mas sobretudo porque a inquietude ante a presença de uma possível testemunha nos colocou, sutil mas inconfundivelmente, do lado dos interesses do assassino. E parece verdade que os espectadores nos sentimos aliviados quando o carro volta a afundar até desaparecer no lodo escuro. A função crítica da alegoria enunciativa viria justamente do fato de colocar em evidência um mecanismo de identificação no qual, em virtude do próprio processo de enunciação, se denuncia a perversidade do olhar e o inconfessável de nosso desejo. Um mecanismo que, aliás, é habitualmente ocultado.

O mecanismo alegórico-enunciativo descrito por Zizek produziu, antes e depois dos filmes de Hitchcock, excelentes rendimentos dentro de um discurso visual crítico. Terminarei minha exposição com dois exemplos muito famosos da arte do século XX.

A condição humana, de Magritte, oferece a imagem de um quadro superposto a uma janela sobre uma paisagem que, surpreendentemente, coincide exatamente com a representada na pintura. A obra de Magritte pode ser interpretada como alegoria temática ou conceitual: o quadro, na qualidade de ilusionístico, parece denunciar a falácia, o mascaramento, a falta de verdade que acompanha toda representação figurativa (ao estilo do que ocorre no seu conhecido tema "Isto não é um cachimbo"). Mas, na medida em que *A condição humana* alude também ao nosso olhar, situando-o no *locus* enunciativo que torna possível a ilusão de ótica (*trompe l'oeil*), delata o simulacro do ponto de vista e da perspectiva como uma operação de descobrimento/encobrimento (o "mascaramento", que o pintor mencionava) do representado, que pode ser interpretado como alegoria enunciativa de todo olhar.

O outro exemplo notável é a película *Film*, com roteiro de Samuel Beckett, interpretação de Buster Keaton e direção de Alan Schneider (1965). Em seu roteiro, Beckett (2001), que diz querer ilustrar a tese *esse est percipi*, ser é ser percebido, do filósofo irlandês Berkeley, propõe um duplo olhar: o do personagem, O (de "Objeto"), e o de um sujeito enunciativo, E, o olho da câmera que persegue O todo o tempo. Na sequência final, dentro de uma casa, ambos os olhares se diferenciam sutilmente pela "qualidade da imagem", como determina o roteiro; mais exatamente, os objetos apresentados através do olhar de O aparecem desfocados. No fim do filme, E olhará de frente para O (seu rosto não foi mostrado ao espectador até esse momento) e O verá finalmente E, que vem a ser o mesmo personagem, igualmente interpretado por Keaton. Há, pois, uma sutil tematização da problemática do desdobramento, mas sobretudo uma alegoria enunciativa que assinala o olhar subjetivo e suas ambiguidades, o lugar invisível da câmera e sua função enunciativa. E principalmente que propõe questionar a "identificação primária" com o próprio olhar como *locus* abstrato, essa identificação já plenamente ideológica teorizada por Christian Metz (1979).

Diante de textos como o anúncio de cigarros, no qual se promove precisamente uma identificação naturalizada com o voyeurismo masculino e sua admissão não problemática como olhar abstrato, os exemplos que comentamos propõem distintas estratégias críticas: a de denunciar que todo olhar é equívoco (Magritte), que todo olhar é malévolo (Hitchcock), que todo olhar é incerto e até mesmo não predicável, não objetável (Beckett).

Mas, em todo caso, na qualidade de seres semióticos, somos esse olhar, seus poderes e seus limites.

Referências

ABRIL, G. *Análisis crítico de textos visuales. Mirar lo que nos mira.* Madrid: Síntesis, 2007.

ABRIL, G. *Cortar y pegar. La fragmentación visual en los orígenes del texto informativo.* Madrid: Cátedra, 2003.

AUMONT, J. *La imagen*. Barcelona: Paidós, 1992.

BAKHTIN, M. *Teoría y estética de la novela*. Madrid: Taurus, 1989.

BARTHES, R. El mensaje fotográfico. In: *Lo obvio y lo obtuso. Imágenes, gestos, voces.* Barcelona: Paidós, 2000.

BARTHES, R. *S/Z*. Madrid: Siglo XXI, 1980.

BECKETT, S. *Film*. Barcelona: Tusquets, 2001.

BOURDIEU, P. *Un arte medio. Ensayo sobre los usos sociales de la fotografía*. Barcelona: G. Gili, 2003.

BRUNER, J. *Actos de significado. Más allá de la revolución cognitiva.* Madrid: Alianza, 1991.

CATALÀ DOMÉNECH, J. M. *La violación de la mirada. La imagen entre el ojo y el espejo*. Madrid: Fundesco, 1993.

DELEUZE, G. *La imagen-movimiento. Estudios sobre cine 1*. Barcelona: Paidós, 1984.

GOETHE, J. W. von. *Máximas y reflexiones.* Barcelona: Edhasa, 1993.

LANDOW, G. P. *Hipertexto. La convergencia de la teoría crítica contemporánea y la tecnología*. Barcelona: Paidós, 1995.

LAGNEAU, G. Efectismo y engaño. In: BOURDIEU, P. *Un arte medio. Ensayo sobre los usos sociales de la fotografía*. Barcelona: G. Gili, 2003.

LESSING, G. E. *La Poesía y las Artes Plásticas (Laocoonte).* Madrid: La España Editorial, s.d. (1766).

METZ, Ch. *Psicoanálisis y cine. El significante imaginario*. Barcelona: G. Gili. 1979.

NIETZSCHE, F. *Escritos sobre retórica* (Edición y traducción de Luis Enrique de Santiago Guervós). Madrid: Trotta, 2000.

R. DE LA FLOR, F. *Pasiones frías.* Secreto y disimulación en el Barroco hispano. Madrid: Marcial Pons Historia, 2005.

SÁNCHEZ L. M. J. Chooseando, exposición introductoria al *Taller de semiótica discursiva "Leer la cultura de masas"*, Casa Encendida, Madrid, 21 de febrero 2005 (inédito).

SANCHO, J. L. *Guía del Museo del Prado.* Madrid: Aldeasa, 2000.

SAUSSURE, F. *Cours de linguistique générale* (publicado por Ch. Bally y A. Sechehaye, edición crítica de Tullio de Mauro). París: Payot, 1978 (1911).

TURNER, V. *La selva de los símbolos.* Madrid: Siglo XXI, 1980.

WUNENBURGER, J.-J. Racionalidad filosófica y figuras simbólicas. *Escritura e imagen (UCM)* 1, p. 13-24, 2005,.

ZIZEK, S. En su mirada insolente está escrita mi ruina. In: ZIZEK, S. (Comp.). *Todo lo que usted siempre quiso saber sobre Lacan y nunca se atrevió a preguntarle a Hitchcock.* Buenos Aires: Manantial, 1994. p. 155-203.

Experiência e significação

Carlos Camargos Mendonça

O todo sem a parte não é todo,
A parte sem o todo não é parte,
Mas se a parte faz o todo, sendo parte,
Não se diga que é parte sendo todo.

Em todo Sacramento está Deus todo,
E todo assiste inteiro em qualquer parte,
E feito em partes todo em toda parte,
Em qualquer parte sempre fica o todo.

O braço de Jesus não seja parte,
Pois que feito Jesus e partes todo,
Assiste cada parte em sua parte.

Não se sabendo parte deste todo,
Um braço, que lhe acharam, sendo parte,
Nos disse as partes todas deste todo.

A tensão proposta por Gregório de Matos para a oposição parte/todo, no poema "Ao braço do mesmo Menino Jesus quando apareceu", é para nós a ilustração poética da relação metonímica estabelecida entre o leitor e os *media* pelos quais ele se informa. Gregório se serve da destruição, feita por infiéis, da imagem do Menino Jesus, parte da imagem de Nossa Senhora das Maravilhas, pertencente à igreja da Sé, em Salvador, para acentuar a capacidade própria à parte de descrever o todo. A descoberta de fragmentos da imagem do Menino Jesus motivou o poema. Cristo não era a parte, era o todo. Deus está em toda parte, está presente no sacramento, na Eucaristia – comunhão que transforma a parte em todo. Comunga-se com Cristo na hóstia consagrada, não importa se o fiel toma parte ou toda ela. Quando a hóstia entra no corpo, comunga-se no corpo de Cristo. Na comunhão, é devorada uma massa de água e farinha que na ritualização se torna plena de um valor simbólico capaz de levar o seguidor ao Cristo. A hóstia é um *médium* entre o corpo que crê e o corpo da divindade. Iconofagia[1] litúrgica: devora-se uma imagem de Cristo. Um *hóstia-médium*, imaginado pelo simbólico, que faz o comungante ingressar no todo.

A comunhão imagética entre alguns tipos de *media* e seus leitores realça um aspecto em especial da imagem: a condição de representar não uma coisa material ou física apenas, mas um modo de ser, de estar no mundo, um estilo de vida. A diferença nessa comunhão é que a hóstia é devorada pelos olhos, e não pela boca. Na sociedade visual os olhos são os órgãos mais estimulados. O sentido da visão é privilegiado em relação aos demais. As imagens externas produzem imagens internas que servem a construção de esquemas mentais, que participarão da constituição de parâmetros perceptivos do leitor.

Em certa medida, essa comunhão poderá refletir os traços singulares do representado ou mesmo tentar os controlar, através de operações de condicionamento de seus interpretantes. Uma máquina semiótica põe-se a serviço de recortar e ornar as hóstias-*médium*. Elisabeth Walther-Bense (2000) relembra que Peirce conceitualiza três interpretantes significantes: imediato, dinâmico e final. O primeiro interpretante é distinguido pela qualidade de impressão produzida por um signo; é exigido do leitor um conhecimento do signo para agir a partir do signo. Sob o arco traçado pelo conhecimento e a ação, o interpretante imediato será caracterizado como: (a) categórico, produz um efeito imperativo na mente do intérprete; (b) hipotético, o signo oferece uma suposição ao intérprete; (c) relativo, o signo necessita ser correlacionado a outros signos para ser compreendido. O interpretante dinâmico é gerado pelo signo, na potencialidade do signo em estimular ações no intérprete. Nessa perspectiva, Peirce descreveu, para esse interpretante, a triconomia: (a) simpatético, estimula reações emotivas; (b) provocativos, incita ações com recursos apelativos; (c) convencional, produz ações incentivadas pelos acordos e convenções. O interpretante final foi considerado por Peirce como o legítimo, verdadeiro. Esse interpretante produz prazer, ação ou autocontrole (Peirce, 1990; Walther-Bense, 2000).

Ao comentar a proposição feita por Peirce para a relação entre o signo e o seu interpretante dinâmico, afirma Walther-Bense: "A *relação do signo com seu interpretante dinâmico*, que é *mister* distinguirmos do interpretante

[1] Sobre a noção de iconofagia, cf. BAITELLO JR. (2005).

dinâmico propriamente dito, refere-se à maneira pela qual um signo estimula seu intérprete, que pode ser: 1. *sugestiva*, 2. *imperativa*, 3. *indicativa*" (Walther-Bense, 2000, p. 41-42).

Segundo a autora, a publicidade e a moda servem-se prioritariamente do interpretante dinâmico provocativo e dos estímulos sugestivos e imperativos. A busca por efeitos sugestivos de satisfação, sofisticação e bem-estar nos produtos da publicidade é um desafio constante para os publicitários. O efeito sugestivo tem por base da ação a sensação e o sentimento. "Em geral é possível encontrarmos, a propósito, momentos estéticos em lugares em que tal efeito foi intencionado, como, por exemplo, na moda, nas cerimônias do Estado ou da Igreja e, de modo geral, em ocasiões sociais como festas e comemorações, etc." (Walther-Bense, 2000, p. 42). Diferentemente, o estímulo imperativo incide sobre a vontade do intérprete. A publicidade utiliza o estímulo imperativo para incitar o desejo de compra, para influenciar a ação do intérprete.

> Para que uma publicidade impila a comprar, utilizam-se de preferência formulações imperativas que se acham contidas, por exemplo, de maneira implícita em frases como: "O chapéu está de volta", ou "A pátria precisa de você", e não se limita a imperativos como: "Seja todo olhos!" ou "Valorize o seu tipo!" ou, mais recentemente, "Faça-o ao menos por você!" (Walther-Bense, 2000, p. 42).

De acordo com Ugo Volli (2003), a função inicial do texto publicitário é a função sígnica, ou seja, direcionar o significante ao significado. A condução ao significado remete o significante para "outra coisa" que não apenas aquelas reveladas pela presença física do objeto. No discurso persuasivo da publicidade, o resultado dessa operação é um signo conotado. Nesse processo, o significante e o significado de determinado objeto sobre o qual se quer comunicar, tomado como signo denotativo, são condensados em significante para um novo signo que será conduzido a outro significado, gerando um signo conotado. Essa conotação pode servir mais para sugerir significados do que apontá-los diretamente. A valorização indireta da comunicação por meio dessa estratégia exige uma articulação das cadeias de signos conotativos presentes no texto verbovisual da publicidade. Estas cadeias são dotadas de uma relativa mobilidade entre si, seus movimentos indicam sempre para a valorização do produto, marca ou estilo de vida. Sobre o signo publicitário Volli (2003, p. 88) observa:

> Neles não há um único elemento que sirva de correlativo objectivo do produto ou da marca, mas toda uma rede de referências, que geralmente são redes de cadeias isotópicas (caracterizadas pelo insistente regresso de elementos que levam o mesmo significado). Deste modo, é também usual

que o signo conotativo do produto não tenha em comum com ele apenas o significado atribuído, mas também elementos extraídos do plano da expressão que se baseiam numa estratégia *metonímica* da contiguidade ou da parte para o todo: uma mulher que representa a feminilidade de um perfume poderá usar um vestido drapejado a fazer lembrar a forma do frasco de tal produto ou apresentar-se com flores semelhantes às que figuram na etiqueta, e como estes tantos outros exemplos.

Para além das propagandas, podemos observar essas estratégias comunicativas que servem dos signos conotativos nos editoriais de moda e estilo publicados em revistas especializadas. O editorial de moda pode ser compreendido como uma ação de publicidade[2] das marcas nas revistas. A seleção das roupas e o modo como serão utilizadas no ensaio fotográfico seguem os princípios de valor da marca combinados ao estilo de vida do consumidor daquele veículo. O editorial preocupa-se com a encenação de um ato possível na vida do leitor, e não apenas com a descrição das tendências da temporada. Ao seguirmos a lógica de funcionamento do signo publicitário proposta por Volli (2003, p. 89), poderemos observar da seguinte maneira a organização sígnica no editorial de moda:

<table>
<tr><td>3. Signo publicitário</td><td colspan="3">Significante 3 (signo conotativo)</td><td>Significado 3 (a marca, a revista e o estilo de vida do leitor)</td></tr>
<tr><td>2. Signo conotativo</td><td colspan="2">Significante 2 (signo denotativo)</td><td>Significado 2 (os gestos dos corpos ao usarem as roupas)</td><td></td></tr>
<tr><td>1. Signo denotativo</td><td>Significante 1 (As roupas e seus textos-legenda)</td><td>Significado 1(O corpo vestido)</td><td></td><td></td></tr>
</table>

[2] Esmeralda Rizzo diferencia da seguinte maneira a propaganda e a publicidade: "Propaganda, caracterizada por: informar e persuadir; ser paga; ter a presença ostensiva do patrocinador; haver um controle do anunciante sobre a mensagem; o anunciante ser o emissor da mensagem; a mensagem ter menor credibilidade. Publicidade caracterizada por: informar; ser gratuita; não haver, explicitamente, o patrocinador; o produtor da matéria não tem controle sobre ela; o próprio veículo é o emissor; há maior credibilidade sobre a matéria" (RIZZO, 2003, p. 64-65).

Tomamos os editoriais por textos verbovisuais. Entendemos o texto verbovisual como um somatório de textos verbais e visuais capaz de articular significações vindas de lugares e situações distintas, de inter-relacionar textualidades que estão para além das entidades linguísticas, de promover afetos, bem como estimular experiências estéticas. O texto verbovisual busca colocar em nível de igualdade no exercício da comunicação o campo da significação e dos afetos, em outros termos, uma semântica intencional coligada a dimensões não discursivas do texto. Para observá-los aliamos a noção de discurso de Michel Foucault (2005) à proposição semiótica de Iuri Lotman (1975) para a manifestação do discurso. Lotman (1975) acredita que o discurso se tornará visível via manifestação de sua estrutura textual. Nesse sentido, o discurso se dá a ver por representações diversas. Entendemos os textos como uma circunstância de comunicação que envolve uma intencionalidade e uma reciprocidade entre o enunciador, o coenunciador e o enunciatário. O texto carrega em si os termos do pacto simbólico proposto pelo enunciador ao enunciatário.

Para o semioticista tcheco Ivan Bystrina (1995), os textos devem ser percebidos como complexos significativos, pertencentes às variadas linguagens e aos variados sistemas de signos, estando sob o julgo de um universo de códigos reguladores (os contratos). Os textos, resultantes de uma vinculação de complexos de signos que adquirem sentido a partir de um contexto, possuem uma função socializadora, coletivizante, informativa, ética, estética, emotiva e expressiva. O texto em sua função social estabelece obrigatoriamente uma função cultural, que não pode ser limitada ao texto suportado na palavra.

Assim como para Bystrina (1995), para Lotman *et al.* (1975), o texto está conectado diretamente com a cultura e só poderá ser compreendido a partir das relações existentes entre a cultura e os produtores de signos nela situados. As experiências, as vivências coletivas, as crenças, os mitos, os fatos comuns e os particulares estão entrelaçados na cultura e, por conseguinte, nos textos. De acordo com Lotman (1975), os textos precisam ser compreendidos para além da mera ação de transcrição. O texto cultural é um sistema de numerosas conexões e relações formadas no contínuo conector da língua e com as múltiplas linguagens que a atravessam. Sob essa angulação, analisamos como os editoriais de moda e estilo publicados nas revistas brasileiras DOM e Júnior, entre os anos 2007 e 2008, textualizam o estilo de vida de determinado grupo homossexual. Lançadas no final do ano de 2007, as revistas comunicam especialmente para um público gay.[3]

[3] Usamos o termo "gay" para caracterizar o homossexual masculino.

Tomamos as revistas como textos que conferem sustentação a um discurso caracterizador de uma prática gay. Os corpos figurados nos editoriais e na maioria das propagandas veiculadas nas revistas são por nós lidos como formas textuais, como estruturas significativas de um discurso.

O corpo masculino ocupa um lugar central nas publicações: roupas, acessórios, objetos de luxo, comportamento, produtos de beleza e técnicas de embelezamento, temas ligados a saúde, revezam-se entre a pauta jornalística, os editoriais de moda e estilo e a carta de anunciantes. Na maior parte dos gêneros do veículo, as imagens referentes ao corpo do homem guardam uma grande aproximação entre si. O padrão repetido das imagens cria uma textualidade que inscreve um modo de ser para o corpo.

Nos veículos que observamos, os corpos apresentados nos textos das propagandas e dos editoriais de moda estão condicionados por experiências geradas no seio do controle. Um corpo impelido a comunicar por partes: o abdome sem gordura e definido, o rosto sem as marcas do envelhecimento, o braço ou as pernas sem flacidez. A comunicação mediática nesse processo tem a função instrumental de repartir os corpos, evitar sua unidade, reduzir as formas de contato. O corpo nas campanhas publicitárias de beleza é seccionado por produto. Uma anatomia feita de fatias de mercado. O controle da experiência pelas táticas do biopoder funciona por cortes, por separação. As terminologias dos anúncios adquirem um valor de máquinas de guerra: vencer as gorduras, eliminar as rugas, a batalha contra o envelhecimento. O tempo do discurso da propaganda e da moda é o presente. Se a experiência necessita de um contínuo para ser compreendida e valorada, parar o tempo biológico é fraturar a experiência.

Porém, o exercício de controle efetuado a partir dos meios de comunicação enfrenta a resistência da experiência da vida ordinária. Os movimentos do cotidiano – como o banal, o hedonismo e o orgiástico, as pulsões gregárias que se sustentam na frivolidade e na aparência, a estetização da vida comum – permitem a criação de linhas de fugas frente às estratégias de modelização e docilização. Essas linhas de fuga funcionam à maneira de um despertar dos corpos. Elas injetam princípios criativos que garantem vidas singulares, e não sobrevidas idênticas, empobrecidas em relação aos quadros da experiência e submetidas às estratégias do controle.

Para que haja o todo, é necessária a concordância entre as partes. As narrativas que vemos nos *media* têm em nós a outra parte do sentido. Nossa parcela de sentido atribui um valor à mensagem e a articula à rede simbólica tramada em nossas experiências cotidianas. A articulação dos termos do valor decorre da importante aproximação entre a mimese – aqui compreendida como tipos particulares de relações humanas transformadas historicamente, e a experiência cotidiana. Aprendizado de comportamentos e gestos miméticos vivifica-se mutuamente. O corpo desempenha o papel central nesse processo, pois é sobre ele que se operam os princípios de criação e recriação de mundos. As definições desses mundos são dadas pelos atos dos homens, calçadas em referências preexistentes e com possibilidades criativas frente às novas oportunidades ou as tensões. A cognição compartilha o espaço com o sensível para a produção desse conhecimento.

O estabelecimento da relação mediática entre a revista e o leitor coloca em jogo não apenas os elementos de um mapa cognitivo. O compartilhamento de sentidos para essa dupla se efetiva em uma troca simbólica responsável pelo intercâmbio de mensagens inteligíveis e contextualizadas. A enunciação do meio, sua objetivação externa, é por nós interpretada através das categorias forjadas em nosso contexto social. A experiência relacional define os rumos da ação dos indivíduos.

Essas categorias de compreensão são da ordem da experiência. As experiências estimulam as mudanças nos fluxos da vida. O ato é transformado em experiência, e o sujeito que experimenta é capaz de gerar outra ação. Essa transformação ocorre sob as determinações tanto da cognição quanto da sensação. A atividade do sentir é uma atividade corporal. A experiência devolve ao corpo seu papel na geração do conhecimento. A apreensão do mundo e do conhecimento passa pela materialidade do corpo individual e pela corporalidade do coletivo. O corpo tem no pensamento uma versão inteligente da experiência. O pensamento, assim como alguém que prepara pacientemente um bom prato, separa de cada experiência o seu sabor, o seu saber.

Reconhecemos o vivido. A experiência colateral do leitor com signos semelhantes aos veiculados na revista diminui o estranhamento do discurso enunciado e beneficia a semiose. Esta vivência é materializada por um conjunto de símbolos resultante de uma efetiva troca de mensagens que deixa claros os traços que definem os lugares de pertencimento dos interlocutores – a experiência tomada como fronteira. A predisposição do enunciatário para receber a mensagem do enunciador será garantida pela dedutiva cumplicidade da experiência. Como um texto verbovisual, as revistas não possuem em si uma totalidade interpretativa. Nessa condição, guardam uma dimensão hipertextual e intertextual. Na primeira dimensão está contemplada a diversidade de regimes discursivos que atuam na sua composição: regimes oriundos da literatura – artigos produzidos por escritores colaboradores; das artes – as ilustrações e fotografias; do jornalismo; da publicidade e da propaganda.

Ao tomarmos o texto como unidade mínima da cultural – tal como propõe a semiótica da cultura, conferimos outros contornos à dimensão intertextual. Sob essa perspectiva, a dimensão intertextual possui componentes que funcionam entre si e com numerosas relações de interdependência ou de subordinação a aspectos socioculturais. Ou seja, a rede simbólica intertextual é de uma significação complexa, pois promove a conversação entre textos culturais.

Por mais que o veículo seja conformado e finalizado pelos processos editoriais, há sempre uma pausa, uma vacância no sintagma que será preenchida pelo leitor, fato típico ao ato comunicacional. A sequência de imagens propiciada pelo texto verbovisual será interpretada, reordenada, transformada na mente do leitor. Ao entrar em circulação, os textos verbovisuais são fragmentados pelo leitor, que recorta a revista de acordo com seus interesses. Os recortes operados por ele são transformados em outra imagem, que é resultado das experiências do leitor com o veículo e com o mundo.

Os princípios transformadores existentes na consciência do leitor derivam da experiência que ele tem com a vida e das possibilidades de novas experiências oriundas do contato com os *media*. Mas, quando nascemos, recebemos um conjunto de experiências que são anteriores ao nosso ingresso na vida. Tais experiências foram chamadas pelo filósofo John Dewey (1980) de experiências primárias. Os elementos da experiência primária nos tomam de assalto e nos fazem crer em sua existência sem grandes questionamentos. Isso também nos leva a acreditar sem questionamentos em muitos dos comportamentos sociais, morais, políticos, religiosos. Para Dewey (1980), o exame do duplo laço que amarra o que experienciamos e como o experienciamos nos revela que cremos e antecipamos aquilo que socialmente nos é imposto a crer. Essa imposição estrutura-se sobre as regras da convivência em comum, a educação, as leis, as tradições, as organizações e determinações sociais. As autoridades modelam coisas e nos fazem acreditar nelas. O filósofo afirma que o valor atribuído aos objetos é consequência da interconexão social e dos costumes, condicionadores efetivos de nossa experiência sobre eles.

De acordo com Dewey (1980), sempre tendemos mais ao objeto experienciado do que ao ato de experimentar. Essa afirmação projeta o experienciado como algo dotado de uma totalidade absorvente. A totalidade produz em nós a impressão de que a coisa, o fenômeno ou o comportamento sempre esteve ali, como se fosse da ordem da natureza. Se, por um lado, o reconhecimento de alguns fenômenos como típicos às ações humanas possibilitou a efetivação de medidas de controle, por outro, estabeleceu mecanismos de resistência capazes de alterar aquilo que falsamente foi atribuído como da ordem da natureza; portanto, imutável (Dewey, 1980, p. 12-13).

A experiência contém a vida e a história dos homens; é o modo como vivemos, suportamos a vida, conhecemos, nos organizamos, produzimos cultura. A experiência determina o que comemos, o que não gostamos, os nossos desejos e medos. Para Dewey (1980), ela unifica sujeito e objeto, coisa e pensamento. Dewey ressaltou as qualidades ulteriores existentes no material da experiência ordinária. Para observamos a existência dos indivíduos, o filósofo aponta a urgência em considerar os diversos fenômenos da vida social, da estética, do místico, entre outros.

> Raramente se afirma que a experiência estética e moral revela características das coisas reais tão verdadeiramente quanto o faz a experiência intelectual, e que a poesia pode ter, tanto quanto a ciência, importância metafísica; e quando tal afirmação é feita, provavelmente tem alguma significação mística ou esotérica, em vez de tomada em honesto sentido comum.
>
> [...] Os fenômenos da vida social são tão relevantes para o problema da relação entre o individual e o universal quanto os da lógica; a existência, na organização política, de fronteiras e barreiras, da centralização, do intercâmbio através de fronteiras, de expansão e de absorção, tornar-se-á exatamente tão importante para as teorias metafísicas do discreto e contínuo quanto o que decorre da análise química. A existência da ignorância tanto quanto da sabedoria, do erro e até da insanidade, tanto quanto da verdade, será tomada em consideração (Dewey, 1980, p. 16-17).

A descrição da experiência de um grupo gay não é literatura de fatos. Na relação revista e leitor, ela representa a abertura de possibilidades para experiências de outro tipo. O receptor da revista, no seu ato de leitura, atribui significados ao texto e o reconstrói. A recepção da revista contempla o cognitivo e o emocional. O leitor pode transformar o texto verbovisual em modelos de ação: momento catártico da experiência estética. Regina Zilberman (1989) nos relembra que as normas sociais "podem se encontrar no texto não como uma informação a ser decodificada, e sim como um padrão de interação, isto é, na situação de regras que envolvem o leitor e dizem o que lhe compete fazer" (Zilberman, 1989, p. 51).

A experiência do leitor com os editoriais de moda publicados nas revistas DOM e Junior está inscrita sobre o que Volli (2003) chamou de *circuito sedutor*. Esse circuito está carregado de uma comunicação capaz de mobilizar os sentimentos do enunciatário. Todavia o gênero não opera sentido isoladamente no veículo: ele possui uma interdependência com os outros gêneros contidos na revista. O conjunto de gêneros próprios a esses meios de comunicação promove uma estetização de parte da experiência de seus leitores. Estratégias discursivas sustentadas nessas revistas podem reordenar camadas de sentido dentro da cultura em um manejo fundamental a uma produção subjetiva resistente à dominação. O momento catártico da experiência estética pode liberar o leitor das figuras-padrão geradas com a função de orientar as subjetividades em crises.

Referências

BAITELLO JÚNIOR, Norval. *A era da iconofagia*. São Paulo: Hacker, 2005.

BYSTRINA, Ivan. *Tópicos de semiótica da cultura*. São Paulo: Cisc, 1995.

DEWEY, J. *El arte como experiência*. México/Buenos Aires: Fondo de Cultura Económica, 1949.

DEWEY, J. *Experiência e natureza*; *Lógica: a teoria da investigação*; *A arte como experiência*; *Vida e educação*; *Teoria da moral*. São Paulo: Abril Cultural, 1980.

FOUCAULT, M. *A ordem do discurso*. São Paulo: Loyola. 2005.

LOTMAN, J. M. *et. al.* Theses on the semiotic study of culture (as applied to slavic texts). In: SEBEOK, Thomas A. *The tell-tale sign, a survey of semiotics*. Bloomington: The Peter Ridder Press, 1975.

WALTHER-BENSE, Elisabeth. *A teoria geral dos signos*. São Paulo: Perspectiva, 2000.

VOLLI, Ugo. *Semiótica da publicidade*. Lisboa: Edições 70, 2003.

ZILBERMAN, Regina. *Estética da recepção e história da literatura*. São Paulo: Ática, 1989.

Cristo revisitado:
experiência estética e fotojornalismo

Paulo Bernardo Vaz

Duas articulações norteadoras da primeira edição deste Simpósio[1] destacaram as reflexões sobre a natureza da experiência promovida pelos objetos de comunicação no cotidiano das pessoas e as indagações sobre as características estéticas desses produtos comunicativos. Concluiu-se que a experiência estética não se circunscreve exclusivamente à fruição dos objetos artísticos; ela é inseparável de outros domínios da experiência no cotidiano dos leitores, espectadores, telespectadores, ouvintes e usuários de internet.

Neste trabalho buscamos identificar um tipo de experiência estética vivenciada por leitores que abrem jornais e por eles passam os olhos com maior ou menor desenvoltura, atentos para os textos e/ou imagens impressos nas páginas que têm às mãos. Nossa reflexão sobre mídia e experiência estética volta-se para uma experiência singular desses leitores: a fruição de fotografias jornalísticas. No fotojornalismo procuramos focar um tipo de produção fotográfica que contém "algo mais" em si mesma, algo capaz de mobilizar o leitor. Neste segundo Simpósio, trouxemos um exemplo singular para provocar discussões: o de uma fotografia que, além de mobilizar o olhar do leitor, aciona o seu imaginário, proporcionando-lhe uma experiência estética notável.

Tais reflexões resultam de pesquisas realizadas junto ao Grupo de Pesquisas Imagem e Sociabilidade (GRIS),[2] onde temos investigado imagens na mídia impressa. Nossas premissas básicas são as de que as representações

---

[1] I Simpósio Internacional de Comunicação e Experiência Estética, realizado na UFMG, em 2004.

[2] Núcleo composto por vários subgrupos que contam com o apoio do CNPq e da FAPEMIG. O autor integra o Grupo de Pesquisa da Cultura do Impresso (GRISPRESS).

visuais são tanto mais importantes para os consumidores de mídia impressa quanto menor for sua habilidade na leitura de textos. Ressaltamos a importância da leitura de imagens no Brasil, observando dados apresentados pelo Indicador de Analfabetismo Funcional (INAF), em pesquisa realizada pela Ação Educativa junto ao Instituto Paulo Montenegro e Ação Educativa, que permitiu a identificação de quatro níveis de habilidades de leitura e escrita no período compreendido entre 2001 e 2005.[3] Considerados como plenamente alfabetizados situam-se apenas 26% da população brasileira; os alfabetizados em nível básico e rudimentar somam 66% dos brasileiros; totalmente analfabetos, 8%. As habilidades do "alfabeto rudimentar" permitem localizar informações explícitas em textos curtos, por exemplo, um anúncio ou uma pequena carta; as do "alfabetizado básico" permitem localizar informações em textos um pouco mais extensos, podendo realizar pequenas inferências. Supomos, então, que para 74% da população brasileira – somados os analfabetos, **que** podem folhear jornais e revistas, aos alfabetizados rudimentares e básicos – as representações visuais em livros, jornais e revistas ganham em visibilidade, em detrimento dos textos que as acompanham. Ganham em visibilidade e possibilidades de leitura, posto que imagens vistas podem ser lidas, interpretadas por todo e qualquer leitor, em qualquer nível.

Na pesquisa *Brasil Brasileiro, uma história ilustrada*, que realizamos em 2000,[4] havíamos destacado a importância do lugar em que a narrativa visual se inscreve, construindo discursos que são manifestações de linguagem, inseridas em situações comunicacionais continuamente recriadas em livros, revistas e jornais. Procuramos nos livros didáticos de História do Brasil as representações iconográficas de negros, índios e brancos, tidos como "fundadores" na construção do sujeito brasileiro. A maneira como ali são retratados, vimos, indica representações de valores e crenças próprias de uma comunidade imaginada, ajudando na compreensão de nossa identidade.

A fala do livro não é inaugural. Ela é elaborada e construída entre uma infinidade de outras possibilidades. No jornal impresso, da mesma forma, encontramos essa intertextualidade, pois seu processo de constituição discursiva se dá a partir de outras edições e de outros jornais, num processo continuado, (re)editado a cada dia.

---

[3] Cf. <www.acaoeducativa.org>.

[4] Resultados parciais apresentados no capítulo "Quem é quem nessa história? Iconografia do livro didático" de França (2002).

Em nossa pesquisa atual, ampliamos a abrangência dessas relações ao olhar para as representações iconográficas nos livros e revistas em geral, e para o fotojornalismo, em particular. Imagens captadas pela objetiva do fotógrafo, desde que mediatizadas, entram definitivamente no universo de construções imagéticas vistas e revistas pelos homens desde os tempos imemoriais. Entre esses espectadores encontram-se os leitores de livros, revistas e jornais impressos. Ao procurar identificar as imagens dos brasileiros nos livros de História, chamamos a atenção para a importância do seu contexto na página e da forte relação dessas ilustrações com o título, a legenda e o texto que as acompanham. Afinal, imagens de livros, revistas e jornais são ilustrações produtoras de sentido. "O sentido da comunicação continua se construindo na relação com o interlocutor-receptor, que preenche essas formas simbólicas com significados" (Vaz; Mendonça; Almeida, 2002, p. 53).

Deslocando o nosso foco de análise das imagens reproduzidas em livros didáticos para jornais impressos, realizamos estudos posteriores junto a três importantes diários brasileiros – *Folha de S. Paulo, O Globo* e *Estado de Minas* –, em busca dos negro-mestiços no fotojornalismo, perguntando como eram ali representados.[5] Várias outras investigações têm sido feitas sob a orientação do autor, tendo como objeto de análise as fotografias publicadas em jornais, revistas, livros e em produção digital.[6] Em uma dessas pesquisas,[7] recortamos três imagens excepcionalmente expressivas dentro de um universo de 80 fotos publicadas em sete edições dos três jornais. Selecionamos as imagens que se destacavam na produção fotojornalística, aquelas que exibiam algo de pungente nos olhares dos modelos fotografados. Indagamos, então, que relações teriam sido estabelecidas através daquelas três fotografias entre os sujeitos fotografados e os sujeitos leitores.

---

[5] Pesquisa integrada a *Narrativas do cotidiano, na mídia na rua* (2001-2003), intitulada *O leitor interpelado pela página do jornal.*

[6] LOMBARDI, K. H. *Documentário imaginário: novas particularidades na fotografia documental contemporânea*, 2007; CORRÊA, L. G. *De corpo presente: o negro na publicidade em revista*, 2006; TAVARES, F. M. B. *Na cidade, o fotojornalismo; no fotojornalismo*, Belo Horizonte, 2005; ARRUDA, R. P. *Álbum de Belo Horizonte: signo da construção simbólica de uma cidade no início do séc.XX*, 2000. Todas realizadas junto ao Programa de Pós-Graduação em Comunicação Social da UFMG.

[7] Pesquisa *concluída* em 2005, intitulada *Um outro Outro no fotojornalismo: lampejos de cidadania* e realizada com a bolsista Renata Maria Lobato da Cunha, integrada a *Narrativas do cotidiano II: consonâncias e dissonâncias no âmbito da comunicação (2003-2005).*

Constatamos a existência de um instigante e silencioso diálogo nos jornais, configurado em uma relação de interdependência entre sujeito fotografado e sujeito leitor. O olhar do leitor investe na imagem do outro, presente na fotografia, enquanto o sujeito fotografado instiga no leitor a investigação de si mesmo, constatada a diferença entre os dois. Um depende da força de indagação do outro, tratando-se de uma dependência compactuada entre os dois sujeitos que demonstram a mútua necessidade do outro para a compreensão e o reconhecimento de si próprio. Naquela mesma pesquisa desenvolvemos o conceito de "museu imaginário" inaugurado por André Malraux, como "a expressão de uma aventura humana, o imenso leque das formas inventadas",[8] "formas de diálogo entre as obras que, para significar, se iluminam umas às outras. [...] Não se pode imaginar uma arte que não provenha das artes" (Silva, 2002, p. 22).

Tais conceitos fazem-nos pensar múltiplas maneiras de olhar e experimentar esteticamente fotografias jornalísticas, como esta, publicada na quarta-feira, 26 de setembro de 2007, na página C3 da *Folha de S. Paulo*, de autoria de Clóvis Miranda/*A crítica*.

[8] *"[...] le musée imaginaire [...] est d'abord l'expression d'une aventure humaine, l'immense éventail des formes inventées"* (MALRAUX, 1952, p. 32).

Rebelião em prisão de Manaus acaba com duas mortes

DA AGÊNCIA FOLHA, EM MANAUS

Após 18 horas, terminou ontem, com dois mortos e nove feridos, a rebelião de presos do Ipat (Instituto Penal Antônio Trindade), em Manaus.

Entre os nove detentos feridos, oito foram mutilados pelos amotinados —tiveram orelhas e dedos decepados. Um levou um tiro nas costas. Os dois presos mortos foram torturados —um foi decapitado e outro teve olhos e coração perfurados.

Além dos dois presos mortos, mais quatro pessoas foram feitas reféns durante a rebelião: dois professores de educação física e dois agentes penitenciários, que não ficaram feridos.

A polícia suspeita que a rebelião tenha sido coordenada por detentos de outros presídios. O secretário da Justiça do Amazonas, Sérgio Lauria, apontou falha na segurança como origem do motim e determinou abertura de sindicância.

O fim da rebelião, que começou às 13h de anteontem, foi decidido às 7h de ontem (8h pelo horário de Brasília). Enfermaria, cozinha, câmeras, computadores e instalações hidráulicas ficaram destruídos.

Das dez reivindicações, uma foi aceita, segundo a Polícia Militar: a entrada de familiares nos pavilhões durante as visitas. Antes, os parentes ficavam em salas isoladas para evitar a entrada de drogas e celulares.

O presídio de segurança máxima, inaugurado em maio de 2006, custou R$ 13,5 milhões —90% em verbas federais. No local, há 475 presos.

Clóvis Miranda/"A Crítica"

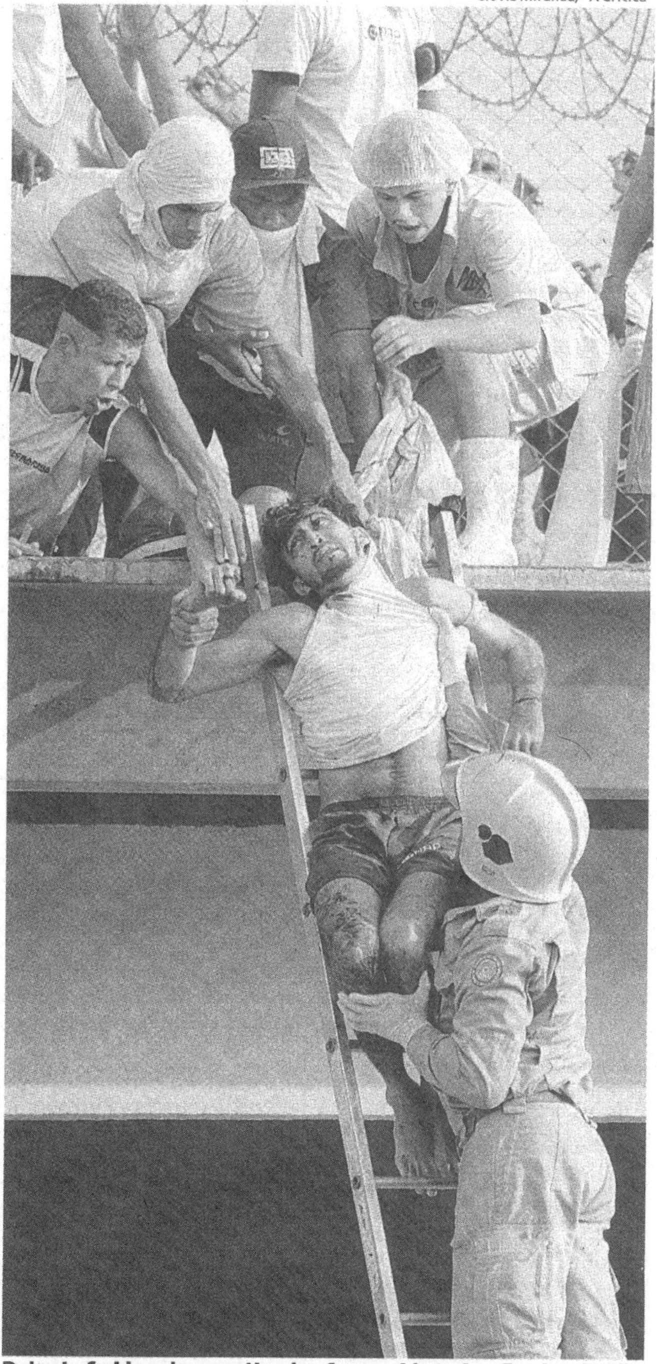

Detento ferido pelos amotinados é socorrido após o fim da rebelião

Por onde quer que o leitor faça sua entrada de leitura na *Folha de S. Paulo* – entrada feita não necessariamente pela capa – para chegar à terceira página do caderno *Cotidiano* deverá ter percorrido várias outras páginas do jornal. Verifiquemos o contexto em que aparece essa fotografia. A página C3 exibe três matérias ilustradas com sete fotos em quadricromia. Seis delas ilustram a principal notícia, a tragédia de uma chacina familiar ocorrida em uma favela de São Paulo. Duas matérias menores dividem o espaço inferior da página com um anúncio publicitário de três colunas x 10 cm de altura. Em uma dessas matérias menores, algo chama atenção: a fotografia no formato 9,5 x 20,3 cm, que ilustra a notícia intitulada *Rebelião em prisão e Manaus acaba com duas mortes*. Abaixo da fotografia, a legenda: *Detento ferido pelos amotinados é socorrido após o fim da rebelião*. Não há muito a ler. Há muito a ver.

O espaço dessa matéria corresponde a 19% da mancha da página; só sua foto ocupa 12%. Da maneira como está diagramada, a notícia fica escondida no canto inferior esquerdo da página. Em uma página ímpar, de direita, aquela é a zona visual de menor atração para o leitor. Paradoxalmente, daquele esconderijo, a fotografia dispara um tiro certeiro que atinge e mobiliza o olhar do espectador. O posicionamento da matéria deveria torná-la invisível, mas, ultrapassando todos os limites de sua significação, como em um abrupto deslocamento, sua fotografia causa um impacto de primeira página. Por quê? O olhar que ali cai, como em uma boa armadilha, não escapa.

O olhar do leitor é o alvo atingido pelo tiro da composição visual. Vale sonorizar esse movimento, pois tampouco deixa escapar ao ouvido do leitor um grito que ecoa a partir daquele canto esconso de página. Grito que não sai de seus textos – legenda, título e matéria escrita – mas de seu silêncio imagético. Silêncio cheio de barulhos. E de músicas, se o leitor assim preferir. Algo punge. A expressão dos personagens fotografados, formas, linhas, luz, sombras, cores, tudo se movimenta no flagrante clicado pelo fotógrafo jornalista de *A crítica*, reproduzido pela *Folha de S. Paulo*. O que é mostrado? O que grita? O que ali, afinal, se vê?

Vários atores coadjuvantes direcionam seus olhares para o personagem principal, posicionado no centro da foto, homem sofrente que é descido do alto de um prédio, com a cabeça tombada para o ombro direito. Olhares acompanhados de gritos. O detento ferido dirige ao céu seu próprio olhar, suplicante. Fortíssima impressão da qual não há como fugir, pois a súplica atinge o leitor. Leitor que chegou até aquele canto esconso da página interna, capturado pelo jogo de olhares e coreografia dos vários atores. Leitor conquistado pela qualidade estética da produção fotográfica, por sua composição, cores e movimentos. Leitor que se torna capaz até mesmo de traduzir tal imagem em uma pauta musical que transcreve um pungente réquiem.

Como a experiência estética deve ser compreendida por meio de sua vizinhança – paralela e contrastante – com a rede de assimilação não estética da realidade (SEEL, 1993), no contexto da rebelião em Manaus, acontecimento que terminou com duas mortes, nove feridos, oito deles mutilados pelos amotinados, esta notícia é ilustrada com uma imagem que leva à compreensão pragmático-performática do fato narrado na *Folha de S. Paulo*. Mas a experiência ultrapassa a proposta de ilustração e compreensão da notícia. O flagrante fotografado não apenas informa o leitor que aquele presidiário é socorrido pelos amotinados, mas aciona poderosos dispositivos em sua mente. O leitor extrapola o âmbito comunicacional proposto pelo jornal, cujo objetivo é informar o fato, dar a notícia. Acionando seu imaginário, o leitor pode (re)construir sua própria narrativa. Ou narrativas. Não há limites para a essa análise, posto que a reconstrução é fluida e incomensurável. O poder de reconstrução varia de conformidade com o repertório iconográfico de cada sujeito interceptado pela imagem. Repertório não só imagético, posto que o leitor traz consigo suas próprias características psicológicas, seu pertencimento às próprias ambiências sociais e culturais, sua formação, seus sentimentos, afetos, emoções. Suas reações à mirada daquela fotografia jornalística resulta de tudo isso. Tudo isso – e muito mais – entra no jogo da interacionalidade social midiatizada proporcionada ao leitor pela foto observada.

Antes de tomar emprestado o referencial iconográfico da História da Arte para aproximá-lo da fotografia em questão, indagamos: se o leitor for totalmente desprovido de um referencial artístico, isso invalidaria o valor de sua experiência estética? Sua ignorância da História da Arte diminuiria o impacto da cena mostrada na fotografia? O leitor menos informado estaria apto a ver, interpretar e fazer suas próprias inferências? Acreditamos que sim, pois suas vivências é que o capacitam para a leitura e interpretação dessa e de qualquer outra representação à sua própria percepção, com o impacto que lhe for próprio.

A (re)construção do imaginário – parte constituinte da experiência estética – leva à suposição de que o leitor faz um deslocamento da fotografia daquele canto da página C3 para sua própria galeria virtual. Mesmo que nunca tenha visitado um museu ou uma igreja onde se exponham imagens similares, a atenção do leitor faz com que ele possa recortar, emoldurar e pendurar aquela fotografia como um novo "quadro" em seu próprio museu mental. Processo mental cujo tempo e intensidade não podem ser medidos. Pode durar um átimo de segundo, mas pode ocorrer ao longo de um tempo maior. Processo acionado no momento exato em que é ativado o seu ponto de vista.

Ao integrar o novo "quadro" ao seu acervo imaginário, o leitor lhe dá o título que lhe aprouver. Supomos serem grandes as probabilidades de que os títulos escolhidos sejam correlatos aos temas da *Flagelação*, *Deposição da Cruz* ou *Piedade*. Temas clássicos da iconografia que representa o ato litúrgico da Paixão de Cristo.

Observemos a foto de Clóvis Miranda. Se as muitas representações religiosas da *Descida da Cruz* representam não uma cena real, mas uma cena imaginada pelos artistas, essa fotografia, sim, faz um flagrante do real no presídio em Manaus. Assim como nos quadros aos quais vamos nos referir em seguida, na foto, as figuras se dispõem em uma espécie de palco com pouca profundidade, cuja parte inferior tem um fundo neutro. A cena é apresentada como se o colocasse na primeira fila do teatro, quase pisando no palco. A cruz é reconhecida na fotografia pela haste vertical formada pela escada e por uma faixa marrom da fachada, haste horizontal. A tradicional placa *INRI* é dispensada, perdida na confusão de braços e pernas no topo da cruz, em cima do muro. Mas a imagem mostrada proclama o nome do anônimo ferido, "neoCristo", cujo corpo prostrado é deposto, socorrido pelos atores coadjuvantes que gritam, voltando toda sua atenção para ele. Um bombeiro enluvado o ampara pelos joelhos e pela axila esquerda. O corpo do detento socorrido ocupa o centro da composição, de frente para o espectador que, com seu olhar lhe vem em socorro. A partir do momento em que miramos a foto, nos tornamos atores "participantes" desse drama milenar.

A aproximação de uma fotografia jornalística a representações religiosas clássicas remete-nos às antológicas associações encontradas na obra de Marcel Proust, que atribui a seu personagem Charles Swann, esteta e colecionador, um rico jogo de identificações entre figuras do cotidiano e do Renascimento Italiano (cf. Proust, 2005). Seguindo sua inclinação para identificar nas obras de grandes mestres traços individuais de rostos que ele conhecia, a copeira da casa de Tia Léonie em Combray era chamada por Swann de "Caridade de Giotto", uma das viris virtudes personificadas na Capela da Arena em Pádua. Via no seu cocheiro Remi o rosto do doge Loredano de Bellini. Na fisionomia do Sr. de Palancy reconhecia o nariz bulboso de *O velho e o menino* da tela de Ghirlandaio exposta no Louvre. No autorretrato de Tintoretto, também exposto no Louvre, enxergava os pelos das suíças, o nariz desviado e a penetração do olhar do Dr. du Boulbon. Na vulgar cortesã Odette de Crécy via grandes semelhanças com Séfora do afresco *As provações de Moisés*, pintado por Boticelli na Capela Sistina.

É curioso notar que em sua narrativa Proust se refere à pintura original falando da reprodução em uma gravura pertencente ao acervo de Swann em Paris. O colecionador mantinha essa gravura dedicadamente sob os olhos quando se recriminava por estar vendo Odette em demasia, ponderando ser bastante razoável perder o seu tempo olhando uma obra-prima de valor inestimável. Swann contemplava a gravura de Séfora com um olhar apaixonado de esteta, terminando, em *À la recherche du temps perdu*, por se tornar o apaixonado marido de Odette. Dados biográficos do autor francês indicam que ele nunca visitou a Capela Sistina; não se pode afirmar que ele tenha tido acesso a alguma gravura reproduzindo Séfora de Boticelli; mas sabe-se com certeza que essa reprodução constava do volume XXIII das *Obras* de John Ruskin, da biblioteca particular de Marcel Proust. Ruskin, aliás, dedicou grandes estudos àquela Séfora de Boticelli. Como podemos notar, nessa rede de referências iconográficas, o círculo se amplia, o círculo se fecha. Como neste trabalho tratamos de uma fotografia jornalística e de obras de arte reproduzidas em livros, revistas e *sites* da internet, lembramos que seus acessos diretos e indiretos a obras originais e reproduzidas é que fazem com que o leitor, o autor e mesmo personagens como Charles Swann transitem à vontade pelos espaços virtuais de seus museus imaginários, propiciando e enriquecendo a experiência estética em questão.

Ao longo de muitos séculos, a representação visual da deposição de Cristo da cruz, tem recebido a dedicação de grandes artistas, compondo importantes acervos em todo o mundo. Para notar a importância dessa representação no imaginário coletivo, devemos lembrar que, além de farto material encontrado na História da Arte, revemos regularmente o espetáculo teatral da Paixão encenado, por ocasião da Semana Santa, assim como em farta e disponível produção cinematográfica.

Entre dezenas de quadros, retábulos, gravuras, relevos e esculturas com o tema da deposição de Cristo morto, reproduzimos não mais do que uma dúzia de clássicos da pintura pré-renascentista, renascentista e barroca para demonstrar que, quanto maior for o referencial iconográfico do leitor, maiores são as possibilidades de reconstrução – e renomeamento – da fotografia jornalística aqui analisada. Entre os nossos destaques estão obras de Duccio di Buoninsegna (c. 1308) [fig. 1], Rogier van der Weyden (c. 1435) [fig. 2], Pedro Machuca (c. 1490) [Fig. 3], Hans Memling (c. 1492) [Fig. 4], Girolamo da Cremona (c. 1475) [Fig. 5], Il Sodoma (c. 1505) [Fig. 6], Rosso Fiorentino (c.1540) [Fig. 7], Ângelo Bronzino (c. 1545) [Fig. 8], Carducci (c. 1600) [Fig. 9], Caravaggio (c. 1600) [Fig. 10], Rubens (c. 1617) [Fig. 11] e Rembrandt (c. 1654) [Fig. 12].

1

2

3

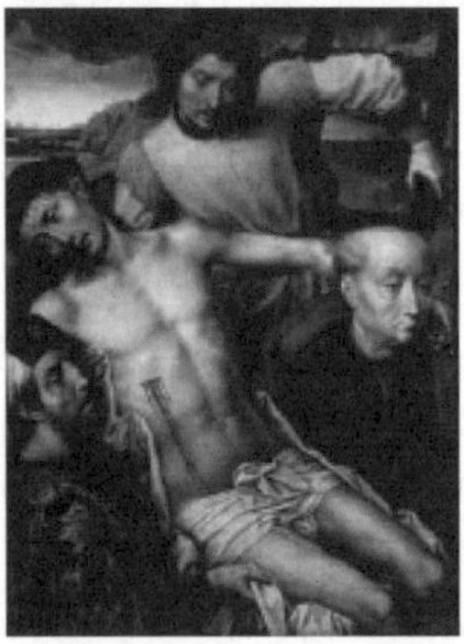
4

5

6

7

8

9

10

11

12

Remetendo-nos ao referencial iconográfico que representa a Liturgia da Paixão, voltamos os olhos para a foto de Clóvis Miranda, reproduzida na *Folha de S.Paulo*, onde evidenciamos aspectos de similaridade no cenário e nos atores. Destacamos no protagonista da cena: (a) a dolorosa e implorante expressão que suplica por misericórdia, com a boca entreaberta, como se exclamasse "*Eli, Eli, lemá sabachtáni?*";[9] (b) o cabelo desgrenhado que sugere, na testa, uma coroa de espinhos; (c) a barba curta, em cavanhaque, que o aproxima ainda mais das representações visuais do Cristo; (d) manchas de sangue no rosto e nas pernas são marcas do flagelo do "neoCristo" detento; (e) vestido com curto *short* cinza e camiseta branca puxada pelos socorrentes e rasgada, que faz as vezes de um sagrado pano litúrgico que sustenta o Cristo seminu descido da cruz. Na cena, propriamente, destacamos e fazemos algumas inferências: (a) a escada, pela qual se descem o ferido, é reencontrada em inúmeras iconografias da *Deposição do Cristo*; (b) o arame farpado que aparece ao fundo e no alto da fotografia, reforça a sinalização do martírio. (c) as cores neutras das faixas horizontais em tons amarronzados, gris e preto, destacam e colocam em maior evidência o ferido em sua deposição; (d) os atores coadjuvantes, que socorrem o corpo desfalecido, integram todas as obras artísticas que tratam da *Descida da Cruz*, aparecendo tanto acima quanto lateralmente; (e) nota-se na coloração amarelo-laranja-azul-e-branca das camisetas e do capacete do bombeiro, uma espécie de euforia, alegria contrastante com o sentimento de aflição gritante na foto. O cinto vermelho do bombeiro é a única e sutil menção cromática ao sanguíneo em todo o quadro; (f) o personagem agachado no alto, vestido de camiseta, touca e botas de borracha brancas, segura e puxa uma ponta do "pano sagrado" (camiseta rasgada do ferido), ocupando a posição de um anjo protetor, figura mítica reincidente na iconografia católica; (g) a coreografia dos personagens impressiona: cinco deles vêm em socorro direto ao ferido, enquanto outros assistem, atrás, compondo o fundo de cena. Podemos ainda falar da sonoridade da fotografia: leem-se gritos desesperados nas bocas dos personagens do alto, que olham diretamente para o ferido, provavelmente fazendo recomendações ao bombeiro que o ampara, cujo rosto não se pode ver, mas cuja voz quase se pode ouvir, em réplica imaginável.[10]

Com tantos e tamanhos referenciais iconográficos à representação litúrgica, não há como não falar de uma encenação religiosa. Contudo, como já destacamos, independentemente da existência desse referencial na mente do

---

[9] Cf. Mateus 27 : 46: "Lá pela hora nona, Jesus deu um grande grito: *Eli, Eli, lemá sabachtáni?*".

[10] Sobre esse misto de relações/sensações no jornalismo ver a idwia de "sinestesia informacional" (TAVARES, 2008).

leitor e mesmo independentemente de sua vivência em ambientes de religiosidade católicos, indagamos se, ao mirar a expressão dolorosa e suplicante do detento ferido nesta fotografia, o leitor tem uma experiência estética singular. Supondo-se, então, que alguns leitores da *Folha de S. Paulo* jamais tenham visto sequer um desses quadros; supondo-se que nunca tenham assistido a cerimônias litúrgicas da Paixão; supondo-se até mesmo que nunca tenham ouvido falar na existência de um Cristo que tenha morrido na cruz e que seu corpo seminu tenha sido deposto com a ajuda e assistência de alguns auxiliares na descida; enfim, ao mirar a foto desse detento ferido, o leitor pode vivenciar sua própria experiência estética, construir e reconstruir sua própria narrativa. E tantas narrativas serão construídas quantos são os leitores que se dediquem a observar esta fotografia.

Essa experiência estética se alarga e se enriquece naquilo que se constituía o limite do real possível. O real: o flagrante captado por Clóvis Miranda em Manaus, produzindo uma foto que ilustra uma pequena matéria jornalística na página C3 da *Folha de S. Paulo*. Foto limitada no espaço diagramático, posicionada de modo a não receber nenhum destaque. O alargamento de seus limites: a experiência estética do leitor. Experiência estética que vai além da visualidade: podem ser também experienciadas a auditiva, a olfativa, a gustativa e a tátil, na dependência direta dos dispositivos acionados pelo sujeito observador. E de sua predisposição para acioná-los e vivenciar suas experiências.

Por essa razão, o presente artigo só pode ser feito a partir da própria experiência do autor e o objeto desta análise, apresentada aos leitores deste livro, só pode ser visto através de sua reprodução e descrição textual. Dessa forma, leitores que não mais consultarão a página C3 da *Folha de S. Paulo* de 26/09/2007, têm a possibilidade de também vivenciar sua própria experiência estética mirando a reprodução fotográfica na leitura destas páginas – assim como Charles Swann admirava uma gravura que reproduzia o detalhe de um afresco e seu autor, Proust, consultava a reprodução ilustrativa de um estudo de Ruskin, em livro – o que muda radicalmente o processo comunicacional, dadas as diferenças de características das mídias jornal e livro. Não avaliamos qualitativamente esse processo. Apenas o ressaltamos.

Portanto, a expansão da experiência é enriquecida pelo próprio de cada leitor. O que lhe é mostrado através do flagrante de Clóvis Miranda – com cortes fotográficos sucedidos pelo fotógrafo e/ou pelos editores do jornal – veste o "religioso" quadro da realidade, instando o leitor a outras percepções e a outros sentimentos. Ao descrever a experiência própria de autor, não limitados à visualidade, recuperamos parte do repertório musical. Assim, sugerimos que a audição de *Stabat Mater* de Vivaldi, Pergolesi, Berlioz,

Rossini e Dvorák compõem "adequadas" trilhas sonoras para a foto jornalística em questão. Entre os sentimentos despertos por essas músicas, vêm a calhar dois adjetivos latinos extraídos daquelas peças musicais que falam de uma *Mater* que pranteia o Cristo morto: *dolorosa* e *lacrimosa*. A observação dessa fotografia induz ao sentimento de compaixão na exposição do detento ferido. Sentimento aproximado àquele inspirado pelas cenas litúrgicas da *Deposição de Cristo da Cruz*, em imagens fixas, em som e em encenações. Mas aqui miramos um flagrante preciso: aquele clicado por Clóvis Miranda, que certamente compõe um registro fotográfico retirado de uma série de outros. Se tivéssemos acesso aos demais registros do fotógrafo feitos naquele acontecimento jornalístico – e conhecendo as etapas da sagrada liturgia – talvez encontrássemos na cena seguinte outro flagrante associado a um ícone mundialmente reconhecido, graças à massiva reprodução da escultura de Michelangelo exposta na basílica de São Pedro, em Roma, que representa a mãe do Cristo morto amparando seu corpo: *La Pietà*. E que nova *Mater* sustentaria o corpo desfalecido do detento ferido, "neoCristo" da fotografia, senão o leitor com o seu próprio olhar?

Referências

AUMONT, J. *A imagem*. Campinas: Papirus, 1993.

BAXANDALL, M. *O olhar renascente: pintura e experiência social na Itália da Renascença*. Rio de Janeiro: Paz e Terra, 1991.

FELDMAN-BIANCO, B.; LEITE, M. L. M. (Orgs.). *Desafios da imagem: fotografia, iconografia e vídeo nas ciências sociais*. Campinas: Papirus, 1998.

FOLHA DE S. PAULO, 26 set. 2007. Caderno Cotidiano, p. C3.

FRANÇA, V. R. (Org.). *Imagens do Brasil: modos de ver, modos de conviver*. Belo Horizonte: Autêntica, 2002.

GOMBRICH, E. H. *A história da arte*. Rio de Janeiro: LTC, 1999.

GUIMARÃES, C.; LEAL, B. S.; MENDONÇA, C. (Orgs.). *Comunicação e experiência estética*. Belo Horizonte: Ed. UFMG, 2006.

JOLY, M. *Introdução à análise da imagem*. Campinas: Papirus, 1996.

MALRAUX, André. *Le musée imaginaire de la sculpture mondiale*. Paris: NRF La Galeria de la Plêiade, 1952.

OLIVEIRA, A. C. (Org.). *Semiótica plástica*. São Paulo: Hacker, 2004.

PROUST, Marcel. *No caminho de Swann* (1913). São Paulo: Globo, 2005.

SEEL, M. *L'art de diviser. Le concept de rationalité esthétique*. Paris: Armand Colin, 1993.

Parte 4

Ver, mostrar, vigiar

A experiência do espectador ou o homem ordinário do cinema segundo Jean Louis Schefer

Stella Senra

O que se segue é uma sucinta apresentação do pensamento de Jean Louis Schefer, crítico francês que há mais de 40 anos vem se dedicando a pensar a experiência do espectador de cinema. Sem a pretensão de dar conta dessa crítica de teor extremamente original – para não dizer único – e de sua complexa formulação, o texto se limita a destacar alguns dos elementos constitutivos do pensamento de Schefer, chamando atenção, ao mesmo tempo, para o seu processo de trabalho muito peculiar. Elaborada a partir das lembranças infantis da visão de seus primeiros filmes, a reflexão do crítico escapa ao tom confessional e, ultrapassando o espaço autorreferente da experiência individual, se situa no âmbito do "indivíduo genérico" tal como o descreveu o filósofo Sören Kierkegaard (1984) – daquele que, reconhecendo-se como tal, é capaz de se manifestar no geral.

* * *

Jean Louis Schefer não é um *scholar*. Ao longo de mais de 40 anos publicou uma dezena de livros e outros tantos artigos sobre temas variados: da pintura ao cinema e à fotografia, da pré-história à teologia, textos cuja característica comum – a crítica – assume um caráter "pessoal", desde que se atribua um sentido muito amplo a essa expressão. Um escritor sem novela: é assim que ele se autointitulou ao descrever a feição peculiar de seu trabalho que, de fato, não se enquadra em nenhum sistema teórico ou metodológico, mas que não se limita tampouco a recensear seus gostos e preferências.[1]

---

[1] Algumas dessas informações sobre Jean Louis Schefer foram extraídas de uma apresentação de próprio punho, traduzida para o inglês por Paul Smith (SCHEFER, s.d.).

Como muitos jovens intelectuais que iniciaram seu trabalho nos anos 1960, Schefer se formou na esteira do estruturalismo e se interessou, assim como seus companheiros, por Antropologia, Linguística, Psicanálise, história e Estética. Gravitou em torno de Roland Barthes quando este "ainda não pertencia à academia" – como gosta de precisar –, das revistas *Communications* e *Tel Quel* e se aliou ao empreendimento comum de uma crítica dos sistemas de comunicação; tarefa que, vista na época com reserva pelo meio acadêmico tinha, com efeito, mais afinidade com os últimos desdobramentos da Arte, da Música e da Literatura.

Para o crítico, seus objetos – Pintura, Literatura, Cinema, Arqueologia, Teologia – não constituem "problemáticas distintas". Na verdade trata-se de "graus diferentes de elaboração" no interior de uma problemática mais geral, que poderíamos descrever mais facilmente pelo que ela não é: a crítica de Schefer não constitui um "sistema" (que se moveria rumo a uma Filosofia da História), nem se reduz a um "vago projeto de escrever os fragmentos do mundo, que cativariam pela sua força poética ou estímulo intelectual". Nas palavras do autor, trata-se de um "*work in progress*", que "colhe todas as metáforas do mundo, de um continente aberto, de uma espécie de 'cartografia'" (Schefer, s.d.).

"Não é mais possível entender, interpretar, explicar ou elucidar objetos culturais simplesmente através de seus contextos, ou de suas determinações" – esse é o argumento de Schefer, para quem o crítico é "uma parte da constituição dos objetos que interpreta e decodifica, de seu "*puzzle* histórico" e de suas soluções formais". É por isso, dirá ele, "que são as nossas personalidades (e não o nosso conhecimento como tal) que determinam nossa ciência e nossos procedimentos" (Schefer, s.d.). Ao recusar o lugar "separado" do especialista, do detentor de um saber específico sobre o objeto e ao reivindicar, ao contrário, uma "intimidade" com ele, Schefer leva a atividade crítica a uma espécie de limite quando assume o lugar do espectador, do homem comum cujo saber, de outra ordem, vem da experiência da frequência ao cinema e aos museus, do hábito da literatura. Enunciado a partir desse lugar sem privilégios, o empreendimento de Schefer constitui na verdade, em toda a sua inteireza e rigor, um "outro" incontornável da crítica, algo de que ela não pode se "apropriar", mas cuja existência (ou insistência), ao mesmo tempo, não lhe é permitido ignorar.

Schefer acredita que, num mundo onde tudo se tornou simultâneo, os críticos não podem mais ser a "consciência" de tal situação e se tornam apenas os seus "mediadores"; para ele é essa condição "pessoal" do crítico nas suas dimensões familiar, social e histórica – condição que tanto conduz suas escolhas quanto o esfacela desse modo - que traz à luz a sua mais íntima existência. No mundo moderno assim concebido, "uma obra crítica [...] só pode ser pessoal, afirma ele, "e qualquer que seja sua qualidade estética, está condenada a ser poeticamente única" (Schefer, s.d.).

* * *

Foram amplas e profundas as transformações do pensamento que, nas últimas décadas, possibilitaram tal formulação crítica, e dar conta delas, tanto quanto da cartografia proposta pelo crítico, e dos objetos que ela abarca demandaria muito mais tempo e competências diversificadas. Por isso, abordarei apenas o modo como Schefer define a experiência do espectador de cinema: tarefa levada a cabo no livro *O homem ordinário do cinema* (1980) – cujas primeiras experiências procurarei focalizar – e retomada em três obras posteriores, que serão evocadas apenas de passagem: *Du monde et du mouvement des images* (1997), *Cinématographies - objets périphériques et mouvements annexes* (1998) e *Images mobiles – récits, visages, flocons* (1998).

Apesar da modéstia de meu objetivo, não é fácil apresentar esse pensamento que também escapa aos padrões da já centenária crítica de cinema; que não convoca um "saber" consagrado sobre o cinema, mas antes remete à experiência de um "ser sem qualidades", de um "homem comum", do espectador ordinário do cinema; que não reivindica, portanto, um "discurso" (a transmissão de um saber), mas se engendra e é ao mesmo tempo engendrado na escrita como "uma busca cujo objeto não é uma construção, mas o enigma de uma origem." Esse enigma remete a uma "elucidação do visível", enquanto a investigação a que ele dá lugar não visa estabelecer seu estatuto, mas empreender, antes, a exploração de um mundo que assim se abre em nós e do qual somos a gênese e a vida momentânea (Schefer, 1980).

Fino leitor de Schefer, o filósofo Gilles Deleuze (1985, p. 90) chamou *L'homme ordinaire du cinéma* de "livro onde a teoria forma uma espécie de grande poema". Com efeito, esse belíssimo poema faz pensar na obra de outro escritor, Marcel Proust, na medida em que também integra o novo continente romanesco – de cuja abertura Proust é um dos artífices – que gera uma novidade da consciência do tempo e inaugura um novo pensamento sobre o indivíduo. É talvez por participar desse empreendimento de exploração de um novo continente, que a escrita Schefer também se movimenta numa língua cuja latitude já foi experimentada pelo autor da *Recherche*: assim como em Proust, a *"recherche"* de Schefer – pois se trata também de uma busca, da qual o tempo e a memória são igualmente objetos – é "simultânea" à escrita, ela se dá "na" escrita mesma "que busca e encontra as metáforas do mundo". O próprio crítico evoca o trabalho de Proust como exemplo dessa "junção infinita de metáforas", na qual tudo é simultâneo. Assim, em vez de uma semelhança de estilo entre os dois autores, é a essa simultaneidade que devemos atribuir algumas das características comuns a ambas as escrituras: além da bela sintaxe composta por frases longas e flexíveis, chama atenção o modo como Schefer opera os encadeamentos, como Proust faz, por meio de travessões, parênteses e toda sorte de pontuação, procedimento que parece ter por função introduzir pensamentos paralelos, anexos, contíguos – simultâneos, enfim: como se todas as percepções, apreendidas de uma só vez tivessem de ser assim também apresentadas.

A evocação de Proust torna mais palpável a dificuldade de minha tarefa; como se me coubesse "apresentar" uma obra que, sob vários aspectos, pode ser aproximada da *À la recherche du temps perdu*; e deixa claro, ao mesmo tempo, que só a leitura do texto permitirá o pleno acesso à riqueza de uma experiência que, por se formular no próprio ato de escrever, poderá ser apreciada com mais proveito por meio do ato mesmo da leitura.

O espectador

Em *L'homme ordinaraire du cinéma*, ele afirmará que a questão a ser colocada a respeito da imagem cinematográfica não diz mais respeito à sua origem, à remissão ao real pré-constituído – perguntas recorrentes da crítica e, em grande parte, ponto de partida do esforço analítico das imagens ao longo de toda a história do cinema. A imagem não remete ao referente, mas, antes, dele se distancia porque entra numa "zona de dependência" de qualquer sujeito perceptivo que imagina, memoriza, tem afetos, etc. Ela entra na composição de um "mundo" não como algo pleno, mas, ao contrário, como uma "rarefação" – o que apenas lhe permite produzir ou ser a sustentação de uma espécie de "estado" para a constituição da significação.

Mais que a noção de analogia, para Schefer desprovida de interesse, o que conta, a seu ver, na imagem, é o que lhe "falta" e o que lhe é "acrescentado", donde o papel central que sua crítica conferirá ao espectador. Assim, é por causa dessa incompletude da imagem, ou melhor, do papel que o espectador terá de desempenhar para "inteirá-la", que, desde *L'homme ordinaire du cinéma*, o crítico desloca sua atenção da representação do real como atributo da imagem mais prestigiado pela crítica cinematográfica, para sua capacidade de *produção do real*. O real da imagem cinematográfica é o efeito que ela produz, dirá Schefer; o que está em questão no cinema não é a reprodução do chamado "mundo real", mas "a produção do espectador como o real no cinema".

Assim como não leva em conta a noção de real, Schefer (1980) não encara o filme, como se costuma fazer, por meio de suas cenas, de seus cenários, dos pontos e deslocamentos de perspectiva que os mostram. De seu ponto de vista, o cinema não instala o espectador na verdade de uma história, tampouco naquilo que seria uma espécie de "verdade" do espectador – a sua possível identidade; ele o faz entrar "na verdade e na estranheza de afetos inteiros e novos, gerados pelas desproporções incessantes da imagem". Afetos que, não sendo "enfeixados" ou circunscritos por um "eu" que garantiria uma suposta unidade do espectador, antes o "dominam" ou, em outras palavras, o "constituem" porque suas quantidades tanto quanto suas relações de objeto são inéditas.

Afastando-se mais uma vez da temática consagrada pela crítica cinematográfica, Schefer opõe assim, ao recorrente termo de "realidade", a noção de "verdade", que não remeterá, entretanto, àquela que a crítica tanto procurou exorcizar ao longo da história do cinema. O espectador não "crê" na realidade do filme, dirá o crítico; ele é, antes, uma instância de efetivação da sua "derradeira verdade". O filme nele "se verifica" por meio dos "afetos experimentais" gerados pela mudança de proporção do visível, da qual ele é corpo, ou a "consciência experimental". O expectador, dirá o crítico, é o *ser experimental* do cinema.

Mas que corpo será esse ou que consciência será essa? Em seu livro *Images mobiles* (1999) Schefer desenvolverá o tema, afirmando que a parte que vemos do mundo, na qual podemos estender nosso corpo virtual, se mantém coesa numa única esfera de formas, cores e movimentos que nos ligam ao centro de nosso corpo. Se os lugares, a paisagem, a rua, nosso quarto são visíveis e permanecem na nossa memória, argumenta ele, é porque eles são infestados por uma infinidade de afetos indeterminados, que fazem de nós o centro desses espaços familiares. O cinema faz desaparecer justamente esse ponto de gravidade, em função das desproporções que introduz: ele faz desaparecer o mundo em nós e, ao mesmo tempo, nos apaga do mundo, argumenta o crítico. O espectador de cinema considerado por Schefer perde a antiga esfera imaginária dos movimentos da qual julgava ser o centro, por meio da qual podia agir e sofrer no mundo; e, com esse centro que ele era, ele perde o próprio mundo.

Até mesmo a imagem filmada contribui, de acordo com o crítico, para a supressão desse centro: ela não tem suporte fixo e só podemos vê-la porque uma tela, interposta entre nós e o feixe luminoso, não permite que ela desapareça. Não estando, portanto, na película nem na tela, nem nos raios luminosos, o espectador é a "garantia" da imagem; mas ele é a garantia de uma "transição" de imagens – as imagens do cinema "passam" – e, portanto, nelas ele se "debilita".

A imagem-movimento não "reproduz" um mundo, portanto; ela "constitui" um mundo autônomo, diz Schefer, feito de rupturas, de desproporções, privado de todos os seus centros; esse mundo sem centro não remete aos referentes da imagem (ao chamado mundo real), mas se endereça, por sua vez, a um espectador que também não mais é o centro de sua própria percepção.

O espectador considerado por Schefer não é sede da consciência, mas lugar de um exercício de afetos experimentais, (experimentais porque sem objeto, sem sustentação constante), de afetos sem representação que derivam da desproporção que a imagem não cessa de renovar. Ele é o lugar de "ressonância" dos efeitos de imagens, dirá o crítico, aquele que gera todo o futuro dessas imagens como afetos e como sentido. É por isso que, em vez de reproduzir o real, o cinema "produz" o real, dirá Schefer; e esse real produzido pelo cinema é o espectador.

Os afetos

O que são esses afetos que provamos no cinema? A princípio seriam aqueles a que comumente damos os nomes de medo, angústia, alegria. No entanto, eles não chegam a adquirir configurações assim tão definidas: para o crítico, na verdade, eles são informes, sem objeto (porque se originam na imagem e não se ligam a nenhum objeto do mundo) ou sustentação constante. São, por exemplo, as proporções do que o espectador é obrigado a captar como constituindo um "mundo", e que vão viver de modo diferente daquele que animaria um quadro ou uma composição figurativa. É que, de acordo com o pensamento do crítico, falta no "mundo" criado pelo cinema, e cuja figura muda sem cessar, um "polo de referência", uma "invariante" ou uma "escala" – como acontece com o quadro. Como se seu primeiro nível de existência estivesse vinculado apenas à variação de proporções.

Schefer sugere que, se fizéssemos seja uma simples ampliação de uma imagem qualquer, seja um corte num signo ou num corpo que permanecessem invisíveis, não obteríamos o mesmo efeito que o cinema produz. Numa comparação que gosta de fazer, ele dirá que o cinema não é como uma cena face na qual construímos nossa interpretação. Ele não apresenta dados, como um quadro, que exigem nossa liberdade para cumprir em nós suas figuras como destino. "No cinema não sou uma instância de interpretação; não tenho, como diante de um quadro – no qual a distância não faz variar as proporções da figura e em relação ao qual existe até um ponto ideal da visão – que me "assegurar" do visível por uma outra consciência do domínio das proporções de meu corpo". Na ausência dos objetos, o cinema nos faz provar *efeitos de duração*: a imagem é "a duração experimental do afeto que ela mobiliza, e do qual ela é a causa". É isso que Schefer chama de "afetos experimentais"; por isso, ele dirá que "o cinema é a única experiência na qual o tempo me é dado como uma percepção".

Essa descoberta à qual Schefer acede por meio de uma minuciosa exploração de sua própria memória e da sua primeira experiência como espectador de cinema, diz respeito à diferença de percepção do tempo de que desfrutamos no cinema e na nossa vida ordinária. Por que é no cinema, e não no nosso dia a dia, que o crítico identifica essa possibilidade de uma percepção "direta" do tempo? Nossa apreensão – Schefer dirá nossa "descoberta" – do tempo constitui uma intensa e complexa experiência, mas ela não é direta porque se dá em função de nossa relação com as coisas e os acontecimentos; ela é fruto da nossa coabitação com eles, da nossa solidariedade com o mundo e com o seu devir. Por meio de uma rigorosa e profunda reflexão, Schefer constata que a apresentação "direta" do tempo de que o espectador desfruta no cinema é diferente da nossa experiência ordinária do tempo "contado fora de nós", do tempo que é medido (e mediado) pelos acontecimentos e pela nossa relação com as coisas. Num livro de 1985, ao qual deu o título de *Origine du crime* e no qual examinará essa complexa relação com o tempo, Schefer adotará uma narrativa na primeira pessoa, provavelmente única via de exploração (e de constatação) da impossibilidade de capturar esse tempo, de apreendê-lo, como se ele estivesse entranhado e encravado em nós de modo selvagem – mas ao mesmo tempo inapreensível – como uma "alma".[2]

Um dos mais finos leitores de *L'homme ordinaire du cinéma,* o filósofo Gilles Deleuze chama atenção para essa percepção direta do tempo apontada por Schefer, atribuindo-a ao modo segundo o qual o crítico destaca as rupturas, as mudanças de escalas e as variações de proporções no cinema. O espectador considerado por Schefer, o "homem ordinário do cinema" seria, para o filósofo, o correlato da imagem-movimento como movimento extraordinário, dado por essas desproporções e mudanças de escala. Apontando uma ressonância

[2] "[...] todo o tempo não contado fora (de nós), todo o tempo não medido pela fome, pelas guerras, ou pelas cerimônias tornou-se imprevisivelmente, mais ainda que imprescritivelmente, como uma 'alma'" (SCHEFER, 1998).

entre as formulações do crítico e aquelas que sustentam as categorias que o próprio filósofo definiu para o cinema – a imagem-movimento e a imagem-tempo – Deleuze nota que, como no cinema o *percipiens* e o *percipi* perderam seus centros, seus pontos de gravidade, a aberração de movimento própria da imagem cinematográfica libera o tempo de qualquer encadeamento, operando uma apresentação direta do tempo, do fundo da desproporção das escalas, da dissipação dos centros, dos falsos *raccords* das próprias imagens.

Schefer descobre, com efeito, que a percepção do tempo no cinema deriva do modo como percebemos as transformações da imagem – o que Deleuze chama de "aberração" do movimento: nas desproporções que a imagem do cinema inaugura, nas suas mudanças de escala, a "aberração" do movimento "libera" o tempo, mostrando-o diretamente, como anterioridade a qualquer movimento normal definido pela motricidade, como anterior ao desenrolar regulado de toda ação. A imagem do cinema inverte a relação indireta, de subordinação, que o tempo mantém com o movimento normal; por isso o cinema dá lugar a um "nascimento do mundo" (a expressão é ainda de Deleuze a propósito da descoberta de Schefer) não mais solidário de qualquer experiência da nossa motricidade, ele dá lugar a um tempo como todo, como abertura infinita.

Se Schefer distingue nossa experiência ordinária do tempo, do tempo vivido no cinema, ele encontra ressonâncias entre esta última e outras duas de nossas experiências que também se dão no tempo: nossa "vida interior" e nossa memória. Para o crítico, os afetos que o espectador prova no cinema estão ligados, por uma aliança incindível, com essas duas manifestações de um "interior visível" da espécie. No cinema, nota Schefer, o espectador reconhece não suas ações já desempenhadas ou ainda possíveis, mas uma imagem de sua "vida interior", que para ele permanece invisível, uma imagem de suas ações utópicas, prováveis, que permanecerão, de certo modo, sem exercício. Nossa "vida interior", assim como nossa memória, parece solitária, escondida, "secretamente individual"; tanto uma quanto a outra compactuam com uma parte de nós mesmos que não acede à expressão, que está votada ao silêncio e a uma afasia relativos. Ora, essa afasia é também uma situação comum a todos os espectadores de cinema, que vivem, na solidão, afetos intensos. É a todos esses espectadores condenados ao silêncio que Schefer empresta voz, convocando parte da sua vida, da sua biografia.

O crime

A investigação que Schefer empreende, em *L'homme ordinaire du cinéma*, do que seria a "experiência" do espectador não implica num mergulho no "eu", numa "interioridade" que constituiria a sede de tal experiência. Tomando como ponto de partida a sua relação particular com o cinema, aquela que se constituiu no primeiro contato com o filme, Schefer parte, com efeito, de suas primeiras lembranças de menino-espectador; mas, escapando ao tom confessional, não cai nas armadilhas da subjetividade, alcançando uma agudeza analítica que lhe permite formular a dimensão genérica dessa experiência, que será definida em função do modo segundo o qual o cinema leva qualquer espectador experimentar o tempo, o movimento, as imagens.

De seu primeiro contato com o cinema, Schefer extrai alguns componentes afetivos, principalmente o medo, o horror, que toma como fundantes não apenas da sua, mas da relação de qualquer espectador com o cinema. Traduzo um trecho de sua primeira lembrança do cinema.

> Por que será que todo filme sempre repetia a guerra? Vi meus primeiros filmes após ter sido mergulhado em cenas de guerra (os abrigos à noite, os bombardeios, o êxodo, orações de joelhos, café poeirento e desfile de prisioneiros através das vidraças, viagem noturna sozinho num caminhão em pleno inverno, quatro anos...). Mas são unicamente cenas, cenas perfurando uma espécie de inconsciência de criança. De criança distraída para quem no meio do êxodo se mantinham uma voz, um tom de voz, a música, os quadros, objetos que o sopro das bombas estilhaçava um após outro, um "ar" reservado, um ser que catástrofes, lutos nunca faziam descer: o poço, o abismo [...]. Imagino que durante todo esse tempo ruim lutos, viagens forçadas, acampamentos eventuais, uma voz, um comedimento e um saber soberano de ser civilizado não foram destruídos: a terra não se abrira sob os passos de uma criança distraída: nunca um grito foi dado perto dela. E a música se mantivera então a sua volta, e durante a noite, a luz filtrada ou os alertas. Por causa do que era ainda a grande juventude do mundo. A catástrofe não pôde dar um único passo mesmo através dos escombros, mesmo através de um luto até o dia em que o levaram ao cinema. Sciuscia: todo o medo da guerra e quatro anos de terror, e objetos estilhaçados e rostos desaparecidos se fixaram em um instante na tal sala, sobre a imagem do primeiro filme. Aqui começou a primeira doença pela qual foi culpado e punido. A primeira doença dos nervos, isto é, a primeira identidade incerta e criminosa que uma criança encontrou no medo (na sua primeira solidão verdadeira); a criança em andrajos na Itália engraxando sapatos de soldados americanos. Foi assim que o mundo começou, isto é, tornou-se indescritível.
>
> Foi assim que o medo da guerra congelou tantas crianças após a Liberação, que lhes veio não apenas o medo de ter escapado a um massacre, mas a consciência descontínua de ter assim mesmo sido mortos, por causa desses filmes que começavam sem a mesma voz que os aviões nunca conseguiam cobrir, sem uma irmã, sem ajuda, sem odor. Foi assim então

que teve início uma afasia, a família desaparecida, que a consciência de um crime precedeu todo crime. Que os dentes passaram a bater só para Carlitos, o Gordo e o Magro, Walt Disney. [...]

O medo de Roscoe Arbuckle, de Carlitos, de Al Saint-John começou assim a descolar irreparavelmente o mundo inteiro da música, das vozes, dos quadros. Foi então no cinema que o mundo começou como lembrança de um crime ao mesmo tempo perpetrado contra ninguém e constantemente suspenso. Foi só no cinema que a constância de uma voz ouvida apesar do trovão e de tantos anos, de um sopro contido pôde morrer pela primeira vez. [...]

Mas há alguma coisa a mais no cinema: numa persistência do "burlesco", isto é, na invenção pura do movimento associado a rostos brancos:

Uma sombra, como se seu pai, por exemplo, morto durante a guerra e – porque seus despojos, ou seu corpo lhe tinham ficado escondidos – angelicamente raptado por uma força, um ser votado a um resgate desconhecido, ou, mais precisamente, para o efeito de um abandono que então desencadeia o atraso do crime nesse forro cômico do mundo, que era preciso ir "pescar" no cinema. E como se essa outra face do mundo, a coorte de anjos, a cerimônia fúnebre, as carpideiras só pudessem vir de lá, mas que tudo isso só vinha sem parar e num tamanho desalento, por meio desses ritos grotescos. Mais ainda: nesse mundo momentâneo de granito sem fissuras no qual a sucessão das imagens, ou os planos próximos, no qual a razão de todas as condutas permanecia como um enigma inquietante: isto é, de uma familiaridade e de uma conivência apenas deslocadas.

Mas é isto: o mundo grotesco atinge como que sua razão e seu enigma de uma tamanha falta de jeito porque numa cena surrupiada de sua infância seu pai fora um dia subtraído do mundo como a razão mesma pela qual a guerra tinha lugar. E que em meio às cidades bombardeadas, às pontes rompidas permanecia num retrato supremo um olhar petrificado. E que se esses seres de pedra permaneciam gesticulando num desespero prematuro, era porque todos os grandes homens, ou melhor, toda uma face do mundo já tinha deixado não de viver, mas de estar ali e de poder vir de novo, isto é, de poder voltar e estender as mãos (SCHEFER, 1980, p. 95-99).

É a partir desses elementos reunidos em torno do primeiro filme, da guerra e da morte do pai, que Schefer construirá sua noção de "ser experimental do cinema". Seu relato mostra que o menino teve a "experiência" da guerra, ele a "viveu", mas não foi atingido pelo horror que a acompanha porque esteve protegido por uma voz, pelo respeito das pessoas, pelos sons, pelos quadros, pelos odores, pelo que emana das próprias coisas, enfim por uma "ambiência" que guardou intacta sua sensibilidade, por onde o horror poderia ter feito seu caminho. (Notemos que a palavra "voz" é repetida nesse trecho, que também evocará os "sons", a "música" (e um grito nunca dado), como se o aconchego e a proteção, que serão rompidos pela imagem, fosse justamente aquilo que não é da ordem do visível.) É quando ele se encontra na situação de espectador de cinema: isto é, sozinho, sem a garantia dos seres amados e dos objetos familiares, da voz, que todo o horror não vivido da guerra se precipita instantaneamente *na* e *pela* imagem.

A ideia de "crime" é central ao pensamento de Schefer sobre o tempo. O que ele chama de crime é a *separação do tempo* – quando a matéria desaparecida, os objetos, corpos e silhuetas passariam a guardar, como um segredo, a razão para buscarmos, por meio deles, incansavelmente ou por toda a vida, o que não poderia ter desaparecido. O crime é a própria *origem do tempo* em nós: a própria causa, a menor de todas, de uma separação do tempo e dos acontecimentos. Aquele primeiro mundo em que fomos indissociáveis do tempo não pode ter desaparecido, nota o crítico, senão deixando em nós uma ausência ou, como em latim, um "de-sejo"; por isso, procuramos pelo resto de nossas vidas, nesses objetos, corpos ou silhuetas aquilo que não poderia ter desaparecido. O que buscamos é a causa mesma da separação do tempo e dos acontecimentos, a origem do tempo em nós mesmos; o "crime"é a desproporção de uma causa antiga em relação a toda a origem do tempo em nós.

O cinema propicia uma experiência particular do tempo, do que Schefer chama de "paradoxo do tempo" ao equacionar a seu modo a relação entre visível/invisível e ao reunir duas dimensões temporais aparentemente opostas: o atraso e a antecipação. É por meio desse "paradoxo" que o cinema "aciona", por assim dizer, a noção de "crime" formulada pelo crítico. Voltemos às suas memórias. O afeto despertado no menino pelo filme, o horror da guerra é como uma espécie de efeito *retardado* de algo que não foi vivido, mas com que o menino-espectador se torna de pronto conivente, assim que aparece na imagem: a imagem do filme de De Sicca "fixa" o horror de algo que *já* "aconteceu" na realidade, mas que só depois, no cinema, o menino pode "reconhecer"; é por mostrar esse horror ligado a algo que já aconteceu sem ter afetado, que a imagem do cinema surge, ao mesmo tempo, como uma *ameaça* permanentemente "em suspenso". Traduzindo suas noções de atraso e antecipação em termos de afeto, Schefer dirá que "todo filme faz começar a guerra": porque todas as crianças que viveram a guerra passam a conviver com o medo de terem escapado ao massacre, e com a consciência de já terem, ao mesmo tempo, sido mortas.

O horror, esse horror que vem de algo que já passou e que, ao mesmo tempo, nunca chega, é sempre adiado, é o próprio enigma do tempo; e é esse enigma que a imagem cinematográfica faz todo espectador provar. O que a experiência do menino espectador nos mostra é que a carga de afetos suscitada pela imagem do cinema nos abala, a todos, intensamente, como algo "que já nos atingiu"; mas que, por se dar "na imagem", que não está "ligada", isso que nos atinge nunca chega – ou seja, é sempre adiado para um futuro sem concretização. O horror do menino é o enigma do tempo que todos nós experimentamos na imagem cinematográfica; porque nela o retardo e a antecipação – passado e futuro – surgem juntos, só podem surgir juntos e só podem ser experimentados simultaneamente.

A morte do pai do menino integra também a relação que vai ser constituída, por meio da experiência da guerra, com a imagem do cinema, mais particularmente com o burlesco. Essa morte incompreensível para a criança, e que passa a ser a razão mesma da grande perturbação que abala a terra é o momento em que se estabelece uma relação peculiar entre visível e invisível. Diferentemente da guerra, que foi vista, mas não afetou, a morte foi sentida, mas ficou oculta. Como os restos mortais do pai nunca foram vistos, a guerra fica definitivamente ligada ao mistério da supressão de um ser – um enigma que já é o da imagem, posta no lugar do objeto; ao mesmo tempo, o retrato na parede pode mostrar aquilo que se tornou invisível e que passa a existir numa outra dimensão; mas que por ter desaparecido, tendo no entanto permanecido na imagem, pode sempre "voltar" de modo inusitado, como vem a imagem do cinema. É essa incongruência entre aparecer e desaparecer, é essa possibilidade de uma "volta" (introduzida pela morte do pai) que o menino vai "pescar" no cinema, por meio da aberração da imagem do burlesco e do seu mundo grotesco.

Note-se que as noções de atraso e antecipação são constituintes da experiência do cinema justamente por meio dos afetos despertados pelo filme. O afeto "perdura", isto é, se prolonga no tempo – é o que Schefer chama de "efeito de duração"; mas o tempo é percebido no cinema também como "antecipação": as imagens do cinema oferecem uma anterioridade de afetos em relação a sua legibilidade; somos tocados pelos afetos "antes mesmo" de sua verificação em atos. Se todos os filmes sempre fazem "começar a guerra", as imagens do cinema sempre fazem "começar a espera", argumenta Schefer; elas na verdade "criam" a espera, dirá o crítico, e é esta espera que lhes confere crédito, que garante sua duração e memória. Se o espectador é o real produzido pelo cinema, a imagem é votada a esse real dos afetos; os afetos são, portanto, *a espera da imagem.*

Schefer dirá que as imagens do cinema são votadas à espera e que são, portanto, "votadas" ao crime; e que o espectador é o autor desse crime impossível e sempre prorrogado. Um pensamento esclarecido em sua belíssima análise de uma cena de *La Chienne*, de Renoir, filme no qual a personagem da jovem é morta pelo amante mais velho: antes mesmo de morrer, na própria espera em que o espectador é colocado, argumenta o crítico, a mulher já se tornou objeto de um assassinato – de um crime cometido pelo espectador; entretanto, durante essa espera, por menor que seja, esse assassinato diferido torna ao mesmo tempo impossível seu cumprimento pelo espectador; e durante esse único instante, *todo o saber do espectador terá sido unicamente a palpitação desse atraso do crime diferido*, que ao mesmo tempo designa ao espectador uma presa e a retira do seu campo de ação.

Esse jogo com o atraso e a antecipação – esse crime ao mesmo tempo retardado e precipitado – é o próprio mistério do tempo que o cinema nos faz provar. O crime é o tempo, dirá Schefer, o horror do tempo que o cinema pode de uma só vez antecipar e prorrogar. O cinema é feito desse permanente jogo, por meio do qual um homem nunca chega ao fim de sua corrida; mas seu ato, mesmo assim, sempre é cumprido porque todo o mundo inaugurado pelo cinema é, naquele instante, apenas a consciência de sua fuga, e porque nada nesse mundo escapa à significação. O saber do espectador é, assim, um saber "anterior", daquilo que ele espera sem esperar, que não tem objeto e nem se exerce sobre as coisas – ele não é, senão, *a espera da imagem* para que seu efeito possa, em seguida, se anular. No cinema a significação chega depois, atrasada. Os afetos compõem uma anterioridade de mundo e um mundo que subsiste depois deles – mas trata-se de um mundo sem proporções emprestadas ao real, de uma "intenção de mundo" da qual somos a "consciência experimental".

O prazer ligado ao crime

Tempo atrasado/tempo antecipado: a suspensão do crime é o horror e, ao mesmo tempo, todo o prazer auferido no cinema. Para Schefer a imagem do cinema nasce como paradoxo temporal e moral: o tempo do cinema não se resolve em ações, nem em expressão; o espectador é a garantia temporal dessas ações, garantia que ele lhes confere enquanto ser moral. Quaisquer que sejam os personagens do filme, argumenta o critico, nós os garantimos em nós mesmos com uma "vida elementar" por meio do gozo que nasce na delícia do suspense de todo ato. O prazer do espectador é a busca de um gozo que o inocenta do silogismo do desejo, de suas premissas, de sua conclusão mortal num mundo à parte – conclui ele. Para Schefer o espectador nasce na espera, no gozo desse crime suspenso, do qual ele é "toda a duração de silogismo".

O medo

Na experiência do menino o medo advém do horror vivido na solidão e no silêncio do cinema. Trata-se da intensidade de uma experiência que não acede à linguagem, de uma solidão que não pode falar. O "mundo" que tem início no cinema, só pode "começar" tornando-se indescritível, diz Schefer. Esse aumento da latência afásica que o cinema estimula é algo que já provamos na nossa chamada "vida interior", e que o cinema compartilha também com a nossa experiência da memória – ambas nos fazem acionar uma dinâmica peculiar entre o visível e o invisível, vedada à linguagem.

A afasia

O tema da afasia tão decisivo na experiência do cinema está ligado a um outro, também muito caro a Schefer: o efeito de sideração ou de espanto produzido pelo cinema, que a seu ver tanto desmente a noção de manipulação (frequentemente associada às imagens do cinema) quanto afasta a possibilidade de uma distância crítica na produção das imagens, e da sua análise como um texto.

A memória

Além da escrita peculiar de Schefer, o procedimento habitual da sua crítica, que prefere tratar mais de fragmentos que de filmes inteiros, está ligado ao modo como ele considera a participação da memória na experiência do espectador. Se bem que tenha escrito sobre certos filmes, a maioria de seus textos trata do menor elemento do filme, o plano (ou o fotograma) – não do plano como "figura" da linguagem cinematográfica, mas como uma espécie de "condensação" da verdade da imagem: como se ao mobilizar intensamente os afetos do espectador, essa verdade "se imobilizasse" para ele numa única imagem.

O cinema propicia uma experiência nova do tempo e também da memória, dessa parte invisível de nosso corpo que nós mesmos fazemos nascer e que, sem reflexo sobre nós, busca sem esperança transformar sua própria obscuridade em mundo visível. A memória nos ensina a manipulação do tempo como imagem pela subtração de nosso corpo real – imagem que é ao mesmo tempo invisível e apenas nossa. Esta experiência também nos é propiciada, a seu modo, pelo cinema: como se ele "encenasse" tal visibilidade por meio de imagens visíveis que, no entanto, não nos pertencem. O cinema é como uma memória do que não vivi, afirma Schefer, e que, por não ser corrompida pela minha sombra, me permite um conhecimento direto do tempo. No cinema "aprendo" a memória.

Mas, além disso, o cinema pode também produzir efeitos de memória, os filmes podem ser "contaminados" por nossas lembranças, mesmo que tenham pouco a ver com os conteúdos de nossas vidas. Assim como os afetos do espectador não são determinados pela história do filme, a memória despertada pelo cinema não está na evocação que podemos eventualmente fazer de certos filmes; é como se fôssemos ao cinema para apagar progressivamente as imagens do filme por meio dos sentimentos dominadores que ali experimentamos; e como se essa massa de afetos, ao vir à luz, trouxesse progressivamente cadeias de imagens, de outras imagens geradas por nós mesmos – como se, ao anexar algo de nós no filme, o "escrevêssemos" de novo.

O espectador como dispositivo

O espectador tal como Schefer o define não é apenas o lugar calculado dos efeitos de imagem; ele é também autor de uma *segunda montagem*, em relação à qual ele próprio é um *dispositivo*. Aqui, mais uma vez, Schefer desloca o sentido de uma expressão consagrada da crítica: a de dispositivo cinematográfico, para designar outra operação, sem fim, por meio da qual o espectador não pára de integrar e deslocar elementos diversos do filme, que ele dota de conteúdos variáveis. O espectador é um mecanismo, *ele é o dispositivo* que tem um primeiro dom de por em cheque qualquer lenda, qualquer origem narrativa que não a afetiva feita por um filme real.

Referências

DELEUZE,G. *L'image-mouvement.* Paris: Les Editions de Minuit, 1983.

DELEUZE,G. *L'image-temps.* Paris: Les Editions de Minuit, 1985.

KIERKEGAARD, S. *Crainte et tremblement.* Paris: Aubier, 1984.

SCHEFER, J. L. *L'homme ordinaire du cinéma.* Paris: Cahiers du Cinema/Gallimard, 1980.

SCHEFER, J. L. *Cinématograhpies,* Collection Essais, Cahiers du Cinema, Paris, 1997.

SCHEFER, J. L. *Images Móbiles – Récits, visages, flocons.* Paris: P.O.L., 1999.

SCHEFER, J. L. *Journey.* s.d. Disponível em: <http://mail-b.com.br/cgi-bin/webmail>. Acesso em: 6 set. 2007.

SCHEFER, J. L. *Origine du crime.* Paris: P.O.L., 1985.

A superfície do cotidiano: uma aproximação a *Acidente* e *Uma encruzilhada aprazível*

Cláudia Cardoso Mesquita

Desde 2005, quando a segunda edição do programa DOCTV lançou *Acidente, paraíso* e *As vilas volantes*, cultivo a suspeita de que alguns traços antes inusuais têm se tornado mais e mais marcantes (ou talvez mais evidentes para mim) na produção de filmes e vídeos documentais brasileiros.[1] São características que envolvem a escolha e a abordagem dos "objetos" (talvez seja melhor dizer "motivos") e a composição das imagens e sons na montagem. Como resultado, vejo, de um lado, a resistência a uma abordagem verbal de temas e assuntos prévios, e uma espécie de investimento na presença bruta e na superfície imediata do cotidiano; de outro, certa ênfase na dimensão temporal da experiência de pessoas e localidades, mesmo quando tratadas de modo fragmentário pela enunciação. Equacionadas de modo singular por cada filme, tais afinidades sintetizadas acima me parecem dignas de atenção. Proponho acercar-me delas através da descrição e da análise de dois documentários brasileiros recentes. Refiro-me à versão longa de *Acidente* (GUIMARÃES; LOBATO, 2006) e ao média *Uma encruzilhada aprazível* (Ruy Vasconcelos, 2007), também lançado no contexto do programa DOCTV, no Ceará, em sua terceira edição.

Vida e nada mais

Começo emprestando expressão de Ismail Xavier (2005, p. 204) para dizer que os dois documentários têm na "prosa ordinária do mundo" ("a vida,

[1] No percurso de discussão da produção atual, sou grata a Consuelo Lins e Leandro Saraiva, com quem tive a oportunidade de compartilhar reflexões sobre o documental brasileiro recente (ver MESQUITA; SARAIVA, 2003; LINS; MESQUITA, 2008.). Na produção deste texto, foram de grande valia a leitura e os comentários críticos de André Brasil e César Guimarães. Obrigada ainda a Lucian Chaussard pela referência bibliográfica (*Notas sobre o cinematógrafo*). De maneira geral, o apoio e o incentivo de Anna Karina Bartolomeu, César Guimarães, Ismail Xavier, Leandro Saraiva e Júnia Torres têm sido fundamentais.

a matéria, as cores, os sons, como presença pura") seu principal motivo.[2] Apesar de significativas diferenças (que trataremos à frente), ambos elegem localidades como demarcação inicial para uma investigação visual e sonora de ambientes físicos e do cotidiano. Desinvestidos da pretensão prévia de explicação totalizante, informação convencional ou elaboração verbal de significações sobre essas localidades (ou sobre a cultura e a experiência das pessoas que nelas habitam), esses filmes investem na "superfície" do mundo que se dá à vista e aos ouvidos, recortando informações visuais e sonoras em séries cujos fragmentos – planos muitas vezes estáticos – não montam didaticamente, para o espectador, uma totalidade orgânica, uma imagem de conjunto. O que parece importar é sobretudo propor atenção a ambientes banais, incidentes corriqueiros e aparências imediatas que às vezes adquirem, pelo olhar da câmera, inesperado valor estético, lúdico ou afetivo.[3]

Numa aproximação inicial, eu destacaria, portanto, uma sorte de investimento no insignificante, no ordinário e no cotidiano. Em lugar de um senso de atualidade e urgência em relação a temáticas e problemas prementes (mais próprio à tradição do cinema documentário), esses filmes propõem dispor de uma nova forma "os objetos e as imagens que formam nosso mundo comum já dado", para emprestar expressão de Jacques Rancière (2005), que a utiliza para caracterizar uma das duas atitudes artísticas que, em sua concepção, marcariam a contemporaneidade; atitude caracterizada pela "modéstia".[4] Menos do que a narrativa de uma história real; do que a atenção à experiência de um ou mais indivíduos, ou do que a abordagem de um problema, ou questão temática de

---

[2] Ele a utiliza para caracterizar o "regime estético da arte" proposto por Jacques Rancière (2005), em oposição ao "regime mimético". Segundo Xavier (2005, p. 203-204), o regime estético diria respeito a uma "operação típica à arte moderna [...], pela qual se deposita o valor na forma que, descartando o *mythos* e a arte figurativa, é capaz de fazer emergir o esplendor puro do ser, a potência expressiva inscrita nas coisas mesmas, no insignificante". A meta do artista nesse regime seria "uma absorção 'passiva' da poesia já inscrita no insignificante". Também seriam próprios ao "regime estético" a "assunção do qualquer-um" e "passar dos grandes acontecimentos e personagens à vida dos anônimos, identificar os sintomas de uma época [...] nos detalhes ínfimos da vida ordinária, [...] reconstituir mundos a partir de seus vestígios" (RANCIÈRE, 2005, p. 47-49).

[3] Consuelo Lins e eu abordamos, de modo introdutório, alguns desses traços no artigo *Aspectos do documentário brasileiro contemporâneo (1999-2007)* e no livro *Filmar o real – sobre o documentário brasileiro contemporâneo*. Retomo e desenvolvo aqui algumas das considerações lá introduzidas.

[4] A outra atitude, adotada notadamente por filósofos e historiadores da Arte, estaria marcada por uma defesa da radicalidade da arte concebida como "potência singular de presença, de aparição e de inscrição", que rompe com a experiência ordinária. Ver RANCIÈRE (2004, p. 33-34). Apoio-me aqui na leitura e na sistematização realizadas por César Guimarães no dossiê do II Simpósio Comunicação e Experiência Estética.

relevo, esses filmes parecem interessados em captar segmentos do curso da vida sem conflito e sem tensão, dotando-os de um interesse estético que só secundariamente inclui tema, drama ou narrativa. *Vida e nada mais*, como diria o título do filme do cineasta iraniano Abbas Kiarostami.

> Sem vontade de significar, de exprimir, a imagem (re)encontra sua função de reproduzir o que está diante da câmara: 'a vida e nada mais'. Como a vida não simboliza nem representa nada e supostamente está presente em si mesma, basta que a imagem seja a revelação dessa presença [...] Uma espécie de recuo do sentido pelo apagamento de tudo o que pretende se acrescentar à evidência do mundo [...] E o gosto do real, o retorno às coisas que a imagem cinematográfica permite revelar, ao mesmo tempo que necessariamente remete a si mesma. Pois o minimalismo dos pequenos incidentes seria inautêntico se não se confessasse como tal, como efeito de linguagem, de um material e de um meio de expressão específicos (Ishaghpour, 2004, p. 123-124).

Apesar da diferença evidente de contexto e proposta de cinema, as palavras de Youssef Ishaghpour (2004) sobre o cinema de Kiarostami são inspiradoras para nós. Penso que também nesses dois documentários a busca do "apagamento de tudo que se pretende acrescentar à evidência do mundo" (em termos de informações e análises de dinâmicas e determinações sociais, políticas e históricas) está intimamente relacionada ao desejo de observação e contemplação possibilitada pelo meio audiovisual. Em resumo, um minimalismo dos pequenos incidentes que se confessa como efeito de linguagem, já que se busca a imagem distintiva e valorosa possibilitada pela observação paciente e pela mediação do dispositivo, "salvando" do acaso e do fluxo ininterrupto do tempo pequenos acontecimentos estéticos. Mais do que o assunto interessam os objetos, e mais do que eles, poderíamos dizer, interessa o "olhar" que mira ou a maneira de mirá-los.

Longe, portanto, das imagens quaisquer produzidas, por exemplo, por uma câmera esquecida ligada (ou por uma câmera de vigilância), as imagens desses filmes investem o banal de um deliberado potencial estético. Para tanto, podem se valer (como veremos bem em *Acidente*) de parâmetros de abordagem autorrestritivos, que lhes autorizam a se aproximar do mundo despidos de qualquer pretensão de acesso a "verdades" e "sentidos"; ao contrário, numa calculada "cegueira" para tudo que não é imediato, superfície, dado visível e audível, enquadrado segundo interesses plásticos, pictóricos e de composição. Se "conteúdos" e "sentidos" emergirem, serão fruto da observação de incidentes banais, fragmentários, e não de uma aposta anterior (a conformar a escolha de temas, assuntos, personagens), atualizada na montagem. No caso de *Encruzilhada*, a escolha das locações abordadas se relaciona com questões temáticas precedentes, embora sua abordagem opte por tomadas mais empíricas e por recusar a "fala", o que permite ao filme abrir-se para o aleatório, o contingente, e preservar certa opacidade e enigma em relação aos temas que nortearam seu projeto.[5]

Entre o "realismo de presença" e o "cinema puro"?

Pensando nessas características, lembrei-me de conceitos relacionados à história e à teoria do cinema expostos por Ismail Xavier no livro *O discurso cinematográfico - a opacidade e a transparência* (2005).[6] Numa primeira analogia, eu diria que os dois documentários poderiam ser relacionados à ideia de "realismo revelatório" (ou "realismo de presença"), conforme exposto no capítulo IV da obra *(O realismo revelatório e a crítica à montagem*, p. 67-96). Segundo essa concepção, grosso modo, a experiência imediata e a realidade palpável do cotidiano devem ser "núcleo e limite da verdade humana a ser revelada pelo testemunho do cinema" (Xavier, 2005, p. 70). Esta modalidade de realismo, própria a Kracauer, se caracterizaria pela "recusa de um princípio organizador que imprimisse um sentido definido ao desenvolvimento dos fatos" (p. 68). Assim, a função do cinema seria "produzir experiências aptas a fornecer o retorno ao mundo concreto, a provocar a reativação da percepção direta e vivida dos eventos" (p. 69). É impossível representar o mundo como totalidade organizada porque ele é fragmentado, assim como a consciência que temos dele. Melhor investir na "experiência do momento singular e do 'pequeno fato'" (p. 70). Ou, segundo o modelo de Zavattini, nas palavras de Xavier: "tudo é essencial; e, não somente posso me deter na observação de qualquer fragmento, como devo detalhar o máximo possível tal mergulho no fragmento" (p. 73).[7]

---

[5] Refiro-me ao projeto *Uma encruzilhada aprazível*, bastante preciso em sua proposta de objetos e abordagem, apresentado por Ruy Vasconcelos ao concurso público DOCTV III, no Ceará, em 2006. Sou grata à equipe do DOCTV nacional pelo acesso à cópia do filme e a Ruy Vasconcelos por disponibilizar gentilmente o projeto escrito.

[6] Farei a seguir um tanto de "ginástica conceitual", já que me valho de conceitos engendrados em outros contextos e propostos de modo geral para a produção ficcional. Mas penso que esse exercício de adaptação (talvez "abusado") corresponde também a uma forma de aproximação e reflexão sobre os filmes, podendo ter alguma validade.

[7] No outro extremo estaria o que Ismail Xavier (2005) define como "realismo crítico" ou realismo "da visão de mundo" (ver cap. III, "Do naturalismo ao realismo crítico", p. 42-65), cuja pretensão, grosso modo, seria identificar as forças sociais e históricas que regem os acontecimentos, os eventos, as

O paralelo é sedutor (o "pequeno fato", o testemunho, a fragmentação), mas cabe lembrar que há enormes diferenças entre os filmes aqui tratados e aqueles referidos nas formulações originais sobretudo pela ausência de personagens e tramas ficcionais, e pelo trato com imagens que portam referentes "reais", tomadas ao curso do tempo histórico. Por outro lado, se esses documentais recentes podem ser relacionados a uma espécie de "realismo imanente", poderíamos também aproximá-los das vanguardas não narrativas, particularmente do cinema dito "puro" ou "poético", que recusou as histórias (fossem reais, fossem imaginadas) em proveito de um investimento nas "revelações" obtidas do relacionamento entre a câmera e cada objeto posicionado diante dela (cada imagem singular gerando uma "nova experiência do mundo visível", Xavier, 2005, p. 103). Há, se quisermos, uma combinação entre a afirmação do referencial realista, do investimento na imagem "tomada" ao curso da experiência imediata, e a busca, nessas imagens indiciais, de valores pictóricos e poéticos que se situam, poderíamos dizer, nalgum lugar "aquém da representação".[8] Em muitos trechos, penso que o valor da tomada está menos no testemunho de eventos e acontecimentos irrepetíveis do que em modestos incidentes e "achados" estéticos, tais como jogos de luz e sombras, espelhamentos, montagem de linhas e figuras, planos gerais fixos cujos valores pictóricos fazem lembrar pinturas impressionistas, em sua expressão dos instante fugidio, do ambiente em movimento.[9]

Pois bem: o investimento numa espécie de "realismo de presença" e a recusa à totalização parecem marcar parte da produção recente de documentários no Brasil – embora *Acidente* e *Uma encruzilhada aprazível*, contemplativos e avessos mesmo à elaboração verbal de asserções e significações,

---

experiências; não apenas descrever mas narrar, pôr em evidência as determinantes sócio-históricas da experiência imediata. Segundo essa concepção, "a imagem e o som não se combinam com o objetivo de mostrar algo, mas com o objetivo de significar algo; o que implica na apresentação do fato, não como um ato de testemunho [...] mas em nome de uma compreensão de seu significado histórico" (XAVIER, 2005, p. 67).

[8] Xavier (2005) utiliza a expressão para se referir ao cinema de Hans Richter, Germaine Dulac e outros artistas que radicalizaram nos anos 1920 a formulação de um "cinema puro", que exigiria mesmo a "supressão de qualquer vestígio mimético" e tomaria "como única realidade a dinâmica da luz e os seus efeitos geométricos e rítmicos na superfície da tela" (XAVIER, 2005, p. 104). Os filmes, aliás, os "documentários" que analiso aqui não chegam evidentemente a esse grau de recusa dos vestígios miméticos. Por isso, fico tentada a posicioná-los nalgum ponto entre os valores identificados com um realismo "de presença" e aqueles postulados pelas vanguardas não narrativas.

[9] Para uma aproximação à invenção do cinema (e à obra de Louis Lumière, em particular) no contexto das artes no final do século XIX, interessadas no registro e expressão de "instantes da vida", recomendo a leitura do texto *A atualidade da imagem e a imagem da atualidade*, de Henri Gervaiseau (2006).

se localizem num extremo, radicalizando essa aposta. Antes de abordá-los mais detidamente, proponho localizar a emergência de propostas como essas num quadro (bem panorâmico) do documentário brasileiro dos anos 1990 e 2000, esboçando suas principais características.

Circunscritos, paramétricos, contemplativos

Penso que, entre outros traços, um que poderia ser mobilizado para caracterizar com justeza a produção documental hoje no Brasil é uma tendência à particularização do enfoque: em vez de estruturar seus discursos na forma de diagnósticos, mobilizando dados, personagens e informações heterogêneos, os documentários tendem a buscar seus temas no recorte mínimo, abordando experiências e expressões localizadas ou individuais, roçando singularidades.[10] As experiências individuais são, de modo geral, tratadas como irredutíveis – entre a singularidade extrema, excepcional (tal como vemos em *Estamira*, de Marcos Prado) e o potencial "metonímico" do personagem (cuja experiência, ainda que incomum, parece esboçar os limites possíveis da consciência de um grupo numa época, tal como vemos em *O tempo e o lugar*, de Eduardo Escorel), a abordagem tende a se basear no registro imediato, no diálogo e no trato respeitoso com as experiências dos indivíduos; e não no "olho" que vê mais longe, relacionando, na montagem, essas experiências à conjuntura ou à estrutura social, com suas potencialidades e problemas (como era mais frequente no documentário brasileiro dos anos 1960 e 1970, certamente mais próximo da ideia de "realismo crítico").

Nesse sentido, os filmes que proponho analisar são representativos. Evitam o discurso totalizante e não chegam a se interessar diretamente pela problemática social. Diferentemente até mesmo da média, não investem com a mesma ênfase na investigação de experiências individuais e na composição de "personagens", embora em alguns segmentos eles estejam presentes. "Um único mistério pessoas e objetos", poderíamos dizer sobre eles, tomando de empréstimo expressão do cineasta francês Robert Bresson (2004, p. 26). A presença humana interessa, mas imersa em cenários cotidianos onde os objetos desempenham papel de semelhante importância. Tudo que se dá à vista e

[10] Tentei uma caracterização geral e panorâmica do "documentário da retomada" no texto *Outros retratos: ensaiando um panorama do documentário independente no Brasil*. In: *Sobre fazer documentários* (São Paulo: Itaú Cultural, 2007). Consuelo Lins e eu retomamos a discussão no artigo *Aspectos do documentário brasileiro contemporâneo (1999-2007)* e no livro *Filmar o real – sobre o documentário brasileiro contemporâneo.*

aos ouvidos, que é aparência imediata e superfície do mundo visível e audível interessa: pessoas, objetos, paisagens, sons, fragmentos de falas, ruídos.[11]

Essa é uma das singularidades desses documentais. Dada a proeminência do "verbal" e do "verbalizável" no documentário brasileiro recente, os filmes aqui destacados não deixam de trazer em seu bojo uma espécie de "reação". Penso, por exemplo, na presença marcante, já notada muitas vezes, da entrevista e do depoimento no documentário brasileiro recente. No capítulo "A entrevista", presente na segunda edição de *Cineastas e Imagens do Povo* (2003), Jean-Claude Bernardet constatava o crescimento da produção independente de documentários no Brasil, desde fins dos anos 1990, mas acreditava que tal *boom* não correspondia a um "enriquecimento da dramaturgia e das estratégias narrativas"; ao contrário, evidenciava a repetição de um mesmo procedimento, banalizado pelo jornalismo televisivo: "Não se pensa mais em documentário sem entrevista, e o mais das vezes dirigir uma pergunta ao entrevistado é como ligar o piloto automático" (Bernardet, 2003, p. 286).

Um pouco mais tarde, relacionando-se com os escritos de Bernardet (2003), Stella Senra publicava na revista *Sinopse* o texto "Interrogando o documentário brasileiro" (2004), em que questionava o "rebaixamento da contundência política" e a "complacência estética" do documentário contemporâneo no Brasil, usando como contraponto (e exemplo desejável de "novas maneiras de negociar com o real") as obras que integraram duas exposições de artes plásticas. Senra (2004) relacionava essa "complacência" à utilização de uma "metodologia surrada" e de procedimentos recorrentes (como a prática das entrevistas), sem muita reflexão, por parte dos realizadores, em relação a qual a melhor "relação" (sempre construída) a se estabelecer com seus assuntos, objetos e personagens reais. E propunha uma abertura do campo cinematográfico a outras manifestações artísticas – movimento análogo ao das obras analisadas por ela, que se valiam de elementos mais próprios a um "terreno habitualmente dominado pelo documentário". Como exemplo, portanto, focalizava o trabalho de artistas que criaram métodos rigorosos de relacionamento com situações reais complexas – "verdadeiros protocolos de aproximação", segundo a ensaísta – capazes de evidenciar que

[11] Nesse aspecto, esses filmes poderiam ser associados à definição de "documentário poético" de Bill Nichols (2005). Nesse "tipo" de documentário, segundo o autor, "os atores sociais raramente assumem a forma vigorosa dos personagens com complexidade psicológica e uma visão definida do mundo. As pessoas funcionam, mais caracteristicamente, em igualdade de condições com outros objetos, como a matéria-prima que os cineastas selecionam e organizam em associações e padrões escolhidos por eles" (NICHOLS, 2005, p. 138).

o "acesso" a tais situações não é "direto nem espontâneo". Em resumo, Stella Senra elogiava nessas obras a produção prévia de parâmetros que pautavam o relacionamento com as situações reais focalizadas – ou, para usar o termo em voga, de "dispositivos" adequados, produtivos.[12]

É interessante notar como essa evidência da "crise" do "documentário de entrevistas" (ou de esgotamento, como apontado pelos críticos) parece caminhar junto com a emergência de trabalhos que partem de parâmetros formais prévios, a eles submetendo temas e assuntos. A proposta de circunscrição e demarcação mais rigorosa dos limites da experiência representada já se fazia notar muito bem em filmes do fim dos anos 1990, ganhando força ao longo dos anos 2000. *Santo Forte* (1999), de Eduardo Coutinho, por exemplo, embora centrado na metodologia da entrevista ou conversa (e praticamente restrito ao "verbalizável") é emblemático nesse sentido: o filme trabalha com um dispositivo espacial ou uma "prisão", como preferia dizer Coutinho, que utilizou esse termo para caracterizar o conjunto de regras autoimpostas que delimitam o processo de realização de seus filmes. No seu caso, ao menos até *Edifício Master* (2002), o dispositivo central seria de ordem espacial: filmar numa única locação, o que lhe permitia "cavar mais fundo", evitando a imposição de critérios de tipicidade à escolha dos entrevistados. Em *Santo Forte*, cuja temática central é a religiosidade popular, os 11 personagens são moradores de uma mesma localidade: Vila Parque da Cidade, pequena favela na Zona Sul do Rio.

Parece remontar, portanto, aos fins dos anos 1990 a legitimidade do conceito de "dispositivo", tanto na realização quanto na crítica do documentário no Brasil. Refiro-me a "dispositivo" como lugar da criação, pelo realizador, de um artifício ou protocolo produtor de situações a ser filmadas, o que nega a ideia de que um filme pode "apreender" a essência de uma temática ou representar uma realidade preexistente. Teríamos, nos filmes "de dispositivo", como escreveu Consuelo Lins, a criação de uma "'maquinação', de uma

[12] Stella Senra analisa em seu texto trabalhos reunidos em duas exposições de 2003: *A respeito de situações reais* (Paço das Artes, São Paulo) e *Movimentos improváveis – o efeito cinema na arte contemporânea* (Centro Cultural Banco do Brasil, Rio de Janeiro). Sua escolha é estratégica e envolve obras de cineastas-artistas como Pedro Costa, Chantal Akerman e Efrat Schvily, responsáveis, segundo sua análise, pela criação de dispositivos muito consistentes. Evidentemente, Stella não defende o "dispositivo pelo dispositivo". A simples adoção de um dispositivo não garante, digamos assim, a produção de um protocolo consistente e o "sucesso" de um filme (em termos de representação e potencial de revelação da experiência real). Tudo depende da adequação à temática eleita e do trabalho concreto de filmagem, da relação travada por realizadores e sujeitos filmados, que a maquinação anterior não dispensa.

lógica, de um pensamento, que institui condições, regras, limites para que o filme aconteça; e de uma 'maquinaria' que produz concretamente a obra".[13]

O documentário contemporâneo no Brasil seria mais e mais, nesse sentido, "paramétrico", submetendo temas e assuntos a parâmetros formais de abordagem estabelecidos de antemão. É a partir desses parâmetros que algo da realidade se "filtra",[14] o que significa uma recusa prévia à ambição e ao compromisso de colocar a linguagem a serviço do entendimento da complexidade de um indivíduo, situação, processo social ou história anterior e "representável".[15]

Os filmes recentes que vou analisar trazem, de um lado, esse gesto de "redução" do enfoque (muitas vezes através de demarcações prévias ou parâmetros autorrestritivos). De outro, e aí aparece seu traço singular, apresentam o desejo de tematizar o cotidiano ou o "lugar" sem palavras, sem falas, numa recusa do "verbalizável" como principal forma de relacionamento com locais, temáticas, questões, e personagens. O investimento é na superfície do mundo que se dá à vista. De um lado, portanto, *paramétricos*; de outro, *contemplativos*, interessados em incidentes banais e ordinários, imprevistos, que oferece ao observador paciente o curso ordinário do tempo.

Acidente

Acidente (2006), de Cao Guimarães e Pablo Lobato, resultou da proposição de um dispositivo inusual. O filme não parte de um tema, assunto

---

[13] "O filme-dispositivo no documentário brasileiro contemporâneo". In: *Sobre fazer documentários* (São Paulo: Itaú Cultural, 2007), p. 47-48. No texto, Lins aborda o conceito e a presença do "dispositivo" no documentário brasileiro, analisando alguns filmes, dentre os quais *Acidente*. Retoma a análise do filme no texto "Tempo e dispositivo no documentário de Cao Guimarães" (In: *Devires cinema e humanidades*, v. 4, n. 2, 2007).

[14] Como lembra Ismail Xavier (2005, p. 73), André Bazin falava na produção de um discurso que se apresenta como "filtragem" do real, ao defender o cinema que se debruça sobre a realidade.

[15] É possível ouvir aqui ecos de uma crise ampla, uma "crise geral das práticas de representação intercultural", para citar o antropólogo James Clifford (1998), crise notável noutros campos artísticos e do conhecimento. Devo a referência a Anna Karina Bartolomeu, cuja tese de doutorado (em finalização) examina modalidades de representação do "outro" pela fotografia. Reduzindo o enfoque e estabelecendo parâmetros formais prévios, os realizadores de documentários (eu me incluo aqui) parecem minimizar o fardo de produzir conhecimento sobre o "outro", prática que perde legitimidade num contexto em que se espraia a evidência da relação entre saber e poder (nos termos de Foucault). Vivemos num contexto em que "indígenas e moradores das comunidades urbanas carentes tomaram em suas mãos a tarefa de registrar suas próprias imagens, tornando obsoleta a mediação do cineasta profissional", como bem coloca Eduardo Escorel (2005, p.14-15), ao abordar a "obsolescência", primeiro dos "Quatro ou cinco dilemas" que enfrentaria, segundo seu texto lúcido, o documentarista brasileiro hoje.

ou situação concreta preexistentes, mas da criação de um poema composto com nomes de 20 cidades mineiras – nomes selecionados na internet, sem nenhum conhecimento prévio, segundo revelam os cineastas, a respeito das cidades (o que mostra, de saída, uma recusa aos preconceitos, às imagens prévias, aos "assuntos" e um investimento na "cegueira", na ignorância, no desconhecimento). As estrofes do poema forneceram o "mapa" inicial para a viagem de realização. Na ausência de temática anterior ou questão norteadora, o dispositivo coloca uma espécie de aleatoriedade desejada (ou acidente programado, que reduz o excesso de intencionalidade) na escolha e aproximação das cidades visitadas.

No filme, cada cidade corresponde a uma sequência, a uma peça independente (separadas por tela preta e letreiros, como "capítulos", cada um nomeado pelo nome da cidade em questão e pelo desenho de uma forma equivalente ao mapa da cidade); as sequências estão organizadas em séries, formando três blocos, cada um dos quais corresponde a uma estrofe do poema, a qual só se revela depois de apresentadas todas as sequências/cidades que compõem um bloco.

Em cada sequência, diferentes objetos, situações e durações, distintas formas de abordagem e de composição. Em todos os casos, não há dados, falas sobre o lugar, informações, totalizações, comparações entre dinâmicas sociais, políticas, econômicas ou populacionais. O que parece importar é propor atenção a pequenas cenas e acontecimentos, às vezes dotando-os de interesse estético – uma rua molhada pela chuva e iluminada por trovões e faróis de carros, microeventos em um bar/mercearia onde se passa um dia e quase nada acontece, uma divertida procissão e encenação infantil da Paixão na Semana Santa, etc. A par das diferenças, a tônica de cada sequência em *Acidente* poderia ser descrita como o investimento incondicional na superfície do cotidiano, com o que ele carrega de aleatório e banal, e o desejo de atribuir valor ao que é insignificante, pequeno, irrelevante e corriqueiro. Ao final de cada bloco, formada a estrofe do poema, podemos atribuir às sequências já vistas significações sutis antes improváveis (e finalmente possíveis por sua relação, ainda que indireta e enviesada, com os versos do poema).

É importante notar que o dispositivo, nesse caso, pouco obriga para além da visita a cada cidade do poema – em cada lugar, os realizadores estão livres para eleger assuntos, motivos, abordagens, movimentos. Talvez por isso, em função da imensa – poderíamos até dizer excessiva – liberdade produzida pela ausência de temática norteadora, o filme parece buscar em cada cidade parâmetros segundo os quais "apoiar o olhar". É como se os realizadores partissem do reconhecimento da exterioridade e da arbitrariedade na escolha de qualquer temática ou objeto para se tratar num filme documental. O dispositivo funciona então como um "sorteio" de cartas, e parte-se para as cidades elencadas no poema inicial pouco sabendo sobre elas. O primeiro (e vasto) recorte autodelimitador (a cidade), sofre na abordagem, em cada lugar, efeito semelhante àquele que veremos em *Uma encruzilhada aprazível*: a busca de outras "molduras", recortes, prisões ou microdispositivos (já que a pretensão de significar experiências verbalmente ou produzir uma "imagem de conjunto" sobre a cidade em questão é de saída colocada em crise, recusada). Com maior ou menor rigor, caso a caso, *a partir de que parâmetros olhar o mundo e filmá-lo*? Parece ser essa a questão que rege cada segmento ou muitos dos ensaios que compõem esse documentário. Antes de colocar o problema "o que é relevante retratar nesta cidade?", o filme recua e parece se perguntar: "como olhar para o mundo?", "de onde enquadrá-lo?", "segundo quais parâmetros?".

O privilégio claro aos longos planos fixos, a algumas séries de recortes fotográficos,[16] reforça, para mim, essas impressões: primeiro, a exterioridade em relação às situações filmadas, assumida de saída no "dispositivo" e reafirmada na postura da câmera, recuada e estática; depois, a busca de enquadres, de pontos de visão. Os parâmetros para a "moldura" variam caso a caso, e não são tão rigorosamente "espaciais" como no caso de *Uma encruzilhada aprazível*. De modo geral, parecem produto do acaso, da sorte, do aleatório. Na cidade de *Heliodora* choveu; a noite de chuva provocou a queda de energia que pauta (a falta de luz) toda a sequência dedicada à cidade, abordada, portanto, segundo um parâmetro fotográfico, embora envolva um personagem forte, cujo "retrato" se limita à contingência de um encontro numa noite escura. Já em *Entre Folhas*, investe-se numa moldura espaço-temporal, numa cena, rigorosamente: o filme passa o dia num pequeno boteco/mercearia, da manhã até o cair da noite, recortando microações e detalhes a partir dessa moldura que, embora aleatória, lhe assegura proteção contra um virtual caos de possibilidades. Em *Tiros* temos como moldura um "evento", uma espécie de vaquejada, que fornece material para um dos momentos altos e dissonantes do filme, em termos de potencial dramático e proposta audiovisual: homens toureando animais em câmera lenta, ao som de ópera.

Em alguns casos, os pequenos ensaios sugerem relação com o nome da cidade em questão, como se o nome criasse uma cunha (ou um parâmetro

[16] Interessante notar ainda, além do gosto pelos planos-sequência estáticos, o interesse por superfícies de vidro, espelhos, mediações óticas presentes nos ambientes e que por si só refratam, criam efeitos óticos, investem cenas banais e cotidianas de um potencial plástico inusitado, metaforizando as operações do próprio filme, como se nota também nalguns trechos de *Encruzilhada*.

prévio) a partir do qual os realizadores pudessem produzir imagens e sons em cada lugar. É o caso de *Espera Feliz*, por exemplo, cidade que gerou um ensaio composto de uma série de primeiros planos fixos em que a potência da espera se revela no desenlace, através de uma pequena ação final que transforma a estabilidade e a imobilidade das situações ordinárias filmadas: uma janela que se fecha; um cano do qual subitamente escorre água; um poste em que subitamente a luz se acende, e assim por diante. Nesses casos, como disseram os realizadores em entrevista, o poema funciona como "armadilha para o acaso", o nome da cidade pautando a busca por pequenos incidentes estéticos no cotidiano. Em outros casos, a relação com o nome é mais enigmática ou mesmo inexistente, e a busca de parâmetros se revela aleatória, produto do acaso e da sorte: a falta de luz em *Heliodora*, uma rua de paralelepípedos em *Palma* (o ensaio sendo composto exclusivamente de uma série de cenas filmadas em Super 8 colorido, focalizando a rua e os passantes), etc.

Nesses ensaios sobre eventos banais e insignificantes, que variam de cidade para cidade, segundo diferentes parâmetros, *Acidente* comporta uma espécie de "gradiente" que vai do apenas plástico ao significativo: há segmentos compostos quase exclusivamente de planos que exploram detalhes plásticos ou pictóricos urdidos pela câmera no encontro com as localidades (como a série de ruas de paralelepípedo em planos de detalhe em *Abre Campo*; ou sombras projetadas na rua pelos veículos que passam, formando desenhos abstratos em movimento, na introdução de *Entre Folhas*); há ensaios que acabam por engendrar significações sutis sobre a experiência de ali viver. Penso, por exemplo, nesse mesmo ensaio dedicado à cidade de Entre Folhas, para mim, o mais bem-sucedido (não por coincidência, é um dos mais longos, com nove minutos de duração): nele, o filme "retrata" um dia numa birosca do interior (a dimensão temporal produzindo aqui "micronarrativa") e a atenção às ações insignificantes que ali transcorrem exprime, a meu ver, a estagnação de certos lugarejos perdidos no mapa, onde o tempo escorre e a tônica é o desacontecimento, numa convergência feliz entre a sugestão de uma vivência do tempo pelos moradores do lugar e as escolhas estéticas do próprio filme. Nesse sentido, notaria uma semelhança entre essa sequência de *Acidente* e aquela mais longa, em *Encruzilhada*, dedicada ao Auto-Posto Aprazível. Passemos a esse filme.

Uma encruzilhada aprazível

O documentário de Ruy Vasconcelos também parte da proposição de uma "prisão" espacial autorrestritiva: um movimentado – mas nada extraordinário – entroncamento rodoviário no sertão norte do Ceará e seu entorno (reduzida demarcação espacial e espécie de microcosmo). Diferente de *Acidente*, contudo, trata-se de localidade que o realizador conhecia de antemão, e cujo projeto tencionava a abordagem de algumas temáticas a ela relacionadas. Aprazível é o nome do distrito onde se situa a encruzilhada. Lugar de passagem, não de chegada, como aponta bem o letreiro final: "Tomar como destino um ponto de passagem. Encruzilhada. Um pequeno destino. Mas qual não o é?". Nele, duas experiências, grosso modo, se sobrepõem: a de moradores que trabalham na roça, sobretudo criando cabras; e a experiência daqueles cujas ocupações se relacionam hoje com uma feira itinerante (que movimenta o pequeno núcleo urbano aos sábados), voltada sobretudo ao comércio atacadista de roupas; e ao posto de gasolina, com seu fluxo intenso de passantes, dirigindo-se ao literal ou à região serrana do Ceará.

Reproduzo parte dessas informações do projeto escrito. Isso porque, grosso modo, a localidade é abordada no filme através de ruídos e imagens do ambiente: planos longos, muitas vezes estáticos, que recortam as locações, decompondo-as em fragmentos, em enquadres fotográficos. O "destino deste lugar de passagem", e particularmente a experiência de nele habitar, não é apresentado através de dados, informações estatísticas ou elaborações verbais. O documentário também não relaciona didaticamente os diferentes espaços que vemos, no entorno da encruzilhada, compondo uma imagem de conjunto que se possa "dominar". Tampouco há uma galeria de tipos humanos cuja graça, resistência, originalidade ou eloquência sejam oferecidas ao espectador, seja diretamente para a câmera, seja no acompanhamento de gestos cotidianos; aliás, se podemos falar em "personagem", é apenas uma vez, quando nos primeiros minutos e no terceiro bloco o documentário se dedica à perspectiva de Aprazível de Benedito Gomes, "colecionador de paisagem" (ele possui, como se lê no projeto, o "estranho hábito de colecionar pedras, lascas, cacos, seixos, gravetos"). O cotidiano miúdo do morador, velho criador de cabras, é abordado em imagens tomadas em seu pedaço de chão, associadas a falas do personagem, trabalhadas quase sempre como vozes *over*, fragmentariamente.

No mais das vezes, contudo, o filme explora perspectivas de um posto de gasolina e cenas no entorno. Cada segmento ou sequência elege, grosso modo, um recorte espacial: o posto, o cemitério, a feira, a pedreira, o terreno onde vive o senhor Benedito. Essa escolha "reduz" a apreensão do lugar aquilo que se dá à vista, a uma superfície visível que a câmera capta com paciência, retratando pequenos acontecimentos sem explícita intenção informativa ou retórica. Mas, entre fragmentos do espaço físico e microcenas, de viés, aparece um sertão "misturado", em que convivem velhas tradições rurais e o irresistível fluxo das mercadorias (como nas imagens em que cabras e caminhões dividem a estrada); um sertão que não é mais grotão isolado, mas extensão do país, precariamente urbanizado, e cada vez mais parecido com as periferias das grandes cidades.

Nem didatismo informativo na apresentação do local, nem evidência temática, nem ênfase sobre a experiência individual; o que parece estar em jogo nessa exploração imagética de localidades ordinárias é sobretudo o *tempo*. Falo não em narrativa no sentido de acompanhamento passo a passo de eventos que se desenvolvem no tempo (com exceção, sobretudo, do trabalho na pedreira), mas numa espécie de abordagem do *tempo em si*, construindo-se a percepção da duração/permanência e da passagem. Critérios como *duração* dos planos e *repetição* de enquadramentos são relevantes em sequências que exploram uma série de pontos de vista sobre espaços ordinários – mais descrevendo locais do que narrando ações, mas sobretudo repetindo, retornando, sugerindo o *tempo* que escorre com lentidão e com parca variação neste canto de mundo. É, assim, na convergência entre as operações do filme e os microeventos retratados que algo se produz em termos de representação da experiência de ser ou estar em Aprazível.

Digo "estar" porque, em contraste com os planos e segmentos mais longos das locações abordadas, há sequências de pontuação ou passagem compostas de planos em movimento, tomados do interior de caminhões que atravessam a estrada (acompanhadas de trilha sonora). Bem mais curtos e sintéticos (às vezes compostos de um único plano), esses segmentos sugerem o olhar de quem passa, a perspectiva de passagem daqueles que não vivem nem trabalham em Aprazível e arredores, mas que apenas atravessam a localidade, da estrada, sem experimentar o seu tempo. Às vezes, locações abordadas detidamente em outras sequências – "de dentro" – são vistas de passagem, como o olhar de quem viaja nos caminhões. É o caso da feira.

Já o tempo do lugar, dos viventes de Aprazível, é geralmente trabalhado em segmentos compostos a partir de um parâmetro (uma locação), decomposto numa série de planos (muitas vezes fixos), às vezes com enquadramentos recorrentes. A partir, portanto, de um primeiro parâmetro autorrestritivo (a encruzilhada), a abordagem se pauta por uma espécie de imersão e de busca, nesse espaço restrito, de "pontos de vista" a partir dos quais olhar. Esses pontos são quase sempre demarcações espaciais, cujos limites fornecem molduras para o olhar, perspectivas, ângulos de visão. Para exemplo, vou descrever o primeiro segmento que apresenta o posto de gasolina, com cerca de dois minutos e meio de duração. Ele é composto de uma série de enquadres fotográficos que "decupam" uma tarde qualquer no posto de gasolina em um número limitado de pontos de vista e motivos (mais precisamente, três). Há baixo teor informativo, dramático ou narrativo. Pequenos acontecimentos "evoluem" a partir de diferentes angulações, enquadres e escalas. O que noutro documentário seria ambientação para "algo mais" (a introdução de um personagem, por exemplo) é "em si mesmo". Os gestos banais e cotidianos são o foco do olhar, enquadrados em composições recorrentes, repetidas de modo a conotar, segundo me parece, estagnação ou mudança muito lenta.

Depois de apresentar a primeira sequência "de passagem" (com uma série de *takes* curtos no interior de um caminhão que atravessa a estrada, decupando os gestos do motorista cujo rosto não é mostrado), *Uma encruzilhada aprazível* introduz o posto de gasolina, uma das locações mais importantes do filme (por sua presença e pela evidente simbologia do posto, lugar de passagem por excelência). Ele aparece inicialmente num único plano fixo tomado do interior do bar/restaurante; reaparece após o caminhão. A sequência é construída como uma série com variações em torno de três motivos recorrentes: um conjunto de cadeiras brancas de ferro, de onde se avista o movimento nas bombas de combustível; urubus que voam em plano geral no céu (e que, a partir da quarta "aparição", atacam uma presa morta no chão da estrada) e uma escultura pintada de amarelo, figurando um leão de pé, mostrando os dentes.

O segmento tem 17 planos, numa série que intercala os três motivos, com variações de enquadramento, angulação e pequenas mudanças no "conteúdo" das situações abarcadas. Vemos o leão progressivamente em quadro mais aberto, tendo a parede de um bar ao fundo; os urubus passam da espreita e do voo em círculos ao voo rasante e ao ataque; o homem sentado numa das cadeiras se levanta e, após a inversão de eixo e alguns reenquadres, o filme continua exercitando, obstinadamente, seu olhar sobre o espaço do posto de gasolina, tendo como objeto privilegiado o conjunto de cadeiras brancas.

Pouca coisa de realmente significativo acontece nesse segmento (urubus se alimentam, um homem se levanta da cadeira, um caminhão encosta para abastecer). Antes de narrar ou descrever (embora envolva também essas operações), o documentário expõe aqui seu modo de olhar e sugere, nas repetições de enquadres e nas pequenas variações sobre o mesmo "tema", o gosto pelo que é rotineiro, abordado através da adoção de pequenos motivos, trabalhados como séries. A repetição de motivos sugere estagnação – ou melhor, aponta para as mudanças ínfimas que pontuam o curso do tempo, só notadas por quem está disposto a se deter e olhar para espaços quaisquer, onde "nada" acontece.

A superfície do cotidiano

Antes de terminar, gostaria de apresentar algumas sugestões, à guisa de conclusão. Tendo como evidência a "exterioridade" do olhar e uma recusa (ou desistência prévia) em investigar processos sociais, apresentar informações contextuais e temáticas ou elaborações verbais sobre a experiência dos moradores, passantes, viventes, esses filmes se apoiam em "molduras" ou limites dados sobretudo pelas locações espaciais, para a partir delas criar alguma imagem possível ("liberados" do caos do banal pelos limites, os realizadores parecem pautar a produção de cada plano, cujos conteúdos envolvem microacontecimentos e incidentes cotidianos, segundo parâmetros plásticos e de composição).

Contrários à objetividade e à relevância temáticas, *Acidente* e *Uma encruzilhada aprazível* apostam no irrelevante, no aleatório, no incidente ordinário e banal. Nota-se, sobretudo em *Acidente*, o reconhecimento tácito de uma espécie de impotência, exterioridade e aleatoriedade do realizador na proposição de qualquer "documentário".[17] De saída, toda pretensão de explicação totalizante sobre a experiência "local" é posta em crise. As localidades fornecem matéria para ensaios pautados por uma espécie de *poética da insignificância*, que poderia ter outras cidades ou outros lugares como mote. Em cada lugar, a pergunta de fundo não é tanto "o que seria mais importante filmar aqui e agora? o que singulariza este lugar?", mas sim "segundo que parâmetros apoiar o meu olhar?". É preciso se autoimpor limites ou molduras (que variam de lugar para lugar e muitas vezes dependem do acaso e da sorte, em *Acidente*) para, a partir daí, exercitar um olhar contemplativo que investe de potencial estético a superfície do mundo visível. A falta de luz, uma rua em ladeira, o quadrado de um posto de gasolina, sugestões pautadas pelo nome da cidade. Eleitos os parâmetros, os filmes se liberam de um excesso de possibilidades para exercitar o olhar.

Nessa aposta ousada, o que se produz de modo mais consistente – mesmo assim, como significação sutil – sobre a experiência dos viventes parece-me, sobretudo, de ordem temporal. A vivência do tempo nessas localidades é sugerida pela duração e repetição de planos ou enquadres, numa convergência

[17] Como escreve Consuelo Lins (2007, p. 123) sobre *Acidente*, "é como se houvesse, antes de tudo, pairando no ar, uma questão imensa, questão de vida, em que os cineastas se perguntassem como se relacionar com o mundo diante de tantas possibilidades, de tantos filmes já feitos, de tantas imagens prontas, sem sucumbir nem ao caos nem aos clichês". Volto a mencionar a "crise geral das práticas de representação intercultural", na expressão de James Clifford (1998).

entre a aposta estética dos dois filmes e um suposto conteúdo de estagnação – tempo que escorre ou mudança lenta – que marcaria o cotidiano desses lugarejos. Outros conteúdos relacionados a processos sociais e políticos aparecem de modo fragmentário e indireto. Consoante com este "não acúmulo" (temático, narrativo), a estrutura dos dois documentários é marcada pela fragmentação – as sequências correspondem a trechos bastante autônomos, independentes uns dos outros. *Acidente*, em particular, não realiza uma construção narrativa ou retórica que crie um acúmulo e uma relação de interdependência entre as partes (apesar da moldura do poema). Embora apresente interesse, esse tipo de composição não deixa de ser sintomática: tal forma fragmentária, não totalizante, se adéqua bem ao recalque do que é "relevante" (do ponto de vista temático), atual, urgente, que se observa nesse filme. Fragmentos de cidades, fragmentos de temas, fragmentos de eventos, montados numa estrutura fragmentária. Talvez pudéssemos falar em *poética do insignificante*, mas também em *estética do fragmento*, para caracterizar notadamente o documentário *Acidente*.[18]

Mesmo que as escolhas de "o que filmar" envolvam uma pauta evidente "de representação" (como se nota no privilégio ao posto de gasolina, em *Uma encruzilhada aprazível*, ou ao bar/mercearia, na cidade de Entre Folhas, em *Acidente*), a recusa temática e a quase inexistência de personagens dificultam a evidência de temas, problemas e processos sociais. Domina a opacidade na observação de cenas cotidianas, que muitas vezes não representam mais do que o registro de um instante fugaz. Quando há um privilégio especial aos valores plásticos imanentes à imagem – enquadramentos, texturas, regimes de luz, composição –, mais notável em *Acidente*, aumenta o risco de abstração dos componentes sociais e históricos que atravessam o mundo filmado. A ênfase nesses traços parece travar ou dificultar a representação da experiência real. O risco, me parece, é que o privilégio dado à composição se sobreponha àquele interessado na representação de temáticas e situações sociais. E de que

[18] Fernão Ramos (2008, p. 38) fala em um regime de "ética modesta", para caracterizar parte significativa da produção documental recente. Ele refletiria o "fim das ilusões das grandes ideologias, conforme apregoa o pós-modernismo. O sujeito pós-moderno, não podendo mais adquirir altura para emitir saber, se restringe a vôos modestos, que, em geral, se esgotam no criticismo dos enunciados de saber". Nesse regime, o sujeito que enuncia "vai diminuindo o campo de abrangência de seu discurso sobre o mundo até restringi-lo a si mesmo" (RAMOS, 2008, p. 38). Quando abandona a narração em primeira pessoa, bastante frequente, a "ética modesta" se utilizaria de "procedimentos de rarefação do discurso para sustentar a enunciação. Vozes múltiplas se sobrepõem em uma narrativa extremamente fragmentada, centrada em impressões fugazes do mundo" (RAMOS, 2008, p. 38-39).

o "tempo" dos documentários não esteja marcado pelo tempo da experiência, dos lentos processos vividos, mas pela sugestão abstrata de duração e repetição. Cotidiano sim, mas como superfície e instantâneo. Esses riscos não marcam os dois filmes igualmente, tampouco impedem que, em seus melhores momentos, suas escolhas estéticas convirjam, como já dito, com a sugestão potente de uma temporalidade relacionada à experiência concreta dos moradores.[19]

Referências

BERNARDET, Jean-Claude. *Cineastas e imagens do povo*. São Paulo: Cia. das Letras, 2003.

BERNARDET, Jean-Claude. Novos Rumos do Documentário Brasileiro? *Catálogo do forumdoc.bh.2003 – VII Festival do Filme Documentário e Etnográfico de Belo Horizonte*. Belo Horizonte: Filmes de Quintal, 2003. p. 24-27.

BRESSON, Robert. *Notas sobre o cinematógrafo*. Tradução de Evaldo Mocarzel. São Paulo: Iluminuras, 2004.

CLIFFORD, James. *A experiência etnográfica – antropologia e literatura no século XX*. Rio de Janeiro: Ed. UFRJ, 1998.

ESCOREL, Eduardo. Quatro ou cinco dilemas. In: *Vocação do poder – documentário: espelho crítico do Brasil*. Rio de Janeiro: SESC, 2005.

GERVAISEAU, Henri. A atualidade da imagem e a imagem da atualidade. *Doc On-line*, n. 1, dez. 2006.

GUIMARÃES, César. *Dossiê do II Simpósio Comunicação e Experiência Estética*. (Mimeo.)

ISHAGHPOUR, Youssef. O real, cara e coroa. In: *Abbas Kiarostami*. São Paulo: Cosac & Naify, 2004.

LINS, Consuelo. *Eduardo Coutinho – Televisão, cinema e vídeo*. Rio de Janeiro: Zahar, 2004.

LINS, Consuelo. O filme-dispositivo no documentário brasileiro contemporâneo. In: *Sobre fazer documentários*. São Paulo: Itaú Cultural, 2007.

LINS, Consuelo. Tempo e dispositivo no documentário de Cao Guimarães. In: *Devires - Cinema e Humanidades*. Belo Horizonte: UFMG, v. 4, n. 2, jul./dez. 2007.

LINS, Consuelo; MESQUITA, Cláudia. *Aspectos do documentário contemporâneo brasileiro (1999-2007)*. Campinas: Papirus, 2008.

[19] Como é o caso da sequência no bar, em Entre Folhas, já mencionada. Agradeço a César Guimarães pelos comentários pertinentes e lúcidos incorporados a esta síntese final.

LINS, Consuelo; MESQUITA, Cláudia. *Filmar o real – sobre o documentário brasileiro contemporâneo.* Rio de Janeiro: Zahar, 2008.

MESQUITA, Cláudia; SARAIVA, Leandro (Orgs.). Catálogo da Retrospectiva *Diretores Brasileiros – Eduardo Coutinho (Cinema do Encontro).* São Paulo: Centro Cultural Banco do Brasil, 2003.

MESQUITA, Cláudia. Histórias de luta. In: *Retrato do Brasil*, n. 6 (*Os limites do cinema brasileiro*). *Revista Reportagem*, São Paulo, n. 75, ano 5, jan./fev. 2006.

MESQUITA, Cláudia. Outros retratos – Ensaiando um panorama do documentário independente no Brasil. In: *Sobre fazer documentários.* São Paulo: Itaú Cultural, 2007.

NICHOLS, Bill. *Introdução ao documentário.* Campinas: Papirus, 2005.

RAMOS, Fernão Pessoa. *Mas afinal... o que é mesmo um documentário?* São Paulo: Ed. Senac, 2008.

RANCIÈRE, Jacques. *A partilha do sensível – estética e política.* São Paulo: EXO Experimental org./Editora 34, 2005.

RANCIÈRE, Jacques. *Malaise dans l'esthétique.* Paris: Galilée, 2004

SENRA, Stella. Interrogando o documentário brasileiro. *Sinopse – Revista de Cinema*, n. 10, ano IV, dez. 2004.

XAVIER, Ismail. O Cinema Brasileiro dos Anos 90. Entrevista à revista *Praga - estudos marxistas,* São Paulo: Hucitec, n. 9, p. 97-138, jun. 2000.

XAVIER, Ismail. *O discurso cinematográfico: a opacidade e a transparência.* 3. ed. São Paulo: Paz e Terra, 2005.

Eu vejo, eu mostro e nós vemos:
vídeo de criação e experiência estética

Eduardo de Jesus

Um corpo passa diante de uma câmera de vigilância. Alguém vê essa imagem ou trata-se apenas de mais uma imagem vazia? Sem olhar? Pura acumulação da prova de uma presença. Álibi ainda sem crime. Uma câmera que olha, mas ainda não há quem veja.

Na etimologia, "vídeo" é a primeira pessoa do indicativo do verbo latino *vidére*, que significa "eu vejo". Mas, afinal, quem vê? O sujeito por trás da câmera, que mira o objeto e seleciona o recorte, ou quem vê a imagem na tela? Mas e a câmera de videovigilância? Quem olha para esse olhar? Qual é o recorte? Quem mira? A prova já está pronta, mas o crime ainda não foi cometido.

Essa talvez seja uma das primeiras questões a ser tratadas para empreendermos uma reflexão em torno da experiência estética proporcionada pelas imagens produzidas de forma eletrônica ou digital. Imagem-vídeo, "caçula das imagens técnicas" (Bellour, 1993), que opera de forma diferenciada, em alguns aspectos, do suporte fotoquímico da película cinematográfica. A novidade trazida pela imagem eletrônica foi, antes de qualquer coisa, conseguir ser transmitida durante a sua produção. Gravação e transmissão incorporadas, sem maiores problemas técnicos, no mesmo ato. Ver, registrar e transmitir a visão ao mesmo tempo. Imagem imediata. O tempo no vídeo, pelo menos a princípio, está colado em torno de um "sempre presente". Sem reivindicar qualquer especificidade do suporte, gostaríamos apenas de alertar para as possibilidades técnicas do vídeo nos processos de interação: a facilidade de manuseio, o imediatismo de gravar e transmitir simultaneamente.

O vídeo, na sua dupla função de registrar e transmitir, pode nos mostrar, mesmo em linhas tênues, os contornos de uma experiência estética que, em alguns casos, nos permite expandir nossos modos de conhecer o mundo, a nós mesmos e o Outro, sobretudo se nos concentrarmos na etimologia da palavra vídeo: "eu vejo". Parece que o vídeo, desde o primeiro momento de sua criação, estava de alguma forma vinculado fortemente à primeira pessoa. Algum sujeito vê alguma coisa e mostra para outro. Aquele que vê usa uma série de estratégias para construir na mediação um processo relacional estruturado nas tensões, nas forças e nas possibilidades do princípio do "eu vejo" para nos alcançar com o "eu mostro", nos convocando para juntos vermos aquelas imagens. O sujeito que vê e mostra, modifica a si próprio pela sua exposição, mas ao mesmo tempo modifica o Outro que interage e se desloca.

Uma experiência estética se configura na interação mediada entre sujeitos, que inclui desde o modo de inserção do aparelho de televisão nos espaços artísticos até o tipo de imagem gerada pela câmera de vídeo portátil, com seus defeitos e gagueiras, para estruturar outras formas de olhar. Olhares focados na primeira pessoa, no que chamei de "eu vejo". Ao contrário de simplesmente reproduzir as políticas estandardizantes do sistema contemporâneo das imagens provocando um apaziguamento das tensões e um apagamento do sujeito (por trás e diante da câmera, assim como diante da tela), como afirmam alguns teóricos, as experiências estéticas nascem do confronto com esse sistema. As estratégias para corromper a imagem na sua visualidade, no ritmo, na duração, na cor, etc. acabam se contrapondo frontalmente com as imagens padronizadas e desprovidas de olhar, fazendo com que haja uma intensa atividade crítica e relacional entre aquelas subjetividades que se encontram pelo dispositivo vídeo. Para tratarmos dessa situação, primeiramente vamos nos ater aos projetos de vídeocriação para depois vermos em que medida eles se confrontam com o sistema contemporâneo das imagens, dando atenção especial aos aspectos da experiência.

Recentemente um trabalho artístico me fez pensar nessas formas ampliadas da experiência estética proporcionadas pelas obras que usam o vídeo, principalmente nessa lacuna entre "ver-mostrar", que pode nos ajudar a aprofundar a reflexão em torno das experiências estéticas mediadas.

Top Secret (1989), do artista búlgaro Nedko Solakov, apresentada na 12ª edição da Documenta de Kassel (2007), mostrava um pequeno fichário de madeira com duas gavetas semiabertas, nos permitindo ver uma sequência de fichas. O arquivo foi coberto por uma espécie de redoma transparente que impedia os visitantes de manusear as fichas. Ao lado, um pequeno monitor de vídeo exibia, em plano fechado, as mãos do artista manuseando e mostrando as fichas enquanto ele próprio lia o conteúdo de cada uma delas. A impossibilidade de manusear as fichas gera um enorme incômodo. No entanto, tratava-se de uma estratégia relacional que potencializou ainda mais os sentidos e envolvimentos com a obra. Para os visitantes mais desavisados poderia ser um modo de conservação, já que, se todos manuseassem as fichas, elas iriam se deteriorar totalmente, mas ao vermos o conteúdo das fichas e as imagens torna-se impossível não pensar em uma estratégia de criação que coloca o vídeo como uma mediação que nos permite experimentar o olhar do outro.

Em seu arquivo, Solakov nos mostra uma espécie de narrativa pessoal de sua juventude com textos e desenhos. Um diário na forma de um pequeno arquivo de memórias. Logo nas primeiras fichas aparece a revelação mais contundente do arquivo-diário, que tornou a obra bastante conhecida. Solakov teve uma passagem entre 1976 e 1983 pelo serviço secreto búlgaro, trabalhando como informante voluntário. Aquilo que nos foi impossibilitado pelo objeto, já que não podemos acessar o arquivo, ganha corpo na revelação do vídeo. Ao longo do vídeo Solakov segue lendo as fichas, algumas em búlgaro e sem legendas, com muitas digressões, desviando frequentemente do assunto entre as fichas, que misturam memórias e ficções de sua juventude. Entre ver e mostrar, Solakov, que se denomina um contador de histórias,[1] amplia e potencializa a experiência e nos convoca a experimentar com ele as tensões e as falhas dessa memória. A experiência de manusear o arquivo não seria tão potente para compartilhar essas memórias de Solakov, já que no vídeo a leitura das fichas é extremamente lacunar, às vezes sem tradução e cheia de derivações revelando falhas e problemas sobretudo pelas repercussões políticas da obra.

Apesar da clareza, a imagem não consegue revelar tudo, assim como as memórias do artista que se entrecruzam entre a imagem e a leitura das fichas. Solakov parece nos convidar para junto com ele experimentar as dimensões dessa memória que ao mesmo tempo falha e revela situações definidoras, ampliando a experiência e nos convocando para fazer parte de sua história. Existe um sujeito que vê e que convoca outro para ver também. Solakov mostra e nós podemos ver. A existência por trás da câmera vê e nos mostra. Do nosso lado, nós vemos e participamos das tensões da memória do artista. Potências do hiato entre ver e mostrar.

A revelação do artista trouxe profundas consequências para sua vida. A obra foi exposta pela primeira vez em abril de 1990, logo depois da queda do regime comunista e fez com que Solakov fosse excluído da Associação dos Artistas Búlgaros e deixasse o ambiente artístico de seu país. Em um artigo veiculado após a primeira exposição dessa obra em um jornal de grande circulação

---

[1] Entrevista disponível em: <http://web.mac.com/rossner/iWeb/dmovies/documenta12/93735DAA-EFEA-4190-98EF-1FE3F8586ACB.html>. Acesso em: 16 de outubro de 2010

em Sofía,[2] Solakov narra a sua experiência em terceira pessoa (referindo-se a si próprio como "o garoto") revelando as suas ligações com o serviço secreto. Esse texto, apesar de tentar esclarecer a questão, parece aprofundar ainda mais as tensões da obra e usa do mesmo expediente lacunar que, de alguma forma, estrutura o vídeo, o arquivo e a própria memória de Solakov.

Sem entrar diretamente nas consequências políticas da obra de Solakov para sua trajetória bem como em suas escolhas políticas, podemos tomar essas tensões reveladas por sua obra para ver como a experiência estética se dá nas videocriações atuais, relacionando com isso o amplo sistema contemporâneo das imagens no qual o vídeo se insere. *Top secret* parece ser exemplar para mostrar essa tensão da videocriação – entre "ver e mostrar" – nos modos de proporcionar experiência estética.

Se "eu vejo" através do vídeo, o instrumento serve para fazer com que outros também possam ver aquilo que foi visto. Gravar para mostrar depois. Amplia-se a experiência desse sujeito que tenta dar acesso para que o Outro também veja. Quando o artista não nos permite ver diretamente seu arquivo, que foi exposto quase como um objeto arqueológico, o uso do vídeo possibilita uma potente interação, não só com o arquivo mas com todas as questões sociais, políticas, identitárias e estéticas nas quais a obra, o artista e nós estamos envolvidos. Como se trata de um arquivo, de um conjunto de memórias, o vídeo em um mesmo movimento revela e esconde nos dando a ver parte de sua experiência da juventude. Fragmentada, lacunar, cheia de contradições e de "não ditos", a memória da juventude de Solakov nos alcança pelo vídeo. Podemos observar que o vídeo, como em *Top secret*, é a ferramenta que pode ampliar a experiência, já que dificilmente teríamos a mesma noção ao simplesmente manusear o arquivo. Parece mesmo que a criação artística em vídeo, em alguns momentos, estabelece uma potente mediação para afetar tanto o sujeito por trás da câmera quanto aquele diante tela.

Uma significativa parte da criação em vídeo parece, desde seus primórdios, operar em torno desse "eu vejo". Quando os primeiros artistas usaram as câmeras portáteis, desenvolvidas na metade dos anos 1960 – o quase mítico *portapack* da Sony – o registro da *performance* foi o modo de dar a conhecer a ação para além daquele espaço-tempo no qual se desenvolvia. É impossível não lembrar o gesto inaugural e quase profético de Paik em seu *Button happening* (1965). Nessa fita, bastante rudimentar e cheia de ruídos

---

[2] Disponível em: <http://nedkosolakov.net/content/complicated_works/index_eng.html#>. Acesso em: 16 de outubro de 2010

provocados pelo tempo e pela precária qualidade da gravação, o que vemos é Paik abotoar e desabotoar seu paletó intercalado com imagens registradas diretamente da TV. Estava começando ali mais uma possibilidade para a criação artística com as imagens em movimento. Um momento que parecia ainda não explicitar a potência do "eu vejo", já que muitas vezes era simplesmente o registro da ação ou *performance* com a câmera parada dando prosseguimento ao que diversos artistas já faziam com os formatos mais domésticos do cinema como o super 8 ou o 16 mm. Mera transferência do olhar sem qualquer intervenção que possibilitasse ver além daquilo que estava na imagem. As formas de montagem e exibição quase não davam a perceber a presença de um sujeito por trás da câmera, que simplesmente tratava de mostrar de forma mais direta possível o que se desenvolvia diante dele.

Naturalmente, a existência de um sujeito diante da câmera executando uma *performance* já nos provocava um deslocamento que viria a se ampliar com o uso do vídeo para reconfigurar as imagens. Assim, é fácil ver a intensidade de obras como o contundente vídeo *Made in Brazil* (1976), de Letícia Parente, no qual a artista borda na sola de seu pé as palavras que dão título ao vídeo, usadas para definir o país de fabricação dos produtos. Naquele período da história do Brasil, o ato performático de Parente assumiu uma enorme força política no contexto da ditadura militar e pôde circular pelo vídeo.

No entanto, logo em seguida, os artistas souberam usar tanto as heranças das vanguardas históricas quanto as experiências com os próprios formatos domésticos de película para rearticular essas possibilidades de registro da *performance* em torno das facilidades de uso e do imediatismo do vídeo. Com isso, alcançaram essa situação do "eu vejo" revelando mais intensamente o sujeito que há por trás da câmera e ao mesmo tempo nos convocando para experiências estéticas que fruíam desse espaço de experimentação e visibilidade.

São muitos os artistas que souberam ampliar os usos do vídeo no registro da *performance*, assumindo as possibilidades criativas típicas do meio para assumir o "eu vejo" e as tensões do "eu mostro", nos convocando para entrar nos modos de percepção das obras com uma postura completamente diferente dos esquemas mais típicos do cinema e da televisão. A existência de um sujeito que vê e constrói uma estratégia para mostrar possibilita o envolvimento de nossas subjetividades no ato de fruir a obra buscando uma dimensão relacional para a experiência estética que nos afeta e nos recoloca criticamente no cotidiano. É nesse hiato entre "ver e mostrar" que os artistas estruturam diversas estratégias de ver e mostrar o entorno, bem como de se ver e de se mostrar. Com isso, nesse momento, podemos compartilhar com eles aquela experiência: mediação como processo que se constitui em torno desse jogo de subjetividades.

Vito Acconci, Bruce Nauman e Joan Jonas, entre outros artistas, souberam fazer essas operações potencializando as experiências estéticas de suas *performances* ao usar os esquemas típicos do vídeo. Esses artistas criavam suas *performances* especialmente para o vídeo e para ser exibidas em aparelhos de televisão, escolha que enfatiza as tensões das linhas de força que configuram o dispositivo vídeo. Podemos destacar, nessa situação de envolvimento da *performance* com o dispositivo, *Vertical roll* (1972), de Joan Jonas. No vídeo o corpo da artista é objeto e sujeito ao mesmo tempo. As partes de seu corpo ora fantasiado, ora desnudo são remontadas pela intensidade do *vertical roll*, um defeito frequente no aparato técnico de exibição inclusive nas TVs de nossas casas, que faz com que a imagem fique "passando" verticalmente. A esse ruído Jonas associa uma marcação sonora em cada passagem da imagem que, aos poucos, vai revelando as partes de seu corpo. Com esses fragmentos em constante movimento, Jonas nos convida a refletir sobre as identidades femininas e os modos de exposição dos corpos. O que se vê – o que Jones coloca na tela do vídeo para que possamos ver – é a artista diante da câmera, por um lado como se a câmera fosse um espelho. Não no sentido narcisista, como enfatizou Rosalind Krauss (2008) ao analisar trabalhos da mesma época, mas no sentido de criar uma cumplicidade entre o que ela mostra e o que nós vemos, enfatizado principalmente pela barra vertical que perturba as imagens do seu corpo. Por outro lado, a câmera se torna também janela que, além de nos permitir ver, possibilita que Jonas se mostre pelo vídeo. Espelho com múltiplos reflexos ou janela aberta para outras paisagens de sentido, a câmera em Jonas torna-se uma forma diferente de colocar a artista diante de nós. A imagem de Jonas está diante de nós, não tão diretamente transmissiva como no gesto inaugural de Paik nem como se assistíssemos à *performance* de um ponto de vista privilegiado. A artista cria outra possibilidade de percebermos aquele corpo somado ao efeito do vídeo como outra experiência que nos desloca tanto do modo como vemos nossos próprios corpos quanto da rotina das imagens que frequentemente vemos na televisão. Jonas vê seu próprio corpo através da "câmera-espelho" gerando uma distorcida "imagem-reflexo" de si própria, que vai nos afetar e nos envolver pela estranheza da experiência que temos ao comparar com os outros corpos que vemos circular pela televisão. Somos o Outro para o qual Jonas se mostra. Estamos cruzando nossos olhares, como nos últimos momentos do vídeo, quando ela olha fixamente para a câmera, como se fôssemos o outro lado da "câmera-espelho" e ao mesmo tempo a janela que deixa tudo ser visto.

A *performance* foi se aproximando do vídeo e enfatizando as possibilidades da experiência estética pelo tratamento que se impõe no hiato entre o "eu vejo" e o "eu mostro". Dando um salto no tempo, podemos comentar um controverso trabalho que pode exemplificar as tensões desse modelo para alargar a reflexão. Complexificando ainda mais as heranças dos pioneiros como Paik e Jonas, Coco Fusco toma um acontecimento largamente exposto pela mídia para criar uma ficção na qual as câmeras de vigilância assumem uma forma de ação política. A videoinstalação *Dolores de 10 às 10* (2002) de Fusco foi produzida tomando um fato ocorrido em 1998, em Tijuana (México), paraíso das chamadas "maquiladoras", empresas americanas ou de capital transnacional, que se instalaram primeiramente na fronteira com os Estados Unidos, atraídas pelas ótimas condições fiscais e pela numerosa, barata e obediente mão de obra. As condições de trabalho são lastimáveis, e o exército de desempregados amplia a situação de coerção social em torno da manutenção do emprego. A discrepância de salários entre as "maquiladoras" e as empresas matrizes, para onde as peças são enviadas posteriormente, é gritante, e a mão de obra é essencialmente feminina. Dolores, funcionária de uma dessas empresas, ficou trancada em uma sala durante 12 horas, sem alimentação e sanitários, por ser suspeita de comandar uma greve por melhorias nas condições de trabalho. Fusco, ao saber do fato ocorrido com Dolores, imaginou as câmeras de vigilância observando-a durante as doze horas naquele cativeiro. Essa situação foi a base para o desenvolvimento da videoinstalação, exibida no Brasil no evento *Emoção artificial*, do Itaú Cultural (São Paulo, 2004).

A obra de Fusco foi desenvolvida como uma espécie de *performance* na qual a artista se submeteu a mesma situação de cativeiro de Dolores e foi registrada por diversas câmeras de vigilância. Na exposição, as imagens foram dispostas em monitores típicos dos sistemas de vigilância em diversas partes do edifício do Itaú Cultural. Essa estratégia causou estranhamento no público, já que algumas vezes as pessoas acreditavam que tudo estava mesmo acontecendo ali. As imagens são precárias, assim como os cortes e os números que identificam cada uma das câmeras enfatizando o caráter de vigilância. Tudo para dar a perturbadora sensação de que estávamos diante de uma situação que acontecia ali mesmo, naquele momento.

Nessa obra, além do caráter de denúncia, Coco Fusco se coloca diante da câmera como um personagem ficcional que se estrutura em torno de um vestígio do real. O que vemos – o que a artista nos convoca a ver – é como se fosse uma vigilância às avessas: ao invés de ser os observadores que dotam a câmera de vigilância de um olhar, somos quase testemunhos, com pouca possibilidade de ação, diante das atrocidades sofridas por Dolores-Fusco. O vídeo aqui surge como possibilidade de recriação dos dispositivos de vigilância nos deslocando da experiência voyeurística para a de cúmplices. Vigilância aberta, agora dotada de um duplo olhar: o da artista que executa sua *performance* para essas câmeras e o nosso que se desloca do *voyeur* para o testemunho, já que na situação real certamente essas câmeras não existiriam para evitar provas e problemas posteriores quando o caso ganhou os jornais dos Estados Unidos. A tensão entre o "eu vejo" e o "eu mostro" se explicita na desconstrução do dispositivo de vigilância pela forma direta como ele foi explorado pela artista. A experiência que Coco Fusco nos convida a participar, surpreende, desloca e provoca uma incômoda reflexão, sobretudo pela forma como o dispositivo de vigilância foi usado, perturbando a já sedimentada noção que temos desses sistemas e de suas ações, bem como do papel que desempenhamos diante de imagens desse tipo.

Ainda dentro desse tensionamento entre o "eu vejo e o "eu mostro", espaço "entre" que parece ser uma forma de perceber como podem se dar algumas experiências estéticas no âmbito do dispositivo vídeo, é preciso destacar outros aspectos. Além do imediatismo, da possibilidade de registrar e transmitir e da facilidade de uso, o vídeo está muito próximo da nossa experiência cotidiana, sobretudo pela presença da televisão em nossa vida diária. Dan Graham (1990) já havia refletido sobre isso e produzido uma sequência de trabalhos que deslocam o local dos televisores explicitando o arranjo espacial que esses aparelhos produzem em nossa vida.

Em obras como *Video view of suburbia in an urban atrium* (1979) Graham desloca os televisores das salas das casas e os coloca em áreas públicas de prédios de negócios e centros de compra. Os televisores mostram imagens, quase sem qualquer movimento, de casas e paisagens nos subúrbios de Nova York em um espaço totalmente estranho e distante na cidade: o Citicorp Building. Graham nos chama a atenção, além das relações espaciais despertadas pelo vídeo, para a natureza do aparelho de televisão – companheiro fiel dos solitários, insones e de grande parte das nossas crianças – que ocupa, em muitos países do mundo assim como aqui no Brasil, um lugar central nos lares.

É com esse eletrodoméstico que frequentemente iremos nos confrontar com experiências estéticas de toda ordem, inclusive dentro do circuito artístico. Esse estranhamento provocado por Graham, já nos desloca e nos provoca a refletir sobre aquelas imagens. Não é por acaso que alguns artistas sempre optam por exibir seus trabalhos em pequenos aparelhos de televisão, explicitando a relação dupla do vídeo como instrumento de criação artística e "local de todas as imagens". Essa dupla vinculação do vídeo por um lado com a televisão e por outro com a arte, como nos termos colocados por Bellour, parece enfatizar ainda mais os atritos em torno da experiência estética do vídeo. O mesmo aparelho de televisão que nos entretém (ou nos assusta, a depender do olhar) aparece nas obras de arte.

Assim, as experiências estéticas do vídeo, além do tensionamento entre ver e mostrar passam em algumas situações pela própria inserção do aparelho de televisão doméstico no ambiente da arte, o que por si só gera um estranhamento. Nesse sentido, a obra *Diorama* (2001) da artista sul-africana Candice Breitz parece levar essas inserções às últimas consequências. Em sua obra Breitz monta uma sala de estar típica de uma família de classe média repleta de aparelhos de televisão. Nos televisores que ocupam quase todos os espaços, Breitz usa um procedimento frequente em sua produção artística: o recorte dos produtos da cultura de massa, especialmente aqueles vindos do entretenimento e da publicidade veiculados de forma global em várias partes do mundo.

Em *Diorama* Breitz nos mostra em cada dos aparelhos um pequeno fragmento do seriado *Dallas,* exibido com enorme sucesso, em diversos países do mundo, entre o fim dos anos 1970 e começo dos anos 1990. Cada um dos monitores exibe um dos personagens centrais da série repetindo incessantemente seu jargão. Breitz não empunhou sua câmera para montar essa videoinstalação, mas recortou dos meios massivos o seu objeto e nos convida a participar de sua peculiar visão das nossas relações com a televisão viabilizada pela montagem do ambiente e pela edição do vídeo. O que Breitz nos mostra é o papel da televisão em nossas relações sociais, que muitas vezes se caracteriza pela repetição para se fixar rapidamente no imaginário do mundo. O "eu vejo" de Breitz se dá não através da câmera, mas da observação dos produtos midiáticos, de suas estruturas narrativas e de difusão que são rearticulados com a ironia da repetição, bem como do uso dos próprios aparelhos de televisão instalados em seu espaço característico: as salas de estar das casas. Ver, para Breitz, é recortar as relações do espaço cotidiano pontuadas pelos esquemas midiáticos de toda ordem. E é nesse sentido que a artista nos envolve já que a experiência é estranhamente parecida com o que podemos viver cotidianamente.

Nestas obras é possível perceber algumas das possibilidades do dispositivo vídeo se inserir nas linhas de força que configuram as experiências estéticas contemporâneas. São situações nas quais o uso da imagem, vinda do vídeo, se articula em torno de interações entre sujeitos, sistemas, culturas, modos de ver e contextos dentro das tensões que povoam o mundo contemporâneo. Sempre, de alguma forma, viabilizando um olhar revelador que potencializa e amplia a experiência. Compartilhamos o olhar de alguém através dos processos relacionais da mediação.

Solakov e Jones usam o vídeo como forma de exposição pessoal, enfatizando a conjugação em primeira pessoa. Cada um a seu modo soube usar as tensões entre ver e mostrar para se entregar diante de nós através da tela. Solakov compartilha conosco as falhas e os problemas de suas memórias. Jones mostra seu corpo, em pedaços, entre os defeitos da televisão, como se fosse uma interferência no olhar, tão acostumado com as poderosas técnicas usadas hoje para mostrar os corpos. Fusco e Breitz apontam para uma apropriação de outras formas e usos do vídeo, ligadas a uma espécie de confronto mais direto com o sistema de relações instaurado com os modos de operação da mediação. Tudo conjugado na primeira pessoa: "eu vejo". Por outro lado, nos aproximam de universos dos quais conhecemos os sentidos, as "deixas simbólicas" e os fluxos de imagens, para nos provocar. As estruturas de vigilância em Fusco e as sucessivas repetições de Breitz alertam para o modo como nos relacionamos com as mediações, o que delas retemos e qual papel desempenhamos diante delas na vida cotidiana.

Mas e em relação ao sistema das imagens? Qual a diferença entre o "eu vejo" típico do vídeo e os outros sistemas de imagens como cinema e televisão? Não há no cinema também quem veja? Não há um sujeito por trás da câmera operando ou comandando a equipe técnica em função de um objetivo? Frequentemente, sobretudo nas configurações absolutamente padronizadas pelo mercado cognitivo, as imagens-padrão tentam em vão gerar total transparência sem as opacidades, as falhas e os pontos cegos necessários para solicitar a existência de um sujeito que consiga, diante da tela, ver além daquilo que está na imagem. Essas imagens, fundadas na facilidade do clichê, viabilizam um olhar totalizante, que tenta transferir de forma muito autoritária um único e exclusivo ponto de vista do real, gerando uma crença de que aquilo que se vê na tela é mesmo a própria vida.

Assim, tenta-se transferir uma experiência que, ao contrário de expandir, possibilitar o deslocamento que alarga o sentidos da imagem, acaba por aprisionar o olhar em esquemas superficiais que quase não solicitam arranjos mais críticos para a construção das noções do real. A imagem-padrão, sempre recorrendo à totalidade, não nos deixa espaço para criar criticamente uma visão própria do real. Tudo está lá disposto como num *fast-food* de experiências que consagram a rapidez dos planos de no máximo três minutos, como no jornalismo, e solicitam um olhar cada vez mais anestesiado e menos comprometido com uma experiência que seja aberta o suficiente para nos deslocar.

Parece que não há subjetivação por trás da câmera, e diante da tela é difícil deslocar-se com tanta superficialidade, já que o que podemos perceber, mais efetivamente, é um arranjo político que transforma a imagem em um produto simbólico central na grande engrenagem do capitalismo contemporâneo. Uma espécie de disputa do simbólico empreendida entre os arranjos políticos e econômicos contemporâneos. Na maioria das vezes não há experiência estética, não há deslocamento, mas somente a estranha constatação: "o mundo é assim mesmo". No entanto, nem tudo é assim. Tanto o cinema, quanto a televisão são capazes de gerar experiências estéticas nos sujeitos diante da tela e por trás das câmeras. Em alguns momentos são usadas estratégias diferentes do tensionamento no hiato entre "eu vejo – eu mostro", mas muito próximas em outras possibilidades de hibridação e desdobramento com o ambiente do vídeo. Trata-se de formas de envolvimento entre sujeitos que podem provocar experiências estéticas. Não é possível, nessa atual situação da imagem repetir os erros daqueles que não conseguiram ver as diferenças em torno das produções cinematográficas e dos programas de televisão, lançando tudo num mesmo bojo sem distinção. Não vou falar da(s) *História(s) do cinema,* de Godard, para a televisão, nem de *Berlim Alexander Platz,* de Fassbinder, nem da recente *A pedra do reino*, de Luiz Fernando Carvalho. Nem tudo está totalmente fechado. Ainda existem inúmeras brechas e possibilidades de descontrole das imagens, seja no cinema, seja na televisão. Talvez as experiências com a criação em vídeo possam ampliar nossas formas de ver o que os sistemas midiáticos nos mostram. Talvez assim possamos descobrir quem é o sujeito por trás da imagem, o sujeito que nos permite ver aquilo que é mostrado.

Referências

BELLOUR, Raymond. A dupla hélice. In: PARENTE, A. *Imagem máquina – a era das tecnologias do virtual*, São Paulo: Editora 34, 1993.

GRAHAN, Dan. Video in relation with architecture. In: HALL, Doug; JO FIFER, Sally. *Iluminating video.* Nova Jersey: Aperture Foundation, 1990.

KRAUSS, Rosalind. Video: the aesthetics of narcissism. In: LEIGHTON, Tanya (Org). *Art and moving image – a critical reader.* Londres, Tate publishing: 2008. Texto originalmente publicado na *Revista October*, n. 1, primavera 1976. MIT Press.

Circuitos da vigilância: controle, libido e estética

Fernanda Bruno

Os circuitos da vigilância podem ser divididos em dois: os fechados, que têm na videovigilância ou no "circuito fechado de televisão"[1] (CFTV) a sua aplicação mais explícita, e os abertos, que têm nas imagens amadoras, nos sistemas de visualização do espaço urbano e nos sites de compartilhamento e difusão de imagens na Internet seus exemplos mais recentes. Essa divisão decerto é estratégica e cobre não o território complexo e multifacetado da vigilância, mas apenas algumas de suas partes, significativas para os dois processos aqui visados. O primeiro, mais amplo e de fundo, é o processo de naturalização da vigilância como modo de olhar e prestar atenção na cultura contemporânea. O segundo é a mistura de mecanismos de controle e de fluxos de prazer nos dispositivos e nas imagens de vigilância atuais. Trataremos inicialmente desses dois processos para depois analisá-los no âmbito dos dois circuitos mencionados. A análise encaminhará ainda, de modo breve, as subjetividades e os processos estéticos implicados nos regimes de visão e atenção, de controle e prazer em cada um desses circuitos.

O que significa afirmar que nas sociedades contemporâneas a vigilância tende a se "naturalizar" como modo de olhar e prestar atenção? Modos de ver são também modos de prestar atenção,[2] e ambos estão sujeitos tanto a uma "biosfera" quanto a uma "mecanosfera" (Crary, 1999)[3] que ganha ainda mais

---

[1] Tradução literal de *closed circuit television*.

[2] Privilegiaremos os processos de atenção articulados à visão, embora a atenção envolva também processos auditivos, olfativos, mnemônicos, estados de consciência, etc.

[3] Nossa análise dos regimes atencionais inspira-se no trabalho de Jonathan Cray (1999) sobre a atenção na modernidade. Nós nos apropriamos especialmente de parte da 'metodologia' do autor, focalizando os dispositivos e as práticas de governo da atenção nas suas relações com os processos socioculturais e de subjetivação em cada período histórico. Crary dedica-se à genealogia da atenção no século XIX e mostra como a atenção é um conceito volátil e de difícil definição, tornando-se um

terreno numa cultura em que os sentidos são cada vez mais tecnologicamente excitados, mediados, orientados. Vigiar, por sua vez, também envolve formas de prestar atenção, de focar e organizar o campo atencional tanto de quem vê quanto de quem é visto. Numa definição "funcional" da vigilância, Wood *et al.* (2006, p. 9) enfatizam o papel da atenção: "*Where we find purposeful, routine, systematic and focused attention paid to personal details, for the sake of control, entitlement, management, influence or protection, we are looking at surveillance*". Historicamente, os processos de visão, atenção e vigilância estão atrelados e ganham, na modernidade, um contorno que nos interessa especialmente na medida em que são atravessados e reordenados tanto pelo controle disciplinar industrial quanto pela cultura do espetáculo nascentes (Crary, 1999). Os circuitos do controle e do prazer já estão presentes aí, mas ainda guardam fronteiras relativamente definidas, que começam a se embaralhar nos cenários urbanos contemporâneos. Vejamos.

Sabe-se que a modernidade torna a vigilância um operador decisivo da ordem, do saber, da norma, das subjetividades. O investimento disciplinar sobre os indivíduos e seus corpos – gestos, atividades, movimentos, exercícios, cumprimento de regras, regulamentos, horários – obedecem a uma escala ótica e a uma estratégia de visibilidade e vigilância que pretende ser ao mesmo tempo minúscula e total. Minúscula porque a disciplina, tal como Foucault (1983) a descreve, é uma anatomia política do detalhe que estende ao mundo laico e ao indivíduo comum o que já importava para a teologia e o ascetismo: "a mística do cotidiano aí se associa à disciplina do minúsculo. A minúcia dos regulamentos, o olhar esmiuçante das inspeções, o controle das mínimas parcelas da vida e do corpo darão em breve, no quadro da escola, do quartel, do hospital ou da oficina, um conteúdo laicizado, uma racionalidade econômica ou técnica a esse cálculo místico do ínfimo e do infinito" (p. 129). A observação minuciosa do detalhe torna notável, no sentido de significativo

campo de disputas institucionais, sociais, filosóficas, científicas e estéticas. Ao mesmo tempo que à atenção era atribuída a função de isolar seletivamente certos conteúdos de um campo sensorial em detrimento de outros no interesse de manter um mundo ordenado e produtivo, ela era sempre assombrada pelo seu próprio excesso, na medida em que uma atenção extrema a algo por muito tempo pode se assemelhar a um transe hipnótico. Desse modo, atenção e distração não serão concebidos como estados essencialmente diferentes, mas como um processo dinâmico de variações. Desde a modernidade, a atenção é cada vez mais governada por técnicas e estímulos artificialmente produzidos, refletindo simultaneamente as demandas disciplinares e racionalizantes da produção industrial e as demandas de troca, circulação, fragmentação e estimulação espetacular incitadas pela dinâmica do capital e da vida social e urbana moderna. Neste artigo, conforme apontamos, tentaremos explorar os dispositivos e as práticas de gestão da atenção em contextos de vigilância nas cidades contemporâneas.

e visível, uma série de pequenas coisas que costumava ser ignorada pelos grandes sistemas morais e jurídicos, devido a sua relativa indiferença: atrasos, ausências, interrupção de tarefas, negligências, grosserias, imodéstias, indecências (p. 159). Mas a observação e o controle dos corpos também deve ser total. A vigilância panóptica, como se sabe, deve constituir um olho perfeito, maximamente eficaz e maximamente econômico no seu exercício, de modo a produzir uma vigilância ininterrupta e total nos seus efeitos, ainda que descontínua na sua ação (p. 177-178). Parte da administração moderna e suas práticas de gestão racional das instituições e das massas urbanas, da produção, do governo, da saúde, da segurança dos estados e das populações, etc. põe em obra um sistema e uma lógica da vigilância que reúnem os ideais das luzes, as obsessões benthanianas e os processos kafkianos.

No entanto, embora a vigilância disciplinar constituísse uma cadeia de observações que conduzia o olhar do detalhe à totalidade, ela correspondia a contextos de poder, controle e conhecimento circunscritos espacialmente, temporalmente e institucionalmente. Tais limites eram próprios à sua lógica e aos seus efeitos, definindo grupos específicos a ser vigiados (prisioneiros, doentes, alunos, operários), bem como funções, hierarquias e papéis definidos: as fronteiras entre vigias e vigiados eram claramente inscritas nos espaços diferenciados, nos cargos e tarefas, nas identidades.

Num cenário bastante diverso desse, vemos hoje, particularmente no campo das imagens de vigilância, a sua livre circulação, rompendo os limites espaciais, institucionais, técnicos e estéticos que outrora as circunscreviam. Aqui notamos um primeiro indício do que estamos chamando de naturalização da vigilância. As imagens de vigilância circulam tanto nos aparatos policiais quanto na pornografia amadora, nos arquivos da indústria de segurança e nas revistas de fofoca, na imprensa, na televisão e na Internet, no entretenimento popular e na arte. Nesse mesmo contexto, vemos proliferar na produção audiovisual contemporânea uma série de "retóricas da vigilância" (Levin, 2002) na televisão, no cinema e no ciberespaço. Além disso, a incorporação de sistemas de vigilância em lugares públicos, semipúblicos e privados supõe um modelo de vigilância "para todos", em que vige uma indiscernibilidade ou reversibilidade entre vítimas e suspeitos, entre vigias e vigiados.

O olhar e a atenção vigilantes sobre o outro, a imagem ou o mundo são "naturalizados" à medida que passam a ser incorporados ao repertório cultural e a se "legitimar" em diversos domínios, deixando de ter seu sentido vinculado a contextos específicos de controle, inspeção ou conhecimento. Deixam de implicar sujeitos, situações, instituições, regimes escópicos e atencionais específicos para ser potencialmente exercidos por todos e sobre qualquer um, a qualquer hora e lugar, em situações e com sentidos diversos. Claro que não é a primeira vez que a vigilância pula os muros institucionais. Conforme apontamos, já na modernidade ela está presente em diferentes circuitos, do controle disciplinar ao espetáculo e o entretenimento. Não se trata de novidade em termos absolutos, mas da intensificação de certos processos que acabam por reordenar nossos regimes de visibilidade, produzindo diferentes sentidos para a vigilância e suas relações com as subjetividades.

Desse modo, além da imprecisão quanto aos limites que definiam a vigilância, a sua naturalização ou banalização é acompanhada da diversificação de seus sentidos e propósitos. Hoje ela se exerce direta ou indiretamente misturada a diversos processos e práticas, com finalidades e funções variadas: nas práticas de consumo e nas estratégias de *marketing* e publicidade, nas medidas de segurança e de coordenação da circulação de pessoas, informações e bens, nas formas e meios de comunicação e sociabilidade, na prestação de serviços etc. O caráter multifacetado da vigilância se faz notar também nos afetos que hoje mobiliza: por um lado, ela se justifica ou se exerce pelo medo e pela promessa de segurança; por outro, ela mobiliza ou expressa um circuito de libidos, prazeres e desejos. Ingressamos aqui no segundo processo que nos interessa destacar: a convivência e a imbricação de controle e prazer nos dispositivos de vigilância contemporâneos, em particular nos meios de entretenimento, sociabilidade e comunicação. Lembremos que a vigilância não é apenas herdeira da cinzenta maquinaria industrial disciplinar, da empoeirada burocracia estatal e das luzes esclarecidas do Iluminismo. A vigilância também herda as cores e os prazeres da cultura do espetáculo,[4] que floresce junto com as cidades modernas. A sociedade moderna fez dos indivíduos um foco de visibilidade dos procedimentos disciplinares e, ao mesmo tempo,

[4] O termo "cultura do espetáculo" refere-se aqui à emergência de uma cultura visual de massa no século XIX, constituída tanto pelos dispositivos de entretenimento visual e de produção de imagem de então (estereoscópio, fotografia, cinema, etc.), quanto pelas novas estimulações sensoriais propiciadas pelo crescimento das cidades, pela aceleração dos deslocamentos e pelos modelos de consumo nascentes. Nesse cenário, conforme Crary (1999), se dá uma reorganização dos modelos de percepção e de atenção, fundando um novo tipo de observador. Essa cultura visual de massa prepara e serve de pré-história à sociedade do espetáculo, no sentido que Guy Debord (1967) dá ao termo, cujo início, ainda segundo Crary (1991), se daria no fim dos anos 1920 e coincidiria com as origens da televisão, o início da sonorização no cinema, a utilização das técnicas dos *mass media* pelo partido nazista na Alemanha, o triunfo do urbanismo e o fracasso político do surrealismo na França. Hoje assistimos a uma terceira renovação das práticas de observação, percepção e atenção, bem como a transformações nas formas da cultura visual e do espetáculo, condicionadas pelo advento e popularização das tecnologias digitais de informação e de comunicação, as quais se refletem também nos dispositivos de vigilância e nas dinâmicas das cidades.

ela os incitou e excitou enquanto espectadores da cultura visual nascente, intimamente atrelada à vida urbana. Observadores estimulados e excitados pelo fluxo movente da vida e das paisagens modernas, pela aceleração dos ritmos e deslocamentos, pela complexificação da vida urbana, pelo advento de novos objetos e mercadorias, bem como pelas novas tecnologias de produção e reprodução da imagem (fotografia, cinema, estereoscópio, etc.).

No cruzamento dessa dupla herança, as relações entre vigilância e espetáculo se tornam hoje ainda mais estreitas. Basta pensar na proliferação de *reality shows* em que aparatos de vigilância e confinamento são montados a serviço do entretenimento, ou nas práticas de exposição do eu e da "intimidade" em *weblogs*, *fotologs*, redes sociais (Facebook, Orkut, MySpace) e sites de compartilhamento de fotografia ou vídeo (Flickr, YouTube), em que as relações sociais se tecem atreladas a uma mistura de voyeurismo, exibicionismo e vigilância. É certo que, nesse movimento, tanto a vigilância quanto o espetáculo se encontram transformados e não cabem confortavelmente nos limites com os quais a modernidade os definiu. Como antecipamos, veremos alguns aspectos dessa transformação em dois contextos próprios da vida urbana atual: a incorporação de câmeras de vigilância às paisagens e arquiteturas urbanas e a produção e a circulação de imagens amadoras da cidade e de seus corpos nas mídias contemporâneas. Embora esses contextos sejam distintos e em cada um se acentue seja o controle (videovigilância), seja o prazer (imagens amadoras), eles são aqui entendidos como elementos do mesmo dispositivo de visibilidade, próprio da atualidade, que, embora heterogêneos, mantêm relações de afetação recíproca.

A noção de dispositivo de visibilidade é, como se pode notar, inspirada na noção de dispositivo de sexualidade proposta por Foucault (1979) para ao mesmo tempo analisar e problematizar o modo como a modernidade atrelou a verdade dos sujeitos à sua sexualidade.[5] Tal dispositivo, afirma Foucault (1979), conta com elementos heterogêneos que engloba discursos, instituições, organizações arquitetônicas, decisões regulamentares, leis, medidas administrativas, enunciados científicos, filosóficos, morais. Por meio de uma eloquente rede de elementos mais ou menos sutis, ditos e não ditos, o prazer sexual vai se tornar uma "questão de verdade" e se vincular a um

---

[5] Para além da questão da sexualidade, o termo dispositivo é uma noção operatória no pensamento de Foucault, particularmente a partir dos anos 1970. Em linhas gerais, todo dispositivo conjuga três traços centrais: um conjunto de elementos heterogêneos (o dispositivo é a rede que se estabelece entre esses elementos), uma função estratégica e jogos de poder articulados a formações de saber (FOUCAULT, 1979).

regime de discursos, saberes e poderes em que um novo tipo de prazer se fabrica: "o prazer da verdade do prazer, prazer de sabê-la, exibi-la, descobri-la, de fascinar-se ao vê-la, dizê-la, cativar e capturar os outros através dela, de confiá-la secretamente, desalojá-la por meio da astúcia; prazer específico do discurso verdadeiro sobre o prazer" (FOUCAULT, 1999, p. 69).

Em nosso dispositivo de visibilidade, não é mais o prazer e o poder de dizer a verdade da sexualidade ou do sujeito que estão em jogo. Trata-se do prazer e do poder de ver e de ser visto, de mostrar e fazer ver, incitando e excitando a visão e o olhar, capturando, orientando e deslizando a atenção sobre a superfície das imagens. Se alguma verdade é buscada aí, ela se desloca do campo das causas recônditas para o dos efeitos visíveis. Os poderes, os saberes e os discursos que compõem o dispositivo de visibilidade engendram, sobretudo, efeitos de verdade e de realidade intimamente atrelados às imagens. As subjetividades, por sua vez, encontram-se cada vez mais exteriorizadas e investidas nos processos do ver e do ser visto, encontrando nas práticas de visibilidade meios de legitimação, reconhecimento e existência – as redes sociais, os *reality shows*, os *fotologs*, *weblogs* e *webcams* pessoais são ao mesmo tempo expressões e agentes desse processo. Sem perder de vista a pluralidade do dispositivo de visibilidade em curso, vejamos como as relações entre poder e prazer se atualizam nos circuitos da videovigilância e das imagens amadoras.

Circuitos fechados da vigilância: câmeras, regularidade e controle

Entre os inúmeros dispositivos de vigilância presentes no cotidiano das cidades, as câmeras de CCTV[6] talvez sejam as mais claramente identificadas como instrumento de inspeção e controle, embora o selo "sorria, você está sendo filmado" já aponte, cinicamente, a sua fronteira tênue com pulsões exibicionistas. Tais câmeras representam um olhar que pela sua multiplicação em locais públicos, semipúblicos e privados tende à onipresença, descortinando a cidade e os corpos passantes. Vale notar que há diferentes tipos de câmeras de videovigilância ou de CFTV: reais ou falsas; públicas ou privadas; visíveis ou escondidas; com sistema de gravação ou

[6] Circuito fechado de televisão ou *closed circuit television*: câmeras de vídeo cujos sinais são transmitidos a um conjunto limitado de monitores. Recentemente, há modelos de CFTV que utilizam sistemas de conexão sem fio (*wireless*). Para estudos sobre CFTV, cf. NORRIS; ARMSTRONG (1999) e NORRIS; MCCAHILL; WOOD (2004).

não; com monitoramento em tempo real ou diferido; isoladas ou conectadas em rede; voltadas para indivíduos ou para coletivos; com fins de prevenção ou de intervenção; com filtros e análise sistemática de imagens ou não;[7] integrada a bancos de dados ou não.[8] Além disso, tais câmeras podem operar segundo diferentes funcionalidades: controle do acesso a lugares públicos ou privados; controle da conduta em lugares públicos e privados; testemunho e registro de fatos ou "evidências"; controle de fluxos e deslocamentos de populações e bens. Embora sempre represente uma instância de observação, a câmera de CCTV pode "agir" tanto segundo uma "eficácia simbólica", atuando como signo que dissuade a realização de comportamentos indesejáveis, quanto como olho que captura ou registra efetivamente a ação. As câmeras destinadas ao controle do acesso a metrô, por exemplo, não são o instrumento efetivo de permissão ou negação do acesso (controlado efetivamente por bilhetes, portões eletrônicos e guardas), e muitas vezes não estão colocadas na entrada nem na saída das estações, mas em outras localidades. Funcionam, portanto, sobretudo como signo de uma retórica da vigilância que institui nos usuários uma consciência tácita de estar sendo observado (MÜLLER; BOOS, 2004). Outras câmeras, por sua vez, atuam como olho atento e vigilante, capaz de intervir no momento da ação (como algumas câmeras de segurança em centros comerciais monitoradas em tempo real) ou produzir registros para medidas posteriores (como algumas câmeras de controle do trânsito, que registram infrações para encaminhar sanções). Um exemplo recente de controle em tempo real nos é dado pelas "câmeras falantes",[9] destinadas a advertir indivíduos flagrados cometendo pequenas infrações, como jogar lixo nas calçadas, atravessar a rua fora da faixa de pedestres, etc.

A despeito das diferenças de tipo e funcionalidade dos sistemas de CCTV, é possível extrair alguns aspectos gerais quanto às modalidades de olhar, de estados atencionais, de modos de subjetivação e de significação social da

[7] Há câmeras de vigilância cujas imagens são automaticamente analisadas por programas computacionais que identificam movimentos suspeitos.

[8] Certamente, essa tipologia não esgota a totalidade das modalidades de câmeras de vigilância nos espaços públicos e semipúblicos, mas oferece um panorama geral dos seus principais tipos hoje utilizados. Além disso, há várias tipologias possíveis de câmeras de vigilância, variáveis conforme os princípios de classificação empregados: atributos técnicos, função, efeito, entre outros. Para uma tipologia de câmeras de CCTV em espaço público, cf. MÜLLER; BOOS (2004).

[9] Inicialmente utilizadas no Reino Unido, estas câmeras são acompanhadas de um alto-falante que adverte os indivíduos no ato da infração. O Brasil já conta com alguns exemplares das câmeras falantes nas cidades de Piracicaba (SP) e São Sebastião (SP).

vigilância implicados no tipo de controle exercido pela videovigilância. Três aspectos nos interessam destacar.

O primeiro consiste no caráter opaco, impessoal e transinstitucional do olhar das câmeras de vigilância, que atua como uma espécie de terceiro olho frente ao qual não há negociação possível. Esse aspecto se deve em boa parte ao próprio dispositivo, que tem por característica ser uma instância de inspeção cujo sujeito da ação, ou melhor, do olhar, não está presente na cena, mas nem por isso é neutro. O sujeito do olhar da câmera é, antes de tudo, invisível, desconhecido e inverificável por parte dos que são observados. Essa opacidade e essa impessoalidade não se devem apenas ao fato de não podermos ver quem está observando, mas também porque essa imagem é potencialmente objeto de múltiplos olhares de uma cadeia institucional qualquer. Um conjunto de câmeras com sistema de monitoramento e registro dispostas em um *shopping center*, por exemplo, pode ser inspecionada tanto pelos operadores encarregados, quanto pelo pessoal da segurança, por policiais, funcionários do *shopping*, jornalistas, procuradores, pesquisadores, ou seja, qualquer um que tenha poder e interesse de observar a imagem registrada. Trata-se, assim, de um observador proteiforme, distante e disperso no arquipélago institucional (Lianos, 2001). Eis porque, além de opaco e impessoal, o olhar da câmera é transinstitucional (Lianos, 2001). Ademais, funciona como um terceiro olho que, embora seja em parte uma extensão da função normativa do olhar social, exclui qualquer intersubjetividade possível e, consequentemente, qualquer negociação; é ao mesmo tempo emissor e receptor da imagem.

> [...] c'est l'intersubjectivité qui fait naître, modifie et supprime la norme comme un équilibre entre les participants: autrui, tout comme sois, est à la fois porteur et sujet du normatif et rien ne peut fonder une influence de cette sorte en dehors du rapport interactif. L'arrivée de l'inspection rompt cette étanchéité sociale par l'instauration d'un point de vue extérieur à l'interaction, qui se situe dans un contexte 'tiers' (Lianos, 2001, p. 124).

Há, pois, um desequilíbrio entre a instância de observação e os indivíduos observados, o qual se dá ao menos em três níveis. No nível espacial, pois a imagem da ação observada não se passa no mesmo lugar em que a ação se dá. No nível temporal, específico para a imagem registrada, pois não se trata apenas de ver, mas de rever e recriar o olhar quantas vezes se desejar, produzindo uma imagem indefinidamente estocada para o futuro, tornando o seu "destino", a sua significação bem mais incertos, suspensos e sujeitos a um olhar *a posteriori*. Por fim, o desequilíbrio social concerne à dessimetria na relação de poder entre o observador e o observado, na medida em que a impossibilidade de ver e negociar com o sujeito do olhar torna o indivíduo sob a vigilância relativamente passivo e impotente frente a sua própria imagem, que é de algum modo confiscada pela câmera.

O caráter maquínico, impessoal e dessubjetivado do olhar na videovigilância constitui um regime estético que vem sendo explorado desde as primeiras videoinstalações, nas quais já aparece o uso de câmeras de vigilância e de circuito fechado nos anos 1960 e 1970. Os trabalhos de Bruce Nauman e Dan Graham, para citar dois nomes exemplares, são representativos desse "primeiro estágio" da videovigilância nas artes plásticas.[10] Segundo Duguet (2002), a vigilância como dispositivo nas videoinstalações muitas vezes se propunha a eliminar da obra toda subjetividade, mas para num mesmo movimento convocar o espectador como sujeito da percepção.[11] O olhar vazio, sem intencionalidade ou narrativa da câmera de vigilância é instalado de modo que o espectador se torne ao mesmo tempo sujeito e objeto do olhar e nessa condição experimente os limites implicados no dispositivo, aqui deslocados de suas funções habituais. Em *Live/taped video corridor* (Nauman, 1969-1970), por exemplo, o espectador caminha por um estreito corredor que leva a um monitor ao fundo. À medida que se aproxima do monitor, o espectador vê a sua imagem de costas se afastar progressivamente: ver a si mesmo apenas de costas e cada vez mais longe, observar a si mesmo e ser ao mesmo tempo observado, vivenciar a tensão e o descompasso entre a sua presença física (aproximando-se frontalmente) e a sua imagem (afastando-se de costas) desestabilizam a experiência usual do corpo, do espaço e da imagem, passando a transitar entre a alienação e ameaça. O dispositivo de videovigilância convoca uma experiência subjetiva ou um modo de presença da subjetividade que usualmente está ausente da nossa relação cotidiana com as câmeras. Essa implicação da subjetividade também é forte nas instalações

[10] Chamamos de "estágio clássico" esse "primeiro momento" da videovigilância nas artes plásticas, entre o fim dos anos 1960 e os anos 1970, em que as instalações que utilizavam câmeras de vigilância e circuito fechado de televisão tinham como traço estético e político mais marcante "a reorganização e modificação dos parâmetros dos dispositivos de vigilância e [...] a retomada e subversão das suas características plásticas (fixidez da câmera, automatismo da gravação, imagem de baixa qualidade em preto e branco)". Os trabalhos de videovigilância mais recentes apontam para um segundo estágio da estética da vigilância, que não exclui elementos do anterior, mas ganha uma diversidade de imagens, cores, formas e enquadramentos que expressam e dialogam com o estado atual da vigilância nos centros urbanos contemporâneos (BRUNO; LINS, 2007).

[11] Além de Bruce Nauman e Dan Graham, Duguet cita trabalhos de Michael Snow (De La, 1969-1972), Peter Campus (Mem e Dor, 1975), entre outros artistas.

em que Dan Graham utiliza o circuito fechado. Em *Present Continuous Past(s)* (1974) a instalação consiste numa sala com duas paredes espelhadas e uma parede com uma câmera de vigilância onde também se encontra um monitor que exibe a imagem capturada pela câmera com um *delay* de oito segundos. O espectador, assim que entra na sala, percebe a sua imagem nos espelhos e no monitor, que num primeiro momento assume uma função especular. Alguns minutos depois, percebe-se que a imagem projetada está ligeiramente "atrasada" em relação ao presente, frustrando a "expectativa" ou a suposição da transmissão em tempo real da câmera-espelho. Essa fratura na temporalidade da imagem frente ao seu "referente" cria também uma fratura na espacialidade da imagem e dos corpos presentes, dissociando o espaço da imagem projetada no monitor, o espaço dos corpos presentes e o espaço das imagens da sala reproduzidas em cascata nos espelhos. O espectador habita esse tempo e esse espaço fraturados e neles experimenta um *feedback* específico, distinto daquele que vigora na videovigilância habitual, e que se dá entre a imagem de seu passado recentíssimo e a sua ação presente, que logo se torna imagem ressurgida do passado afetando mais uma vez o presente-futuro e assim sucessivamente. A instalação convoca, assim, uma experiência do tempo e do espaço, da imagem e do corpo, da percepção e da memória, da observação e da auto-observação, em que os efeitos psíquicos e subjetivos da videovigilância se tornam sensíveis e presentes.

Nota-se que nesses trabalhos de Nauman e de Graham, assim como de outros artistas do mesmo período, a arquitetura tem um papel decisivo na organização do visível das condições da percepção (Duguet, 2002). O dispositivo de vigilância é aqui atrelado à elaboração de um espaço específico no qual o corpo é engajado não para ser socialmente controlado ou inspecionado, mas para ser solicitado em seus sentidos de forma "extra-habitual". Curioso notar que às videoinstalações em que os nexos entre o corpo e a arquitetura são estreitos, se somam hoje as *performances* e as intervenções nas ruas e nos espaços públicos, chamando a atenção para a crescente videovigilância a céu aberto nos centros urbanos. A unilateralidade da videovigilância, bem como as implicações sociais e políticas de seu olhar opaco é, nesse caso, questionada, explicitada e deslocada por trabalhos que se situam entre a arte e o ativismo. O grupo Surveillance Camera Players,[12] por exemplo, realiza *performances* diante das câmeras em espaços públicos, procurando perturbar a regularidade, a naturalidade ou a indiferença com que os corpos passantes se habituam à presença das câmeras ao ambiente urbano.

---

12 <http://www.notbored.org/the-scp.html>.

O segundo aspecto geral da significação social e da forma de controle exercida pela incorporação de câmeras de vigilância nos espaços públicos e semipúblicos consiste na produção de uma indiscernibilidade entre vítimas e suspeitos, bem como entre segurança e ameaça. Diferentemente dos dispositivos de inspeção modernos, que vigiavam um conjunto predefinido de indivíduos cuja presença se devia à própria instituição que as vigiava - prisioneiros, enfermos, etc. - as câmeras de vigilância em ruas, metrôs, parques públicos e outros locais, são dirigidas a todos e a qualquer um, cumprindo, como vimos, uma função prioritariamente dissuasiva e preventiva. Os indivíduos aí não têm uma identidade individual nem coletiva que justifique a vigilância, e o acaso de transitar num mesmo espaço inspecionado é o único fato que os une. Somos todos igualmente vítimas e suspeitos potenciais, assim como a consciência da vigilância representa simultaneamente segurança e ameaça. Um exemplo bastante evidente é o das câmeras de supermercados, que vigiam ao mesmo tempo seus clientes e seus funcionários, tornando ambos vítimas e suspeitos potenciais. Ainda que soe excessivamente distópica, a afirmação de que a onipresença das câmeras de CCTV refletem um estado de suspeição generalizada - todos são suspeitos, até que se prove o contrário - é em parte verdadeira. Digo em parte porque tal estado não pode designar a totalidade dos processos de vigilância, mas se aplica especialmente às câmeras de CCTV e, mesmo nesse caso, não se pode esquecer que a banalização da suspeita é mais um efeito desse dispositivo de vigilância do que a sua intenção primeira, muitas vezes, como já apontamos, mobilizada por critérios de eficiência, conforto e segurança na facilitação do trânsito e circulação de pessoas em lugares públicos e semipúblicos.

Por fim, o terceiro aspecto consiste nas consequências normativas derivadas do tipo de observação e controle exercidos pelas câmeras de vigilância. O efeito normativo das câmeras deriva de um tipo de atenção voltado para a captura do excepcional, do irregular. Ou seja, as câmeras não se destinam tanto a introduzir ou instaurar uma normalidade (como no caso das instituições panópticas, que precisam criar uma ordem no seio de uma população desviante), mas antes capturar ou flagrar uma fratura na ordem corrente. Tanto os humanos por trás das câmeras quanto os *softwares* de identificação de movimentos suspeitos podem executar essa tarefa de flagrar uma ruptura na normalidade, ou mesmo antecipá-la. Um exemplo recente e bastante engenhoso é o *Hostil Intent*, projeto para o desenvolvimento e implementação de um programa computacional de análise de imagens de câmeras de vigilância, monitoradas remotamente em tempo real. O programa pretende ser capaz de descobrir pistas acerca do estado mental e das intenções futuras de indivíduos através da análise de traços comportamentais e fisiológicos, como microexpressões involuntárias do rosto, permitindo que se evite a efetuação da intenção prevista.

Por parte dos observados, as câmeras são incorporadas a uma arquitetura da regularidade e usualmente tendem a ser quase "esquecidas" à medida que a sua presença e sua retórica dissuasiva são assimiladas e naturalizadas, mantendo-se na margem do foco de atenção da massa dos corpos vigiados, só ocupando a frente da cena quando está em jogo uma ruptura mais ou menos intensa da regularidade corrente. Vale, contudo, notar que a ordem e a regularidade são mantidas não tanto por uma interiorização de valores que orientam um projeto identitário ou biográfico, tal como previam as instâncias normalizadoras modernas e seus regimes de visibilidade. As câmeras têm um efeito normativo "formal", "pragmático" e "utilitário", em que "parecer normal" é mais decisivo do que "ser normal". O sistema de observação e inspeção funda, assim, "um novo paradigma de normalidade que não se apóia sobre a interpelação subjetiva, mas sobre a incerteza das hipóteses intrassubjetivas" (Lianos, 2001, p. 126). A normalidade é, antes, um efeito de superfície derivado da retórica dissuasiva das câmeras de vigilância. A adesão a modelos "práxicos" predominantes e o pertencimento a um "ethos" particular – o cliente de supermercado ou de banco, o passageiro de avião, o usuário de metrô, etc. – são mais importantes que a interiorização dos valores sociais de que tais modelos são uma das muitas expressões. Nesse sentido, podemos afirmar que o campo normativo atrelado às câmeras de CCTV é constituído por comportamentos que refletem uma norma sem valor.

Nesse tipo de atenção mobilizado pelas câmeras de vigilância, em que vigora a captura do excepcional e do irregular, desponta uma lógica do flagrante que veremos reaparecer nas imagens amadoras. No caso das imagens de videovigilância, o flagrante se vincula a um poder de "evidência" que lhes é próprio. A ausência de uma intencionalidade suposta, o registro de uma visão sem olhar, o fortuito maquinicamente flagrado, conferem à imagem um caráter de "prova" que está intimamente articulado às suas funções de controle. Essa dimensão 'policial' da imagem de videovigilância é sensível em nossa experiência ordinária: de algum modo tal imagem guarda a promessa de uma mordida, um salto, uma violência qualquer do "real". Isto é, ela usualmente nos incita a uma posição expectante, à espera ou à espreita de uma fratura qualquer, de uma ruptura na ordem e regularidade correntes. Nesse sentido, ela opera como uma espécie de prova antecipada, ou uma "prova sem crime"[13] expressando, mesmo quando nada se passa, um forte efeito de verdade. Mostram isso tanto a retórica da segurança que aposta na eficiência da videovigilância, quanto os *reality shows* de confinamento, como o Big Brother.

O olhar e a atenção implicados na captura do flagrante do real não estão, como se sabe, restritos às arquiteturas da regularidade e do controle; um circuito de libidos, prazeres e entretenimento também é aí mobilizado. Circulam em larga escala na Internet e em especial no YouTube, cenas "eróticas", sexuais ou simplesmente "divertidas", flagradas por câmeras de vigilância. Tais vínculos entre vigilância, flagrante e prazer se estendem às câmeras e imagens amadoras.

Circuitos abertos da vigilância amadora: flagrante, prazer e entretenimento

Juntamente com as câmeras de CCTV, *webcams*, câmeras de telefones celulares, fotográficas e de vídeo, embora não estejam diretamente voltadas para o exercício da vigilância, participam ativamente da construção de um regime escópico sobre a cidade e seus corpos onde vigoram uma atenção vigilante e a captura do flagrante. Aqui não se trata tanto dos circuitos de controle, mas sim dos circuitos de prazer, entretenimento e voyeurismo, embora eles se retroalimentem em diversos níveis. As câmeras fotográficas e de vídeo, cada vez mais portáteis e presentes no cotidiano dos indivíduos, especialmente a partir da difusão dos telefones celulares com câmeras integradas, multiplicam os olhares sobre a cidade, fazendo dos corpos passantes olhos que não apenas veem, mas registram e transmitem a distância cenas da cidade. Olhos eletrônicos locais com alcance e conexão global, olhares simultaneamente privados e públicos, individuais e coletivos. Recentemente, vemos crescer o número de episódios e de imagens capturadas por câmeras privadas em espaços públicos circulando tanto na Internet como na televisão e na imprensa. Casos célebres como o vídeo "erótico" da Daniela Ciccarelli com seu namorado numa praia na Espanha, o enforcamento de Saddam Hussein, as imagens de tortura na prisão de Abu Ghraib em Bagdá e as do corpo agonizante da estudante Neda Agha-Soltan durante as manifestações no Irã em 2009 circularam em diversos meios de comunicação. Ao lado deles,

[13] Tomo de empréstimo esta expressão de Eduardo de Jesus, apresentada em sua conferência no II Simpósio Internacional Comunicação e Experiência Estética na UFMG.

inúmeras outras imagens de fotografia e vídeo capturadas por indivíduos nos espaços públicos circulam cotidiana e profusamente na Internet. Essas imagens constituem um repertório diversificado e relativamente desordenado dos inúmeros olhares sobre a cidade, e seus sentidos e efeitos são múltiplos. Há, contudo, em algumas delas, um traço comum que as tornam imagens de vigilância, ou imagens que portam um efeito de vigilância – uma estética do flagrante, resultante de um olhar amador que reúne aspectos simultaneamente policiais, libidinais e jornalísticos. No que concerne o espectador, essas imagens têm um efeito de vigilância na medida em que supõem – com mais ou menos intensidade – um olho que vê sem ser visto, incitando o voyeurismo.

Em alguns casos, tal estética do flagrante pende mais para o policial e/ou o jornalístico, buscando cenas de suposto interesse público em tom de denúncia e motivados por uma atitude "cidadã". O chamado jornalismo "cidadão" e "participativo" nos dá inúmeros exemplos, tanto na Internet quanto na grande mídia, convocando amadores a enviar as imagens disparadas por suas câmeras. A campanha *Oi Cidadão, flagrantes de cidadania,* do *A Voz do Cidadão,*[14] por exemplo, convida os internautas a flagrar cenas de descaso público e político nas cidades. A chamada da campanha explicita os nexos entre o jornalístico e o policial, convocando o telefone celular como uma "câmera-arma":

> Faça do seu celular uma arma a favor da plena cidadania! Fotografe situações de cidadania exemplar como estas que estão aqui embaixo e envie para nós com um relato sobre o flagra e a lição que você acha que pode tirar e passar adiante. Se aprovadas, você terá suas imagens divulgadas aqui nesta página e ainda receberá um certificado de Cidadão Exemplar da Voz do Cidadão.[15]

A grande mídia também convoca o "olhar cidadão" em colunas como o *Eu repórter*, de *O Globo On-line,*[16] ou o *Foto repórter*, do *Estadão.*[17] Sabe-se que a novidade não reside no uso do flagrante capturado por câmeras amadoras, muito comum no fotojornalismo desde o seu início. A "novidade" consiste na intensificação dessa prática e no "efeito de real" (Barthes, 2004) que tais imagens hoje produzem, como veremos adiante.

Em outro conjunto de imagens, a estética do flagrante é carregada de uma libido do instante cuja atenção recai sobre o inesperado e o incomum no fluxo

---

[14] <http://www.avozdocidadao.com.br/>.

[15] Disponível em: <http://www.avozdocidadao.com.br/detailConteudo.asp?ID=5&SM=5%2336/>.

[16] <http://oglobo.globo.com/participe/default.asp/>.

[17] <http://www.estadao.com.br/ext/fotoreporter/foto_imagens.htm/>.

mesmo da vida regular, ordinária e comum. O gozo do instante não é apenas o do clique e da captura do agora, já familiar desde a fotografia instantânea, mas também e talvez até principalmente, o da distribuição e divulgação imediatas, fazendo do instante capturado um instante partilhado, ubíquo, conectado. Aqui, os olhares são mobilizados por um tipo de atenção que visa flagrar cenas picantes da vida urbana, sacando suas câmeras ágeis em registrar e distribuir. O flagrante é carregado de um erotismo e um voyeurismo que se mesclam a uma atitude policial e/ou jornalística.[18] O ciberespaço e em especial a Internet são o território privilegiado de circulação dessas imagens, que não se endereçam a um espectador coletivo nem trazem consigo nenhum interesse público maior. Essas imagens, que visam flagrar pequenas idiossincrasias urbanas, voltam-se para o espectador individual ou privado e seu gosto particular pelo insólito da vida cotidiana – uma roupa íntima flagrada entre um movimento e outro de um corpo passante, uma ligeira transgressão comportamental em um lugar público, o pequeno vexame de um corpo que cai inesperadamente, etc. Imagens muito similares àquelas que os *paparazzi*, as câmeras escondidas, os *reality shows*, as pegadinhas e as vídeocassetadas nos habituaram a ver. Eis porque essas imagens reúnem ao mesmo tempo vigilância e espetáculo – são imagens em que o fortuito capturado se torna matéria de um testemunho e uma observação que convocam o voyeurismo do espectador. São imagens que têm um efeito de vigilância (mais que uma intencionalidade) e também divertem, entretêm, dão prazer. Imagens que promovem uma reversibilidade jocosa entre o anônimo e o célebre, o público e o privado, pois aplicam à vida corrente e às pessoas comuns o mesmo procedimento escópico e atencional usualmente reservado às celebridades da grande mídia ou ao interesse do grande público.

Ainda que sejam de algum modo "menores", na medida em que nem sempre são coordenadas por instituições ou atores sociais organizados, mas exercidas de modo relativamente disperso por inúmeros indivíduos, essas práticas não são pouco significativas nem isoladas. Elas compõem um cenário multifacetado, expressando e testemunhando a tendência à naturalização e banalização da vigilância como modo de olhar e prestar atenção na cultura contemporânea e, em particular, nas cidades.

Muitos dos elementos presentes nesse olhar e nessa atenção vigilantes, bem como o que estamos chamando aqui de estética do flagrante, não são novidades

[18] O vínculo entre esses termos também é visível nos sites de imagens pornográficas na Internet, amadores ou não. Seus nomes são em si reveladores: "Cidade amadora", "Blitz erótica", "Planeta amadoras", Flagras&amadoras", "00 Sexte", entre outros. Devo a Ilana Feldman o *insight* sobre as relações entre o libidinal e o policial nas imagens amadoras. Tal relação está apontada pela autora em sua dissertação de mestrado (2007), embora num contexto distinto, o do *reality show* Big Brother Brasil.

exclusivas do nosso tempo. O registro fotográfico ou fílmico de flagrantes criminais, sexuais, jornalísticos e seu uso como prova irrefutável do "real" foram amplamente aplicados tanto nos processos policiais e judiciais, quanto na imprensa, no cinema documental ou ficcional e na literatura. Sabe-se o quanto o testemunho fotográfico gozou, na modernidade, de um poder de evidência tal que fazia da imagem uma prova visual e irrefutável do ato criminoso, o que fez da fotografia um importante instrumento de vigilância e controle policial e criminal (Sekula, 1986). O caráter maquínico da fotografia conferia ainda mais veracidade à imagem, destituindo-a de potenciais interferências humanas. A suposição de que "o aparelho não pode mentir" (Gunning, 2004) dotava o culpado de uma visibilidade inextirpável. O flagrante conferia à imagem uma pontualidade que ampliava ainda mais o seu poder de prova na medida em que nela se fixava o instante da culpa. Além disso, a história da fotografia tem inúmeros exemplos de imagens de vigilância, em que o desejo de ver sem ser visto é central. Uma série de fotógrafos usou câmeras escondidas para capturar cenas da vida urbana em seu estado mais "natural", fazendo da vigilância um elemento importante da estética fotográfica. Sintomaticamente, uma das primeiras câmeras portáteis com tempo de exposição rápida era chamada "*detective camera*" (Batchen, 2002).

Também não é recente a presença dessas imagens e dessa estética da vigilância na indústria do entretenimento e na arte. Segundo Tom Gunning (2004), a presença da câmera como testemunha se dá antes no teatro, na literatura e no cinema modernos do que na justiça criminal. Os vínculos desse olhar e dessa atenção vigilante com a sexualidade e o erotismo tampouco são novidade. O autor suspeita de que no início do cinema, assim como na vida real, a vigilância fotográfica tenha sido mais usada para flagrantes sexuais e suspeitas conjugais do que para crimes. A excitação do flagrante fotográfico rendeu a Freud uma interpretação muito particular de uma paciente que sofria de paranoia, convencida de estar sendo fotografada, tendo mesmo ouvido a batida ou o clique que supunha vir do obturador da câmera. Freud atribui a alucinação de sua paciente a um deslocamento auditivo da vibração de seu clitóris excitado (Freud, 1980).

Além de ser um modo de exercer a atenção, o flagrante é, também na modernidade, um meio de atrair e capturar a atenção do espectador. Em sua análise da dimensão "neurológica" da modernidade, Ben Singer (2004) mostra como os sentidos modernos são submetidos a uma hiperestimulação na qual vigorava uma "estética do espanto". Seja na imprensa, seja nos meios de entretenimento popular sensacionalista, as representações dos acidentes urbanos ressaltavam o que eles continham de mais grotesco e extremo, sendo comum a representação da vítima no instante do choque, acompanhada de uma testemunha surpresa e assustada.

Apontar e reconhecer a anterioridade histórica desses processos não implica, contudo, descartar qualquer especificidade contemporânea. Algumas dessas diferenças já foram mencionadas, e destacamos agora apenas as que concernem ao tópico em questão. A estética do flagrante ainda guarda hoje a excitação pela surpresa e pelo espanto de outrora em diversos setores do entretenimento popular, mas no que diz respeito aos flagrantes da vida urbana atual, há um reposicionamento do observador que merece ser considerado. Ele não apenas assiste ao espetáculo da dinâmica urbana e suas representações visuais como um ponto na massa, mas também produz e distribui com suas câmeras portáteis e conectadas um microespetáculo do cotidiano, e ao mesmo tempo é testemunha individual e difusor global da vida urbana. O olho munido do clique instantaneamente disparado e conectado é simultaneamente um ponto de observação e de difusão. Eis porque, entre outros fatores já apontados, as imagens que daí derivam podem não ser apenas o registro de um olhar que casualmente testemunha algo, mas podem se tornar ou ter o efeito de uma imagem de vigilância, não muito diferente das imagens policiais ou midiáticas.

E o apelo dessas imagens na captura da atenção de outros espectadores espalhados diante de diferentes telas (de computador, de celular, de televisão) parece residir não somente no seu conteúdo, mas também naquilo que, na sua forma, indica as condições de sua produção, tornando-as ainda mais efetivas como imagens de vigilância. Os ruídos das imagens amadoras indicam uma casualidade, uma urgência, um ar não intencional, improvisado e não retocado, que amplia o seu efeito de real e de vigilância. Além disso, a excitação do flagrante presente na imagem supõe um observador oculto, colocando o espectador na condição de voyeur. A circulação virótica dessas imagens (Brasil; Migliorin, 2007) incita um voyeurismo distribuído e nos dá mais uma mostra de como os circuitos da vigilância não estão apenas se fazendo nos sistemas relativamente fechados do *closed circuit television*, mas também nas vias abertas das câmeras amadoras, da Internet e do espaço urbano.

Um último exemplo desse processo, fora do campo das imagens amadoras, reside nos recentes sistemas cartográficos e informacionais de visualização do espaço urbano a partir de imagens de satélite e de outros registros fotográficos, disponibilizados na Internet e acessíveis a partir de dispositivos móveis. Refiro-me a sistemas como o Google Earth[19] e principalmente o Google Street View[20]

[19] <http://earth.google.com/>

[20] <http://maps.google.com/help/maps/streetview/>.

e outros similares a este como o MapJack[21] e EveryScape.[22] Tais dispositivos ainda são muito recentes, e tanto seus usos sociais quanto seus desdobramentos tecnológicos ainda estão indefinidos. No entanto, a repercussão que tais sistemas vêm alcançando, bem como as suas apropriações iniciais, já nos permite arriscar as primeiras impressões sobre a sua participação no olhar e na atenção vigilante sobre as cidades atuais. O Google Earth foi o primeiro desses sistemas de visualização a ganhar relativa popularidade e a impressionar, entre outras coisas, pela sua perspectiva de sobrevoo onividente sobre a Terra. Trata-se de um programa que combina imagens de satélite de fontes diversas, mapas, edificações em 3D e recursos de pesquisa do mecanismo de busca Google para disponibilizar imagens e informações geográficas de inúmeras partes do mundo. Recentemente, uma ferramenta de visualização do céu foi adicionada ao programa, permitindo a visão de inúmeras galáxias e corpos celestes.[23] Ao combinar múltiplas imagens de inúmeras fontes distintas, o Google Earth simula um grande olho que cobre a terra e o céu, assemelhando-se a uma das mais antigas imagens de vigilância – o Olho de Deus (Scmidt-Burkhardt, 2007). A diferença, decisiva, é que o olho maquínico do Google é montando a partir de muitos outros olhos particulares e, principalmente, pode ser parcialmente apropriado por outros tantos olhares, consciências, desejos e intenções individuais. Uma das seduções do Google Earth é a promessa de uma onividência, que não é o atributo de um único ser, mas que estaria potencialmente "ao alcance de todos", reforçando mais uma vez a incorporação da vigilância ao repertório cultural contemporâneo. No entanto, devido à baixa resolução das imagens disponibilizadas, a vigilância aí se volta mais para espaços, monumentos, edificações, do que para indivíduos. Claro que o voyeurismo não deixa de estar presente também aí, ainda que relativamente frustrado pela qualidade das imagens. Alguns "flagrantes" de corpos nus ou seminus em terraços, piscinas e praias circularam profusamente na Internet.[24]

Mas no que toca o espaço e a vida cotidiana e urbana, o Google Street View, o MapJack e o EveryScape vêm sendo cada vez mais usados como meios de visualização, orientação e voyeurismo nas cidades. Os três programas são sistemas de visualização das cidades a partir de imagens no nível da rua com um

---

[21] <http://www.mapjack.com/>.

[22] <http://www.everyscape.com/>.

[23] Trata-se do Google Sky, disponível em: <http://earth.google.com/sky/skyedu.html>.

[24] No Google Sightseeing é possível ver a lista "top 10" dos principais flagrantes de corpos nus ou seminus do Google Earth: <http://maps.google.com/help/maps/streetview/>.

panorama de 360 graus, vários níveis de *zoom* e boa resolução. As imagens são vinculadas a mapas, permitindo ao usuário visualizar em detalhes e com nitidez trajetos, prédios, placas, pessoas transitando nas ruas, etc. Para além do uso funcional de localização e orientação nas cidades, tais sistemas vêm suscitando discussões sobre violação de privacidade, uma vez que algumas dessas imagens apresentam uma nitidez que permitem identificar pessoas nas ruas, carros, janelas, etc.[25] Paralelamente, surgem também *sites* na Internet, como o Streetviewr.com, GeoTrotter.com, que brincam de coletar, receber e disponibilizar os "flagrantes" capturados inadvertidamente pelas câmeras desses serviços, em particular do Google Street View, o mais popular deles. A brincadeira consiste em descobrir na imagem detalhes risíveis, curiosos, constrangedores ou picantes, casualmente e involuntariamente capturados. Simulando a perspectiva do pedestre e do passante, o sistema permite que se opere, pelo comando do *zoom*, um voyeurismo controlado sobre a imagem em busca de detalhes que revelem algo escondido, produzindo uma espécie de *strip teese* do espaço urbano. Conjuga-se, mais uma vez, um olhar erótico e policial a uma postura jornalística à procura de flagrantes. A mistura de voyeurismo e vigilância, de policial e libidinal atualiza-se aqui num curioso regime de atenção e observação da cena urbana, em que o campo perceptivo é a própria imagem.

Juntamente com o voyeurismo, o olhar e a atenção envolvidos nesse sistema de visualização das cidades e seus corpos implicam um espectador cuja posição é muito similar a de um operador de videovigilância, reunindo mais uma vez o policial e o libidinal. O espectador e agente é aqui menos um corpo escondido atrás de um buraco de fechadura do que um teleobservador em sua sala de controle. A cidade se oferece, de uma só vez, aos olhos de "todos" através da tela privada de cada um, constituindo uma televigilância doméstica e individualizada dos espaços públicos. Televigilância para todos, com os propósitos mais variados: informação, orientação, diversão, erotismo, etc.

A excitação do flagrante e o exercício cotidiano de um olhar e uma atenção voyeurísticos e/ou vigilantes nas imagens amadoras e nos sistemas de visualização *on-line* do espaço urbano são mais uma mostra de como a vigilância, em vez de ser um regime de visão e de atenção circunscrito a momentos e espaços de controle específicos, é incorporada ao repertório cultural, social, tecnológico, subjetivo e estético contemporâneo. Essa incorporação não implica a sua presença por toda parte, nem uma homogeneidade em sua

---

[25] Após uma série de protestos em defesa da privacidade, a Google "apaga" os rostos de pessoas nas imagens disponibilizadas no *Street View*, mediante solicitação delas.

forma; vimos aqui apenas alguns aspectos de um processo que é múltiplo e com sentidos e efeitos diversos. As subjetividades que se produzem no âmbito do dispositivo de visibilidade contemporâneo investem e são investidas pelos prazeres e poderes do ver e do ser visto de diferentes maneiras, ainda em boa parte indefinidos e abertos quanto aos seus efeitos e potencialidades. Analisar e questionar a naturalização da vigilância em diversos domínios da vida cotidiana, da relação com o mundo, consigo, com o outro e com as imagens é uma das muitas vias pelas quais se pretende explicitar a contingência dessa modalidade de olhar e atenção. Se um passado recente ainda pode nos inspirar, resta lembrar que a via estética de resistência no dispositivo de sexualidade passava pela inventividade dos prazeres e dos modos de existência, mais que pela reivindicação de identidades sexuais "minoritárias". No dispositivo de visibilidade, deve-se opor a inventividade dos modos de ser da imagem, do olhar e do visível aos processos de naturalização da vigilância, de forma a provocar diferencialmente as subjetividades contemporâneas.

Referências

BARTHES, R. *O rumor da língua*. São Paulo: Martins Fontes, 2004.

BATCHEN, G. Guilty Pleasures. In: LEVIN, T. Y.; FROHNE, U.; WEIBEL, P. (Orgs.) *CTRL Space: Rethorics of surveillance from Bentham to Big Brother*. Cambridge, MA: MIT Press, 2002.

BRASIL, A.; MIGLIORIN, C. Saddam e Cicarelli: nossas imagens. In: *Revista Cinética*. Disponível em: <http://www.revistacinetica.com.br/saddamcicarelli.htm/>.

BRUNO, F.; LINS, C. L. Estéticas da vigilância. *Revista GLOBAL – Brasil*, n. 7, p. 38-39, dez./jan./fev. 2007.

CRARY, J. *Suspensions of Perception: Attention, Spectacle, and Modern Culture*. Cambridge, MA, London: MIT Press, 1999.

CRARY, J. Spectacle, attention, counter-memory. In: *October*, 50, 1991.

DEBORD, G. *A Sociedade do espetáculo*. 2003. Disponível em: <http://www.ebooksbrasil.org/eLibris/socespetaculo.html/>.

DUGUET, Anne-Marie. *Déjouer l'image. Créations electroniques et numériques*. Nîmes: Éditions Jacqueline Chambon, 2002

FOUCAULT, M. *História da sexualidade 1: a vontade de saber*. 13. ed. Rio de Janeiro: Graal, 1999.

FOUCAULT, M. *Vigiar e punir*. Petrópolis: Vozes, 1983.

FREUD, S. *Um caso de paranoia que contraria a teoria psicanalítica da doença*. Rio de Janeiro: Imago, 1980. (Edição standard brasileira das obras psicológicas completas de Sigmund Freud, 15.)

GUNNING, T. O retrato do corpo humano: a fotografia, os detetives e os primórdios do cinema. In: CHARNEY, L.; SCHWARTZ, V. R. *O cinema e a invenção da vida moderna*. São Paulo: Cosac & Naify, 2004.

LEVIN, T. Y. Rhetoric of the temporal index: surveillant narration and the cinema of "real time". In: LEVIN, T. Y.; FROHNE, U.; WEIBEL, P. (Orgs.). *CTRL Space: Rethorics of surveillance from Bentham to Big Brother*. Cambridge, MA: MIT Press, 2002.

LIANOS, M. *Le nouveau contrôle social*. Paris: L'Harmattan, 2001

MARZOCHI, I. F. *Paradoxos do visível: reality shows, estética e biopolítica*. 2007. Dissertação (Mestrado em Comunicação) – Programa de Pós-Graduação em Comunicação, Universidade Federal Fluminense, Niterói, 2007.

NORRIS, C.; ARMSTRONG, G. *The Maximum Surveillance Society*: The Rise of Closed Circuit Television. Oxford: Berg, 1999

NORRIS, C.; Mc CAHILL, M.; WOOD, D. (Eds.). *Surveillance & Society CCTV Special*, v. 2, n. 2/3, 2004. Disponível em: <http://www.surveillance-and-society.org/cctv.htm/>.

SEKULA, A. The Body and the Archive. In: *October*, 39, p. 3-64, 1986.

SINGER, B. Modernidade, hiperestímulo e o início do sensacionalismo popular. In: CHARNEY, L.; SCHWARTZ, V. R. O *cinema e a invenção da vida moderna*. São Paulo: Cosac & Naify, 2004.

Parte 5

Experimentações nas redes sociais

Poiesis nas redes telemáticas:
fabricações midiáticas de pessoas comuns

Maria Beatriz Bretas

A ornamentação da vida ordinária é uma marca crescente dos nossos dias. Uma simples embalagem que acondiciona o pão num supermercado é um dos incontáveis exemplos de propostas estéticas que envolvem o cotidiano de qualquer pessoa, solicitando atenção, compartilhamento e adesão aos mais variados propósitos. No saco de papel pardo emoldurado por adornos de feixes de trigo, um texto compartilha a missão da empresa, que propõe uma experiência estética aos consumidores: "Tornar uma compra de supermercado um ato de emoção, prazer e diversão, oferecendo produtos variados e diferenciados, surpreendendo sempre as expectativas de nossos clientes".

O cotidiano que dá lugar às interações sociais ocupa espaços telemáticos, nos quais as pessoas também põem em marcha a vida ordinária. Por sua vez, as práticas comunicativas, seja em redes digitais, seja fora delas, não prescindem dos atributos e dos adornos capazes de promover o compartilhamento do sentido entre os sujeitos em interação.

As ideias aqui desenvolvidas decorrem dos estudos e das discussões efetuadas no Grupo de Estudos sobre Interações Telemáticas (GRIS),[1] cujo tema central de pesquisa envolve a compreensão de processos de comunicação mediada por computador (CMC). Procuramos detectar e analisar a interlocução de grupos e coletivos sociais na perspectiva pragmática da cooperação e da colaboração. Nosso olhar observa a Internet como ambiente midiático que possibilita, entre outras inúmeras ocorrências, a expressão de pessoas comuns, fazendo submergir uma imensurável rede subterrânea de trocas comunicacionais com visibilidade pública.

---

[1] Integrante do Grupo de Pesquisa em Imagem e Sociabilidade (GRIS/UFMG).

Nosso trabalho direciona-se na dimensão pragmática da linguagem, indagando sobre o que as pessoas em interlocução em diversos ambientes da Internet realizam ao dizer. Essas possibilidades de transformação da realidade operada por atos de linguagem nos levam a pensar sobre a colaboração na construção de ativismos de mídia, organizados em torno da crítica de mídia e da produção midiática na Internet, fora das corporações tradicionais da comunicação. Devido ao caráter pragmático, a continuidade dessas interlocuções, em algumas ocasiões, constitui ativismos, assim como as ações do Centro de Mídia Independente (CMI), coletivo social tributário dos protestos de Seattle em 1999. Entretanto, as conversações na Internet nem sempre conseguem organizar intervenções dessa natureza, mas dão impulso a outros tipos de agenciamentos, observados em fóruns e listas de discussão, blogs, sites de relacionamento, projetos colaborativos para a construção de conteúdos na rede e plataformas de simulação on-line.

Tais objetos de investigação, que constituem uma diversidade de casos empíricos peculiares, têm em comum a característica de ser visíveis publicamente e contar com a participação de pessoas comuns na produção midiática da web. Entendemos que é possível observar os aspectos da cooperação nesses processos por meio da compreensão da dimensão estética dessas práticas, capaz de revelar uma ética das interações, apreendida por meio das interfaces gráficas, vistas como espaço da materialidade significante das conversações.

A dimensão estética

O conceito de objeto estético aqui trabalhado expande-se para além da arte tradicionalmente concebida, pois é decorrente de experiências ordinárias da vida de pessoas comuns produzindo material midiático, isto é, enunciados[2] que se articulam na produção de discursos, cuja circulação tem visibilidade pública em ambientes da Internet. A dimensão estética se faz presente nessas práticas comunicativas tomadas como obras, conforme a acepção propagada por Dewey (1980), que as vê como objetos expressivos, unidades resultantes de um processo de fazer que transforma signos (linguísticos, imagéticos e sonoros) em material perceptível. A obra probabilisticamente propicia uma experiência estética que a distingue entre outras obras, evoca emoções e vai além do reconhecimento, para proporcionar reflexões e incorporações às

[2] O enunciado é compreendido como a menor unidade de comunicação discursiva, oral ou escrita (BAKHTIN, 2003).

consciências dos sujeitos em interação. Isso significa que as experiências das interações comunicativas operam efeitos produzindo aprendizagens e alterando repertórios cognitivos.

Esses processos podem dotar o indivíduo de mecanismos de autorreflexão que lhe possibilitam a consciência de seu estar no mundo e de sua condição de sujeito. Tais mecanismos ou técnicas, a exemplo da escrita, da imprensa e da informática participam da conformação de subjetividades. Foucault (1997, p. 109) formula a expressão "técnicas de si" para designar procedimentos da constituição subjetiva, atribuindo a essas técnicas o papel de operacionalizar o "conhecer-se a si mesmo", o que é uma espécie de imperativo colocado pela civilização ao lado de outros, como ter uma identidade, saber se governar e cuidar de si.

Ao dizer, na fala e na escrita, os sujeitos se constroem e se dão a ver pelo discurso, pois a expressão promove o conhecimento de si e organiza o encontro com o outro. Consciente de sua condição subjetiva e de sua singularidade, o sujeito utiliza-se de técnicas e tecnologias para a promoção do autoconhecimento, nas quais se incluem anotações, diários, e diversas outras formas de registro propiciadas por diferentes linguagens. Dessa maneira, páginas pessoais, blogs, fotologs, videologs, fóruns, listas, etc. são lugares de escritura e enunciação do eu, portanto de sua construção.

As tecnologias intelectuais, que favorecem esses conhecimentos e promovem relações entre os sujeitos, são vistas como métodos ou processos que ativam fundações culturais na apreensão do real e participam da construção de nossas imagens e conceitos sobre o mundo, carregando desejos e outras subjetividades aí incrustados. A compreensão de ser sujeito sofre a mediação[3] da cultura que tem uma dimensão discursiva passível de ser narrada. Assim também, o sujeito é constituído como discurso ou uma expressão sobre si, capaz de produzir um pensamento sobre si mesmo. Jean Caune (1999) lembra que, para Ricoeur (1986), não há compreensão de si que não seja mediada por signos, símbolos e textos. Portanto, o autoconhecimento depende da linguagem que dá forma a textos ou a discursos fixados pela escritura.

Desse modo, as pessoas comuns que participam da produção comunicativa veiculada em vários ambientes da *web* utilizam recursos expressivos para produzir efeitos sobre o outro; além disso, expandem e alocam novas conformações para o eu, sempre em modelação, o que acentua a direção

[3] As mediações por meio de símbolos estabelecem relações entre os sujeitos e o mundo vivido em comum (CAUNE, 1999).

pragmática desses fazeres ou obras na ligação da vida virtual com a real, constituindo uma só vida. Os dispositivos telemáticos possibilitam que atores e plateia ocupem novos lugares nas cenas, transformando-os em interatores.

A substância da expressão nas telas dos computadores conectados é de natureza visual, mesmo para o texto que, ao adquirir uma qualidade visiva, dá forma aos enunciados. Vários materiais significantes se apresentam na Internet – texto, imagens em movimento, voz humana, música – e ligam subjetividades. Esses materiais podem produzir relações estéticas, ao ser percebidos e apreciados, por meio de interfaces que estabelecem contatos. A palavra "tela" é identificada como suporte imagético por excelência, pois advém da trama tecida pelo entrelaçamento de fios, fornecendo a base material para a fixação dos pigmentos que dão corpo às imagens da pintura na produção de quadros. Assim, nessa acepção, a tela é um lugar privilegiado para a apresentação de imagens. Nos computadores, a tela é o dispositivo utilizado para a exibição de dados, constituindo-se como o espaço de armazenamento eletrostático, mediante o qual os textos são visualmente apresentados.[4] Assim, os computadores também apresentam atributos comuns aos aparelhos de televisão, ainda que as máquinas informáticas demandem dos usuários posturas e atitudes diferentes, produzindo novos efeitos de percepção.

Na tentativa de estudar os contornos da experiência estética na Internet, observamos na sociedade contemporânea marcas que apontam para um desenvolvimento incontrolável da lógica comercial balizando modos de vida, assim como da estetização da vida cotidiana voltada para o consumo. Da mesma forma, as marcas do mercado também estão presentes nos territórios do ciberespaço, visto como mais um continente do mundo no qual se instala tudo o que existe nos continentes reais, mas sem os constrangimentos da materialidade física (Caune, 1999). Tais lógicas constituem mediações culturais que promovem a disseminação e o compartilhamento de significações numa comunidade. Nesse contexto, a expansão do público é um dos efeitos das indústrias culturais (incluindo o entretenimento como prática cultural), que geram produtos ou obras, envolvendo relações entre os indivíduos e os valores que eles compartilham.

[4] É importante ressaltar que tais características não se aplicam para usuários cegos, que podem se valer da navegação nas páginas através de outras referências que não sejam de luz. Como exemplo, destaca-se aqui o sistema operacional DOSVOX, desenvolvido pelo Núcleo de Computação Eletrônica da Universidade Federal do Rio de Janeiro, capaz de narrar os textos codificados em linguagem verbal escrita nas interfaces luminosas, através de síntese de voz. Ver: <http://intervox.nce.ufrj.br/dosvox/>.

Caune (1999) destaca a mediação estética como uma forma singular de mediação cultural que apresenta uma intenção e uma expectativa sensível. Nas mediações estético-contemporâneas vemos hoje a proeminência das imagens que tomam como suporte as telas ou visores da TV, dos computadores e dos dispositivos móveis de comunicação, entre outras máquinas de ver. A lógica de expansão do mercado provoca uma inflação de imagens na oferta de produtos ao consumo e produz a banalização do sentido. Na visão de Dewey (1980) não haveria aí experiência estética, e sim uma experiência qualquer, pois as condições para que a primeira se realize impõem que o sentido seja levado em conta. Para isso, a percepção do objeto pelo sujeito deve ser integralizada de modo a produzir alguma alteração cognitiva, um conhecimento, designando "uma travessia que modifica aquele que a realiza" (Ogien; Quéré, 2005).

A natureza estética da cooperação

Podemos compreender a cooperação como princípio essencial para a ocorrência de qualquer tipo de conversação entre os sujeitos. A conversação, compreendida como interação dialógica que se desenvolve por intermédio da alternância de falantes, requer dos interatores uma disposição de escuta e de resposta para que o diálogo se realize.[5] Qualificando o enunciado como obra, Bakhtin (2003) vê no diálogo cotidiano a forma mais simples da comunicação discursiva, cujas características e qualidades podem ser encontradas na formas mais complexas:

> Complexas por sua construção, as obras especializadas dos diferentes gêneros científicos e artísticos, a despeito de toda a diferença entre elas e as réplicas do diálogo, também são, pela própria natureza, unidades de comunicação discursiva: também estão nitidamente delimitadas pela alternância dos sujeitos do discurso, cabendo observar que essas fronteiras, ao conservarem a sua *precisão* externa, adquirem um caráter interno graças ao fato de que o sujeito do discurso – neste caso *o autor* de uma obra – aí revela a sua individualidade de estilo, na visão de mundo, em todos os elementos da ideia de sua obra (Bakhtin, 2003, p. 279).

[5] Para as interações comunicativas diferidas e/ou difusas o caráter conversacional é metafórico, já que a alternância nos lugares de fala e escuta entre os interlocutores se realiza no sistema de resposta social, que reverbera, interpreta e dá curso, em diferentes circuitos, aos enunciados produzidos pelo sistema midiático (BRAGA, 2006).

As conversas efetuam um encadeamento de enunciados e conformam a comunicação discursiva. Os enunciados, por sua vez, caracterizam-se por sua conclusividade, limitada pela alternância de falantes e pela demanda de uma reação responsiva dos interlocutores. Na nossa observação dos diferentes casos empíricos referentes à produção comunicativa de pessoas comuns, visível na *web*, encontramos sequências de enunciados (*threads*[6]) delimitando turnos de falas e configurando diferentes gêneros de discurso, conforme os vários quadros situacionais de cada um, além de apontar efeitos de sentido que mostram o desenrolar da vida cotidiana na rede e fora dela. Encarada como uma nova maneira de promover interações, a comunicação mediada por computador, no entanto, não se desvincula da formas mais simples da conversação cotidiana, como observa Bakhtin (2003, p. 268):

> Os enunciados e seus tipos, isto é, os gêneros discursivos, são correias de transmissão entre a história da sociedade e a história da linguagem. Nenhum fenômeno novo (fonético, léxico, gramatical) pode integrar o sistema da língua sem ter percorrido um complexo e longo caminho de experimentação e elaboração de gêneros e estilos.

As ideias de Bakthin (2003) servem de fundamento para compreendermos o entrelaçamento das conversações dentro e fora da *web*, nas quais os enunciados ou obras põem em ação o papel da linguagem nas nossas experiências cotidianas. Numa perspectiva pragmática, verificamos que os atos de discurso acionam redes de sentidos e produzem transformações que podem extrapolar o âmbito da conversação e operar fora dela. Cada vez mais, assistimos à proliferação de iniciativas que utilizam a Internet para realizar convocações e reunir coletivos sociais em processos de mobilização, de um modo peculiar permitido pelo desenvolvimento da tecnologia, como as ações dos coletivos reunidos em torno do *site* do Centro de Mídia Independente (Lara, 2006). Por outro lado, um grupo de discussão sobre transtornos alimentares, dentro do serviço Yahoo! Grupos, demonstra o papel das conversações na ajuda a participantes que desejam vencer tais problemas (Faria, 2007). Os dois casos destacam âmbitos de interlocução diferenciados,

---

[6] "Uma *thread*, ou ainda *topic thread*, *thread* de discussão, *árvore de tópicos* ou *árvore de discussão* é bastante comum na internet, em especial em fóruns de discussão. É uma espécie de "linha de discussão" que, a partir de uma mensagem original qualquer postada em algum local de discussão virtual, é possível que haja respostas que vão sendo subordinadas uma à outra. É possível que haja resposta da resposta e assim por diante, formando então essa cadeia de tópicos que é chamada *thread*. É como uma conversa em cascata. Disponível em: <http://pt.wikipedia.org/wiki/Thread_%28discuss%C3%A3o%29/>.

que utilizam recursos expressivos distintos, embora se reportem a efeitos pragmáticos em diferentes níveis de realização.

Os recursos expressivos das comunicações discursivas estão atrelados aos tipos de enunciados proferidos, regulados pela conformação dos gêneros de discurso, que organizam as conversações a partir de pactos ou acordos tácitos ou explícitos. O referido grupo de discussão, por exemplo, apresenta aos componentes um conjunto de regras para que os diálogos sejam desenvolvidos acompanhado das possíveis sanções ao seu descumprimento. Trata-se de uma espécie de inventário de etiqueta social explicitado para garantir a convivência dos participantes e assegurar uma produtividade da conversa, invocando o respeito ao outro e colocando normas para os modos de dizer dos interlocutores. Para realizar o apoio pretendido aos que sofrem os transtornos por meio dos atos discursivos o regulamento do grupo precisa da cooperação de todos.

Para Herman Parret (1997), os fundamentos cooperativos da atividade linguística são de natureza estética, já que os recursos expressivos apelam aos sentidos, evocando uma elegância e uma polidez que traduzem valores: "Justificamos o valor das práticas humanas, das relações intersubjetivas, da produção discursiva, apelando para categorias *éticas* que, por sua vez, só podem ser *legitimadas* por meio de categorias estéticas" (Parret, 1997, p. 187).

Então, a estética, que se funda no sensível e no sentimento, implica ética.[7] Os objetos expressivos são capturados pelos sujeitos por meio do modo estético de compreensão baseado no afeto e organizado por uma gama de categorias estéticas maiores ou menores, desde o belo e o sublime até o trágico, o cômico e o ridículo (Parret, 1997). Somos cooperativos ao participar das conversações; essa é uma condição ética que norteia as relações estéticas dos membros de uma comunidade. Porém, não se trata de um gesto de benevolência desinteressada; ao contrário, é uma questão de sobrevivência para conseguirmos estabelecer a convivência com o outro. Reconhecendo, entretanto, que as interações conversacionais polidas não constituem a maioria dos casos, Parret (1997) explica a necessidade de cooperarmos recorrendo à ideia de jogos conversacionais:

> Para que haja compreensão e portanto comunicação, deve-se *pressupor* que o locutor joga adotando as regras do jogo como *norma*. Se o locutor não joga de acordo com elas, só podemos entender o seu comportamento discursivo como uma *violação* das regras do jogo conversacional. Portanto, o que se

[7] Parret (1997, p. 183) relembra a máxima de Wittgenstein no *Tractatus*: "A ética e a estética são uma só e mesma coisa".

> pressupõe aqui não é um maravilhoso irenismo ou que todos os homens são anjos; envolve, ao contrário, um pessimismo agonístico generalizado: somos cooperativos por *necessidade*. Egoístas por natureza, altruístas por necessidade. Que tipo de necessidade? Aquela que é motivada pela comunicabilidade e pela vida em sociedade (Parret, 1997, p. 32).

Aproximando-se do "princípio de cooperação" de Grice (1989), Parret (1997) examina a cooperação como princípio axiológico que compõe o conjunto de valores da comunidade. Destinado a salvaguardar o ser-em-comunidade, esse fundamento é fruto de uma vontade compartilhada de uma comunidade de falantes de ter normas que garantam a vida comunitária. A cooperação torna-se condição para o cumprimento das regras do jogo conversacional determinando que o interlocutor se mobilize para participar, a fim de que os enunciados que se sucedem no desenrolar da conversa sejam compreendidos. O caráter cooperativo é crucial para o desenvolvimento de processos discursivos, que, entretanto, comportam o conflito. Já o caráter colaborativo nas conversações refere-se a um "algo mais" presente nas interações, que pressupõe um maior engajamento dos interatores para cumprir os objetivos pragmáticos da comunidade que os congrega. Assim, a participação ocupa uma dimensão ética do ser-em-comunidade e torna-se um compromisso pactuado em torno dos valores do grupo.

Reality show de avatares

Dentro do nosso projeto de investigação, procuramos marcas da enunciação de sujeitos interlocutores em ações que se realizam nos processos discursivos, com vistas a identificar e compreender determinados efeitos cooperativos e colaborativos em interações telemáticas. A ideia de jogo conversacional parece-nos, então, produtiva para perceber esse desenrolar de atos de linguagem.

Parret (1997) classifica os jogos em finitos e infinitos. Os finitos são jogados com o objetivo de ganhar; os infinitos o com o objetivo de continuar a jogar. Para ele, a cultura e todos os seus territórios são jogos infinitos, no qual o desejo dos jogadores é dar prosseguimento às jogadas com os outros. Os jogos infinitos enquadram os jogos da sociedade, por conseguinte os da comunicação, que são regidos pelas regras da sociabilidade. Ou seja: o jogo deve ser jogado de acordo com as regras da conversação. Sua violação torna-se um descumprimento do acordo ou contrato que rege a atividade conversacional. Para Valverde (2007, p. 4), o que suporta o compartilhamento dessas normas éticas é a comunhão estética evidenciada pelo gosto e pelo gozo: "Desse ponto de vista, esta dimensão do prazer estético aparece, então, como base da comunicação e da socialidade".[8]

Determinados tipos de *reality show* veiculados na TV, como *Big Brother* e *Ídolos*, são jogos finitos. Esse gênero televisivo, em muitas de suas formas, tem a pretensão de dar a ver a realidade da experiência cotidiana de pessoas em interação, permitindo regimes específicos de enunciações e enunciados, nos quais são previstos os interlocutores a que se destinam. Por sua vez, esses destinatários mostram-se ávidos em assistir cenas do dia a dia protagonizadas por pessoas que se empenham em realizar alguma prova, em algum tipo de jogo. A exposição da intimidade é um princípio que preside a formatação dos programas e as câmeras, ubíquas, são encarregadas de realizar funções pan-ópticas para a audiência.

Podemos ver traços desse gênero televisivo em diversas práticas comunicativas na *web*, incorporando variações próprias da Internet e de seus dispositivos. Pensamos aí nas conversações que ocorrem em blogs, em fóruns, em sites de compartilhamento de fotografias e vídeos, em jogos on-line, etc. São pessoas comuns que ocupam espaços de visibilidade passíveis de ser acessados por quem queira fazê-lo. As facilidades de publicação de conteúdos em várias linguagens são consequência do modelo de comunicação "muitos para muitos" permitida pela tecnologia, diferente da produção oligopolizada dos meios tradicionais, como a imprensa e a TV corporativas, que trabalham no modo "um para muitos".

A exemplo dessas possibilidades, o ambiente virtual de simulação online Second Life (SL)[9] pode ser visto como um jogo de modo finito e infinito, dependendo dos papéis assumidos pelos atores que participam das interações. Do ponto de vista do usuário comum, que modela seu avatar[10] com recursos do programa, o objetivo do jogo é ganhar, caso o jogador se proponha a cumprir alguma prova dentro do ambiente. Mas também é jogar por jogar, ou seja, viver a sua segunda vida. As ações desses avatares correspondem a atos de pessoas encarnadas e são sustentadas por recursos expressivos (verbais, imagéticos, plásticos, sonoros), que podem ser desencadeadores da experiência estética.

Em vários tipos de *reality shows* da TV, os atores constroem seus personagens de modo a alcançar a adesão dos espectadores que farão o julgamento do seu desempenho. Na *web*, apesar de apresentar níveis diferenciados de

---

[8] Disponível em: <http://www.compos.org.br/data/biblioteca_232.pdf/ >.

[9] Iniciativa do Lab Linden, empresa que desenvolveu e disponibiliza a plataforma do SL (<http://www.secondlife.com/>).

[10] No hinduísmo o avatar é a materialização da divindade; em informática representa graficamente um usuário de algum *software* de realidade virtual.

visibilidade pública, várias práticas comunicativas identificadas com o gênero ampliam o quadro de atores, que também desempenham papéis frente a outros tipos de conformação da audiência. O Second Life pode, assim, ser compreendido como um *reality show* de avatares que simulam interações face a face, vistas por Goffman (1988)[11] como o termo da interação primordial. A presença mútua imediata, requerida na dimensão física do encontro de corpos de carne e osso, transforma-se aí, no encontro das representações de corpos figurados em avatares ou "construções de si". No ambiente gráfico tridimensional os indivíduos/avatares também estão "colocados para partilharem um centro de atenção comum, para perceberem o que fazem e para perceberem esta percepção" (Goffman, 1988, p 198), sem sofrer as contingências e os perigos ameaçadores à integridade dos corpos na copresença física.

Entretanto, queremos destacar que essas vidas virtuais e em presença material se entrelaçam e se afetam mutuamente. Pois os indivíduos que interagem com outros na realidade virtual trazem consigo, de alguma forma, bagagens de seus aprendizados assim como os sujeitos que se relacionam com o outro na dimensão presencial: "cada participante entra numa situação social carregando uma biografia já rica em interações passadas com os outros participantes – ou pelo menos com participantes do mesmo tipo" (Goffman, 1988, p. 200).

Para observar as interações no Second Life foi construído o avatar de características femininas Moscat Amat, nome escolhido dentro das possibilidades do sistema. O ambiente selecionado para a observação foi a *Ilha BH*, uma analogia com a cidade de Belo Horizonte na realidade virtual, no qual estão representados figurativamente alguns dos principais pontos de referência do espaço urbano. Com os recursos de um *software* gravador de *desktop* (que captura em vídeo todas as ocorrências da tela do computador), empreendemos a gravação de uma sequência de interações entre sujeitos/avatares, o que resultou numa espécie de *machinima*,[12] ou um documentário da vida virtual.

A ilha-cidade é configurada por ruas, avenidas e praças nas quais se instalam, entre outras formas, diversos tipos de estabelecimentos comerciais

[11] A comunicação mediada, fora da presença física, pode ser considerada como uma versão reduzida da situação de comunicação face a face (GOFFMAN, 1988).

[12] "*Machinima*, termo criado a partir das palavras da língua inglesa *machine (máquina)* e *animation (animação)*, é tanto uma coleção de técnicas de produção associadas quanto um gênero fílmico ou filme criado por tais técnicas de produção. Como uma técnica de produção, o termo diz respeito à computação gráfica produzida através de máquinas domésticas [...] Usualmente, *machinimas* são produzidos usando ferramentas e recursos disponíveis em um jogo". Ver: <http://pt.wikipedia.org/wiki/Machinima>.

e locais para a realização de eventos, acomodando uma estética comercial que expõe produtos à venda e apela para o consumo. A interação entre os avatares é proporcionada pela digitação de enunciados pelos sujeitos, e o texto escrito aparece na tela, como em uma sala de *chat*.[13] Além disso, os corpos também se expressam por movimentos, olhares e interpelações ao outro. As indumentárias são variadas e destacam vestígios de pertencimento a tribos urbanas, a exemplo de jovens góticos encontrados no espaço público virtual da Praça da Liberdade, que na sua dimensão física também acolhe jovens que se caracterizam por tais vestimentas e ornamentos peculiares.

Ao se cadastrar no site, cada usuário deve necessariamente construir um avatar a partir de tipos padrões, calcados em modelos femininos e masculinos, ou tipos não humanos. Ao ingressar no ambiente do Second Life, o participante conta com vários recursos para continuar modelando seu avatar, conquistando ou adquirindo roupas, sapatos, cabelos e adereços em geral que servem para distingui-lo, conferindo uma identidade ao personagem que entra em cena. São recursos expressivos utilizados para afetar a percepção do outro e desencadear experiências estéticas.

O *slogan* do site anuncia que o SL é um mundo imaginado e criado pelos residentes. Caso não haja cooperação, o mundo paralelo se torna informe. O avatar, cujo DNA é um algoritmo que o define, não interfere no sistema que dá condições à sua existência gráfica, criando suas possibilidades dentro de limites bem definidos. A operação de cadastro do participante determina-lhe a escolha de um nome dentro de um inventário de possibilidades, de modo a não haver nomes repetidos. Não há homônimos no Second Life. Os personagens dentro da plataforma movimentam seus corpos gráficos de maneiras inusitadas para a dimensão da realidade concreta, podendo voar e se teletransportar na realidade virtual.

Uma das sessões gravadas para a observação tinha início na Praça da Liberdade virtual, onde vários avatares travavam sequências de falas, em duplas ou no máximo entre três pessoas, mas todos se viam e notavam a presença dos demais. Um desses avatares, uma personagem feminina, uma típica jovem de classe média habitante da cidade, no meio do burburinho de enunciados escritos desenrolando-se na tela, fazia uma pregação religiosa verborrágica, notada por todos que, no entanto, não dirigiam palavras a ela. Os que desenvolviam sequências alternadas de falas proferiam conversas particulares que eram visualizadas nos textos por todos que estavam no

[13] Atualizações mais recentes do *software* do Second Life já permitem comunicação por voz.

mesmo lugar. À solicitação de colaboração aos demais participantes para a realização do videodocumentário, por Moscat Amat, apenas o avatar *Ruivo* se manifestou, encarregando-se de apresentar os lugares típicos da ilha para o registro das imagens.

Cenas capturadas no vídeo: as imagens simulam o ângulo de visão do avatar Moscat Amat (de costas) e são configuradas de acordo com seus movimentos.

O caráter cooperativo das interações aí apreendido refere-se à simples presença dos avatares que se colocavam em presença mútua no ambiente, demonstrando o desejo de estar juntos, mesmo de maneira superficial e sem maiores envolvimentos, preocupados apenas em ver e ser vistos. A sociabilidade aí praticada pode ser compreendida como uma "estrutura potencial do comportamento", conforme a expressão de Roger Baker, lembrada por Goffman (1988) para definir a ideia de lugares comportamentais, como as vias públicas, regidos por convenções que orientam o modo de estar com o outro. Aí são cumpridos acordos tácitos que regem o estar junto no espaço público. No mundo do SL, o novo participante é informado sobre as regras de convivência por um regulamento que orienta a ação dos participantes, traduzido por um conjunto de normas que prezam pelo respeito mútuo e pela concórdia. Por si só, essas ordens não asseguram a ausência de violações, pois há quem contrarie as prescrições, a exemplo de avatares que portam espadas ou facas, apesar da proibição do porte de armas explicitada nas normas.

Considerações finais

A diversidade de situações empíricas tomadas como objeto de estudo para compreender as interações telemáticas, envolvendo projetos de ativismos, participações na blogosfera, nos fóruns de discussão e nas plataformas de relacionamento *on-line*, revela um aumento do contingente de pessoas comuns exercitando a práxis estética. Tal exercício compreende a atuação nas esferas da *Poiesis*, da *Aisthesis* e da *Katharsis*, correspondendo ao que denomina por Jauss (1979) como funções produtiva, receptiva e comunicativa dessa atividade.

Utilizando recursos expressivos propiciados pelo meio, a produção midiática de pessoas comuns na *web* proporciona experiências estéticas baseadas na cooperação e na fruição que apela aos sentidos. Os enunciados e as outras manifestações de linguagem que estão em jogo nessas fabricações apresentam ornamentos e adereços destinados a impressionar e produzir efeitos sobre o outro, oferecendo oportunidades de novos conhecimentos e de modelação das subjetividades.

As interfaces gráficas compõem dispositivos cênicos nos quais os atores representam seus papéis junto a outros, que podem ou não compartilhar os valores do grupo, promovendo experiências estéticas capazes de produzir alterações cognitivas para os sujeitos. Mas o aprendizado de competências e de comportamento éticos deriva-se do cultivo de uma consciência de solidariedade e respeito ao outro, e não somente da obrigatoriedade do cumprimento de regras dos jogos comunicativos, virtuais ou não. As palavras de Janice Caiafa (2007, p. 32) esclarecem as condições desse conhecimento pela experiência: "Quando consigo estender um sentimento de solidariedade que aprendi numa certa situação para outra é que genuinamente aprendo um comportamento ético". A preocupação e o cuidado com o outro é o sentido da colaboração.

Referências

BAKHTIN, Mikhail. *Estética da criação verbal*. São Paulo: Martins Fontes, 2003.

BRAGA, José Luiz. *A sociedade enfrenta sua mídia: dispositivos sociais de crítica midiática*. São Paulo: Paulus, 2006.

CAIAFA, Janice. Comunicação e sociabilidade nas viagens de metrô. In: CAIAFA, Janice; ELHAJJI, Mohammed. *Comunicação e sociabilidade: cenários contemporâneos*. Rio de Janeiro, MauadX, 2007.

CAUNE, Jean. *Pour une éthique de la médiation: le sens des pratiques culturelles*. Saint-Martin d'Hères: Presses Universitaires de Grenoble, 1999

DEWEY, John. *Art as experience*. Nova York: Perigee Books, 1980.

FARIA, Carla Soares. O fantasma na máquina: discurso e construção de sentido sobre o corpo em uma lista de discussão sobre transtornos alimentares. Belo Horizonte, GRIS: 2007 (monografia). Disponível em: <http://www.fafich.ufmg.br/gris/biblioteca/monografias/carlaf.pdf/view>. Acesso em: 5 jan. 2008.

FOUCAULT, Michel. *Resumo dos cursos do Collège de France*. Rio de Janeiro: Zahar, 1997.

GOFFMAN, Erving. *Os momentos e seus homens*. Lisboa: Relógio d'Água, 1999.

GRICE, H. P. *Studies in the way of words*. Cambridge: Cambridge University Press, 1989.

JAUSS, Hans Robert. A estética da recepção: colocações gerais. In: COSTA LIMA, C. (Org.). *A literatura e o leitor: textos de estética da recepção*. Rio de Janeiro: Paz e Terra, 1979. p. 67-84.

LARA, Glauciene Diniz. *Odiar a mídia ou ser a mídia: os sujeitos nas interfaces do CMI*. Belo Horizonte: GRIS: 2006 (monografia). Disponível em: <http://www.fafich.ufmg.br/gris/biblioteca/monografias/odiar-a-midia-ou-ser-a-midia.pdf/view/>. Acesso em: 12 jan. 2008.

OGIEN, Albert; QUÉRÉ, Louis. *Le vocabulaire de la sociologie de l'action*. Paris: Ellipses, 2005.

PARRET, Herman. *A estética da comunicação: além da pragmática*. Campinas: Papirus, 1997.

RICOEUR, Paul. *Du text à l'action. Essais d'hermeneutique II*. Paris: Seuil, 1986.

VALVERDE, Monclar. Gosto e comunicação: o papel da reflexão estética na teoria da comunicação. Trabalho apresentado no GT Estéticas da Comunicação. *XVI COMPÓS*: Curitiba/PR, 2007. Disponível em: <http://www.compos.org.br/data/biblioteca_232.pdf/>. Acesso em: 30 set. 2007.

WIKIPEDIA. Disponível em: <http://pt.wikipedia.org/>.

O fundamento estético da experiência ordinária em redes telemáticas: fluxos intermidiáticos

Geane Alzamora

Por entre as redes

A experiência contemporânea, estética ou não, dificilmente pode ser pensada sem considerar a noção de rede, que é preponderante em boa parte das experiências cotidianas. Embora permeie a configuração dos arranjos midiáticos há pelo menos 50 anos, pode-se dizer que, desde a virada do século, essa noção tornou-se particularmente relevante por configurar também os fluxos interpessoais de informação. Mais recentemente, o desenvolvimento da internet móvel contribuiu para refinar a noção de rede, vinculando-a a uma dinâmica cultural bastante específica. Lemos (2007, p. 15) chama de pós-massivas as mídias contemporâneas que "permitem a comunicação bidirecional através de um fluxo de informação em rede".

Ainda que a emergência da rede hipermidiática não tenha significado o extermínio das mediações sociais nem mesmo a sua efetiva descentralização, como se apregoou a princípio, é certo que a noção de rede que deriva da hipermídia favorece a diversificação das mediações sociais. Consequentemente, favorece também a disseminação de experiências de compartilhamento de informações que, não raro, resultam em processos criativos concebidos em regimes abertos de coautoria.[1]

Esses processos entrelaçam dispositivos midiáticos diversos e se caracterizam, justamente, por se constituir *entre* as redes, conectando, cada vez mais, mídias móveis, hipermídia e mídias de massa. Constituem, assim,

[1] Gianetti (2002) argumenta que, a exemplo das obras participativas, que permitem o acesso do observador à experiência criativa de modo não meramente mental, nos sistemas interativos digitais, mais complexos, abertos e pluridimensionais, o observador torna-se interator, ou seja, participa ativamente da obra e interage com o sistema. Essa situação, segundo ela, dá lugar a novos questionamentos sobre os paradigmas estéticos, a função do receptor e o significado de autor.

a rede intermídia contemporânea, ou seja, uma rede que conecta lógicas comunicacionais híbridas e se ancora no entrecruzamento de aparatos tecnológicos variados.[2]

A especificidade da rede intermídia contemporânea tem origem no imbricamento de linguagens que constituiu o desenvolvimento das mídias de massa ao longo do século XX. Segundo Santaella (1992), as mídias de massa foram se tornando formas híbridas de linguagem e compondo uma teia de relações denominada de rede intermídia.[3] Essa concepção permeia, em alguma medida, o pensamento de Marshall McLuhan, para quem "o efeito de um meio se torna mais forte e intenso justamente porque o seu 'conteúdo' é outro meio" (McLuhan, 1964, p. 33). Esse é o argumento central de seu famoso ensaio "O meio é a mensagem".

O termo intermídia foi cunhado em meados dos anos 1960 por Dick Higgins, um dos fundadores do grupo Fluxus,[4] para caracterizar o que ele chamava de obra intermídia, ou seja, obras de arte que se construíam na interseção de dois ou mais meios. Essas obras *entre mídias* eram, na opinião de Higgins, o que de melhor estava sendo produzido naquele momento.[5]

A diversificação crescente das mediações sociotécnicas na contemporaneidade favorece a proliferação de experimentos estéticos realizados no imbricamento da arte e da comunicação,[6] tais como aqueles aclamados por Higgins. Boa parte dos experimentos contemporâneos, porém, busca enfatizar o uso social do meio, misturando entretenimento, informação, consumo e arte.

Manovich (2005) chama de "lógica da remixabilidade" o processo de misturar conteúdos, estéticas, técnicas e métodos de trabalho oriundos de diferentes mídias. Essa mistura, que caracteriza os processos culturais contemporâneos, é amplamente observável na internet, como é o caso de

---

[2] Manuel Castells (2006) chama de intercomunicação o processo contemporâneo de um meio exercer influência em outro. Esse processo, segundo o autor, está fundado no que ele define como *mass self communication*, uma forma de comunicação em massa produzida, recebida e experenciada individualmente, via internet e celular.

[3] Sobre o assunto, ver também Wenz, 2008.

[4] Movimento artístico de relevância internacional que valorizava, nos anos 1960 e 1970, a produção coletiva e a integração de linguagens e meios.

[5] Sobre o assunto ver Higgins (1966). Disponível em: <http://www.artpool.hu/Fluxus/Higgins/intermedia2.html>. Acesso em: 21 fev. 2008.

[6] A mídia-arte surge desse contexto de imbricação da experiência estética com os dispositivos midiáticos. Sobre o assunto ver, por exemplo, Bentes (2005).

muitos vídeos postados no YouTube. Scolari (2006) chama de "estética posthipertextual" o discursivo hipertelevisivo contemporâneo, que se funda em experiências de navegação hipertextual por interfaces interativas e na cultura dos *games*. Essa estética, segundo ele, surge de competências perceptivas e cognitivas desenvolvidas pelos "nativos digitais". De acordo com Scolari (2006), as tecnologias geram estéticas que retratam os usos sociais das tecnologias. Ele se baseia em Umberto Eco (1976), segundo o qual cada texto gera seu leitor, para concluir que a interface gera seu usuário.

Os trânsitos intermidiáticos contemporâneos, dos quais a hipertelevisão é exemplo, privilegiam experiências de compartilhamento de informação por intermédio das interfaces disponíveis em *smartphones*, *palms*, *handhelds*, *laptops* e *games* como o *Nintendo DS*.[7] À medida que esses fluxos se expandem pela rede intermídia, diversifica-se a interlocução tecnicamente mediada. Assim, o uso social da tecnologia torna-se não apenas a medida da experiência ordinária como também aspecto delineador da estética intermidiática.

Sobre a experiência estética

A origem etimológica da palavra estética remete à raiz grega *aisth*, presesente no verbo *aisthonomai*, que quer dizer sentir "não com o coração ou com os sentimentos, mas com os sentidos, rede de percepções físicas" (Barilli *apud* Santaella, 2007, p. 254). Essa noção é particularmente relevante para abordagens que enfatizam o fundamento estético de experiências ordinárias, especialmente aquelas relacionadas à copresença tecnologicamente mediada, porque reconhece o potencial estético de experiências sensoriais. Há mais de dez anos, Frank Biocca (1998, p. 219) enfatizou o caráter altamente sensorial dos ambientes imersivos de interação social e afirmou que "a mais interessante experiência que acontecerá no mundo virtual será aquela que envolva outras pessoas"..

Sodré (2006) argumenta que as experiências atuais de copresença remetem à dimensão sensível dos vínculos sociais, e não à esfera da razão, o que o leva a cogitar outro modo de inteligibilidade social, que estaria ancorado na afetação da experiência pela tecnologia e no espírito do tempo contemporâneo, marcado pela imagem e pelo sensível. Em um contexto sociocultural, no qual "a experiência estética não pode ser posta à parte da realidade

[7] Videogame portátil lançado em 2004, com duas telas, uma das quais é sensível ao toque, com microfone embutido e conexão sem fio, permitindo interação entre jogadores.

vivida" (SODRÉ, 2006, p. 22), destaca-se, segundo ele, a emergência de um paradigma estético no campo das ciências humanas, em especial no círculo acadêmico da Sociologia.

Maffesoli (2005), por exemplo, defende a ideia de que a estética pós-moderna não se limita às belas-artes ou às artes da cultura, mas contamina o conjunto da vida cotidiana tornando-se parte importante do imaginário contemporâneo. "Em síntese, essa estética é uma maneira de designar a interação constante, a 'copresença' mais ou menos intensa que tende a se amplificar na vida social" (MAFFESOLI, 2005, p. 188).

Fortemente marcada pelos fluxos intermidiáticos de informação, a vida social contemporânea desenvolve-se sob a égide do desenvolvimento tecnológico e da apropriação social dos meios. Nesse contexto intermidiático altamente tecnológico, a especificidade da experiência estética se torna opaca. Banalizada pela experiência tecnológica cotidiana, a experiência estética em redes sociotécnicas frequentemente se confunde com experiências sensoriais meramente tecnológicas.

> A estética, nesse caso tecnológica, está voltada para o potencial que os dispositivos tecnológicos apresentam para a criação de efeitos estéticos, quer dizer, efeitos capazes de acionar a rede de percepções sensíveis do receptor, regenerando e tornando mais sutil seu poder de apreensão das qualidades daquilo que se apresenta aos sentidos (SANTAELLA, 2007, p. 255).

Assim como Lúcia Santaella (2007), Lev Manovich (2005) defende a especificidade da estética tecnológica. Desde o começo dos anos 2000 Manovich realiza pesquisas sobre o que ele denomina *infoestética*, ou seja, práticas culturais que se configuram como respostas às novas prioridades da sociedade da informação. Segundo ele, a infoestética se diferencia pelo conjunto de princípios que guia os trabalhos mais inovadores, relacionados à primazia da informação na sociedade contemporânea. "A infoestética pode se referir à experiência de se viver numa sociedade da informação através do seu design, textura, composição, estrutura, construção, sensibilidade e outras dimensões artísticas."[8]

A especificidade estética da experiência cultural nos meios tecnológicos da contemporaneidade é investigada também por Mário Costa (2004) no âmbito daquilo que ele denomina "sublime tecnológico". Costa relaciona o

---

[8] Lev Manovich em entrevista a Cícero Inácio da Silva. Disponível em <http://p.php.uol.com.br/tropico/html/textos/2928,1.shl/>. Acesso em: 21 fev. 2008.

sublime tecnológico à estética da comunicação,[9] enfatizando a vivência estética socializada da tecnologia como um diferencial da contemporaneidade.

> Parece-me que a vocação estética das novas tecnologias é viabilizar uma ultrapassagem do campo da "articidade" e a definição de um novo campo estético que pode ser designado como sublime tecnológico. Em outros termos, um uso ainda 'artístico' das novas tecnologias, embora seja relativamente possível, contradiz a verdadeira essência desses meios (Costa, 2004, p. 249).

Sua teoria do sublime tecnológico ancora-se na convicção de que cada nova técnica transforma as técnicas similares preexistentes e dá lugar a um novo processo formal, no qual se processam as mensagens culturais mais significativas de sua época. Essas premissas lembram o famoso ensaio de Walter Benjamin *A obra de arte na época de sua reprodutibilidade técnica*, publicado pela primeira vez em 1936. Nesse ensaio, no qual Benjamin analisa as práticas culturais de sua época à luz do desenvolvimento técnico, destacam-se os seguintes argumentos: (a) a técnica atua sobre uma forma de arte determinada; (b) as novas formas de arte produzem sem esforço efeitos muito laboriosos em estágios técnicos anteriores; (c) transformações sociais acarretam mudanças na estrutura da recepção que serão utilizadas pelas novas formas de arte.

Nesse ensaio, em um comentário sobre a imprensa de sua época, Benjamin antecipa uma questão bastante atual, afirmando que "a diferença essencial entre autor e público está a ponto de desaparecer. Ela se transforma numa diferença funcional e contingente" (Benjamin, 1994, p. 184). Essa questão é retomada por Roncoroni (2006) em um trabalho que discute o sublime tecnológico de Costa (2004). Segundo Roncoroni (2006), o sublime tecnológico descrito por Costa rompe com a arte,[10] aproxima-se da tecnociência e elimina de vez a diferença entre cópia e original, caracterizando-se pela produtibilidade técnica em vez da reprodutibilidade Trata-se, segundo ele, de um processo criativo no qual se produzem projetos, e não obras e no qual o autor é frequentemente substituído pela síntese numérica.

---

[9] Sobre estética da comunicação, ver, por exemplo, Parret (1997).

[10] Monclar (2007) considera ingênua a crença na mutação radical da experiência estética baseada na transformação da técnica em tecnologia, conforme argumento de Costa (2004) em favor do sublime tecnológico. Segundo Monclar a diminuição da importância do artista no contexto tecnológico contemporâneo é uma perspectiva a-histórica porque as tecnologias atuais não são menos transformadoras do que foram as "novas tecnologias" do passado.

Nesse ambiente sociotécnico marcadamente interconectado e plural, disseminam-se processos criativos que envolvem a participação imersiva de interlocutores dispersos geograficamente. Esses experimentos, cada vez mais, permeiam a arena das experiências ordinárias, relacionando-se a interações sociocomunicacionais cotidianas. Simultaneamente referem-se a projetos artísticos arrojados, que há pelo menos dez anos desafiam os limites da arte, da tecnociência e da comunicação.

"Cada fibra, cada nó, cada servidor na *Net* é parte de mim. À medida que interajo com a rede, reconfiguro a mim mesmo," diz Roy Ascott (1997, p. 337), um dos pioneiros da arte telemática, a propósito de seus experimentos estéticos com plantas semeadas no substrato da internet, cujo crescimento dependia da atenção dispensada ao projeto por internautas. As experimentações estéticas de Ascott (1997) evidenciam o caráter interativo da internet, que adiciona incerteza e inteligência coletiva a suas propostas.[11] A internet, segundo ele, "reforça o pensamento associativo, hipermediado, pensamento hiperlincado – o pensamento do artista (Ascott, 1997, p. 337).

Eduardo Kac (1998), um expoente da arte transgênica, enfatiza a perspectiva comunicacional dos experimentos estéticos em redes telemáticas.[12] Há mais de dez anos ele já defendia a superação do modelo linear de comunicação por um modelo multidirecional e interconectado que, a seu ver, seria mais pertinente para investigações artísticas que lidassem com problemas da arte contemporânea, como a dissolução de limites entre artista e participante. Segundo ele, o artista que produz eventos de telecomunicações estabelece uma rede sem controlar o fluxo de signos que por ela atravessa.

> Esta nova arte é colaborativa e interativa e abole o estado de unidirecionalidade tradicionalmente característico da literatura e da arte. Seus elementos são comunicação remota via texto, som, imagem e, eventualmente, tato virtual baseado em sistemas que estimularão os músculos e a superfície da pele via *feedback*. Estes elementos se encontram desde já em estado

---

[11] Em meados dos anos 1990, quando se configurava o processo de expansão das redes de compartilhamento de informação, Ascott criou *Xmantic Web*, ambiente interativo que incorporava princípios de rituais xamânicos de índios da Amazônia a elementos da multimídia.Disponível em: <http://caiia-star.newport.plymouth.ac.uk>. Acesso em: 14 out. 2007.

[12] Em 1999, Eduardo Kac apresentou bactérias modificadas na exposição mundial *Ars Electronica*. Com base no livro Gênesis, da Biblia, ele criou o "gene da Bíblia", que emitia raios azuis sempre que iluminado por raios ultravioleta. Pela internet, os visitantes acionavam lâmpadas que provocavam mutações coloridas nas bactérias. Disponível em: <http://www.ekac.org/genesis.html/>. Acesso em: 14 out. 2007.

de desequilíbrio; eles são ou formam signos que mudam com a agilidade de gestos, como negociações nos olhares por vezes diretos ou indiretos entre dois indivíduos, como transfigurações do sentido perpetuamente inconclusíveis (KAC, 1998, p. 176).

Kac chama de "nova estética" o contexto de experimentações em redes de comunicação, no qual os papéis dos artistas e dos espectadores se entrelaçam. Segundo ele, o uso experimental das telecomunicações por artistas aponta para um novo conjunto de problemas culturais, assim como para uma nova experiência estética. "Se o artista puder ter um encontro invulgar com a tecnologia, por ser um *expert*, consciente das mudanças na percepção sensorial, como apontou McLuhan, será então o artista aquele que iniciará a descoberta de novos campos da experiência para além da percepção ordinária" (KAC, 1998, p. 194).

Quase signo

O contexto contemporâneo das experiências de copresença ambientadas em redes telemáticas remete à perspectiva sinestésica da estética peirciana, pois nesse contexto imperam conexões fugazes e instáveis que resultam em aproximações guiadas por qualidades de sentimento. O regime de conectividade nessas redes leva em conta os jogos de vinculação dos sujeitos no interior da linguagem. Trata-se do predomínio daquilo que Muniz Sodré (2006) chama de "estratégias sensíveis":[13]

> Quem é, para mim, este outro com quem eu falo e vice-versa? Esta é a situação enunciativa, da qual não dão conta por inteiro a racionalidade linguística, nem as muitas lógicas argumentativas da comunicação. Aqui têm lugar o que nos permitimos designar como estratégias sensíveis, para nos referirmos aos jogos de vinculação dos sujeitos no interior da linguagem (SODRÉ, 2006, p. 120).

A caracterização que Sodré (2006) faz das estratégias sensíveis, aplicáveis a boa parte das experiências cotidianas na contemporaneidade, se aplica também às experiências artísticas ambientadas nessas redes. Conforme Prado (1994, p. 2), "os intercâmbios artísticos em rede abrem uma área de 'jogo' e um espaço social lúdico que acentua o sensível e as estratégias de partilha".

[13] Notam-se as diversas referências que Sodré (2006) faz a Peirce para construir seus argumentos em favor daquilo que ele denomina de "estratégias sensíveis".

Esse "jogo lúdico que acentua o sensível" remete ao escopo da estética peirciana, voltada para a percepção sensível, que é irredutível à compreensão lógica. Um dos primeiros a ressaltar a relevância do pensamento de Peirce para a estética foi Max Bense,[14] que se interessou pelo tema ainda no começo dos anos 1950.

> Se buscarmos o lugar filosófico onde a função fundadora da filosofia como pressuposto da civilização científica e tecnológica de nossa época conquistou sua mais consequente atitude metodológica e sua mais alta universalidade, nós o encontraremos na obra de Charles Sanders Peirce, o filósofo e matemático americano, que só agora começa a receber pleno reconhecimento (Bense, 1962 *apud* Campos, 1975, p. 21).

Relativamente pouco conhecida,[15] a estética peirciana é, provavelmente, um dos mais relevantes desenvolvimentos teóricos de Charles Sanders Peirce (1839-1914). Embora ele se dissesse um ignorante em estética, essa disciplina fundamenta sua teoria dos signos e ocupa lugar de destaque em seu pragmatismo.[16]

> Quanto à estética, embora meu primeiro ano de estudo da filosofia tenha sido dedicado exclusivamente a seu ramo, desde essa época negligenciei a tal ponto essa questão que não me sinto autorizado a manifestar opiniões seguras sobre ela. Estou inclinado a acreditar que existe uma ciência normativa desse tipo, mas de modo algum me senti seguro mesmo a isso (Peirce, 1990, p. 201).

A despeito dessas ressalvas, Peirce elaborou considerações bastante originais sobre estética. Por cerca de 40 anos, entre meados de 1860 e o início do século XX, investigou um possível diagrama das ciências de sua época, engendradas com base em suas categorias fenomenológicas.[17] O diagrama de Peirce compreende a Estética, a Ética e a Lógica (ou Semiótica) no ramo das ciências normativas, que por sua vez é um ramo da Filosofia, uma das

---

[14] Em 1968, Max Bense formulou uma teoria estética fundada em três ramos: estética semiótica; estética informacional e estética gerativa. Sobre o assunto ver Campos (1975).

[15] Sobre estética peirceana ver, por exemplo, Hoccutt (1962); Kent (1987); Santaella (1994).

[16] O pragmatismo peirceano pressupõe o aprimoramento contínuo da semiose, processo autocorretivo e autogerativo de transformação sígnica.

[17] A primeiridade, que se relaciona à presentidade de qualidades vagas de sentimento, fundamenta a secundidade, diferenciação da qualidade na experiência, cujo propósito generalizante e autocorretivo é domínio da terceiridade. As três categorias são onipresentes, embora o predomínio de uma ou outra seja sempre perceptível nos fenômenos.

ciências heurísticas. Engendradas conforme suas categorias fenomenológicas, a Estética fundamenta a Ética, que fundamenta a Lógica, o que coloca o ideal estético como fundamento das ações e da linguagem. Como a Estética é o fundamento das ciências normativas, ela se relaciona, segundo Peirce (CP 1, 281),[18] com os sentimentos, a prática da ação e a lógica do pensamento.

Parret (1990, p. 219) defende a ideia de que as considerações de Peirce sobre estética podem ser entendidas como "argumentos em favor daquilo que poderia ser chamada uma visão pós-moderna da experiência estética", relacionada a uma "visão não clássica, não cognitivista e não representativa da experiência estética". Os argumentos de Parret reforçam a especificidade da estética peirciana, cujo traço diferencial mais evidente está na perspectiva pragmática do ideal estético, responsável por conduzir a formação de hábitos de ação cada vez mais aprimorados, o que se traduziria, obviamente, em experiências progressivamente mais enriquecedoras. Segundo Peirce (CP 5,160), a satisfação estética é a finalidade lógica das ações.

Como são ambíguas encarnações de qualidade de sentimento, as obras de arte materializam parcialmente o ideal estético, que se verifica eventualmente, em qualquer ação ordinária. Isso porque a linguagem advém da vaga intenção estética e é rumo a esse ideal que as ações logicamente se dirigem. Assim, a estética peirciana, âmbito das qualidades de sentimento, pressupõe uma tendência ao crescimento contínuo da razão sensível por intermédio das linguagens, que delineiam as ações.

Na acepção peirciana, o ideal estético refere-se ao *summum bonnum* (bem supremo), parâmetro para o admirável (*Kalós*). Esse ideal, que nada tem a ver com o belo, conduz o crescimento da razoabilidade coletiva pela materialização eventual de qualidades de sentimentos, cujo resultado perceptivo de primeira ordem é a sinestesia. A experiência nesse contexto ocorre no âmbito do signo estético, um "quase signo" porque, ao se referir meramente à corporificação de vagas qualidades de sentimento, fica na iminência nunca consumada de ser signo.

> São os caracteres próprios do estatuto eminentemente qualitativo do signo estético que vão determinar as relações sempre ambíguas e indecidíveis que esse signo está fadado a manter com seus objetos sempre apenas possíveis. E é essa ambiguidade, nas aplicações do signo a algo que está fora dele, que é responsável pelo efeito de abertura interpretativa, impressão

---

[18] CP se refere à obra *Collected Papers*, de Charles Sanders Peirce, sendo o número seguinte a indicação do volume e o número posterior a marcação do parágrafo. Esta é a forma habitual de citar a obra de Peirce.

de unidade indiscernível na imediaticidade do sentimento, que o signo estético preponderantemente produz (Santaella, 1994, p. 180).

Com base na estética peirciana, Smith (1972, citado por Santaella, 1994, p. 174) destaca a imediaticidade como propriedade distintiva da experiência estética. Essa propriedade, que se relaciona ao predomínio da primeiridade no signo estético, é particularmente relevante para se compreender a experiência estética em redes telemáticas, cuja inserção imersiva dos sentidos físicos é parte da "obra processo". O modo como essas experiências afetam a sensibilidade por intermédio de percepções físicas diretamente vivenciadas na "obra processo" remetem à perspectiva sinestésica da experiência estética peirciana, fundada em similaridade qualitativa. Nota-se, entretanto, que a noção peirciana de experiência estética não deve ser considerada específica de ambientes telemáticos, pois se aplica indiscriminadamente a qualquer contexto semiótico no qual predominem os signos estéticos.

Embora se caracterize como um traço distintivo da estética peirciana, a tese da imediaticidade da experiência estética encontra dois obstáculos quando especificada em redes telemáticas. O primeiro refere-se ao fato de que a experiência, em qualquer ambiente, ocorra sob domínio da secundidade, enquanto a estética encontra-se sob domínio da primeiridade. A noção de quase signo como parâmetro semiótico para se compreender a especificidade do signo estético busca resolver esse problema, na medida em que reconhece o caráter degenerado do signo estético, cuja mediação remete à sinestesia, à analogia, à metáfora. Assim, como já mencionado, não haveria especificidade na experiência estética que ocorre em redes telemáticas.

O outro problema refere-se especificamente à função mediadora da tecnologia em experiências estéticas nas redes telemáticas. A interação humana mediada por dispositivos tecnológicos de comunicação funda-se na premissa de que homens e máquinas produzem signos e partilham a experiência, e a máquina é uma extensão semiótica da semiose humana. Nesse processo, o dispositivo é parte da mensagem[19] e, como tal, pode favorecer ou não a experiência estética, dependendo das interações produzidas pelos participantes.[20] O que diferenciaria a experiência estética nesse ambiente, portanto, seria o "programa obra".

---

[19] Segundo Eco (1976) a mensagem com função estética é estruturada de modo ambíguo em relação ao sistema de expectativas que é o código.

[20] Em um estudo sobre máquinas semióticas, Nöth (2001) considera que os computadores não são apenas máquinas simbólicas, mas também indiciais e icônicas, o que o leva a crer na possibilidade de que semioses genuínas venham a ser produzidas na interface homem-máquina.

Uma vez que a experiência estética em redes telemáticas envolve o compartilhamento de ações em atividades cotidianas, a questão que se coloca é esta: em que medida a experiência ordinária em redes telemáticas compreende aspectos da experiência estética e favorece o desenvolvimento da razão sensível na rede?

Segundo Pimenta (2007), o ideal estético postulado por Peirce como propedêutica para qualquer ação poderia ser relacionado na contemporaneidade a uma qualidade que estaria na base do sentimento coletivo de crescente compartilhamento sígnico em atividades relacionadas à comunicação em rede. Ele argumenta que a possibilidade de compartilhar um sentimento coletivo por meio da rede aparece na proliferação de estruturas auto-organizativas, como *Wikipédia*, em plataformas imersivas de ampla conectividade, como jogos eletrônicos para múltiplos usuários, e em ambientes que estimulam similaridades entre signos e objetos, como o Second Life.

Nessa linha de raciocínio, o ideal estético fundamentaria os vínculos sociais na rede, contribuindo para o desenvolvimento de hábitos de ação que favoreceriam o aprimoramento das experiências estéticas em redes telemáticas. Já que os hábitos se referem aos modos como nos dispomos a vivenciar o mundo, as experiências de conexão na rede levariam à expansão de comunidades afetivas, de base estética. Essa é, em suma, a perspectiva pragmática da semiose peirciana, cujo fundamento é a estética.

Aqui e alhures

O desenvolvimento da rede intermídia leva em conta os dispositivos móveis de comunicação, nos quais experiências nômades de copresença se estabelecem por intermédio de fluxos visuais, sonoros e escritos. Tais fluxos compõem um mosaico bastante significativo do uso social da tecnologia na contemporaneidade e do modo como os sujeitos interagem por intermédio dos fluxos que agenciam.

Para Machado (2004) os ambientes tecnológicos de imersão e de agenciamento promovem a hipérbole do sujeito, uma vez que os participantes de narrativas interativas se colocam como agentes dessas narrativas. A "hipérbole do sujeito" está na base também de experimentos estéticos em rede que utilizam mídias móveis, pois nesses experimentos os participantes quase sempre são agentes da ação.[21]

---

[21] Rheingold (2004) chama atenção para a dimensão política do uso social das novas tecnologias, em especial as mídias móveis. Os experimentos estéticos com esses dispositivos parecem enfatizar

Segundo Weissberg (2004), as noções de ubiquidade e onipresença, frequentemente relacionadas à comunicação móvel, levam à constituição de um híbrido território/rede comunicacional que designa o compartilhamento simultâneo de vários lugares. Idéia semelhante é defendida por Lemos (2007), para quem os intercâmbios nômades de informação que se processam em espaços híbridos, nos quais as bordas entre espaços físicos e digitais se tornam opacas, produzem alterações significativas nas experiências cotidianas.

> Andar com dispositivos móveis permite leituras e escritas do espaço com informação digital muito próximas da arte do andar dos situacionistas, dadaístas e surrealistas. As mídias locativas e os territórios informacionais atualizam formas de deriva pelo espaço urbano. Enquanto os situacionistas buscavam, pela deriva e criação de situações, transformar a vivência urbana, enquanto o *flâneur* se encantava com as passagens e florestas de signos da modernidade, hoje as práticas artísticas/ativistas com as mídias locativas buscam a mesma coisa: apropriação e transformação do espaço urbano (Lemos, 2007, p.12).

É nesse cenário que se desenvolve a *ciberurbe*, espaço híbrido no qual fluxos informacionais descontínuos alteram os limites geográficos dos antigos territórios. Nas ciberurbes trafegam novos personagens urbanos, fundados naquilo que Ocatavio Islas (2007) chama de tecnocorpo, ou corpo expandido pela tecnologia. Os novos personagens urbanos são reconhecíveis, segundo Islas (2007), em *crakers*, *ciberativistas* e *voyeristas* de *web-cams*, entre outros. Por intermédio de dispositivos móveis de comunicação, os personagens que emergem da *ciberurbe* reconfiguram a rede intemídia com interações sociocomunicacionais que se processam, muitas vezes, na interface entre experiência estética e experiência ordinária.

É ilustrativo desse cenário o projeto de comunicação audiovisual *Canal Motoboy*,[22] no qual 12 motoboys paulistanos, munidos de celulares com câmera integrada, fotografam, filmam e publicam em tempo real, na internet, suas experiências em espaços públicos e privados. A proposta, tal como relatada no *website*, os transforma "em cronistas de sua própria realidade".

O projeto foi idealizado pelo artista espanhol Antoni Abad, que desenvolve desde 2004 iniciativa semelhante com outros grupos pelo mundo, como taxistas e ciganos. "O que estou fazendo é desviar fundos que estão destinados à arte e à cultura para outro território, mais social, no qual certos coletivos

---

essa dimensão, na medida em que interferem no espaço público e estimulam atitudes criativas por parte de transeuntes.

[22] Disponível em: <http://www.zexe.net/SAOPAULO/intro.php?qt=7/>. Acesso em: 14 out. 2007.

possam se auto-representar", diz Abad.[23] A declaração de Abad ilustra bem o cenário contemporâneo da experiência estética em mídias móveis, no qual o artista se torna mais um provocador cultural ou um facilitador de interações sociais que propriamente o produtor de uma obra.

A perspectiva estética de Abad, mais conceitual que artística, encontra respaldo em diversos outros experimentos com mídias móveis na contemporaneidade. Para o artista e pesquisador de novas mídias, Patrick Licthy (2006), os dispositivos móveis desafiam pressupostos fundamentais sobre a arte, além de criar novos terrenos sociais para ser explorados. "Tão importante quanto a maneira como funcionam a arte e as mídias é a forma como elas afetam o ser humano e suas estruturas sociais", afirma.[24]

Em perspectiva semelhante, o projeto *SpacePlace: Arte in the Age of Orbitization* (ZKM),[25] explora a ideia dos trânsitos informacionais colaborativos entre dispositivos de comunicação. Constitui-se, assim, de um banco de dados constantemente expansível sobre diferentes esferas da produção artística mundial. As informações são acessíveis e atualizáveis por celular.

A incorporação do padrão de vida nômade nos experimentos estéticos da contemporaneidade remete àquilo que Giselle Beiguelman (2004) chama de cultura cíbrida, pautada pela interpenetração de redes *on-line* e *off-line*. Nesse contexto sociocultural, acelerado e entrópico, emerge o que vem sendo chamado de arte *wireless*, um tipo de arte que não se presta bem à contemplação porque se destina a observadores/participantes em trânsito, sempre envolvidos em mais de uma atividade.

Beiguelman diferencia arte para dispositivos móveis, como *ringtones* e salva-telas, de arte com dispositivos móveis, como projetos que exploram a interação dos dispositivos portáteis com outros equipamentos de telecomunicação. Projetos de intervenção urbana ou projetos que explorem situações de compartilhamento exemplificam a segunda alternativa. Nos dois casos, entretanto, se observa uma nítida aproximação entre experiência estética e experiência ordinária, pois ambas se referem a experiências que se misturam no cotidiano disperso e fragmentado das *ciberurbes*. A tal ponto se misturam que cabe perguntar: como reconhecer a especificidade

---

[23] Em entrevista ao fórum permanente museus de arte entre o público e o privado. Disponível em: <http://forumpermanente.incubadora.fapesp.br/portal/.painel/entrevistas/entrevista-com-antoni-abad/>. Acesso em: 22 fev. 2008.

[24] Disponível em: <http://www.artemov.net/page/revista04_p1.php/>. Acesso em: 22 fev. 2008.

[25] Disponível em: <http://www.orbit.zkm.de/>. Acesso em: 14 out. 2007.

da experiência estética com dispositivos tecnológicos que integram a rede intermídia contemporânea?

É provável que a resposta passe pela perspectiva pragmática da estética peirciana, cuja finalidade é o desenvolvimento progressivo de hábitos mais aprimorados de ação. Quanto mais se propagam experiências pretensamente estéticas pela rede intermídia, envolvendo um número cada vez maior de participantes em ações criativas por intermédio das mídias móveis, mais se alastra na sociedade aquilo que Sodré chama de "estratégias sensíveis". Esse é o âmbito do signo estético, um tipo de signo que efetua o amálgama entre sentimento e intelecto, e que por isso mesmo está na base do desenvolvimento da razoabilidade coletiva.

Referências

ASCOTT, Roy. Cultivando o hipercórtex. In: DOMINGUES, Diana (Org.). *A arte no século XXI - a humanização das tecnologias.* São Paulo: Unesp, 1997.

BENJAMIN, Walter. A obra de arte na era de sua reprodutibilidade técnica. In: *Obras escolhidas de Walter Benjamin.* v. 1. São Paulo: Brasiliense, 1994.

BENTES, Ivana. *Mídia-arte: estética da comunicação e modelos teóricos*, 2005. Disponíel em: <http://sec.adaltech.com.br/intercom/2005/resumos/R1984-1.pdf/>. Acesso: 20 fev. 2008.

BIOCCA, Frank. Realidade virtual – o extremo limite da multimídia. In: RECTOR, Mônica; NEIVA, Eduardo (Orgs.). *Comunicação na era pós-moderna.* Petrópolis: Vozes, 1998.

CASTELLS, Manuel. *A era da intercomunicação*, 2006. Disponível em: <http://diplo.uol.com.br/2006-08,a1379/>. Acesso em: 20 fev. 2008.

CAMPOS, Haroldo (Org.). *Max Bense – pequena estética.* São Paulo: Perspectiva, 1975.

COSTA, Mário. Por uma estética das redes. In: PARENTE, André (Org.). *Tramas da rede.* Porto Alegre: Sulina, 2004.

ECO, Umberto. *A estrutura ausente.* Tradução de Pérola de Carvalho. São Paulo: Perspectiva, 1976.

GIANETTI, Cláudia. *Estética digital – sintópia del arte, la ciencia y la tecnologia.* Barcelona: L'augelot, 2002.

HOCCUT, Max. The logical foundations of Peirce's Aesthetics. *Journal of Aesthetics and art criticism*, v. 21, n. 2, p. 157-166, 1962.

ISLAS, Octavio. *La ciberurbe - el espacio ausente.* Disponível em: <http://www.lacoctelera.com/myfiles/octavio-islas/Ciberciudad.pdf/>. Acesso em: 21 fev. 2008.

KAC, Eduardo. Aspectos da estética das telecomunicações. In: RECTOR, Mônica; NEIVA, Eduardo (Orgs.). *Comunicação na era pós-moderna*. Petrópolis: Vozes, 1998.

KENT, Beverly. *Logic and the classification of the sciences*. Kingston and Montreal: McGill Queen's University Press, 1987.

LEMOS, André. *Mídia locativa e territórios informacionais*, 2007. Disponível em: <http://www.compos.org.br/data/biblioteca_168.pdf/>. Acesso: 17 fev. 2008.

LICTHY, Patrick. Pensando a cultura nomádica: artes móveis e sociedade. In: *Revista Online Telemig Celular Art Mov*, 2006. Disponível em: <http://www.artemov.net/page/revista04_p1.php>. Acesso em: 22 fev. 2008.

MACHADO, Arlindo. Modos de agenciamento e regimes de imersão no ciberespaço. *DeSignis – Corpos digitalis: semióticas del mundo digital*. n. 5, abr. 2004, p. 167-176.

MANOVICH, Lev. *Remixability*, 2005. Disponível em: <http://www.manovich.net>. Acesso em: 20 fev. 2008.

MCLUHAN, Marshall. *Os meios de comunicação como extensões do homem*. São Paulo: Cultrix, 1964.

MAFFESOLI, Michel. *Elogio da razão sensível*. Petrópolis: Vozes, 2005.

NÖTH, Winfried. Máquinas semióticas. *Galáxia – revista transdisciplinar de comunicação, semiótica, cultura*. São Paulo: Eudc, v. 1, 2001, p. 51-74.

PARRET, Herman. *A estética da comunicação – além da pragmática*. Tradução de Roberta Pires de Oliveira. Campinas: Ed. Unicamp, 1997.

PARRET, Herman. Fragmentos peircianos sobre a experiência estética, 1990. *Face* 3(2), 217-228.

PEIRCE, Charles Sanders. *Collected Papers*. 8 v. Cambridge: Harvard University Press (1931 -1958).

PEIRCE, Charles Sanders. *Semiótica*. Tradução de J. Teixeira Coelho Neto. São Paulo: Perspectiva, 1990.

PIMENTA, Francisco. *Summum Bonum na Rede: a conectividade é algo admirável?*, 2007. Disponível em: <http://www.petfacom.ufjf.br/petianos/Dimas/pimentadimas-template.pdf>. Acesso em: 11 fev. 2008.

PRADO, Gilberto. As redes telemáticas: utilizações artísticas. *Imagens*, Campinas: Ed. Unicamp, 1994, n. 3, p. 41-44.

RHEINGOLD, Howard. From the screeen to the street, cap. 7, 2004. *Extreme democracy – the book and discussion forum for networked activists*. Disponível em: <http://www.extremedemocracy.com/archives/2004/08/7_from_the_scre.html>. Acesso em: 15 fev. 2008.

RONCORONI, Umberto. Benjamin y la teoría de lo sublime tecnológico, 2006. *Revista Contratexto Digital*, ano 4, n. 5. Disponível em: <http://www.ulima.edu.pe/Revistas/contratexto/pdf/08.pdf>. Acesso em: 20 fev. 2008.

SANTAELLA, Lúcia. *Linguagens híbridas na era da mobilidade.* São Paulo: Paulus, 2007.

SANTAELLA, Lúcia. *Estética – de Platão a Peirce.* São Paulo: Experimento, 1994.

SANTAELLA, Lúcia. *Cultura das mídias.* São Paulo: Razão Social, 1992.

SCOLARI, *Carlos. La estética posthipertextual*, 2006. Disponível em: <http://www.uvic.cat/fec/_fitxers/archivos_scolari/Scolari_Hiperliteratura2006.pdf>. Acesso em: 14 fev. 2008.

SODRÉ, Muniz. *As estratégias sensíveis – afeto, mídia e política.* Petrópolis: Vozes, 1998.

WEISSBERG, Jean-Louis. Paradoxos da teleinformática. In: PARENTE, André (Org.). *Tramas da rede.* Porto Alegre: Sulina, 2004.

WENZ, Karin. As formas intermidiáticas em textos digitais. In: SANTAELLA, Lúcia; NÖTH, Winfried (Orgs). *Palavra e imagem nas mídias – um estudo intercultural.* Belém: Editora Universitária UFPA, 2008.

A sensação e a criatividade musical na internet: a composição maquínica da escuta em rede

Rodrigo Fonseca e Rodrigues

I

Parece já não haver muitos desacordos a respeito do fato de que a nossa experiência sensível com as mídias informáticas vem sendo engolfada por mesclas enunciativas fragmentárias, em todos os planos da arte. Isso se faz sentir igualmente, em diversas modalidades de criação musical, historicamente contagiadas pelos experimentalistas das chamadas "artes concretas" ao longo de todo o século XX. O legado poético de artistas e compositores como Marcel Duchamp, Kurt Schwitters, Eisenstein, Dziga Vertov, Edgar Varèse, Pierre Schaeffer, Luciano Berio, Steve Reich, Brian Eno, Tim Simenon, Alex Paterson e muitos outros vem sendo altamente potencializado pela computação e, há uma década, pela internet, devido ao fácil acesso a arquivos sonoros e a *softwares* de áudio, bem como a instrumentos "virtuais", a *plugins*, etc. Malgrado tais facilidades, também temos de concordar com um fato, incômodo para muitos e que atravessa o nosso contato com a internet: a fluxificação veloz e ostensiva não só de enunciados, mas principalmente de simulações. Ocorre daí, ao que parece, uma fadiga, algo como um sintoma notável dos hábitos atuais de frequentação à internet. A fadiga é para nós uma palavra oportuna porque se endereça a uma exaustão de nossas potências sensitivas, ao fazer com que a sensação deixe escapar modulações novas da realidade, mascarando, com os recursos cômodos da memória, a eterna inovação, o perpétuo recomeço do mundo.

Também é usual ouvir dizer que o regime funcional e pré-orientado da realidade digitalizada vive de produzir fluxos saturados de clichês que levam a aptidão imaginativa a uma espécie de colapso improdutivo. Mas será que a ultravelocidade binária e o excesso informacional não poderiam, em contrapartida, motivar a imaginação a se recriar, a resistir e a se afirmar como uma nova prática de experimentação? Poderíamos responder que, a despeito dos modos estandardizados pelos quais as arquiteturas algorítmicas dispõem os nossos gestos na internet, que certas atividades de resistência criativa vão aparecendo nas fímbrias dos hábitos de percepção sutilmente instaurados pela tecnologia do simulacro digital e vêm ativando interesses, trabalhos, projetos, ações e experimentações.

Por tais razões, a internet precisa ser repensada não apenas como uma realidade midiática restrita às performances técnicas e de comunicação, mas antes como um ambiente processual de encruzilhadas de devires, de catálises contagiosas, de durações e ritmos incomunicáveis, para aquém e além dos regimes semióticos e mnemônicos. Os hábitos de frequência, de escuta e de criação musical na internet nos parecem oportunos para repensarmos aqui a realidade de forças incomunicáveis, pré-subjetivas, imperceptíveis, porém decisivas na inovação – e na conservação – de sensações singulares, condição única da arte, para além das prerrogativas tecnológicas ou cognitivas.

II

Dando continuidade a nossa digressão, é preciso definir primeiramente o conceito de sensação, para adiante pensar suas implicações com a realidade música face às conexões digitais. Para dar conta dessa tarefa, precisamos problematizar a própria *imagem* de pensamento que se dedica a apreender essa palavra que remete a uma realidade composta em meio a amplexos de forças, fluxos e ritmos intensivos que excedem às circunstâncias mnemônicas, perceptivas, materiais, semióticas e comunicacionais. Mas como pensar a sensação, problematizando-a como uma realidade que *insiste* para além da existência, ultrapassando questões estéticas, tecnológicas, fenomenológicas, subjetivas ou sociais? Como desligá-la, contudo, dessas *imagens* sedimentadas do pensamento?

A sensação, definida de um modo singular pelo filósofo Henri Bergson (1970), é algo bem diferente da dinâmica sensorial. Para o autor, as sensações são modulações do corpo que se implicam noutras excitações e noutras velocidades de vibrações, todas imperceptíveis. A sensação passa a ser, pela via do pensamento bergsoniano, um acontecimento absolutamente intensivo, um evento inabarcável pela representação, não pertencendo a nenhum sistema discursivo que tampouco obedece a nenhuma das muitas performances condicionadas da memória. Incógnitas e incomunicáveis, as sensações não têm valor e muito menos sentido.

É forçoso aceitar, desde já, que não pode haver uma experiência da sensação como tal, uma vez que ela sequer tem uma existência psicológica. Incaptável ao horizonte da realidade vivida, a sensação escapa à consciência, uma vez que é composta por ritmos intensivos que nos "trabalham" muito antes de nos darmos conta deles. Essas modulações incorporais operam em temporalidades alheias ao contato de um sujeito percipiente com uma realidade objetiva. Em outros termos: a sensação é uma realidade de fluxos intensivos e "invivíveis" para os estados sentimentais repertoriados. O que mais nos intriga, no entanto, é o fato de que só se chegam a conhecer os ritmos da intensidade quando eles já se encontram desenvolvidos num Tempo "extenso", ou seja, numa duração representada, já recoberta e qualificada por várias imagens da memória – as afecções. A vida sensível de nossos tempos "dramáticos" torna-se, desse modo, apenas o resultado de composições de ínfimas modulações intensivas, redistribuindo cópulas de muitos ritmos de naturezas diferentes.

O que nomeamos como "sentir", ao contrário de uma impressão sensorial, de uma performance dos sentidos ou de um estado sentimental, é antes uma acoplagem de fluxos temporais e de ritmos intensivos (virtuais) e extensivos (atuais) que *insistem* e existem, simultaneamente. Nos tempos imperceptíveis da sensação, o nosso corpo contrai certas vibrações intensivas e, antes de percebermos, compõe com elas muitos ritmos singulares entre as memórias "educadas". Estamos falando de uma realidade que ainda é pré-subjetiva, pré-objetiva, não orgânica e pré-linguística, mas que erige todas as outras realidades sensíveis e semióticas. Pensá-la a partir dessa *imagem* conceitual começa por um exercício de se libertar da experiência subjetiva e da prevalência de um eu unívoco, como se este fosse um mero receptáculo de psiques. Por isso, antes de perguntar "o que é que eu sinto?", ou "o que existe na sensação?", é preciso se voltar primeiro para "sente-se em mim".

III

A criação digitalizada da música rapidamente nos reenvia a questões como a da criação concreta, pela sua proximidade aos princípios composicionais da colagem, da montagem, da edição, hoje muito conhecidos pela expressão *cut'n'paste*. De fato, a arte ancestral de ajuntar empiricamente coisas, objetos, materiais de naturezas heterogêneas, à medida que foi entrando em contato com as tecnologias contemporâneas, passou a vislumbrar infinitas possibilidades para as suas operações experimentais de composição, seja nas artes visuais, seja na literatura, seja na música.

O pensamento que se ocupa da música digitalizada pode também tomar de empréstimo questões que foram recolocadas pela nova *imagem* dada por

Gabriel Tarde (2003) e, mais recentemente, por Félix Guattari (1998) à palavra "máquina". Essa concepção irá nos valer para encaminhar diferentemente o problema da composição musical na internet. O conceito de máquina não é aqui empregado como uma figura metafórica de um sistema de natureza mecânica ou fenomenológica. Guattari (1998) também parte de uma acolhida à definição de máquina ligada a muitos outros modos de produzir realidades que merecem a mesma designação, tais como as máquinas científicas, as máquinas teóricas, as máquinas informacionais, os avatares profissionais e axiológicos. Os componentes maquínicos podem ser, por exemplo, materiais, conhecimentos algorítmicos, fluxos energéticos, modulações de intensidade, traços diagramáticos, etc. O corpo, ele mesmo, seria, nesse sentido, uma máquina de sentir que captura, modula e cria uma realidade de sensações. De modo antecipatório, Gabriel Tarde (2003, p. 38) afirma que toda máquina é sempre máquina de máquinas, ao infinito. Essa concepção se atesta em sua frase: "Uma máquina é apenas uma distribuição e um direcionamento especial de forças preexistentes que a atravessam". Estamos num terreno de questões que nos permitem imaginar o próprio real como um imenso encaixe de máquinas, num jogo de correspondências sistêmicas entre máquinas que operam em diferentes níveis, que atuam e reagem umas sobre as outras.

As máquinas são, por esta concepção, misturadoras de signos e de velocidades. Devemos, de ora em diante, apreender de que modos, em que circunstâncias e por quais movimentos os fluxos semióticos e discursivos que atravessam a música são postos em conexão com os fluxos extrassemióticos que a maquinam. A composição da música trata-se, enfim, de uma modalidade peculiar de maquinar tempos: enquanto se trabalha com uma "plataforma" repleta de herança lírica, de inúmeras performances da memória, de vocalidades, melodias, escansões, sintaxes, história, regimes amplos de sentido, afecções subjetivas, *pathos*, sentimentos catalogados, referências, imagens formadas, paisagens, narrativas, metáforas, simples associações de ideias, etc., opera-se também por traços, cortes, interferências, desacelerações, arrancadas, retomadas, retenções, liberações de fluxos e refluxos do tempo, simplesmente intensivos.

Desse modo, a realidade da escuta musical poderá ser pensada como maquinação de formas sonoras e de forças silenciosas, de matéria musical e de fluxos imateriais, de ritmos atuais (extensivos) e ritmos virtuais (intensivos), de imagens figurais da lembrança e *imagens* iconoclastas da sensação. Toda criação na música é, enfim, uma verdadeira maquinação entre registros já atualizados da discursividade e universos não discursivos, as virtualidades. Colocar em combate na criação da música procedimentos enunciativos e movimentos extradiscursivos já é, desse modo, um gesto maquínico. Podemos concluir que os materiais sígnicos, sonoros e as forças não sonoras se coimplicam e geram outras pequenas máquinas, se recompondo, transduzindo tempos mistos, pré-sonoros, sensoriais, auditivos, semióticos, comunicacionais, etc.

A escuta se compõe decisivamente como uma máquina de tempos: são maquinações coletivas, subjetivadas, não humanas, semióticas e a-sígnicas. Significa dizer que insistem sob a existência sensorial, acoplamentos rítmicos, vitais, mesmo inorgânicos, que podem se implicar os tempos da escuta musical. Compor é, por fim, "transduzir" devires não sonoros em *sonoridades*, é sonorizar sensações, reminiscências, gestos, signos, pensamentos. Será tal multiplicidade de movimentos e de velocidades que poderá provocar uma torrente de intensidades, de acelerações, de tensões, como acavalamentos rítmicos de sensações e de *imagens* novas no pensamento. Pensado dessa maneira, o conceito de máquina responde na criação pelos gestos paradoxais de se imaginar sensações, de acavalar devires e de desconectar percepções e signos estereotipados.

IV

Do que dissemos até aqui, aufere-se que todo gesto afirmativo de criação, musical ou não, na rede ou fora dela, só irá produzir alguma novidade na escuta se conseguir desmanchar as significações coladas às percepções e de desarmar as percepções que impregnam as sensações. A tarefa especial da arte, para Deleuze e Guattari (1997), supõe traçar relações entre o imperceptível (anorgânico), o indiscernível (a-significante) e o impessoal (a-subjetivo). E os ritmos livres da sensação é que poderão afetar, ou seja, irão fazer variar as condições, as esperas e as divisões espontâneas da percepção ordinária. Talvez seja a arte a única dimensão criativa do homem portadora desse poder de provocar uma desestabilização temporária de nossos processos perceptivos. O artista teria, assim, a performance de um "catalisador de sensações", fazendo excederem os estados perceptivos e as passagens figurais entre os estados sentimentais.

Por fim, a singularidade na sensação somente se fará na condição de se ativar uma restituição do paradoxo, do indecidível, do oximoro nos regimes da memória, da percepção e da significação. A sensação estará talvez, por algum tempo, livre ou ao menos desprendida das vestes do clichê que estorvam o seu contato com a perpétua inovação do real. O motivo é evidente: se o domínio estável de signos codificados é o que encobre a contínua explosão íntima do novo, tornando-a um espaço de recognição, o fazer da arte desestabiliza essas formas que aprisionam essa novidade imanente do mundo. Os nossos sentidos, inevitavelmente acostumados ao condicionamento perceptivo, são convocados pela criação a agir diferentemente, uma vez forçados a disparar sinapses que se esquivam aos ritmos mnemônicos da experiência, do sentido e da comunicação. As ideias criativas na arte – e não somente na arte digitalizada ou telemática – efetivam-se apenas quando suspendem os tempos perceptivos e embaralham o juízo das "coisas estéticas". É preciso ir além de qualquer axioma: ressingularizar o singular, recriar o criativo, reabrir a abertura, desfazer o sentido e tornar indecidíveis todos os clichês que mascaram com padrões a transiência recomeçante, criativa e irrepetível do devir.

Para concluir: porque a escuta musical "se faz", ela também se compõe na condição de espalhar ouvidos em todo o corpo e por todos os não lugares do Tempo. Nas palavras de S. Ferraz (1998, p. 43) há uma grande distância entre algo que "nos faça escutar" (persuasão) e algo que "faça escutas" (criação). A música, qualquer que seja a sua natureza (técnica, simbólica, poética, social, etc.) ou a mídia que utiliza (escrita, acústica, gestual, eletrônica ou digital) será sempre um problema de fazer escutas. Afinal, vale reiterar: não sou eu quem escuta, mas "escuta-se em mim".

Referências

BERGSON, Henri. *Essai sur les données immédiates de la conscience*. Paris: Les Presses Universitaires de France, 1970.

BERGSON, Henri. *Matéria e memória: ensaio sobre a relação do corpo com o espírito*. São Paulo: Martins Fontes, 1999.

DELEUZE, Gilles. *Francis Bacon: logique de la sensation*. Paris: d. de la Différence, 1981.

DELEUZE, Gilles; GUATTARI, Félix. *O que é a filosofia?* São Paulo: Ed. 34, 1997.

DERY, Mark. *Escape velocity: cyberculture at the end of the century*. Nova Iorque: Groove Press, 1996.

FERRAZ, Sílvio. *Música e repetição*. São Paulo: Educ, 1998.

FERRAZ, Sílvio. *Livro das sonoridades*: Rio de Janeiro: Ed. 7 Letras, 2005.

GUATTARI, Félix. *Caosmose*. São Paulo: Ed. 34, 1997.

KLEE, Paul. *Sobre a arte moderna e outros ensaios*. Rio de Janeiro: Zahar, 2001.

RODRIGUES, R. F. *Música eletrônica: a textura da máquina*. São Paulo: Annablume, 2005.

SCHAEFFER, Pierre. *La musique concrète*. Paris: Presses Universitaires de France, 1973.

TARDE, Gabriel. *Monadologia e sociedade*. Petrópolis: Vozes, 2003.

Os autores

Bruno Souza Leal

Doutor em Estudos Literários pela UFMG e pesquisador do CNPq. Professor do Programa de Pós-Graduação em Comunicação (PPGCOM) da UFMG e integrante do Grupo de Pesquisa Poéticas da Experiência e do Núcleo de Direitos Humanos e Cidadania LGBT (NUH) da UFMG. Bolsista do Programa Pesquisador Mineiro, da FAPEMIG. Seus trabalhos compreendem pesquisas sobre jornalismo, narrativa, homocultura, experiência estética e televisão.

Carlos Camargos Mendonça

Doutor em Comunicação e Semiótica pela PUC-SP. Professor do Programa de Pós-Graduação em Comunicação (PPGCOM) da Faculdade de Filosofia e Ciências Humanas (FAFICH) da UFMG e integrante do Grupo de Pesquisa Poéticas da Experiência e do Núcleo de Direitos Humanos e Cidadania LGBT (NUH) da UFMG. Suas pesquisas abordam a propaganda, corpo, homossexualidade, teatro e experiência estética.

César Guimarães

Doutor em Literatura Comparada pela UFMG, pós-doutor pela Universidade Paris VIII. Professor do Departamento e do Programa de Pós-Graduação em Comunicação Social da Faculdade de Filosofia e Ciências Humanas (FAFICH) da UFMG. Pesquisador do CNPq, dedica-se ao estudo do cinema e da experiência estética.

Cláudia Cardoso Mesquita

Doutora em Ciências da Comunicação pela Universidade de São Paulo. Foi documentarista do Centro de Estudos da Metrópole e atualmente é professora adjunta II da UFMG. Tem experiência nas áreas de comunicação e cinema, com ênfase em comunicação e estética do audiovisual, atuando principalmente nos temas cinema documentário e cinema brasileiro.

Eduardo Antonio de Jesus

Doutor em Artes pela ECA-USP. Professor da Faculdade de Comunicação e Artes da PUC Minas. Atua na área de audiovisual, arte contemporânea e tecnologia. Integra o Grupo de Pesquisa Poéticas Audiovisuais Contemporâneas na PUC Minas e coordena o curso de especialização Arte Contemporânea: Reflexão e Crítica, uma parceria entre o Instituto de Educação Continuada (IEC) da PUC Minas e o Instituto Cultural Inhotim. Desenvolve curadorias em arte contemporânea e audiovisual. Integra a diretoria da Associação Cultural Videobrasil e coordena o Projeto Imagem Pensamento, que envolve exibição, debate e reflexão em torno da produção audiovisual contemporânea.

Eduardo Duarte

Doutor em Ciências Sociais pela PUC-SP. Atualmente é professor adjunto da Universidade Federal de Pernambuco. Tem experiência na área de Antropologia, com ênfase em Epistemologia, atuando principalmente nos seguintes temas: cinema, comunicação, imaginário e fotografia.

Elton Antunes

Doutor em Comunicação e Cultura Contemporânea pela UFBA. Professor da UFMG e integrante do Grupo de Pesquisa Imagem e Sociabilidade (GRIS). Tem experiência na área de comunicação, com ênfase em teoria da comunicação, atuando principalmente nos temas jornalismo, mobilização social, comunicação, meio ambiente e reportagem. É coordenador de comunicação do Projeto Manuelzão, ação de extensão da UFMG.

Fernanda Glória Bruno

Doutora em Comunicação pela UFRJ. Professora adjunta da UFRJ. Seus principais temas de pesquisa são tecnologia, subjetividade, corpo, tecnologias de comunicação, cognição, vigilância, visibilidade.

Geane Carvalho Alzamora

Doutora em Comunicação e Semiótica pela PUC-SP. Professora adjunto I do Departamento de Comunicação Social e do Programa de Pós-Graduação em Comunicação da Faculdade de Filosofia e Ciências Humanas (FAFICH) da UFMG. Coordena o grupo de pesquisa Comunicação e Redes Hipermidiáticas (CNPq). Tem experiência na área de Comunicação, com ênfase em semiótica e teorias da comunicação, atuando principalmente nos temas novas mídias, cibercultura, jornalismo e redes sociais.

Gonzalo Abril

Doutor em Filosofia pela Universidade Complutense de Madrid. Professor do Departamento de Teoria da Comunicação e de Jornalismo da Universidade Complutense de Madrid. Tem realizado pesquisas em semiótica, análise do discurso, comunicação e cultura, com especial atenção às relações entre comunicação de massa e informação, a partir de abordagens transdisciplinares.

Hugo Mari

Doutor em Estudos Linguísticos pela Universidade Federal de Minas Gerais, com pós-doutorado na Université Paris XIII. Atualmente é professor do Programa de Pós-Graduação em Letras da PUC Minas, e sua atividade de pesquisa e de docência está voltada para as áreas de semântica, pragmática e análise do discurso.

João Freire Filho

Doutor em Literatura Brasileira pela PUC-Rio. Pesquisador do CNPq. Atualmente é coordenador do Programa de Pós-Graduação em Comunicação e Cultura da Escola de Comunicação da UFRJ. Suas áreas de investigação são: discursos e representações midiáticas; história e teoria da TV; estudos sobre juventude; estudos culturais.

José Luiz Braga

Doutor em Comunicação pela Université Paris II, Institut Français de Presse. Professor do Programa de Pós-Graduação em Comunicação da Unisinos (RS). Pesquisador do CNPq. Seus temas de pesquisa são os dispositivos sociais de crítica midiática; o processo de mediatização; a interface entre comunicação e educação; a epistemologia da comunicação.

Louis Quéré

Pesquisador do Centre National de la Recherche Scientifique (CNRS) e coordenador do Centre d'Étude des Mouvements Sociaux (CEMS) junto à École des Hautes Études en Sciences Sociales (Escola de Estudos Avançados em Ciências Sociais – EHESS, França). Seus temas de pesquisa são comunicação e espaço público, teoria da ação e do acontecimento, sociologia da confiança, epistemologia das ciências sociais.

Maria Beatriz Almeida Sathler Bretas

Doutora em Ciência da Informação pela UFMG. É professora do Programa de Pós-Graduação em Comunicação da Faculdade de Filosofia e Ciências Humanas (FAFICH) da UFMG. Coordena o Grupo de Estudos sobre Interações Telemáticas, que integra o Grupo de Pesquisa em Imagem e Sociabilidade (GRIS) da UFMG. Pesquisadora do CNPq. Suas atividades de pesquisa abrangem os temas comunicação mediada por computador, comunicação e educação, redes sociais e crítica de mídia.

Monclar Eduardo Góes de Lima Valverde

Doutor em Filosofia pela UFRJ, pós-doutor em Teoria da Comunicação (Paris V, 2002) e Filosofia (UFPR, 2008). Professor adjunto na UFBA. Tem experiência nas áreas de filosofia e comunicação, com ênfase em estética da comunicação, fenomenologia da expressão e hermenêutica da sensibilidade. Lidera o Grupo de Pesquisa sobre Estética e Existência. É músico e pesquisador da canção popular.

Paulo Bernardo Ferreira Vaz

Doutor em Comunicação e Educação pela Université de Paris XIII. Professor Associado da UFMG nos cursos de Pós-Graduação e de Graduação em Comunicação Social. É pesquisador do CNPq e integra o Grupo de Pesquisa em Imagem e Sociabilidade (GRIS), onde coordena o Grupo de Pesquisa sobre a Cultura do Impresso (GrisPress), com estudos sobre design gráfico, fotojornalismo, imagem, tipografia e publicidade, na mídia impressa.

Rodrigo Fonseca e Rodrigues

Doutor em Comunicação e Semiótica pela PUC-SP e pós-doutor pela Universidade Nova de Lisboa. Professor Adjunto I da Universidade Fumec. Tem experiência na área de comunicação, com ênfase em linguagem, semiótica, teorias da comunicação, música e metodologia de pesquisa. Atua principalmente nos seguintes temas: criação, escuta, música, linguagem, subjetivação e internet.

Stella Senra

Doutora em Ciências da Informação pela Universidade de Paris II. Ensaísta e pesquisadora na área de cinema. Incorporou também o vídeo e a fotografia ao seu campo de trabalho, com várias publicações em livros e revistas especializadas.

Vera Regina Veiga França

Doutora em Ciências Sociais pela Université René Descartes - Paris V. Pós-doutora em Sociologia pelo Centre d'Études des Mouvements Sociaux (CEMS) da École des Hautes Études en Sciences Sociales (Escola de Estudos Avançados em Ciências Sociais - EHESS, França). Professora do Programa de Pós-Graduação em Comunicação da UFMG; coordenadora do Grupo de Pesquisa em Imagem e Sociabilidade (GRIS). Pesquisadora do CNPq. Atua nas áreas de teorias da comunicação, comunicação e cultura midiática, metodologia de pesquisa em comunicação.

QUALQUER LIVRO DO NOSSO CATÁLOGO NÃO ENCONTRADO NAS LIVRARIAS PODE SER PEDIDO POR CARTA, FAX, TELEFONE OU PELA INTERNET.

Rua Aimorés, 981, 8º andar – Funcionários
Belo Horizonte-MG – CEP 30140-071

Tel: (31) 3222 6819
Fax: (31) 3224 6087
Televendas (gratuito): 0800 2831322

vendas@autenticaeditora.com.br
www.autenticaeditora.com.br

ESTE LIVRO FOI COMPOSTO COM TIPOGRAFIA MINION PRO E IMPRESSO EM PAPEL CHAMOIS FINE 80 G NA FORMATO ARTES GRÁFICAS.